新法科·法学核心课程系列教材

本书受上海市高水平地方高校（学科）建设项目资助

Interrogation Law

讯问法学

吴羽　著

图书在版编目(CIP)数据

讯问法学/吴羽著. —北京:北京大学出版社,2022.8
ISBN 978-7-301-33228-3

Ⅰ. ①讯… Ⅱ. ①吴… Ⅲ. ①刑事侦查—预审—研究—中国 Ⅳ. ①D918.5

中国版本图书馆 CIP 数据核字(2022)第 142229 号

书　　名	讯问法学 XUNWEN FAXUE
著作责任者	吴　羽　著
责任编辑	姚文海　姚沁钰
标准书号	ISBN 978-7-301-33228-3
出版发行	北京大学出版社
地　　址	北京市海淀区成府路 205 号　100871
网　　址	http://www.pup.cn　　新浪微博:@北京大学出版社
电子信箱	sdyy_2005@126.com
电　　话	邮购部 010-62752015　发行部 010-62750672　编辑部 021-62071998
印 刷 者	河北滦县鑫华书刊印刷厂
经 销 者	新华书店 730 毫米×980 毫米　16 开本　15 印张　294 千字 2022 年 8 月第 1 版　2022 年 8 月第 1 次印刷
定　　价	58.00 元

缩写语表

文件全称	文件简称
《中华人民共和国宪法》	《宪法》
《中华人民共和国刑法》	《刑法》
《中华人民共和国刑事诉讼法》	《刑事诉讼法》
《中华人民共和国监察法》	《监察法》
《关于办理刑事案件严格排除非法证据若干问题的规定》	《严格排除非法证据规定》
《最高人民法院关于适用〈中华人民共和国刑事诉讼法〉的解释》	《最高院刑诉法解释》

前　言

20 世纪后半叶是讯问规则发生剧烈动荡且充满争议的时期，而且没有理由相信，由此引发的争论在新千年里会有一个最终定论。[①] 在我国刑事司法领域，有关讯问的理论与实践问题也一直是广受关注的议题。20 世纪 80 年代中期时，我国对于讯问研究达到高潮，其重点集中在讯问的策略方法上，旨在探讨如何突破嫌疑人的心理防线，获取口供。[②]此类研究主要立足于侦查学的视角，"对于侦查讯问本身的认识较多地强调讯问的追诉性和斗争性……立场大多十分鲜明，即如何更好地帮助侦查讯问人员从被讯问人处获得供述，尤其重视讯问在发现案件实体真实方面的意义"[③]。当前，冤假错案问题仍旧困扰着各国，因而法学视角的讯问研究开始受到国内外理论界的高度关注，"过去多年中，在宪法和刑事诉讼法方面没有哪个领域比警察讯问更能引起争论"[④]。随着杜培武案、赵作海案、呼格吉勒图案等冤假错案的曝光，刑讯逼供广受批评，如何遏制刑讯逼供、防止冤假错案的发生备受关注。为此，我国有越来越多的研究者开始从法学尤其是刑事诉讼法学的视角研究讯问制度，撰写了许多相关著作，更有不胜枚举的学术论文。

在依法治国的时代背景下，随着以审判为中心的刑事诉讼制度改革的推进，一名合格的侦查法治人才不仅需要掌握各种讯问技巧，更要熟知与讯问有关的法律规范。当然，讯问技巧和讯问法律规范并非割裂的两个部分，因为只有熟知讯问法律规范，才能在最大程度上辨别合法的讯问策略与非法的讯问方法之间的界限。本书冠以《讯问法学》之名，即对有关讯问法律规范的梳理与研究。在笔者看来，讯问法律规范不仅应包括讯问程序的法律规范，还应包括口供证据规则，因为"证据规则除了能影响审判阶段证据最终被提出的方式，还能影响

---

① 参见〔美〕约书亚·德雷斯勒、〔美〕艾伦·C. 迈克尔斯：《美国刑事诉讼法精解（第一卷·刑事侦查）（第四版）》，吴宏耀译，北京大学出版社 2009 年版，第 420 页。

② 参见毕惜茜：《我国侦查讯问的变革与发展》，载《公安学研究》2019 年第 2 期。

③ 郑曦：《侦查讯问程序研究》，北京大学出版社 2015 年版，第 14 页。

④ 〔美〕伟恩·R. 拉费弗、〔美〕杰罗德·H. 伊斯雷尔、〔美〕南西·J. 金：《刑事诉讼法（上册）》，卞建林、沙丽金等译，中国政法大学出版社 2003 年版，第 337 页。

审前阶段调查取证的方式”[①]，所以“取证程序与证据规则存在内在的伴生关系”[②]。

本书尝试从比较法的视角系统研究有关讯问的法律规范，这种研究不仅是描述、归纳与总结，也是评价、反思与展望。由于水平有限，本书存在不妥或错误之处在所难免，敬请读者批评、指正。

① 〔美〕Jacqueline Ross：《证据规则（仅）适用于审判阶段吗？——美国和德国欺骗性讯问规则比较研究》，冯俊伟、阳平译，载《现代法治研究》2017年第3期。

② 刘静坤：《证据审查规则与分析方法：原理·规范·实例》，法律出版社2018年版，第340页。

目　录

第一章 概　　论

第一节 讯问概述

一、讯问的内涵

(一) 讯问的概念

在刑事司法活动中,讯问(interrogation)是一项重要措施,中外关于讯问概念的界定较为统一,但也存在些许差异。

根据《布莱克法律词典》,讯问是指对某人进行正式或系统提问(systematic questioning),特别是警察对被逮捕或涉嫌犯罪的人所采取的强力型提问(intensive questioning)。[①]根据《元照英美法词典》,(刑事)讯问通常指警察通过向被逮捕的或被怀疑有犯罪行为的嫌疑人提问来查明其是否真正犯有罪行的程序。[②]英国1984年《警察与刑事证据法》"执法手册C"第11.1A条规定,讯问是向嫌疑人作出权利告知后就其参与或涉嫌参与的刑事犯罪所进行的问话。[③]还有观点认为,"审讯"指的是警察向有犯罪嫌疑的、不合作的人的问话。[④]

在我国,对讯问概念的权威解读是,讯问犯罪嫌疑人是侦查人员依照法定程序为查明案件事实对犯罪嫌疑人进行的审讯活动,是重要的侦查措施。[⑤] 对讯问的概念还存在一些不同的认知,有观点认为,讯问犯罪嫌疑人是指侦查人员依照法定程序以言词方式,向犯罪嫌疑人查问案件事实和其他与案件有关问题的一种侦查活动。[⑥]有观点认为,讯问犯罪嫌疑人是指侦查人员依照法定程序以言词方式,就案件事实和其他与案件有关的问题向犯罪嫌疑人进行查问的一种侦查活动。[⑦]有观点认为,讯问犯罪嫌疑人是指侦查人员依照法定程序,以言词的

---

① See Bryan A. Garner, *Black's Law Dictionary* (*10th Edition*), Thomson West, 2014, p. 947.

② 参见薛波主编:《元照英美法词典》,北京大学出版社2003年版,第722页。

③ 参见彭勃编译:《英国警察与刑事证据法规精要》,厦门大学出版社2014年版,第78页。

④ 参见〔美〕丹·西蒙:《半信半疑:刑事司法中的心理学》,刘方权、陈晓云译,上海交通大学出版社2017年版,第199页。

⑤ 参见王爱立主编:《中华人民共和国刑事诉讼法释义》,法律出版社2018年版,第271页。

⑥ 参见《刑事诉讼法学》编写组编:《刑事诉讼法学(第三版)》,高等教育出版社2019年版,第246页。

⑦ 参见陈光中主编:《刑事诉讼法(第七版)》,北京大学出版社、高等教育出版社2010年版,第305页。

方式对被怀疑犯有罪行的人进行讯问的一种侦查行为。[①]有观点认为，讯问是指侦查人员、公诉人员和审判人员为了查明和证明案件事实，依法对犯罪嫌疑人或被告人进行的审查和盘问。[②]有观点认为，讯问犯罪嫌疑人是指侦查人员为了查明案情和其他有关问题，依照法定程序，以言词方式对犯罪嫌疑人进行审问的一种侦查措施。[③]有观点认为，侦查讯问是指公安机关和人民检察院的侦查人员为了获取犯罪嫌疑人的供述和辩解，依照法定程序，通过言辞等方式对犯罪嫌疑人进行口头提问并加以固定的一种侦查行为。[④]有观点认为，侦查讯问是指在刑事诉讼的侦查阶段，侦查人员为了查明案件事实情况，收集案件证据，依照法律规定对犯罪嫌疑人进行讯问并对其进行查证的一项侦查活动。[⑤]有观点认为，侦查讯问是国家刑事侦查机关及其人员按照法律规定，以查明案件真实情况为目标，对被追诉人进行提问以期获得其回答，并由此决定对该案件的后续处理的侦查程序和行为。[⑥]还有观点认为，侦讯是指司法警察机关为侦查特定之犯罪案件，由司法警察人员质问涉嫌犯罪之嫌疑人。[⑦]

上述关于讯问概念的界定，主要是从讯问适用程序阶段、讯问人员、讯问对象和讯问目的四个角度展开。据此，讯问存在狭义与广义之分。狭义上的讯问，即侦查讯问，也有人称为“讯问犯罪嫌疑人”“侦讯”等，是指侦查人员依法定程序采取言词方式对犯罪嫌疑人查问案件事实的侦查行为。广义上的讯问，是指侦查人员、公诉人员、审判人员为查明、核实、证明案件事实，依法定程序采取言词方式对犯罪嫌疑人或被告人进行讯问的活动。如果以诉讼程序为标准，讯问包括侦查程序中的讯问、审查起诉程序中的讯问和审判程序中的讯问，或者审前程序中的讯问与审判程序中的讯问。从广义角度出发，可以从如下三个方面对讯问作进一步理解：

第一，讯问是刑事诉讼程序的重要环节。讯问适用的程序阶段可以从两个方面进行理解：一方面，讯问可以在刑事诉讼的各个阶段进行。例如，在我国，侦查、审查起诉、审判阶段都可以进行讯问；在法国，犯罪嫌疑人的供述可在诉讼进行的不同阶段通过讯问获得。[⑧]另一方面，讯问往往是侦查阶段的必经程序。在

① 参见樊崇义主编：《刑事诉讼法学（第五版）》，法律出版社 2019 年版，第 349 页。
② 参见何家弘、杨迎泽：《检察证据实用教程（第二版）》，中国检察出版社 2014 年版，第 152 页。
③ 参见朱孝清：《职务犯罪侦查教程（第三版）》，中国检察出版社 2014 年版，第 147 页。
④ 参见毕惜茜主编：《侦查讯问学》，中国人民公安大学出版社 2013 年版，第 1 页。
⑤ 参见陈汉彬、盛永彬主编：《侦查讯问（第二版）》，中国政法大学出版社 2020 年版，第 3 页。
⑥ 参见郑曦：《侦查讯问程序研究》，北京大学出版社 2015 年版，第 3 页。
⑦ 参见徐国桢：《揭开侦讯的神秘面纱：暴力篇》，台湾五南图书出版股份有限公司 2008 年版，第 2 页。
⑧ 参见宋英辉、孙长永、朴宗根等：《外国刑事诉讼法》，北京大学出版社 2011 年版，第 247 页。

我国，讯问犯罪嫌疑人是“公诉案件必经的诉讼程序”[1]，所以“任何案件的侦查都必须经过讯问，而其他侦查行为则不一定必须使用。不经过讯问，案件就不能侦查终结”[2]。在国外，讯问同样是刑事诉讼尤其是侦查程序的重要环节，“讯问犯罪嫌疑人在任何侦查程序中都是非常重要的工作，它的结果对整个侦查结论至关重要”[3]。例如，美国联邦最高法院曾有判例宣布，讯问是一州用来获得有罪判决的必要程序。[4]在德国，“在为起诉目的所为之每一种侦查程序中，原则上均规定需对被告讯问”[5]。在法国，除非犯罪嫌疑人在逃，或将作出“不予起诉裁定”，否则预审法官未经讯问受审查人，不得终结侦查。[6]概言之，侦查讯问是讯问的重点，究其原因：一是侦查讯问是获取供述的重要手段，而供述又是定案的关键证据，因而侦查讯问极为重要；二是侦查讯问是程序法治与发现真相之间冲突最为激烈的场域，“实务上最容易产生非任意性自白者，厥为警察拘捕人民至警察局的讯问环境；当事人对自白证据能力争执最多者，亦为拘捕后警讯所取得之自白；耗费法院最多司法资源在解决自白争议者，亦为拘捕后警察所得之自白；法院对于自白证据能力之判断，最不容易为当事人或社会大众所信服者，亦为拘捕后的警讯自白”[7]。例如，在法国的刑事司法体系中，司法警官是主要的侦查主体，享有极为广泛的调查权，因此也与犯罪嫌疑人的对立最为激烈。法国学说中的“口供自由、自愿原则”主要便是针对司法警官的讯问，而较少涉及预审与庭审。[8]因此，与相对封闭状态下的侦查讯问相比，审判程序中的讯问一般不存在上述问题，因为基于审判公开原则，加之有中立的法官主导庭审以及律师在场和公众的监督，审判程序中的讯问不大可能出现非法讯问的问题。[9]

第二，讯问人员的特定性。我国《刑事诉讼法》规定，在侦查程序中，讯问人员主要是公安机关和检察机关的侦查人员；在审查起诉阶段，讯问人员主要是检察官；在审判环节，讯问人员则包括检察人员和审判人员。从域外实践来看，讯问人员一般为警察、检察官、预审法官、法官等。有德国学者认为，询问/讯问的

---

① 王爱立主编：《中华人民共和国刑事诉讼法释义》，法律出版社 2018 年版，第 261 页。也有学者认为，侦查讯问是刑事诉讼程序的重要环节，但并不是所有刑事案件的必经法律程序。理论上，刑事案件立案之后未经讯问犯罪嫌疑人就撤案的可能性是存在的。参见上官春光：《侦查讯问研究述评》，中国检察出版社 2017 年版，第 6 页。

② 毕惜茜主编：《侦查讯问学》，中国人民公安大学出版社 2013 年版，第 1 页。

③ 〔英〕卡文 · 奥克斯伯等主编：《侦查的语言技术》，杨郁娟、庄东哲译，中国政法大学出版社 2017 年版，第 171 页。

④ 参见魏晓娜：《非法言词证据认定路径的完善》，载《人民检察》2017 年第 18 期。

⑤ 〔德〕克劳思 · 罗科信：《刑事诉讼法（第 24 版）》，吴丽琪译，法律出版社 2003 年版，第 5 页。

⑥ 参见卞建林、刘玫主编：《外国刑事诉讼法》，中国政法大学出版社 2008 年版，第 160 页。

⑦ 王兆鹏：《美国刑事诉讼法（第二版）》，北京大学出版社 2014 年版，第 266 页。

⑧ 参见施鹏鹏：《口供的自由、自愿原则研究——法国模式及评价》，载《比较法研究》2017 年第 3 期。

⑨ 如无特殊说明，本书所探讨的讯问主要是指侦查讯问。

称谓区别的标准是询问/讯问负责人员的法律身份，据此可以将其区分为：警察询问/讯问、检察官的询问/讯问、法官的询问/讯问。[①]可见，讯问人员具有特定性，一般专属于侦查机关、检察机关、审判机关的有关人员，“侦讯系拘束当事人在特定处所接受讯问，故侦讯须有负责犯罪侦查之司法警察人员始能实施，系公权力之行使”[②]，所以其他国家机关、团体或个人一般无权开展讯问活动。

第三，讯问对象的特定性。在我国，讯问对象为犯罪嫌疑人和被告人。其中，犯罪嫌疑人是指因涉嫌犯罪被侦查机关立案侦查和被检察机关提起诉讼的人；被告人是指因涉嫌犯罪被检察机关或自诉人正式向审判机关提起诉讼，要求审判机关依法追究其刑事责任的人。[③]立案之后，只有确定了犯罪嫌疑人，才能讯问犯罪嫌疑人，对被依法拘传、拘留、逮捕的犯罪嫌疑人或者被采取取保候审、监视居住的犯罪嫌疑人进行讯问。

（二）侦查讯问的特点

论及侦查讯问有何特点，可谓见仁见智。[④]一般而言，侦查讯问具有法律性、互动性、冲突性等特点。

第一，法律性。法律性也称程序性或依法性，指侦查人员讯问犯罪嫌疑人时应严格按照法律规定的程序和要求展开，“询问/讯问的流程并不是仅仅取决于询问/讯问过程的策略，而是由在询问/讯问过程中需要遵守的法律法规来决定。这些法律法规保障一个法治国家公正的刑事侦查程序”[⑤]。侦查讯问依法进行既是控制讯问权滥用的要求，也是保障犯罪嫌疑人合法权益的需要。就我国而言，依法进行讯问的“法”既包括相关程序法，也包括相关实体法，这些规范性文件既有全国人大制定的法律，也有公安部、最高司法机关发布的部门规章、司法解释等。1979年《刑事诉讼法》实施以来，我国不断完善有关讯问的法律规范，侦查讯问的法治化程度日益提升。

第二，互动性。侦查讯问不是侦查人员的单方行为，也不是单方向的信息输

---

① 参见〔德〕阿克曼、〔德〕克拉格斯、〔德〕洛尔：《刑事侦查手册：刑事侦查技能实务与培训（第四版）》，刘道前、解冰译，中国人民公安大学出版社2019年版，第413页。

② 徐国桢：《揭开侦讯的神秘面纱：暴力篇》，台湾五南图书出版股份有限公司2008年版，第2页。

③ 参见樊崇义主编：《刑事诉讼法学（第五版）》，法律出版社2020年版，第108页。

④ 从侦查学的角度出发，关于侦查讯问的特点，有观点认为，侦查讯问具有程序性、冲突性、互动性、策略性的特点。参见毕惜茜主编：《侦查讯问学》，中国人民公安大学出版社2013年版，第2—3页。有观点认为，侦查讯问具有直接性、言语性、互动性、程序性、灵活性的特点。参见上官春光：《侦查讯问研究述评》，中国检察出版社2017年版，第8—9页。有观点认为，讯问具有直接性、互动性、冲突性、强制性、时限性的特点。参见胡明编：《讯问学》，中国政法大学出版社2019年版，第11—12页。有观点认为，讯问具有环境性、个体性、强制性、交互性的特点。参见薛宏伟主编：《讯问学》，中国法制出版社2020年版，第28—29页。有观点认为，侦查讯问具有公开性、直接性、冲突性、法律规范性的特点。参见赵昌平主编：《侦查讯问》，法律出版社2015年版，第2—3页。

⑤ 〔德〕阿克曼、〔德〕克拉格斯、〔德〕洛尔：《刑事侦查手册：刑事侦查技能实务与培训（第四版）》，刘道前、解冰译，中国人民公安大学出版社2019年版，第413—414页。

人，而是由侦查人员和犯罪嫌疑人双方参与的互动性诉讼活动，[①]即“讯问犯罪嫌疑人是在一个交流过程中为了获取有关案情的内容”[②]的活动，这体现了侦查讯问的直接性与互动性。在这一互动活动中，讯问人员始终处于主导地位，“侦讯并非是侦讯者与被侦讯者做一般之对话，侦讯系由侦讯者提出问题质问，被侦讯者只能依照问题回答，由侦讯者主导提问，被侦讯者回答，在侦讯的过程中，被侦讯者并没有发问的余地，对侦讯的提问也不能有任何质疑”[③]。可见，问与答构成了侦查讯问的基本特征，当然，可能有问有答，也可能有问无答。

第三，冲突性。侦查讯问中，讯问人员通过讯问收集证据、取得供述；如果被讯问人有罪，基于趋利避害的本能可能会推卸责任、隐瞒罪行，不作供述或作虚假供述，因此“侦查讯问是各种侦查手段中侦查主体与被追诉人最直接的正面接触，双方处于封闭环境中面对面地以言词方式就案件的情况进行问答，以言词方式进行合作或对抗，其间可能发生激烈的言词交锋”[④]。可见，讯问人员和被讯问人的诉求存在差异，二者的对抗性、冲突性在所难免。

第四，关于强制性的讨论。侦查在方法上可分为“任意侦查”与“强制侦查”，前者指不使用强制力或强制处分而为之侦查；后者则指使用强制力或强制处分所为之侦查。[⑤] 换言之，强制性侦查是侦查机关通过限制或剥夺人身自由、财产权或其他合法权益的方式所采取的专门调查活动。[⑥] 关于侦查讯问活动是否具有强制性这一问题存在两种观点。一是肯定说，即认为侦查讯问具有强制性。例如，有观点认为，讯问活动中，不论被讯问人愿不愿意接受，或者不论其对讯问采取什么样的态度，最终都应当回答讯问人员的提问，这种强制性主要体现为目的强制性、措施强制性、情境强制性和规则强制性。[⑦]还有观点认为，询问/讯问不是常规意义上的交流程序，如果这个交流程序不是一个自愿的陈述，则该交流程序是一个单方面主导的强制性交流措施。[⑧]一些国家的相关法律规定也明确了侦查讯问具有强制性，如法国《刑事诉讼法典》第 78 条第 1 款规定，“司法警官为侦查的必需而传唤的人员，必须到场。如果他们不履行此项义务，司法警官应当将情况报告共和国检察官以便由警察强制其到场”[⑨]。二是否定说，即认为侦

---

① 参见上官春光：《侦查讯问研究述评》，中国检察出版社 2017 年版，第 8 页。

② 〔德〕阿克曼、〔德〕克拉格斯、〔德〕洛尔：《刑事侦查手册：刑事侦查技能实务与培训（第四版）》，刘道前、解冰译，中国人民公安大学出版社 2019 年版，第 412 页。

③ 徐国桢：《揭开侦讯的神秘面纱：暴力篇》，台湾五南图书出版股份有限公司 2008 年版，第 2 页。

④ 郑曦：《侦查讯问程序研究》，北京大学出版社 2015 年版，第 8 页。

⑤ 参见陈健民：《刑事诉讼法要论》，中国人民公安大学出版社 2009 年版，第 191 页。

⑥ 参见陈瑞华：《刑事诉讼法》，北京大学出版社 2021 年版，第 375 页。

⑦ 参见薛宏伟主编：《讯问学》，中国法制出版社 2020 年版，第 28—29 页。

⑧ 参见〔德〕阿克曼、〔德〕克拉格斯、〔德〕洛尔：《刑事侦查手册：刑事侦查技能实务与培训（第四版）》，刘道前、解冰译，中国人民公安大学出版社 2019 年版，第 414 页。

⑨ 《法国刑事诉讼法典》，余叔通、谢朝华译，中国政法大学出版社 1997 年版，第 36 页。

查讯问不具有强制性。例如,有学者提出了四点理由:第一,侦查讯问的目的是获取犯罪嫌疑人口供,而口供真实性取决于陈述的任意性;第二,一些强制性的讯问手段是禁止的;第三,侦查人员掌控着谈话的主导权,但这种主导不一定意味着剥夺嫌疑人的意志自由;第四,讯问由“硬”到“软”是一种趋势,也是保证陈述真实性和保障犯罪嫌疑人人权的内在要求。[①]笔者认为,就我国而言,侦查讯问是否具有强制性可以从两个方面予以理解:一方面,对于犯罪嫌疑人而言,犯罪嫌疑人有义务回答侦查人员的提问,如羁押在看守所的犯罪嫌疑人,无论其否愿意接受讯问,都必须接受侦查人员的提讯;[②]对未被羁押的犯罪嫌疑人,可以通过采取拘传强制其到案接受讯问;讯问场景本身会给犯罪嫌疑人造成心理压力,这些都体现了侦查讯问的强制性。但禁止强迫自证其罪原则、非法口供排除规则等制度,要求犯罪嫌疑人的供述是自愿的,这又体现了讯问的非强制性。另一方面,对于侦查人员而言,法律明确规定,犯罪嫌疑人在被拘留、逮捕之后应当在看守所进行讯问;对于可能判处无期徒刑以上刑罚的案件应当录音录像;采取刑讯逼供、威胁等方法取得的口供可能被排除,这些规定体现了讯问中对侦查人员的强制性要求。

（三）讯问与相关术语辨析

1. 讯问与询问

在国外立法体例中,对犯罪嫌疑人的问话有讯问和询问之分。讯问即“interrogation”,带有明显的指控性;询问即“interview”,不带指控性。[③] 在美国,询问的主要特点有:① 非指控性;② 目的是收集信息;③ 可以在侦查早期阶段进行;④ 可以在多种环境中进行;⑤ 可以自由进行;⑥ 正式的询问应做笔录。讯问的主要特点有:① 指控性;② 积极的说服;③ 目的是了解事实真相;④ 在可控的环境下进行;⑤ 在侦查人员确信犯罪嫌疑人有罪后进行;⑥ 犯罪嫌疑人说出真相或完全认罪后才做笔录。[④]总之,讯问与询问的主要区别在于是否具有指控性,因而讯问和询问的法律程序及方式也就有所不同。

在我国,讯问和询问具有明显区别。讯问对象为犯罪嫌疑人、被告人;询问对象为证人、被害人。[⑤]在确定了犯罪嫌疑人之后,才可以对犯罪嫌疑人进行讯问,否则只能按照证人进行询问。是否具有指控性是讯问和询问之间最大的不

---

① 参见上官春光:《侦查讯问研究述评》,中国检察出版社 2017 年版,第 6—7 页。

② 参见孙长永主编:《侦查程序与人权保障——中国侦查程序的改革和完善》,中国法制出版社 2009 年版,第 470 页。

③ 参见上官春光:《侦查讯问研究述评》,中国检察出版社 2017 年版,第 10 页。

④ 参见〔美〕佛瑞德·E. 英鲍等:《刑事审讯与供述(第五版)》,刘涛等译,中国人民公安大学出版社 2015 年版,第 3—5 页。

⑤ 询问证人、被害人是指侦查人员依照法定程序,通过言词方式,就案件情况向证人、被害人进行调查了解的一项侦查活动。参见樊崇义主编:《刑事诉讼法学(第五版)》,法律出版社 2020 年版,第 351 页。

同。《春秋公羊传》记载，“君尝讯臣矣。”可见，“讯问常常带有一种自上而下的威逼感，使用该词本身即已使讯问对象形成处于某种弱势和劣势地位的心理感受”[①]。而询问不具有指控性，询问双方体现出一定的“平等性”，“询问一词多用于公权力机关以证人或其他诉讼参与人为对象进行的问答行为，其语意较为平和，给人以较小压力之感”[②]。因此，如果不是指控性的问话，一般不属于讯问，即使针对被追诉者亦如此。我国《刑事诉讼法》第 217 条规定：“适用简易程序审理案件，审判人员应当询问被告人对指控的犯罪事实的意见”，该条文用“询问”而非“讯问”，是因为“询问”被告人对指控的犯罪事实的意见，并不具有指控性。

2. 讯问与预审

我国《刑事诉讼法》第 3 条规定：“对刑事案件的侦查、拘留、执行逮捕、预审，由公安机关负责。”第 116 条规定：“公安机关经过侦查，对有证据证明有犯罪事实的案件，应当进行预审，对收集、调取的证据材料予以核实。”[③]上述两个条文中都有“预审”一词，预审是我国侦查程序的一个重要环节，它在公安机关经过一系列侦查活动后进行，其前提是经侦查所获得的证据能证明存在犯罪事实并已查得犯罪嫌疑人且犯罪嫌疑人已被公安机关控制。预审的任务是对侦查中收集、调取的各种证据材料予以核实，即进一步运用侦查手段复核证据，确定定案根据，认定案件事实；同时，通过预审活动进一步发现犯罪线索，扩大侦查战果，为侦查终结、正确处理案件打下可靠基础。[④]可见，公安机关在案件侦破之后，需要对收集的证据材料进行全面、系统的审查，而预审制度在一定程度上将侦查分为前期侦查和后期预审两个阶段。预审的两种最基本的方法是讯问和调查。[⑤]前期侦查中讯问犯罪嫌疑人与后期预审中讯问犯罪嫌疑人存在一定的区别：前者主要是为了取得供述、查明案件事实等；后者主要是对收集的证据予以核实、审查、完善，以及查破隐案等。

二、讯问的目的

刑事诉讼各个程序阶段进行讯问的目的总体是一致的，即查清案件事实真相，以便最终作出正确的裁判，如“英国的谈话程序当前的目标是通过嫌疑人和证人谈话程序获取可靠的信息，以便法院合理、公正地作出裁判”[⑥]。在我国，由于公检法三机关在刑事诉讼中的功能定位不同，因而警察、检察官和法官的讯问

---

① 郑曦：《侦查讯问程序研究》，北京大学出版社 2015 年版，第 4 页。

② 同上。

③ 另参见《公安机关办理刑事案件程序规定》第 3 条、第 192 条。

④ 参见王爱立主编：《中华人民共和国刑事诉讼法释义》，法律出版社 2018 年版，第 254—255 页。

⑤ 参见许昆主编：《侦查学》，高等教育出版社 2016 年版，第 237 页。

⑥ 〔英〕安迪·格里菲思：《从口供导向到专业导向——英格兰和威尔士嫌疑人谈话程序简史》，载〔美〕柏恩敬、刘超、高原编译：《追问警察讯问方法——比较法的视角》，法律出版社 2018 年版，第 265 页。

目的也存在一些差异,“侦查讯问与非侦查讯问的核心区别在于,前者主要目的是收集信息,发现事实真相;而后者的主要目的不是发现事实,而是核实事实”[①]。

(一)侦查环节讯问的目的

讯问是重要的侦查措施,侦查讯问的主要目的是查清案件事实、取得供述以及发现案件线索。

第一,查清案件事实。“侦讯之目的在侦讯人员努力之劝说下,以衡平嫌犯运用各种无罪之防御对抗,以发现犯罪之真实”[②],因而侦查讯问既要查清有罪、罪重的事实,又要查清无罪、罪轻的事实。一方面,如果嫌疑人是实施犯罪之人,那么他或她对于实施犯罪的情况应当最为了解,如实供述对于查明案件事实、查清犯罪情节具有重大意义,犯罪嫌疑人在实施犯罪时,除物质痕迹外还会留下心理痕迹,这些痕迹保留在记忆中,如信息的载体一般,成为确定案件事实真相的反映,获取这些信息的重要手段是讯问。[③]实践中,一些刑事案件因未取得犯罪嫌疑人的供述,而无法查清犯罪事实,导致无法侦破案件。另一方面,如果嫌疑人不是实施犯罪之人,他或她的辩解也有助于查明案件事实,排除无辜,“有些时候,警方审讯的结果不仅会导致犯罪嫌疑人被拘捕并被确认罪行,而且也能帮助无辜者从高度的怀疑中解脱出来”[④],所以“讯问除了系侦查机关为取得自白所为之侦查活动之外,亦属犯罪嫌疑人为辩明自己之犯罪嫌疑,行使防御权之活动”[⑤]。质言之,“在侦查的最后阶段,高质量的讯问有助于将相关信息转化为证据,证实犯罪嫌疑人的犯罪嫌疑,也证实其他涉嫌人员或无辜者的清白”[⑥]。

第二,取得供述。侦查讯问是重要的取供手段,可以说取得口供离不开侦查讯问,“侦讯乃在于取得犯罪嫌疑人之自白”[⑦]。实践中,侦查讯问主要围绕取得口供而展开。例如,在德国,讯问犯罪嫌疑人的目的是说服其作出供述。[⑧] 在俄罗斯,侦查员根据刑事诉讼程序进行讯问和询问,取得并固定对犯罪侦查有重要意义的供述或证言。[⑨]在英国,大部分犯罪嫌疑人并不会自动供认不讳,供述经

---

① 上官春光:《侦查讯问研究述评》,中国检察出版社2017年版,第3页。

② 傅美惠:《侦查法学》,中国检察出版社2016年版,第183页。

③ 参见〔俄〕E. П. 伊申科:《刑事侦查学》,张汝铮译,中国人民公安大学出版社2014年版,第223页。

④ 〔美〕佛瑞德·E. 英鲍等:《刑事审讯与供述(第五版)》,刘涛等译,中国人民公安大学出版社2015年版,导论第2页。

⑤ 傅美惠:《侦查法学》,中国检察出版社2016年版,第184页。

⑥ 〔英〕卡文·奥克斯伯等主编:《侦查的语言技术》,杨郁娟、庄东哲译,中国政法大学出版社2017年版,第171页。

⑦ 傅美惠:《侦查法学》,中国检察出版社2016年版,第183—184页。

⑧ 参见〔德〕阿克曼、〔德〕克拉格斯、〔德〕洛尔:《刑事侦查手册:刑事侦查技能实务与培训(第四版)》,刘道前、解冰译,中国人民公安大学出版社2019年版,第410页。

⑨ 参见〔俄〕E. П. 伊申科:《刑事侦查学》,张汝铮译,中国人民公安大学出版社2014年版,第223页。

常是讯问的产物。[1]在我国，犯罪嫌疑人在接受讯问后认罪，俨然成为司法实践的常态。[2]但是，如果过于重视口供的证据价值，就有可能强调通过侦查讯问取得口供，进而导致“讯问程序的唯一目的就在于引导嫌疑人作出证明其有罪的陈述，承认犯罪相关的事实，甚或直接获得完整的口供，以确保有罪判决”[3]。因此，侦查讯问的目的如果仅仅是为了取得有罪供述，有可能引发虚假供述。例如，在英国，随着一些冤假错案的曝光，有关人员开始意识到讯问中的问题，逐渐探索出和平模式的侦查访谈技术，强调讯问目的是案件信息的收集，而非单纯的获取口供。[4]就此而言，侦查讯问的目的应定位于发现案件事实真相，而非仅仅是取得口供。

第三，发现线索。侦查讯问也意在发现线索，既包括本案的新线索，也包括其他案件的新线索。实践中，在侦查讯问中观察被讯问人的行为举止，有的时候能够得到某种蛛丝马迹，从而发现某种线索；有的时候从被讯问人的陈述中得到其他信息，根据此种信息得到其他证据。[5]发现线索也是国外侦查讯问的主要目的，如还有研究者认为，口供对于警察和检察官而言之所以有价值，不仅因为它们会直接指向供述者的罪行，甚至有时候这都不是主要因素，因为它们为进一步的侦查工作提供了宝贵的资源。[6]在俄罗斯，讯问和询问的目的是发现线索，获取与被调查的犯罪有关的信息。[7]

（二）检察环节讯问的目的

在我国，检察机关讯问犯罪嫌疑人主要体现在审查批捕和审查起诉环节，这两种情形下的讯问目的有所差异。

第一，检察机关在审查批准逮捕时讯问犯罪嫌疑人的目的。根据我国《刑事诉讼法》第 88 条第 1 款的规定，人民检察院在审查批准逮捕时，对于是否需要讯问犯罪嫌疑人，分为两种情况：一是“可以”讯问犯罪嫌疑人；二是“应当”讯问犯罪嫌疑人。后者又包括三种情形：一是“对是否符合逮捕条件有疑问的”，人民检察院应当讯问犯罪嫌疑人，此时讯问的主要目的是消除疑点。二是“犯罪嫌疑人要求向检察人员当面陈述的”，人民检察院应当讯问犯罪嫌疑人。犯罪嫌疑人陈

---

① 参见〔英〕安德鲁·桑达斯、〔英〕瑞恰德·杨：《起诉》，载江礼华、〔加〕杨诚主编：《外国刑事诉讼制度探微》，法律出版社 2000 年版，第 150 页。

② 参见刘静坤：《证据审查规则与分析方法：原理·规范·实例》，法律出版社 2018 年版，第 256 页。

③ 〔美〕索尔·M. 卡辛等：《警察诱供：风险因素与防范建议》，载〔美〕柏恩敬、刘超、高原编译：《追问警察讯问方法——比较法的视角》，法律出版社 2018 年版，第 69—70 页。

④ 参见毕惜茜：《我国侦查讯问的变革与发展》，载《公安学研究》2019 年第 2 期。

⑤ 参见郑曦：《侦查讯问程序研究》，北京大学出版社 2015 年版，第 11 页。

⑥ 参见〔美〕拉里·劳丹：《错案的哲学：刑事诉讼认识论》，李昌盛译，北京大学出版社 2015 年版，第 200 页。

⑦ 参见〔俄〕E. П. 伊申科：《刑事侦查学》，张汝铮译，中国人民公安大学出版社 2014 年版，第 223 页。

述的内容可以是关于所涉嫌案件犯罪事实的辩护，如犯罪行为并非自己所为；也可以是陈述自己符合取保候审、监视居住的条件，不应被采取逮捕措施，因而这时讯问的主要目的是要核实情况，以保护犯罪嫌疑人的合法权益。三是“侦查活动可能有重大违法行为的”，人民检察院应当讯问犯罪嫌疑人，此时讯问的主要目的是要了解相关情况、纠正违法行为、保障犯罪嫌疑人的合法权益。[①]质言之，检察机关审查批准逮捕时讯问犯罪嫌疑人的主要目的是核实证据，即核实侦查机关提请批准逮捕的犯罪嫌疑人是否符合逮捕的条件；同时，也履行法律监督职能，即核实是否存在违法讯问的情况，以监督侦查活动。

第二，检察机关在审查起诉时讯问犯罪嫌疑人的目的。我国《刑事诉讼法》第173条第1款规定，“人民检察院审查案件，应当讯问犯罪嫌疑人”。审查起诉阶段讯问犯罪嫌疑人是指通过与犯罪嫌疑人面对面的接触和交谈，全面了解案情的来龙去脉，审查证据的合法性、真实性和关联性，确定证据的效力和证明能力，及时发现证据在质和量上的不足，从而充实、补全证据，为支持公诉做好充分准备。[②]质言之，检察机关在审查起诉时讯问犯罪嫌疑人是审查侦查机关收集的证据是否符合提起公诉的条件，以防止错案发生，同时也具有监督侦查活动的目的。

需要指出的是，我国检察机关具有客观义务，即“检察官为了实现司法公正，在刑事诉讼中不应站在当事人立场、而应站在客观中立的立场上进行活动，努力发现并尊重案件事实真相”。[③]因此，无论是审查批捕还是审查起诉时讯问犯罪嫌疑人，不能存在有罪推定的思想，而要基于客观义务，全面核实证据，以查明案件事实情况，同时发挥法律监督的职能，核查侦查讯问的合法性。

（三）审判环节讯问的目的

在审判环节，讯问被告人情形主要包括：法庭调查过程中，公诉人、审判人员可以讯问被告人；[④]二审审理方式采用不开庭审理的，应当讯问被告人；[⑤]死刑复核的调查中讯问被告人。[⑥]审判环节的讯问主要是法庭调查程序中对被告人的讯问。[⑦]

第一，在法庭调查程序中，公诉人代表国家在法庭上起诉和证实被告人的罪

---

① 参见王爱立主编：《中华人民共和国刑事诉讼法释义》，法律出版社2018年版，第198页。

② 参见北京市大兴区人民检察院课题组：《审查起诉阶段讯问犯罪嫌疑人之策略》，载《山西省政法管理干部学院学报》2015年第3期。

③ 参见朱孝清：《检察官负有客观义务的缘由》，载《国家检察官学院学报》2015年第3期。

④ 参见《刑事诉讼法》第191条、《人民法院办理刑事案件第一审普通程序法庭调查规程（试行）》第7条、第8条。

⑤ 参见《刑事诉讼法》第234条第2款。

⑥ 参见《刑事诉讼法》第251条第1款。

⑦ 参见马云雪：《审判程序中讯问被告人问题研究》，中国法制出版社2016年版，第10页。

行。为了更好地揭露被告人的犯罪情节，论证其犯罪行为应予追究，公诉人可以讯问被告人，讯问的主要内容应限于其被指控的犯罪。因此，公诉人讯问的主要目的是让审判人员当庭听取被告人的供述或者辩解，弄清案件事实。[①]司法实践中，法庭调查程序中公诉人讯问占用了庭审相当多的时间。对此，有观点认为，讯问被告人环节对于庭审实质化而言没有实际意义，公诉人应当将主要时间和精力放在证据的出示和对辩方质证意见的反驳上，而不是对被告人的讯问上。[②]

第二，在法庭调查程序中，“审判人员可以讯问被告人”，但审判人员讯问被告人应秉持“必要性”原则，以体现审判中立的立场。有观点认为，公诉人法庭讯问与法官讯问的重大区别在于：前者是在已形成有罪内心确信的情况下为展示有罪事实并说服法官而发问；后者则是为建立内心确信、发现案件事实而发问。[③]审判人员掌握和指挥着庭审的进行，对审理过程中有疑问的地方，以及被告人在陈述时有表述不清的地方，他们可以直接讯问被告人，[④]以形成内心确信。

总之，在审判阶段，讯问被告人是为了对证据加以展示并质证，使法官通过听取控、辩双方的意见，做到“兼听则明”，从而对案件作出客观公正的判决。[⑤]

第二节 口供概述

一、口供的概念

口供与供述、自白是三个密切相关的概念。在我国语境下，口供几乎就是指供述。所谓口供，即犯罪嫌疑人、被告人的供述；[⑥]所谓供述是“承认自己有罪的人对自己犯罪情况”[⑦]的陈述，该陈述既包括对犯罪事实全部细节的描述，也包括对犯罪事实部分细节的描述。可见，口供与供述的内涵大体一致，它们都是指对自己不利事实的陈述，“口供是指被告人向一个负责官员所作的口头或书面陈述，而该陈述后来被检控方用来作为指控被告人犯罪的证据”[⑧]，所以如果陈述

① 参见王爱立主编：《中华人民共和国刑事诉讼法释义》，法律出版社 2018 年版，第 407 页。

② 参见王海虹：《以庭审实质化视角对刑事庭审中公诉人讯问环节的考察、反思与建言》，载《法律适用》2017 年第 1 期。

③ 参见李凯：《公诉人法庭讯问基本原理与策略初探》，载《中国检察官》2016 年第 21 期。

④ 参见王爱立主编：《中华人民共和国刑事诉讼法释义》，法律出版社 2018 年版，第 407 页。

⑤ 参见杨耀杰：《反贪审讯秘笈》，华中科技大学出版社 2015 年版，第 3 页。

⑥ 参见王爱立主编：《中华人民共和国刑事诉讼法释义》，法律出版社 2018 年版，第 116 页。

⑦ 同上书，第 106 页。

⑧ 陈瑞华：《比较刑事诉讼法（第二版）》，北京大学出版社 2021 年版，第 258 页。

的内容是对自己有利的，如陈述自己无罪或罪轻，则为辩解。[①]

自白一词多用于英美法系国家，大致对应大陆法系以及我国刑事诉讼中“供述”或“口供”的概念。[②]所谓自白，是被告人承认自己犯罪事实的全部或重要部分的供述。[③]被告之自白在本质上属于对自己不利事实之陈述，故若系对自己有利事实之陈述，即非此之自白。[④]如英国1984年《警察与刑事证据法》第82(1)条所定义的自白包括完全或者部分不利于陈述者本人的所有陈述，需要注意的是，仅仅部分不利于陈述者的陈述，也在这一定义之内。[⑤]

综上所述，如果不是基于严格意义上的区分，口供、供述和自白都是指犯罪嫌疑人、被告人对自己犯罪事实的承认，即作出有罪陈述。该有罪陈述既可以是对全部犯罪事实的承认，也可以是对部分犯罪事实的承认；既可以在侦查阶段作出，也可以在审判阶段作出。

二、口供的价值

早在古希腊和罗马帝国时期，律师就将刑讯所得的供述当作“最高形式的真相”。[⑥]当前，无论是英美法系国家还是大陆法系国家，都非常重视口供在刑事司法中的价值，口供经常是破案的依据和定罪的根据。

在美国，联邦最高法院曾认为，“被告人自己的供述很可能是用作指控他的最具证明力和杀伤力的证据”[⑦]；甚至有联邦最高法院法官认为，“出于自由意思的自白，是法律上最有效的证明，是最强有力的证据”[⑧]。同时，不少研究者也认为口供具有重要价值。例如，有观点认为，人们不能期待警察仅仅依靠独立的调查就可以查明犯罪，最佳信息的来源通常是嫌疑人本人，没有他的合作很多犯罪根本就不可能查明；[⑨]有观点认为，在缺乏其他常规证据时，供述成为支撑控方起诉的唯一根据；[⑩]有观点认为，许多刑事案件，即使是由最称职的警察部门侦

---

① 广义上而言，口供可以包括犯罪嫌疑人的供述和辩解(包括攀供)。

② 参见魏晓娜：《非法言词证据认定路径的完善》，载《人民检察》2017年第18期。

③ 参见〔日〕田口守一：《刑事诉讼法(第七版)》，张凌、于秀峰译，法律出版社2019年版，第484页。

④ 参见林山田：《刑事程序法》，台湾五南图书出版有限公司1998年版，第268页。

⑤ 参见〔英〕克里斯托弗·艾伦：《英国证据法实务指南(第四版)》，王进喜译，中国法制出版社2012年版，第231页。

⑥ 参见〔英〕卡文·奥克斯伯等主编：《侦查的语言技术》，杨郁娟、庄东哲译，中国政法大学出版社2017年版，第172页。

⑦ 〔美〕布兰登·L.加勒特：《误判：刑事指控错在哪了》，李奋飞等译，中国政法大学出版社2015年版，第16页。

⑧ 王兆鹏：《美国刑事诉讼法(第二版)》，北京大学出版社2014年版，第247页。

⑨ 参见〔美〕赫伯特·L.帕克：《刑事诉讼的两种模式》，梁根林译，载〔美〕虞平、郭志媛编：《争鸣与思辨：刑事诉讼模式经典论文选译》，北京大学出版社2013年版，第25页。

⑩ 参见〔美〕丹·西蒙：《半信半疑：刑事司法中的心理学》，刘方权、陈晓云译，上海交通大学出版社2017年版，第198页。

查的案件，也只能通过犯罪嫌疑人本人的承认或供述所取得的信息才能够得到解决。[①]因此，很多案件如果没有口供根本不存在足以将被告人定罪的确实而充分的证据，而其余的大部分案件，如果没有口供，那么侦查成本就会过高，且很难收集到能用于定罪的充分证据。[②]概言之，获取犯罪嫌疑人的供述对警方仍具有很大的诱惑力：一是犯罪嫌疑人的口供有助于加速案件的侦办进程；二是犯罪嫌疑人的供述大大降低了警察怀疑无辜人员的可能性；三是有罪供述有助于法院迅速处理案件；四是有罪供述有利于被害人在心理上得到慰藉。[③]

在英国，有判例宣称，如果口供是嫌疑人自由且自愿作出的，那么它应该获得最高等级的可靠性。[④]所以"一个自愿的有罪自白，如果它是全面的、前后一致的并且很可能是这样，将其视为最高、最令人满意的证据就是正当的"[⑤]。英国早期司法实践数据也显示，由于供述的证明力很强，在98%存在供述的案件中，犯罪嫌疑人都作出认罪答辩或者被认定有罪。[⑥]

在法国，重罪法庭对侦查阶段的讯问笔录一般不予采纳，但这一讯问笔录对于侦查阶段收集其他证据和发现犯罪线索仍具有重要意义，对预审法官制作的讯问笔录和庭上被告人的陈述也具有印证作用。对于轻罪法庭处理的案件，法官对侦查阶段的讯问笔录则可依自由心证原则加以采纳，这实际上肯定了警察讯问笔录的证据效力。[⑦]

在德国，被告人在审判程序中的陈述及其到场对法院判决之形成深具影响。有时候，法院的判决甚至就全靠被告人之陈述作基础。[⑧]

在日本，调查取证时，会非常重视嫌疑人的自白。因为通过嫌疑人对自己的经历、境遇和犯罪背景、动机、状况、经过以及其他情况的详细供述，可以获取对当事人犯罪行为进行合理了解的必要信息。通过这种方法，不仅可以使当事人认识到自己所犯的罪行，而且还能使当事人表明自己的悔悟之情。[⑨] 因此，为了

---

① 参见〔美〕伟恩·R.拉费弗、〔美〕杰罗德·H.伊斯雷尔、〔美〕南西·J.金：《刑事诉讼法（上册）》，卞建林、沙丽金等译，中国政法大学出版社2003年版，第337页。

② 参见〔美〕德博拉·戴维斯、〔美〕理查德·A.利奥：《讯问诱发的虚假口供：发现与预防机制失效的原因》，载〔美〕柏恩敬、刘超、高原编译：《追问警察讯问方法——比较法的视角》，法律出版社2018年版，第165页。

③ 参见吴纪奎：《心理强制时代的侦查讯问规制》，载《环球法律评论》2009年第3期。

④ 参见〔美〕索尔·M.卡辛等：《警察诱供：风险因素与防范建议》，载〔美〕柏恩敬、刘超、高原编译：《追问警察讯问方法——比较法的视角》，法律出版社2018年版，第79页。

⑤ 转引自〔英〕克里斯托弗·艾伦：《英国证据法实务指南（第四版）》，王进喜译，中国法制出版社2012年版，第228页。

⑥ 参见刘静坤：《证据审查规则与分析方法：原理·规范·实例》，法律出版社2018年版，第256页。

⑦ 参见孙长永主编：《侦查程序与人权保障——中国侦查程序的改革和完善》，中国法制出版社2009年版，第466—467页。

⑧ 参见〔德〕克劳思·罗科信：《刑事诉讼法（第24版）》，吴丽琪译，法律出版社2003年版，第226—227页。

⑨ 参见〔日〕六本佳平：《日本法与日本社会》，刘银良译，中国政法大学出版社2006年版，第262页。

查明犯罪事实,必须获取言词证据。[①] 这样自白在日本刑事司法中就处于核心地位,被告人自白是高定罪率的基础,检察官的主要成就都是建立在自白的基础上,自白几乎是起诉的必备条件。[②] 实践中,请求交付审判的案件 90%以上是自白案件。[③]有学者认为,口供是该犯人就自己直接所犯的罪行所作的交代,只要不是撒谎,就没有比这更好的了,[④]如果犯了罪的嫌疑人自己不说出真相,那么案件的真相永远都不可能查清。[⑤] 因此,讯问犯罪嫌疑人是收集证据的重要手段,侦查的成功与否直接受到讯问结果的影响。[⑥]

就我国而言,《刑事诉讼法》规定,犯罪嫌疑人、被告人的供述和辩解属于法定证据种类,犯罪嫌疑人供述的笔录可以作为证据使用。"在我国当前侦查资源(包括侦查机关的取证能力和手段)相对有限的背景下,口供作为一种直接证据,在证据体系中的地位仍然是相对比较'吃重'的。"[⑦]目前在我国刑事诉讼的各个阶段,口供都发挥着重要的作用,[⑧]尤其在侦查阶段,获取口供成为侦查工作的重心。有实证研究指出,犯罪嫌疑人在侦查阶段的认罪情况呈现出两个极为显著的特点:一是整体认罪率极高,达 98.91%,J 区、N 县、Y 区分别为 100%、98.39%、98.35%;二是初次讯问中的认罪率也非常高,达 87.93%,J 区、N 县、Y 区分别为 95.53%、79.84%、88.43%。[⑨]在审判阶段,口供也是定罪量刑的主要根据。一次随机抽查一个基层人民法院和一个中级人民法院 250 件案件的调查显示,没有一件有罪判决的案件缺乏被告人有罪供述的证据,近 50%的案件只有被告人供述一个直接证据,其他都是与被告人供述相互印证的间接证据。[⑩]

---

① 参见〔日〕田口守一:《刑事诉讼法(第七版)》,张凌、于秀峰译,法律出版社 2019 年版,第 149 页。

② 参见〔美〕戴维·T.约翰逊:《日本刑事司法的语境与特色:以检察起诉为例》,林喜芬等译,上海交通大学出版社 2017 年版,第 355 页。

③ 参见〔日〕田口守一:《刑事诉讼的目的》,张凌、于秀峰译,中国政法大学出版社 2011 年版,第 1 页。

④ 参见〔日〕西原春夫主编:《日本刑事法的形成与特色》,李海东等译,法律出版社、日本成文堂 1997 年版,第 294 页。

⑤ 参见〔美〕戴维·T.约翰逊:《日本刑事司法的语境与特色:以检察起诉为例》,林喜芬等译,上海交通大学出版社 2017 年版,第 362 页。

⑥ 参见彭勃:《日本刑事诉讼法通论》,中国政法大学出版社 2002 年版,第 126 页。

⑦ 万毅:《论"反复自白"的效力》,载《四川大学学报(哲学社会科学版)》2011 年第 5 期。

⑧ 孙长永教授具体分析了口供在刑事诉讼中的作用,他认为,侦查以获取口供为中心,以印证口供为补充,把获取嫌疑人的口供作为侦破案件的突破口,先取口供,后找证据,无供不算破案;审查起诉以审查侦查期间的讯问笔录和讯问犯罪嫌疑人为中心,通过口供与其他证据的相互关系来确定案件是否达到起诉条件,把侦查阶段和审查起诉期间获得的口供作为决定起诉的主要依据;法庭审理以讯问被告人为中心,庭审调查以印证或者驳斥被告人的当庭陈述为主线;在口供前后不一致或者被告人翻供时,通常仍然会采用以前的口供特别是侦查阶段的口供。参见闫召华:《口供中心主义研究》,法律出版社 2013 年版,代序第 2 页。

⑨ 参见刘方权:《认真对待侦查讯问——基于实证的考察》,载《中国刑事法杂志》2007 年第 5 期。

⑩ 参见成都市中级法院研究室、武侯区法院刑事审判庭:《被告人口供运用的调研报告——以审判程序为视角》,http://cdfy.chinacourt.org/article/detail/2004/06/id/550827.shtml,2018 年 12 月 19 日访问。

综上可见，口供在刑事司法中的作用得到普遍认可，这在很大程度上是基于如下两个原因：一是口供具有亲历性、直接性的特点，口供可以描述整个案件事实，因而在侦查破案、定罪量刑方面具有其他证据无法比拟的优势，“被告之自白，因系就其参与犯罪事实亲身经历而为陈述，具有连续性及完整性，其证据价值，远非其他证据方法仅属片段性证明者所可比拟，固有‘证据女王’之称誉”[①]，因此，“一般皆赋予合法自白极高的证据价值”[②]。实践中，很多刑事案件的证据体系是以口供为基础建构的。二是相较于取得其他证据，取得口供的成本较低。实践中，仅凭指纹、毛发等物证的搜寻和检测，就能够获得可以确定犯罪者身份的线索或者提供定罪所必需的法律证据，在大多数情况下是不可能的。在很多犯罪侦查中，侦破案件的唯一方法就是审讯犯罪嫌疑人本人。[③]西方有学者曾言：“与其于烈日下为证据疲于奔命，毋宁于树荫下撒红椒于犯罪嫌疑人之双目。”[④]因此，获取口供的讯问活动成为侦查工作的重心，如何获取口供的讯问策略和方法也就备受关注。

三、口供的取得

一般而言，基于趋利避害的心理，犯罪嫌疑人往往缺乏供述的主动性，因为有罪供述有违人的本性，因而要取得口供，一般需要借助讯问策略和方法。从侦查学的角度看，讯问策略也称为讯问谋略、讯问计谋等，它是指侦查人员为实现一定的讯问目标，在法律允许的范围内，根据具体的讯问条件，运用有关科学原理和实践经验所制定的最有效的讯问方法。[⑤]讯问方法是指在讯问中直接作用于犯罪嫌疑人，以达到一定讯问目的的具体的战术手段。[⑥]讯问策略一般具有战略性、全局性、抽象性等特点；讯问方法一般具有战术性、直接性、具体性等特点。讯问方法受讯问策略的指导和影响，它是实现讯问策略的具体方式，二者为目的和手段的关系。当前，不同国家和地区形成了各具特色的侦查讯问策略和方法。

在美国，目前主要采取心理导向的讯问方法，如刑事司法专家阿瑟·S.奥布

---

① 林钰雄主编：《新学林分科六法——刑事诉讼法》，台湾新学林出版股份有限公司2009年版，第A-199页。

② 王兆鹏：《刑事诉讼讲义》，台湾元照出版有限公司2010年版，第308页。

③ 参见〔美〕佛瑞德·E.英鲍等：《刑事审讯与供述（第五版）》，刘涛等译，中国人民公安大学出版社2015年版，导论第1页。

④ 转引自王兆鹏：《美国刑事诉讼法（第二版）》，北京大学出版社2014年版，第247页。

⑤ 参见毕惜茜主编：《侦查讯问学》，中国人民公安大学出版社2013年版，第133页。

⑥ 参见赵昌平主编：《侦查讯问》，法律出版社2015年版，第120页。

里等归纳出多种讯问方法；[①]其中影响最大的是“莱德九步讯问法”[②]。但也有人质疑该讯问法，“我们惊讶官方鼓励和推荐适当运用某些讯问策略和手段……许多执法部门、政府和私人侦探都使用这一资源进行培训。针对从莱德培训项目中随机挑选的2000名结业者所作的调查报告显示：95%的调查对象表明使用莱德技巧的确可能帮助他们提高犯罪嫌疑人的认罪率”[③]。莱德等也解释道：“为了避免我们被误解，我们必须明确无误地指出，我们坚决反对适用所谓‘第三节’审讯，即使犯罪嫌疑人的罪嫌非常明确却仍顽固地否认。而且我们也反对使用任何易于使无辜的人作出认罪供述的讯问策略和技巧。因此，我们反对使用任何形式的暴力、威胁使用暴力或者宽大处理的许诺。”[④]

在英国，由于冤假错案的曝光，1993年英国将传统讯问程序转变成“调查谈话”程序，即和平模式（PEACE Model）。和平模式包括六个环节：“计划和准备”（Planning and preparation）、“建立关系和解释”（Engage and explain）、“陈述”（Account）、“策略”（Tactics）、“结束”（Closure）、“评估”（Evaluate）。[⑤]和平模式通过与谈话对象建立融洽关系、收集信息达到发现事实真相的目的，为英国、新西兰、澳大利亚等国家普遍采用，它不同于美国以控诉、对抗、心理操纵和不允许抵赖，并以获得口供为最终目的的讯问方法。[⑥]

就我国而言，侦查学术界一般将讯问策略和讯问方法分开进行研究。就讯问策略而言，有观点认为，讯问策略主要有利导型讯问策略、冲击型讯问策略、迂

① 这些讯问方法包括：直接提问的审讯方法、间接提问的审讯方法、激情冲动法、“诡计手段”审讯方法、罪犯交代与否都“无足轻重”的“冷漠法”、同情或情感共鸣法、“受强烈诱惑而犯罪”的审讯法、“态度友好”审讯法、提出各种借口或理由减轻罪责法、推理罪责法、冷热交替法、缩小犯罪等级法、既成事实法、虚张声势法、公事公办的态度严肃法、揭穿谎言法、虚构（实物）证据法、“反复强调同一主题”法、“通过说出真话来减轻精神负担”法、“激发体面感和荣誉感”法、要求被审讯对象“说出自己在犯罪事件中的作用”法、贬损诋毁法。参见〔美〕阿瑟·S.奥布里、〔美〕鲁道夫·R.坎普托：《刑事审讯》，但彦铮、杜军等译，西南师范大学出版社1998年版，第171—187页。

② “莱德九步讯问法”的步骤是：第一步，直接、正面地提出指控（“我们的调查表明，你就是那个……的人。”）；第二步，主题展开（“乔，我能理解这是怎样发生的……”）；第三步，对付否认（“乔，听听我不得不说的是……”）；第四步，克服异议（“乔，我确信那是真实的，但是……”）；第五步，维持犯罪嫌疑人的注意力（“乔，我确信你关心这个……”）；第六步，处理犯罪嫌疑人的消极情绪（“乔，我相信这不是经过周密计划的……”）；第七步，提出选择性问题（“这是你周密计划的还是无意识的……？”）；第八步，促使犯罪嫌疑人进行交谈（“我确信那就是所发生的……”）；第九步，书面供词。参见〔美〕佛瑞德·E.英鲍等：《刑事审讯与供述（第五版）》，刘涛等译，中国人民公安大学出版社2015年版，第176页。

③ 〔美〕吉姆·佩特罗、〔美〕南希·佩特罗：《冤案何以发生：导致冤假错案的八大司法迷信》，苑宁宁、陈效等译，北京大学出版社2012年版，第310页。

④ 转引自〔美〕佛瑞德·E.英鲍等：《刑事审讯与供述（第五版）》，刘涛等译，中国人民公安大学出版社2015年版，导论第1页。

⑤ 参见〔英〕戴维·沃尔什等：《调查询问与讯问的国际发展与实践（卷二：犯罪嫌疑人）》，刘涛、黄靖斯译，知识产权出版社2019年版，第115—132页。

⑥ 参见郭志媛：《非法证据排除范围界定的困境与出路——兼谈侦查讯问方法的改革》，载《证据科学》2015年第6期。

回型讯问策略、迷惑型讯问策略；[①]有观点认为，讯问策略主要有攻心为上的策略、威慑占先的策略、制作错觉的策略、迂回围歼的策略、离间瓦解的策略、将计就计的策略；[②]还有观点认为，讯问谋略主要有威慑型谋略、迷惑型谋略、利用型谋略等。[③]就讯问方法而言，实践中较常采用使用证据、说服教育、利用矛盾、情感感化、对质讯问等讯问方法。[④]

由上可见，随着刑事司法的文明化以及科技手段的应用，当前讯问方法呈现出两个方面的特征：一是讯问方法由身体强制转向心理强制。早期讯问手段主要通过身体强制取得口供，如刑讯逼供在古代社会是合法的讯问方法，甚至通过立法明文规定刑讯逼供的使用。当前，刑讯逼供等暴力取供方法已被禁止，所以心理强制方法应运而生，“与身体强制不同，心理强制则采用使犯罪嫌疑人形成错误认识的心理学方法来诱使犯罪嫌疑人做出供述”[⑤]，心理强制方法最为常用的是引诱和欺骗的心理强制。以美国为例，20 世纪中叶，由于社会公众对警察的粗暴行径持反对态度，同时由于司法机关拒绝使用以刑讯方式获得的供述，为了获取不予配合的嫌疑人的供述，警察部门开始从使用肉体暴力转向心理学策略。[⑥] 1966 年米兰达诉亚利桑那州案（Miranda v. Arizona，简称“米兰达案”）说明，“现代羁押审讯的实施侧重于心理攻势而不是肉体上的折磨”[⑦]。我国学者指出，为了取得犯罪嫌疑人供述，办案人员需要利用信息不对称的优势，运用必要的讯问策略制造“囚徒困境”等氛围，通过心理博弈促使犯罪嫌疑人认罪，这其中不可避免地包含引诱、欺骗的因素。[⑧]二是讯问方法向科技化、数据化方向发展。今天的讯问似乎不再单纯是“技艺”或经验，而具有了“科学”色彩，如毕惜茜教授认为，审讯技术是以采集的被讯问人员心理、生理行为大数据为基础，获取和分析嫌疑人的面温、心率、呼吸、生物电生理、眼动、语音、面部表情、肢体动作等多模态生理与行为信息，建立多通道、多模态生理行为信息与心理状态的潜在关

---

① 参见毕惜茜主编：《侦查讯问学》，中国人民公安大学出版社 2013 年版，第 136—137 页。

② 参见胡明编：《讯问学》，中国政法大学出版社 2019 年版，第 131—147 页。

③ 参见薛宏伟主编：《讯问学》，中国法制出版社 2020 年版，第 104—109 页。

④ 参见毕惜茜主编：《侦查讯问学》，中国人民公安大学出版社 2013 年版，第 145—170 页；赵昌平主编：《侦查讯问》，法律出版社 2015 年版，第 124—158 页；上官春光：《侦查讯问研究述评》，中国检察出版社 2017 年版，第 131—160 页。有研究者从整体上指出，讯问策略方法包括教育攻心法、情感催化法、单刀直入法或迂回包抄法、稳扎稳打法或秋风卷席法、先发制人法或后发制人法、避实击虚法或直击要害法、引而不发法或使用证据法、利用矛盾法、暗示法、刚柔并济法等。参见朱孝清：《职务犯罪侦查教程（第三版）》，中国检察出版社 2014 年版，第 155—159 页。

⑤ 吴纪奎：《心理强制时代的侦查讯问规制》，载《环球法律评论》2009 年第 3 期。

⑥ 参见〔美〕约书亚・德雷斯勒、〔美〕艾伦・C. 迈克尔斯：《美国刑事诉讼法精解（第一卷・刑事侦查）（第四版）》，吴宏耀译，北京大学出版社 2009 年版，第 475 页。

⑦ 〔美〕弗洛伊德・菲尼、岳礼玲选编：《美国刑事诉讼法：经典文选与判例》，中国法制出版社 2006 年版，第 192 页。

⑧ 参见戴长林、罗国良、刘静坤：《中国非法证据排除制度：原理・案例・适用（修订版）》，法律出版社 2017 年版，第 99 页。

联,构建生理与心理的关联模型等一系列核心技术。①

在笔者看来,讯问方法发展的重要背景是刑事诉讼中犯罪嫌疑人、被告人的权利日益得到强化,使得直接侵犯人权的讯问方法遭到摒弃。但是,依托心理学的讯问方法也面临着合法与非法之间的界限问题,“侦讯谋略设计与使用不当,可能损害公民权利,败坏国家形象,损害社会善良风俗,而且也会损害刑事司法效益尤其是长远效益”②。例如,“威胁、引诱、欺骗的含义较为模糊,加之它同样作用于人的心理,改变人的认知和态度,故而与合法的心理学讯问策略难以区分”③,因此心理强制方法有可能导致虚假供述。

四、虚假口供

虚假口供是指犯罪嫌疑人、被告人对从未实施的犯罪行为予以承认。“在理想状态下,事实上无罪被告人不会被指控他们没有犯下的罪行”④,然而,“最乐观的估计表明,在大约50%的审讯中都获得了犯罪嫌疑人的归罪性陈述或者供述。这使得审讯成为一件令人感兴趣的侦查工具。而审讯偶尔也会从无辜者口中掏出有罪供述的事实,则使之变成一件令人担心的工具”⑤。事实上,在美国,DNA检测的技术发展,已经证明无辜者作出虚假供述的次数要比大多数人想象的多。⑥虚假供述提出了一个谜题:为什么无辜者会如此详尽地供认自己并没有实施的犯罪呢?⑦如果以自愿性为标准,虚假口供产生的原因包括如下两种:⑧

第一,犯罪嫌疑人受压迫而非自愿作出虚假供述。侦查人员采用不当讯问方法导致犯罪嫌疑人作出虚假供述,“非法的讯问手段和技巧——因而产生了虚假供述”⑨,这些不当讯问方法既包括明令禁止的刑讯逼供等身体强制方法,也

---

① 参见毕惜茜:《我国侦查讯问的变革与发展》,载《公安学研究》2019年第2期。

② 龙宗智、何家弘:《“兵不厌诈”与“司法诚信”》,载《证据学论坛》2003年第6卷。

③ 毕惜茜:《我国侦查讯问的变革与发展》,载《公安学研究》2019年第2期。

④ 〔美〕John H. Blume、〔美〕Rebecca K. Hel:《“认假罪”:那些事实无罪的有罪答辩人》,郭烁、刘欢译,载《中国刑事法杂志》2017年第5期。

⑤ 〔美〕丹·西蒙:《半信半疑:刑事司法中的心理学》,刘方权、陈晓云译,上海交通大学出版社2017年版,第198—199页。

⑥ 参见黄士元:《正义不会缺席:中国刑事错案的成因与纠正》,中国法制出版社2016年版,第251页。

⑦ 参见〔美〕布兰登·L. 加勒特:《误判:刑事指控错在哪了》,李奋飞等译,中国政法大学出版社2015年版,第15页。

⑧ 有学者认为,警察讯问程序可能造就三种不同类型的虚假口供:一是强迫顺从型虚假口供(coerced compliant confessions);二是强迫内化型虚假口供(coerced-internalized confessions);三是自愿作出的虚假口供(volutary false confessions)。参见〔美〕安迪·格里菲思:《从口供导向到专业导向——英格兰和威尔士嫌疑人谈话程序简史》,载〔美〕柏恩敬、刘超、高原编译:《追问警察讯问方法——比较法的视角》,法律出版社2018年版,第248—249页。

⑨ 〔美〕吉姆·佩特罗、〔美〕南希·佩特罗:《冤案何以发生:导致冤假错案的八大司法迷信》,苑宁宁、陈效等译,北京大学出版社2012年版,第311页。

包括引诱、欺骗等心理强制方法。“在一些案件中，这些做法令侦查人员得到低质量的、误导性的和不可靠的信息，并导致世界各地司法判决的严重错误。”[①]其实，只要侦查人员存在有罪推定的思想，即使采用心理强制方法也容易引发虚假供述，如“英博及其合作者所描述的这种讯问技巧是一种‘说服性’问话模式，这种模型以有罪推定为基础”[②]，而“刑讯者施行残酷行为的安慰在于一种道德上优越感：对方是他认定的罪犯，刑讯有着高尚的目的”[③]，因而“审讯人员的目的就不再是分辨对象是否有罪，而变成了从讯问对象处取得看起来明显对其不利的对犯罪事实的承认和足以确保有罪判决的口供了。为了实现这一目的，讯问工具就成了诱导嫌疑人服从审讯人员认罪命令的强有力的武器。”[④]实践中，一些侦查人员会认为，如果犯罪嫌疑人没有实施犯罪，就不可能了解案情，即使被违法讯问，也不会作出有罪供述。但对于那些无辜者而言，“在被审讯的过程中，(他们)因为深感痛苦，于是按被追究的内容承认了自己的罪行。但是，他们对自己的承认将会招致实际的刑罚这一事实并不具有任何现实感。不管怎样，自己没有做这一切。没有做的人即使自白说自己做了，也不能据此处以刑罚”[⑤]；或者说，“如果强迫招供的手段太难受了，或是太具威胁性了，受审者就会感到，承认自己犯了实际并未犯过的罪行要比接受这种审问的‘成本’还要低些。”[⑥]此即所谓“现实的痛苦”与“遥远的悲剧”，“接受审讯的嫌疑人也虽然清楚自白将会关系到死刑，但是为了逃避现在的痛苦，刹那间会出现自己到了这一地步只好自白的念头。他们还想，即使自己现在自白，以后到法院好好辨明也有机会得到人们的理解”[⑦]。

第二，犯罪嫌疑人未受压迫而自愿作出虚假供述。自愿供述并不意味着供述就具有了真实性，虚假供述也可能是自愿供述的产物。自愿作出虚假供述的原因是多方面的，如对恶名的病态渴求、因之前未受惩罚的错误行为产生的罪恶感、没有能力区分事实与幻想、想要保护真正的犯罪分子以及希望获得宽大处理、报复他人的欲望。[⑧]其中，替人顶罪是比较常见的情形，如在一起盗伐林木案件中，公安机关立案侦查后，某甲投案自首并作出认罪供述，但在庭审过程中，由

---

① 〔英〕卡文·奥克斯伯等主编：《侦查的语言技术》，杨郁娟、庄东哲译，中国政法大学出版社2017年版，第171页。

② 〔美〕安迪·格里菲思：《从口供导向到专业导向——英格兰和威尔士嫌疑人谈话程序简史》，载〔美〕柏恩敬、刘超、高原编译：《追问警察讯问方法——比较法的视角》，法律出版社2018年版，第253页。

③ 张建伟：《证据的容颜·司法的场域》，法律出版社2015年版，第70页。

④ 〔美〕德博拉·戴维斯、〔美〕理查德·A.利奥：《讯问诱发的虚假口供：发现与预防机制失效的原因》，载〔美〕柏恩敬、刘超、高原编译：《追问警察讯问方法——比较法的视角》，法律出版社2018年版，第179页。

⑤ 〔日〕浜田寿美男：《自白的心理学》，片成男译，中国轻工业出版社2006年版，第80页。

⑥ 〔美〕理查德·A.波斯纳：《法理学问题》，苏力译，中国政法大学出版社2002年版，第225页。

⑦ 〔日〕浜田寿美男：《自白的心理学》，片成男译，中国轻工业出版社2006年版，第78页。

⑧ 参见〔美〕安迪·格里菲思：《从口供导向到专业导向——英格兰和威尔士嫌疑人谈话程序简史》，载〔美〕柏恩敬、刘超、高原编译：《追问警察讯问方法——比较法的视角》，法律出版社2018年版，第249页。

于公诉机关的量刑建议明显超出预期，某甲当庭翻供，并辩称其系替同村某乙顶罪，事后查明，该起案件并非某甲所为。[①]实践中，辩诉交易制度的存在也促使一些无辜者承认自己未实施的犯罪行为，“无罪被告人认罪这件事，比大多数人想象地都要多，无论他们愿不愿意承认”[②]。

由上可见，“有罪的人才会认罪”是一个司法迷信，[③]无辜者也会承认自己未实施的犯罪事实，“供述可能是准确的，也可能是虚假的。真实的供述能够使真凶伏法，而无辜者的虚假供述则很可能导致冤假错案的发生”[④]。例如，美国联邦最高法院在埃斯科贝多案中认为，“一个刑事法执行体制，如果依赖‘口供’，从长远来看，将会比依赖一个通过技术性的调查获得的独立的外部证据更不可靠，也更会招致滥用。”[⑤]威廉·布伦南也曾认为：“没有任何一种证据比口供具有更深刻的危害性，”一旦嫌疑人作出了虚假口供，“口供就变成了一个能够将辩护一举击毁的证据炸弹”。[⑥]当前，因虚假供述导致冤假错案是普遍存在的现象。在美国，虚假口供出现的频率是每年35—600起；[⑦]在通过DNA予以发现的冤案中有25%的案件涉及无辜者虚假的自证其罪和虚假认罪。[⑧]在日本，各种冤狱事件中，向来为人多所指摘者，乃在密室侦查讯问时，以拷问或胁迫强取自白之侵害人权情事仍无法杜绝；即使任意供述，往往遭侦查人员任意整理归纳，导致笔录记载与原意旨不符之等情形，[⑨]所以大部分冤案都有当事人的自白。[⑩]虚假自白是由多种技术获取并编造成的，嫌疑人可能受到威胁、恐吓、疲劳战术、诱供和引供、痛斥、操纵或欺骗。[⑪]在我国，何家弘等通过研究50起刑事案件指出，存在

---

① 参见刘静坤：《证据审查规则与分析方法：原理·规范·实例》，法律出版社2018年版，第257页。

② 〔美〕John H. Blume、〔美〕Rebecca K. Hel：《“认假罪”：那些事实无罪的有罪答辩人》，郭烁、刘欢译，载《中国刑事法杂志》2017年第5期。

③ 参见〔美〕吉姆·佩特罗、〔美〕南希·佩特罗：《冤案何以发生：导致冤假错案的八大司法迷信》，苑宁宁、陈效等译，北京大学出版社2012年版，第307页。

④ 〔美〕丹·西蒙：《半信半疑：刑事司法中的心理学》，刘方权、陈晓云译，上海交通大学出版社2017年版，第199页。

⑤ 〔美〕拉里·劳丹：《错案的哲学：刑事诉讼认识论》，李昌盛译，北京大学出版社2015年版，第202页。

⑥ 参见〔美〕德博拉·戴维斯、〔美〕理查德·A.利奥：《讯问诱发的虚假口供：发现与预防机制失效的原因》，载〔美〕柏恩敬、刘超、高原编译：《追问警察讯问方法——比较法的视角》，法律出版社2018年版，第201页。

⑦ 参见〔英〕安迪·格里菲思：《从口供导向到专业导向——英格兰和威尔士嫌疑人谈话程序简史》，载〔美〕柏恩敬、刘超、高原编译：《追问警察讯问方法——比较法的视角》，法律出版社2018年版，第247页。

⑧ 参见〔美〕吉姆·佩特罗、〔美〕南希·佩特罗：《冤案何以发生：导致冤假错案的八大司法迷信》，苑宁宁、陈效等译，北京大学出版社2012年版，第307页。

⑨ 参见〔日〕大出良知、〔日〕川崎英明等编：《刑事辩护》，日本刑事法学研究会译，台湾元照出版有限公司2008年版，第87页。

⑩ 参见〔日〕浜田寿美男：《自白的心理学》，片成男译，中国轻工业出版社2006年版，第13页。

⑪ 参见〔美〕戴维·T.约翰逊：《日本刑事司法的语境与特色：以检察起诉为例》，林喜芬等译，上海交通大学出版社2017年版，第369页。

“被告人虚假口供”的有47起，占94%。[①]虽然虚假供述在所有供述中的比例非常低，但虚假供述与冤假错案存在很高的关联性，因而一旦存在虚假供述就有很大可能导致冤假错案。近年来，我国每年判处有罪的被告人超过100万，[②]虚假供述的比例哪怕只有万分之一，采信虚假供述导致冤假错案的数量也不容忽视。任何一起冤假错案所带来的负面影响都是巨大的，它不仅损害个案正义，还会损害司法公正和司法权威以及公众对司法系统的信任。

概言之，“侦讯之技术是在有效地劝说有罪之嫌犯说出事实真相，而不是运用权力去影响无罪之人自白”[③]。因此，要防范冤假错案的发生，首先要避免虚假供述的产生。一方面，从侦查人员的角度而言，需要构建规制侦查讯问的法律规范体系，侦查讯问方法的应用要以法律规范为底线，“如何防止引诱犯罪嫌疑人作出虚假的口供，以及如何防止侵害人权？把将来在审判阶段处于被告人地位的当事人作为侦查阶段的讯问对象，这是否存在矛盾？面对这些难题，需要从各个角度对讯问犯罪嫌疑人作出法律规制”[④]。另一方面，从被追诉者的角度而言，“由于刑事司法制度强调获得口供，被告人需要特殊保护来防止遭受违法手段的压制和诱供”[⑤]。其实，对犯罪嫌疑人的“特殊保护”本质上也是规制侦查讯问。当然，对侦查讯问进行法律规制，不可避免地会减少进入法庭的口供，但也意味着进入法庭的口供将是“更好”的口供。

第三节 讯问法概述

一、讯问法的概念

讯问法是规范讯问活动的法律规范的总称。讯问法存在广义与狭义之分：狭义上的讯问法仅指《刑事诉讼法》中有关讯问的法律规范；广义上的讯问法是指一切有关讯问的法律规范。讯问法的概念主要是从广义上进行理解的。

---

① 参见何家弘、何然：《刑事错案中的证据问题——实证研究与经济分析》，载《政法论坛》2008年第2期。

② 2018年全国各级法院审结一审刑事案件119.8万件，判处罪犯142.9万人。参见周强：《最高人民法院工作报告——二〇一九年三月十二日在第十三届全国人民代表大会第二次会议上》，载《人民日报》2019年3月20日第2版。2019年全国各级法院审结一审刑事案件129.7万件，判处罪犯166万人。参见《最高人民法院工作报告（摘要）》，载《人民日报》2020年5月26日第4版。2020年全国各级法院审结一审刑事案件111.6万件，判处罪犯152.7万人。参见周强：《最高人民法院工作报告——二〇二一年三月八日在第十三届全国人民代表大会第四次会议上》，载《人民日报》2021年3月16日第3版。

③ 傅美惠：《侦查法学》，中国检察出版社2016年版，第183页。

④ 〔日〕松尾浩也：《日本刑事诉讼法（上卷）》，丁相顺译，中国人民大学出版社2005年版，第67页。

⑤ 〔德〕托马斯·魏根特：《德国刑事诉讼程序》，岳礼玲、温小洁译，中国政法大学出版社2004年版，第82页。

讯问法属于程序法[①]和公法[②]。一方面，讯问法主要包括有关讯问的法律程序和口供证据的规则体系，虽然有些讯问法律规范属于实体法性质，但总体上讯问法属于程序法性质；另一方面，讯问法主要是调整刑事诉讼活动中国家专门机关（即侦查机关、检察机关和审判机关）与犯罪嫌疑人、被告人之间的关系，以平衡国家权力运行与公民权利保障之间的关系，因此属于公法。

二、讯问法的渊源

讯问法的渊源是指讯问法律规范的存在形式。从专门性立法而言，我国并不存在一部冠以“讯问法”之名的法律，我国有关讯问的法律规范主要存在于宪法、刑事诉讼法、司法解释、部门规章等规范性文件中。因此，讯问法的来源具有多层次性。可以说，我国以《宪法》为根本指引，《刑事诉讼法》为统率，并结合其他相关规范性文件，已建构起讯问法的法律规范体系。

（一）《宪法》

宪法是开展讯问活动的根本指引。《宪法》第 33 条第 3 款规定，“国家尊重和保障人权。”这要求在刑事诉讼活动中，应当保证犯罪嫌疑人、被告人的合法权益，如讯问犯罪嫌疑人时，侦查人员应当进行权利告知、遵循不得强迫自证其罪原则等，这可以理解为《宪法》规定的“国家尊重和保障人权”在侦查讯问中的具体要求。

（二）《刑事诉讼法》

刑事诉讼法是专门规定刑事诉讼程序的法律，有关讯问的法律规定是其重要内容，讯问程序也是刑事讼诉法修改和历次刑事程序改革的关注焦点。[③] 就此而言，现代刑事诉讼法发展的一个重要特征是不断构建各种程序制度和证据规则以防止非法取供的发生。我国《刑事诉讼法》第二编“立案、侦查和提起公诉”第二章“侦查”中专门规定了“讯问犯罪嫌疑人”，同时，《刑事诉讼法》其他条款也有关于讯问程序以及口供证据规则的规定。

（三）司法解释、部门规章等其他相关规范性文件

相关司法解释、司法解释性质文件、部门规章等其他规范性文件也是讯问法

---

① 法可以分为实体法和程序法。实体法是规定实质内容的法律，程序法是规定诉讼程序和行政执法程序的法律。参见陈光中主编：《刑事诉讼法（第七版）》，北京大学出版社、高等教育出版社 2021 年版，第 4 页。

② 公法与私法的分类源于古罗马法，“法律学习分为两部分，即公法与私法。公法涉及罗马帝国的政体，私法涉及个人利益。”参见〔古罗马〕查士丁尼：《法学总论》，商务印书馆 1989 年版，第 5—6 页。其中，公法主要调整国家与普通个人之间的关系，私法主要调整公民之间的关系。参见沈宗灵主编：《法理学（第四版）》，北京大学出版社 2014 年版，第 261 页。一般认为，宪法、刑法、行政法、刑事诉讼法属于公法；民法、商法、民事诉讼法属于私法。

③ 参见刘静坤：《证据审查规则与分析方法：原理·规范·实例》，法律出版社 2018 年版，第 346 页。

的重要渊源。

第一，中央政法委发布的相关规范性文件主要有：2013 年《关于切实防止冤假错案的规定》等。

第二，公安部发布的相关部门规章主要有：2020 年修订的《公安机关办理刑事案件程序规定》、2014 年《公安机关讯问犯罪嫌疑人录音录像工作规定》、2013 年《公安机关执法办案场所办案区使用管理规定》、1995 年《公安机关办理未成年人违法犯罪案件的规定》等。

第三，最高人民检察院发布的相关司法解释主要有：2019 年修订的《人民检察院刑事诉讼规则》、2014 年《人民检察院讯问职务犯罪嫌疑人实行全程同步录音录像的规定》、2017 年《未成年人刑事检察工作指引（试行）》、2014 年《关于进一步加强未成年人刑事检察工作的通知》等。

第四，最高人民法院发布的相关司法解释主要有：2021 年《关于适用〈中华人民共和国刑事诉讼法〉的解释》、2013 年《关于建立健全防范刑事冤假错案工作机制的意见》、2017 年《关于全面推进以审判为中心的刑事诉讼制度改革的实施意见》、2017 年《人民法院办理刑事案件庭前会议规程（试行）》、2017 年《人民法院办理刑事案件排除非法证据规程（试行）》、2017 年《人民法院办理刑事案件第一审普通程序法庭调查规程（试行）》、2013 年《最高人民法院刑事审判第二庭关于辩护律师能否复制侦查机关讯问录像问题的批复》等。

第五，多机关联合发布的相关规范性文件。2020 年最高人民检察院、公安部、国家安全部联合发布了《关于重大案件侦查终结前开展讯问合法性核查工作若干问题的意见》。2007 年最高人民法院、最高人民检察院、公安部、司法部联合发布了《关于进一步严格依法办案确保办理死刑案件质量的意见》。最高人民法院、最高人民检察院、公安部、国家安全部、司法部（简称“两高三部”）联合发布的相关规范性文件有：2017 年《严格排除非法证据规定》、2016 年《关于推进以审判为中心的刑事诉讼制度改革的意见》、2010 年《关于办理死刑案件审查判断证据若干问题的规定》、2010 年《关于办理刑事案件排除非法证据若干问题的规定》等。2012 年“两高三部”和全国人大常委会法制工作委员会联合发布了《关于实施刑事诉讼法若干问题的规定》等。

上述规范性文件总体上呈现两个主要特征：一是专门规定讯问的规范性文件并不多，大多是在综合类的规范性文件中涉及讯问的内容；二是部门规章着重规范讯问程序和要求，司法解释或司法解释性质文件不仅涉及讯问程序，更着重规定口供的证据规则。

（四）国际公约

联合国通过的一些国际公约也是讯问法的重要渊源。例如，1948 年通过的《世界人权宣言》、1984 年通过的《禁止酷刑和其他残忍、不人道或有辱人格的待遇或处罚公约》、1988年通过的《保护所有遭受任何形式拘留或监禁的人的原则》、1998年通过的《国际刑事法院罗马规约》等。相关公约不仅明确宣告刑讯不合法，还规定了有效培训警察和治安工作人员、严格执行被剥夺自由人员待遇守则。①

三、讯问法的主要内容

实质上，讯问法的主要内容是关于侦查讯问法律规制的内容，侦查讯问的法律规制主要从口供的取得和口供的审查判断两个方面着手。一方面，口供取得的法律规制意指进行讯问的法律程序和要求，笔者将这类法律规范统称为侦查讯问制度；另一方面，口供审查判断的法律规制意指审查判断口供合法性和真实性的法律规范，笔者将这类法律规范统称为口供证据规则。对此，有学者认为，“讯问被告（含犯罪嫌疑人）……多半以取得证据为要务。为确保个人基本权利免于不必要之侵犯……于取证过程为一定之作为（如应尽告知义务）或不作为（如不得不当讯问）。与上列有关之规范，统称为取证规定，一方面容许‘国家机关’在特定要件之下为特定取证活动，另一方面也禁止‘国家机关’不符合要件之取证行为，因此，统称为证据取得之禁止。”②在日本，“现行法中，新增设了侦查机关讯问犯罪嫌疑人的规定，在讯问的时候，首先，必须告知其沉默权。进而，在证据规则中明确规定，在强制、拷问、胁迫下作出自愿性存在疑点的供述不能作为证据。现行法的重要目的在于，通过事前和事后两方面措施来完全消除讯问犯罪嫌疑人中的强制性色彩”③。质言之，从规制侦查讯问的作用上看，侦查讯问制度是对侦查讯问进行正向或事前的法律规制；口供证据规则是对侦查讯问活动进行反向或事后的法律规制。其实，侦查讯问制度与口供证据规则是一个问题的两个方面，依法讯问一般不会产生程序性制裁结果，而违法讯问往往会引起程序性制裁结果。当然，无论是事前规制还是事后规制，目的都在于确保取供的合法性和口供的真实可靠。因此，如果不是基于严格意义上的考量，可以将有关侦查讯问制度和口供证据规则的法律规范统称为讯问法。

（一）侦查讯问制度：对侦查讯问的正向规制

侦查讯问制度是规范取供程序的法律规范体系。如有学者认为，侦查讯问程序是一项为查明案件事实和保护犯罪嫌疑人权利的程序，各国对侦查讯问程序普遍采取的态度是既赋予侦查讯问人员强有力的讯问权力，同时又对这些权

---

① 参见〔英〕卡文·奥克斯伯等主编：《侦查的语言技术》，杨郁娟、庄东哲译，中国政法大学出版社2017年版，第172—173页。

② 林钰雄：《刑事诉讼法（上册 总论篇）》，中国人民大学出版社2005年版，第428—429页。

③ 〔日〕松尾浩也：《日本刑事诉讼法（上卷）》，丁相顺译，中国人民大学出版社2005年版，第67页。

力的行使进行程序上的限制。[①]因此，侦查讯问制度主要是事前规制侦查人员的取供行为，与私权利的范围是“法无禁止即自由”不同，公权力行使的边界是“法无授权即禁止”，在侦查讯问程序中，公权力机关及其人员必须严格按照法律规定的方式进行。[②]理论上而言，按照法律规定的程序和要求进行讯问，既是讯问合法性的当然要求，又能最大限度地确保口供的真实可靠，“盖证据不能凭空臆测，其搜集与利用，均须合于法律规定，方能使裁判达于正确无疵”[③]。一般而言，侦查讯问制度主要包括以下内容：

第一，讯问原则。讯问原则是指侦查人员讯问时应遵循的根本准则，换言之，讯问原则也是犯罪嫌疑人、被告人接受讯问时享有的基本权利。不得强迫自证其罪原则是刑事诉讼的基本原则，“无人得被判控诉自己，被认为是法律上最根本之原理原则”[④]。由于不得强迫自证其罪原则主要规范的是侦查讯问，“是对司法机关收集口供的原则性要求”[⑤]，所以不得强迫自证其罪原则也是侦查人员讯问时应遵循的基本原则。不得强迫自证其罪原则对于发现真相和保障人权具有重要的作用，但作为一项基本原则，它并不会自发地发挥其应有的功能。该原则的落实主要依靠沉默权制度、非法口供排除规则、自白任意性规则等制度。

第二，讯问人员、地点和时间。侦查讯问中，讯问人员、地点和时间都不能被简单地理解为技术性问题，它们与保障犯罪嫌疑人权利密切相关。当前各国和地区一般会对讯问人员、地点和时间有较为明确的法律规定。

第三，权利告知义务。当前各国和地区一般都明确规定了警察在讯问前应履行权利告知的义务，其中权利告知义务的核心内容是告知犯罪嫌疑人享有沉默权和讯问时律师在场权。为了确保侦查人员严格履行权利告知义务，通常规定未能履行权利告知义务情况下取得的供述不具有证据资格。

第四，讯问笔录和讯问录音录像。在侦查讯问中，制作讯问笔录是一项基本要求，当前各国和地区对制作讯问笔录大多有较为详细的法律规定。由于讯问录音录像制度在保证讯问合法性和固定证据方面具有重要的作用，目前已广泛应用于侦查讯问活动中。

第五，侦查讯问时律师在场制度。律师在侦查程序中的作用不亚于其在审判阶段，而侦查讯问时的律师在场权是刑事辩护权中最为重要的诉讼权利之一。对于犯罪嫌疑人而言，警察讯问是一把双刃剑：一方面它可能导致无罪开释，另

---

① 参见毕惜茜主编：《侦查讯问学》，中国人民公安大学出版社 2013 年版，第 9 页。

② 参见郑曦：《侦查讯问程序研究》，北京大学出版社 2015 年版，第 7 页。

③ 张丽卿：《刑事诉讼制度与刑事证据》，中国检察出版社 2016 年版，第 103 页。

④ 转引自王兆鹏：《美国刑事诉讼法（第二版）》，北京大学出版社 2014 年版，第 289 页。

⑤ 王爱立主编：《中华人民共和国刑事诉讼法释义》，法律出版社 2018 年版，第 111 页。

一方面它也会带来高压。一旦警察从没有律师代理的犯罪嫌疑人口中取得有罪供述,律师在之后的诉讼阶段的帮助就可能无济于事了。[①]

第六,侦查讯问监督。侦查讯问监督是维护犯罪嫌疑人合法权利,防止违法讯问的重要保障。侦查讯问监督包括审前阶段的监督和审判阶段的监督,就前者而言,制作讯问笔录、律师在场等都能发挥讯问监督的作用;就后者而言,最为重要的监督机制是非法口供排除规则,这是以事后制裁的方式进行监督。除了上述监督方式之外,一些国家和地区还专门设有监督侦查讯问的人员。在美国,警局内部设有"讯问监督员"一职,专门对讯问过程进行同步监督,以保证讯问录像的真实性与完整性。讯问监督员有自己独立的办公室,通过办公室内的设备可以同步观测讯问工作。[②]在德国,侦查法官会监督检察官(或警察)的侦查活动,以便为公民的人权提供保护。[③]在日本,"讯问监督制度"是通过设置"讯问监督官"对警察讯问犯罪嫌疑人的状况进行直接的监督。日本《关于为讯问犯罪嫌疑人正当化而进行监督的规则》第6条第1款规定:"讯问检察官,通过从讯问室外部目测确认、阅览《案件指挥簿》和《讯问状况报告书》等方法,对讯问犯罪嫌疑人的情况进行确认。"[④]在澳大利亚,监督警察要就讯问的情况讯问嫌疑人。[⑤]在我国,作为法律监督机关,检察机关是侦查讯问的重要监督机关。例如,重大案件侦查终结前讯问合法性核查是我国审前程序的重要制度创新,它是指对于可能判处无期徒刑、死刑的案件或者其他重大案件,人民检察院在侦查终结前对讯问合法性进行核查。[⑥]该制度通过对口供的合法性审查,以确认口供的证据资格,从而强化了检察机关监督侦查讯问的能力。

当然,除以上内容之外,侦查讯问制度还包括禁止先行讯问、分别讯问、讯问程式以及讯问未成年人等特殊群体等内容。

(二)口供证据规制:对侦查讯问的反向规制

证据规则是指在诉讼中收集、审查、判断证据应当遵循的规则。[⑦]由于目前口供仍是重要的证据,因此在刑事证据法中,规范口供的证据规则占有较大的比重。口供证据规则,又称为自白规则,它是指对口供使用进行限制的证据规则。

---

① 参见〔美〕弗洛伊德·菲尼、〔德〕约阿希姆·赫尔曼、岳礼玲:《一个案例 两种制度——美德刑事司法比较》,郭志媛译,中国法制出版社2006年版,第318页。

② 参见吴思远:《美国讯问录音录像制度改革发展》,载《检察日报》2017年5月23日第3版。

③ 参见〔德〕托马斯·魏根特:《德国刑事诉讼程序》,岳礼玲、温小洁译,中国政法大学出版社2004年版,第42页。

④ 张凌、于秀峰编译:《日本刑事诉讼法律总览》,人民法院出版社2017年版,第410页。

⑤ 参见〔澳〕戴维·狄克逊:《"讯问程序之窗?"——澳大利亚新南威尔士的警察讯问录音录像》,朱奎彬译,载《中山大学法律评论》2011年第2期。

⑥ 参见《关于重大案件侦查终结前开展讯问合法性核查工作若干问题的意见》第2条。

⑦ 参见陈光中主编:《证据法学(第四版)》,法律出版社2019年版,第238页。

从证据法的角度看，证据的属性包括证据能力和证明力，[①]证据能力由法律所规定，证明力则由法官根据自由心证[②]判断。任何一项证据要成为定案根据都必须同时具备证据能力和证明力。[③]因此，以证据属性为划分标准，证据规则可以分为证据能力规则（英美法通常称为可采性规则）和证明力规则，口供证据规则也相应地包括两个方面：一是关于口供取得的合法性规则，即口供证据的证据能力规则；二是关于口供的真实性规则，即口供证据的证明力规则。虽然如前文所述，讯问主要发生在侦查程序中，口供证据规则主要应用于法庭审判活动，然而二者却具有密切的关联。究其原因，“刑事证据法尽管是规范法庭审判活动的法律规范，但它对于审判前的刑事追诉活动也具有一定的指导作用，甚至可以成为法庭约束侦查活动和审查起诉活动的法律准则……通过确立非法证据排除规则，刑事证据法要求法庭将侦查行为的合法性列为司法裁判的对象……这种对侦查行为的司法审查过程本身，就足以对侦查人员产生程度不同的震撼，迫使其在侦查过程中遵守法律程序，避免处于这种被控告的地位”[④]。例如，“德国的证据规则影响的是侦查行为而非审判，因此，这些规则规制的是侦查人员而非诉讼双方”[⑤]，所以可以“通过证据规则‘反射性’地规制取证行为”[⑥]。而口供证据规则发生作用的方式是限制口供的取得与使用，“为抑制实施刑事诉讼程序之公务员不择手段，获取被告自白之不当情形，刑事诉讼法刻意贬低自白之证据地位”[⑦]。例如，日本“对于自白的证据能力和证明力这两方面进行限制”[⑧]。因此，口供证据规则不仅规范口供的审查和认定，也制约口供的取得与使用。口供既包括法庭上的口供，也包括审前阶段的口供，口供证据规则大多是如何处理审前阶段的口供。质言之，根据口供证据规则，既有可能因非法取供行为而导致口供

---

① 关于证据的属性，在英美法系为关联性和可采性；在大陆法系为证据能力和证明力；在我国为真实性、关联性和合法性。“证据能力”是证据资料有无成为本案裁判基础的证据“资格”，判断结果非有即无，并且通常由法律加以直接规定；“证明力”又称为“证据价值”，是指证据对于法官形成心证是否有作用，即法官是否采信该证据的证据“价值”，判断结果可高可低。参见林钰雄：《严格证明与刑事证据》，法律出版社 2008 年版，第 21 页。

② 自由心证证据制度，又称为“内心确信”制度，是指法律对证据的证明力不作预先规定而由法官在审理案件中加以自由判断的证据制度。参见陈光中主编：《证据法学（第四版）》，法律出版社 2019 年版，第 28 页。

③ 司法实践中，法官应首先认定证据的证据能力问题，只有具有证据能力的证据才考虑其证明力问题，所以证据能力是证明力的前提；如果该证据不具有证据能力，则不能作为证据使用，自然就不用再考虑该证据的证明力。

④ 陈瑞华：《刑事证据法（第四版）》，北京大学出版社 2021 年版，第 15 页。

⑤ 〔美〕Jacqueline Ross：《证据规则（仅）适用于审判阶段吗？——美国和德国欺骗性讯问规则比较研究》，冯俊伟、阳平译，载《现代法治研究》2017 年第 3 期。

⑥ 魏晓娜：《非法言词证据认定路径的完善》，载《人民检察》2017 年第 18 期。

⑦ 林钰雄主编：《新学林分科六法——刑事诉讼法》，台湾新学林出版股份有限公司 2009 年版，第 A-199 页。

⑧ 张凌、于秀峰编译：《日本刑事诉讼法律总览》，人民法院出版社 2017 年版，第 4 页。

被排除,也有可能因缺少其他证据的印证而导致不能发挥其证明作用。

第一,口供证据的证据能力规则。口供证据的证据能力规则是通过确定取供手段是否合法来决定口供是否可以作为证据使用的规则。而"对使用非法方法收集的证据的证据能力予以否定的原则,称为非法收集证据排除规则"[①]。无疑,非法口供排除规则既是最为重要的口供证据能力规则,同时也是非法证据排除规则中的重要组成部分,属于程序性制裁制度。[②]在日本,使用强制、刑讯逼供或者胁迫获得的自白,被不当长期扣留或者拘禁后作出的自白,或者其他疑似非任意的自白,均不得作为证据,以此排除虚假的自白或者使用非法程序获得的自白。[③]总之,非法口供排除规则是从反向视角规制侦查讯问的展开,侦查讯问必然要以非法口供排除规则为指引。其实,在很长一段时期内人们只是关注口供的证明力问题,"以前的纠问主义只强调发现真实事实,所以不存在证据资格的问题,而只存在证据的价值(证明力)的问题。这种不探讨证据资格的制度,允许用残酷的方法收集证据(如刑讯逼供)。从历史的经验来看,人们警觉到了发现真实事实的能力问题,除了证据的证明力以外,还存在证据的证据能力概念(英美法的概念是证据的可采性)"[④]。在现代文明社会,人们越来越关注取得口供的方法,所以刑事证据规则主要是限制证据能力的规制体系,所谓"证据禁止,则成为核心领域中之核心问题"[⑤]。

近年来,随着一些冤假错案的曝光,我国在立法层面不断完善口供证据能力规则,法律明确规定了排除以刑讯逼供、威胁、非法限制人身自由的方法取得的口供。但是,以疲劳审讯、引诱、欺骗等方法取得的口供是否需要排除,仍未有明确规定,当然即使在域外,对上述方法取得的口供是否需要排除也一直存在争论。美国有相关案例说明,"想要在被允许的法律行为和技巧,与侵犯正当程序的方法之间适当地划定一条界线是非常困难的,特别是在某些案件中,由于必须对心理强迫、引诱对被追诉人理智和意愿形成的影响进行准确判断,必须更为精细地划定界限,这就使得这项工作变得更加艰难了"[⑥]。因此,在口供证据能力规则中,如何划定非法口供的范围是理论界和实务界关注的重要议题。

第二,口供证据的证明力规则。口供证据的证明力规则是指限制口供证明

---

① 〔日〕田口守一:《刑事诉讼法(第七版)》,张凌、于秀峰译,法律出版社 2019 年版,第 475 页。

② 所谓"程序性制裁",是指对侦查机关、公诉机关、审判机关违反法律程序的行为,依法宣告无效的制裁方式。参见陈瑞华:《刑事证据法(第四版)》,北京大学出版社 2021 年版,第 174 页。

③ 参见张凌、于秀峰编译:《日本刑事诉讼法律总览》,人民法院出版社 2017 年版,第 4 页。

④ 〔日〕田口守一:《刑事诉讼法(第七版)》,张凌、于秀峰译,法律出版社 2019 年版,第 437—438 页。

⑤ 林钰雄:《干预处分与刑事证据》,北京大学出版社 2010 年版,第 169 页。

⑥ 〔美〕德博拉·戴维斯、〔美〕理查德·A. 利奥:《讯问诱发的虚假口供:发现与预防机制失效的原因》,载〔美〕柏恩敬、刘超、高原编译:《追问警察讯问方法——比较法的视角》,法律出版社 2018 年版,第 198 页。

力的规则，主要有口供补强规则和翻供规则。虽然证明力问题应由法官通过自由心证予以判断，但为了防止因偏重口供而诱发刑讯逼供，因此可以通过口供补强规则以限制口供的证明力。“虚假的口供也可能认定被告人有罪，因此需要从内容……上限制自白的证明力。从自白的内容上，仅凭被告人的自白不能认定有罪，自白需要有补强证据，这称之为‘自白补强规则’，其目的是防止依赖孤立的自白认定被告人有罪。”[①]当前，我国已确立了口供补强规则，并且对翻供的印证也予以了规定。

概言之，我国已构建了口供证据规则，但长期以来受重实体、轻程序的传统思维的影响，非法口供排除规则在促进讯问合法化方面的功能未能得到有效的体现，“无论是刑事证据立法还是刑事司法实践，都比较重视证据的证明力，关注证据的真实性和相关性问题，而程度不同地忽略了证据的法律资格问题……这种重证明力、轻证据能力的传统做法，导致证据法很少为控方证据设定法律上的障碍，也导致法庭审判很难对侦查人员的取证活动产生规范作用”[②]。因此，如何进一步发挥口供证据规则的功能，尤其通过非法口供排除规则反向规制侦查讯问活动，是今后需要认真对待的问题。

四、讯问法的基本理念

（一）惩罚犯罪与保障人权

刑事诉讼有两大基本目的：惩罚犯罪与保障人权。“支配整部刑事诉讼法的法治国原则，一方面科以国家追诉犯罪及发现实体真实之义务，但同时诫命国家机关在该过程中，遵循程序规定，保障基本人权”[③]，因而“刑事诉讼之目的固重在发现真实，其手段则应合法正当，以保障人权”[④]。理论上，惩罚犯罪与保障人权具有对立统一的关系，因为“惩罚犯罪与保障人权作为刑事诉讼的双重目的从根本上说是一致的”[⑤]。但“由于两种思想模式宿命的对立，究竟刑事诉讼之设计为了‘保障人权之假设’抑或出于‘发现真实之方便’？”[⑥]对于刑事诉讼而言，惩罚犯罪显然至为关键，“抑制犯罪行为显然是刑事诉讼程序要履行的最重要的功能。执法活动如果不能将犯罪行为置于严密的控制之下，会被视为将导致公

---

① 张凌、于秀峰编译：《日本刑事诉讼法律总览》，人民法院出版社2017年版，第4页。

② 陈瑞华：《刑事证据法（第四版）》，北京大学出版社2021年版，第52—53页。

③ 林钰雄：《干预处分与刑事证据》，北京大学出版社2010年版，第171页。

④ 林钰雄主编：《新学林分科六法——刑事诉讼法》，台湾新学林出版股份有限公司2009年版，第A-101页。

⑤ 樊崇义主编：《刑事诉讼法学（第五版）》，法律出版社2020年版，第34页。

⑥ 张丽卿：《刑事诉讼制度与刑事证据》，中国检察出版社2016年版，第103页。

共秩序的崩溃,从而丧失人类自由的一个重要条件"①。随着刑事诉讼的发展,人权保障的分量也越来越重。因此,在具体个案中,面对惩罚犯罪与保障人权之双重目的时,仍会面临何者优先的问题。

在一定程度上,惩罚犯罪与保障人权之间的冲突在刑事侦查活动中体现得尤为明显,"欧洲人权法院判例法一个令人担忧的方面就是在被追诉人特权与侦查利益之间进行权衡"②;从另一个角度而言,"特定的权利,尤其是那些属于刑事审判被告人的权利,对发现真相带来了严重障碍"③。因此,"是为了查明真相而牺牲保障人权,还是为了保障人权而牺牲查明事实真相,两者是矛盾的、对立的"④,而这种冲突与矛盾似乎在侦查讯问中更为显著,"如何规制警察讯问才能在根除警察酷刑、强迫和虚假口供的同时又给予警察充分的余地调查犯罪这一难题一直困扰着每一个国家的刑事司法制度"⑤。因此,"我们必须要解决的问题是,如何化解发现真相的价值与那些被认为保障个人尊严、隐私和一般意义上的尊重他人的权利之间的紧张关系"⑥。

从域外实践看,客观的犯罪态势是处理惩罚犯罪与保障人权关系中极为重要的影响因素。例如,虽然英国最早确立了犯罪嫌疑人的沉默权制度,但它也在1998年颁布了专门适用于北爱尔兰地区的《刑事证据法令》(the Criminal Evidence Order)。在该法令中,英国政府以沉默权不利于打击恐怖犯罪活动为由,对犯罪嫌疑人和被告人的沉默权加以限制。⑦在法国,一些司法警官在敏感案件中(如有组织犯罪、恐怖犯罪以及累犯所实施的暴力型犯罪)仍自行其是,在侦查讯问时常夹杂威胁、引诱、欺骗等要素,以各种方式变相架空法律的规定。⑧可见,即使人们不断强调非法口供排除规则,但"证据法还表明,在侦查阶段不能给予被告过高的保护水平,否则会削弱侦查的能力"⑨。

近年来,我国不断完善侦查讯问制度和口供证据规则,但对于是否赋予犯罪

---

① 〔美〕赫伯特·L.帕克:《刑事诉讼的两种模式》,梁根林译,载〔美〕虞平、郭志媛编:《争鸣与思辨:刑事诉讼模式经典论文选译》,北京大学出版社2013年版,第9页。

② 〔瑞士〕萨拉·J.萨默斯:《公正审判:欧洲刑事诉讼传统与欧洲人权法院》,朱奎彬、谢进杰译,中国政法大学出版社2012年版,第202页。

③ 〔美〕拉里·劳丹:《错案的哲学:刑事诉讼认识论》,李昌盛译,北京大学出版社2015年版,第237页。

④ 〔日〕田口守一:《刑事诉讼的目的》,张凌、于秀峰译,中国政法大学出版社2011年版,第45页。

⑤ 〔美〕柏恩敬、刘超、高原编译:《追问警察讯问方法——比较法的视角》,法律出版社2018年版,前言第1页。

⑥ 〔美〕拉里·劳丹:《错案的哲学:刑事诉讼认识论》,李昌盛译,北京大学出版社2015年版,第238页。

⑦ 参见何家弘主编:《外国证据法》,法律出版社2003年版,第79页。

⑧ 参见施鹏鹏:《口供的自由、自愿原则研究——法国模式及评价》,载《比较法研究》2017年第3期。

⑨ 〔瑞士〕萨拉·J.萨默斯:《公正审判:欧洲刑事诉讼传统与欧洲人权法院》,朱奎彬、谢进杰译,中国政法大学出版社2012年版,第203页。

嫌疑人沉默权、讯问时律师在场权，以及采用引诱、欺骗等方式取得的口供是否应当排除等问题，仍存在很大的争议，其背后的根本原因在于对惩罚犯罪与保障人权之间的关系有着不同的认识。因此，在构建讯问法律规范体系的过程中，应动态地权衡惩罚犯罪与保障人权的双重目的，不可片面，二者应当有机地结合起来。

（二）程序公正与实体公正

刑事诉讼的基本价值在于司法公正，“人们认识到，虑及公平或者可靠性，采纳检控方准备运用的特定自白证据或者其他证据，可能不是那么令人心安。关于这些问题的法律，反映出了这样的紧张关系，即一方面我们需要确保定罪判决，另一方面需要确保人们不会因不可靠的证据或者不公平程序取得的证据而被定罪”[①]，这其实指出了司法公正的双重要求，即程序公正和实体公正。就司法系统而言，实体公正是指系统的最终“产品”是否公正；程序公正是指该“产品”的“生产过程”是否公正。[②] 在刑事诉讼活动中，程序公正和实体公正是辩证统一的关系。一方面，程序公正有助于产生实体公正，“法律程序，是手段而非目的，它必须附属于实体法，作为在诉讼中实现实体法的手段”[③]。由于程序法作为手段、工具的性质，因此有时被称为“助法”(auxiliary law)或“附带性规范”(adjective law)。[④] 另一方面，程序公正具有独立于实体公正的价值，“为了要完成与实体真实相符之裁判，并不是可任由不计代价(手段)去获得”[⑤]，所以“发现实体真实早已不是现代刑事诉讼法的‘帝王条款’，而证据禁止理论与实务之蓬勃发展，所欲确立者正是刑事诉讼法上禁止不计代价、不择手段、不问是非的真实发现”[⑥]。在某种意义上，程序公正是为发现事实真相设定最起码的底线，“在法治国家的刑事诉讼程序中，对司法程序之合法与否，被视为与对有罪之被告、有罪之判决及法和平之恢复，具有同等之重要性”[⑦]。

侦查讯问深刻地反映了程序公正和实体公正之间的关系。在旧职权主义诉讼制度下，讯问通常是查明案件事实的主要方法，19 世纪甚至允许通过酷刑获得有罪供述。如今，“实质真实原则”与正当程序权或公正程序权产生冲突，后者

---

① 〔英〕克里斯托弗·艾伦：《英国证据法实务指南(第四版)》，王进喜译，中国法制出版社 2012 年版，第 228 页。

② 参见何家弘主编：《外国证据法》，法律出版社 2003 年版，第 75 页。

③ 〔美〕伟恩·R. 拉费弗、〔美〕杰罗德·H. 伊斯雷尔、〔美〕南西·J. 金：《刑事诉讼法(上册)》，卞建林、沙丽金等译，中国政法大学出版社 2003 年版，第 28 页。

④ 参见〔日〕谷口安平：《程序的正义与诉讼(增补本)》，王亚新、刘荣军译，中国政法大学出版社 2002 年版，第 6 页。

⑤ 〔德〕克劳思·罗科信：《刑事诉讼法(第 24 版)》，吴丽琪译，法律出版社 2003 年版，第 5 页。

⑥ 林钰雄：《刑事诉讼法(上册 总论篇)》，中国人民大学出版社 2005 年版，第 422—423 页。

⑦ 〔德〕克劳思·罗科信：《刑事诉讼法(第 24 版)》，吴丽琪译，法律出版社 2003 年版，第 5 页。

将犯罪嫌疑人视为享有固有人格尊严的普通人。[1]换言之，现在只有在符合程序公正的要求下取得的口供才能作为证据使用，“当自白乃经由禁止的讯问方式而得，则其无证据能力；此时的被告，即使事实上真的有罪，如果无其他合法方法可证明其罪行，则需被判无罪”[2]。可见，如果采用刑讯逼供等非法方法取得的口供，即使该口供是真实可靠的且具有很强的证明力，但也不能作为证据使用，因为该口供是采用非法手段取得的，所以不具有证据能力。当然，程序公正和实体公正在侦查讯问中也是一种动态的平衡。就非法口供排除规则而言，如果更强调实体公正，关注口供的真实性，非法口供的范围则会窄些；如果更强调程序公正，关注取供的合法性，非法口供的范围则会宽些。因此，“非法”口供范围的划定，体现了应对客观犯罪态势时的一种价值选择。对此，我国有学者认为，“在短期内，这种重视证据真实性而不是合法性的权衡模式不可能有多大的改进空间”[3]。

概言之，立足于程序公正原则，讯问法实质上是给侦查人员的讯问活动设置重重“障碍”，虽然这会浪费一定的司法资源，甚至排除一些真实可靠的口供，但能有效地避免虚假供述，防止冤假错案的产生，所以“二十世纪的法律发展的走向是不断提高正当程序对嫌疑人、被告人的保护，加强对被告人不自证其罪宪法权利的保护”[4]。当然，在侦查讯问活动中，有时为了实体公正，也会牺牲程序公正。在德国的一起谋杀案中，被告人在威胁之影响下，不仅承认了自己的罪行，并且供出藏尸所在，该证据后用来证明被告人之罪行，本案虽违反程序法，然判决内容之实体正确性却得以被视为优先之考虑因素。[5]在某种意义上，“促进一个目标可能会损害另一个目标”[6]，侦查讯问中的程序公正与实体公正的关系，实质上也表现为取得口供的“正当”和“真实”之间的关系。

第四节 讯问法学概述

一、讯问法学的研究对象

讯问法学主要研究有关讯问的法律规范、讯问理论和讯问实践，从广义上而

---

① 参见〔美〕史蒂芬·沙曼：《比较刑事诉讼案例教科书》，施鹏鹏译，中国政法大学出版社2018年版，第83页。

② 〔德〕克劳思·罗科信：《刑事诉讼法（第24版）》，吴丽琪译，法律出版社2003年版，第5页。

③ 李昌盛：《虚假供述的第二道防线：口供实质补强规则》，载《东方法学》2014年第4期。

④ 〔美〕德博拉·戴维斯、〔美〕理查德·A.利奥：《讯问诱发的虚假口供：发现与预防机制失效的原因》，载〔美〕柏恩敬、刘超、高原编译：《追问警察讯问方法——比较法的视角》，法律出版社2018年版，第170页。

⑤ 参见〔德〕克劳思·罗科信：《刑事诉讼法（第24版）》，吴丽琪译，法律出版社2003年版，第5页。

⑥ 〔美〕罗纳德·J.艾伦：《艾伦教授论证据法（上）》，张保生等译，中国人民大学出版社2014年版，第319页。

言，上述内容不限于当代中国的讯问法律规范、理论和实践，也包括古今中外的讯问制度。从学科定位上看，一方面，讯问法学与讯问学、侦查学具有密切的关系。讯问学主要研究讯问制度史、讯问法律规范、讯问策略和方法、讯问心理[①]、讯问的语言和非语言行为[②]以及国外讯问制度。因此，讯问学的研究对象包含讯问法学的研究对象。同时，讯问学属于侦查学的范畴，所以讯问法学与侦查学的研究对象也具有重合性。另一方面，讯问法学与刑事诉讼法学、刑事证据法学具有密切的关系。刑事诉讼法学是以规定刑事诉讼程序的法律为研究对象，自然包含讯问法学的研究对象。而刑事证据法学的研究对象既包括证据收集的法律规范，也包括证据审查的法律规范，自然也包含讯问法学所研究的口供证据规则。具体而言，讯问法学的研究对象包括以下三个方面的内容：

第一，讯问法律规范。讯问法律规范是讯问法学重要的研究对象。就我国而言，《刑事诉讼法》是讯问法学首要的研究对象。同时，其他法律、法规、规章中有关讯问的程序和制度的规定，以及最高人民法院、最高人民检察院就审判、检察业务中涉及讯问的司法解释，都属于讯问法学的研究对象。在对讯问法律规范进行研究时，应当准确理解有关法律条文制定的背景、含义、立法目的，掌握有关法律条文在司法实践中的执行状况以及存在的问题。同时，侦查讯问的主要目的在于取得口供，而审查逮捕、起诉以及审判阶段的讯问，更多表现为核实口供，所以广义上的讯问法律规范也包括有关口供证据的法律规范。另外，外国涉及讯问的成文法或判例法，以及相关国际公约，都应当予以研究，通过比较分析，进行借鉴参考。

第二，讯问理论与讯问实践。讯问理论主要包括与讯问原则、讯问的程式、讯问笔录、讯问录音录像、讯问时律师在场权等侦查讯问制度有关的理论问题，以及口供的证据能力规则和证明力规则等理论问题。讯问理论研究成果是讯问立法科学化、文明化的重要保障，也有助于推进讯问实务的法制化。同时，讯问法学是具有很强实践性和操作性的应用型学科。讯问实践是检验讯问法律规范是否完善、是否合理的重要标准，研究讯问实践不仅可以发现讯问法律规范存在的不足，明确讯问法律规范的完善方向，也可以及时将讯问实务中的成功经验通过法律予以固定。总之，讯问理论与实践都是讯问法学的重要研究对象。

第三，古今中外的讯问制度。为解决犯罪问题，查清案件事实真相，人类的

---

① 广义的审讯心理(学)包括审讯人员心理、犯罪嫌疑人心理、证人和被害人心理的研究。参见毕惜茜:《心理突破:审讯中的心理学原理与方法》,中国法制出版社 2017 年版,引言第 6 页。

② 侦查讯问的言语行为,是指在侦查讯问中,参与交际的双方通过言语交流的形式向对方传递信息、施加心理影响的行为表现;侦查讯问中的非言语行为是指,讯问中将肢体语言、表情、副语言作为信息交流的载体,是侦查人员与犯罪嫌疑人之间的无声对话。参见毕惜茜主编:《侦查讯问学》,中国人民公安大学出版社 2013 年版,第 187 页。

讯问制度史可谓源远流长。在历史长河中出现的各种讯问制度，在今天看来，虽仍具有一定的启示价值，但更多的讯问制度与当前的法治精神是背道而驰的。但是，对传统讯问制度的产生、发展、变革以及主要特点等进行深入研究仍有重要的现实意义，可以从中进行反思、总结，吸取教训，从而进一步推动讯问的法治化建设。

二、讯问法学的研究方法

掌握正确、科学的研究方法，是取得科研成功的重要因素。从根本上说，我们要坚持马克思主义的唯物辩证法。[1]具言之，讯问法学的研究方法主要包括以下三个方面：

第一，理论联系实际的方法。讯问理论与讯问实践应当结合，避免讯问理论与讯问实践成为“两张皮”，各说各话。理论联系实际就是要加强实证研究方法，通过深入调查讯问立法和司法实践的现状，总结成功的经验，解决存在的问题。讯问理论研究应聚焦于讯问实践中的真问题，讯问的展开要以科学的讯问理论为指引。

第二，理论思辨的方法。理论思辨是指研究主体从反映客观事物的概念、原理或定律出发，通过事物之间存在的相互关系，经过严密的逻辑分析和推理而得出认识结论的活动。[2]侦查的目的在于查清案件事实真相，讯问是侦查的重要手段，讯问法学中的理论思辨，立足于讯问的基本理念、侦查规律，是探寻查明案件事实真相的方法。

第三，比较与借鉴的方法。比较方法包括纵向比较与横向比较，前者主要是指古今之比较，后者主要是指中外之比较。就古今比较而言，古代讯问制度有可取之处，更有许多糟粕之处，古今比较意在继承某些有用的思想、经验，但更应吸取曾经的教训。就中外比较而言，“比较研究永远不应该导致盲目地模仿外国的模式。但是，对外国积极或消极经验的全面了解以及客观评价却很有必要，它将有助于人们分析在自己国家中遇到的一些问题”[3]。因此，有必要理性反思外国讯问立法、理念、制度，从中吸取、借鉴有益的地方，同时避免盲目地照搬照抄。

---

① 参见陈光中主编：《证据法学（第四版）》，法律出版社 2019 年版，第 11 页。

② 同上。

③ 〔美〕H. W. 埃尔曼：《比较法律文化》，贺卫方、高鸿钧译，清华大学出版社 2002 年版，中文版序言第 14 页。

第二章　传统讯问制度及其现代化转型

第一节　外国传统讯问制度及其现代化转型

一、外国传统讯问制度概说

刑事诉讼模式直接影响犯罪侦查的方式。外国刑事诉讼主要经历了早期弹劾式诉讼、传统的纠问式诉讼和近现代刑事诉讼三个发展阶段。[①]前两个阶段形成的讯问制度可称为传统讯问制度，传统讯问制度的主要特点是刑讯是合法的取供手段。

在早期的弹劾式诉讼阶段，作为司法程序的发誓和神意裁判，曾经是两种被普遍适用的纠纷解决方式。[②]所谓神明裁判，是指司法官员在对案件事实的认定存有疑问的情况下，可以依赖上天的启示或者神明的感应来认定案件事实，裁断孰是孰非。[③]神明裁判的方式很多，如水审、火审、决斗等。"这些方法都是使犯罪嫌疑人尝试肉体上的痛苦，以有无伤毁来判断他有罪无罪。"[④]例如，日本古代就有所谓的盟神探汤（把手放进开水中，然后查看烫伤的痕迹）。[⑤]显然，作为一种调查案件事实的方法，神判是不可靠的，即使发现了案件的真相也是偶然的，在通常情况下，神判证据制度既不能发现案件的真相，也不可能保障当事人的合法权益。[⑥]从12世纪至13世纪开始，神明裁判大量消退，[⑦]如英国在1215年正式废除神判法的应用。[⑧]

欧洲中世纪中后期开始盛行纠问式诉讼，同时随着人类理性认知的提升以

---

① 参见陈光中主编：《刑事诉讼法（第七版）》，北京大学出版社、高等教育出版社2021年版，第32—33页。

② 参见〔法〕罗伯特·雅各布：《上天·审判——中国与欧洲司法观念历史的初步比较》，李滨译，上海交通大学出版社2013年版，第15页。

③ 参见陈瑞华：《刑事证据法（第四版）》，北京大学出版社2021年版，第50页。

④ 瞿同祖：《中国法律与中国社会》，中华书局2003年版，第270页。

⑤ 参见〔日〕田口守一：《刑事诉讼法（第七版）》，张凌、于秀峰译，法律出版社2019年版，第437页。

⑥ 参见陈光中主编：《证据法学（第四版）》，法律出版社2019年版，第25页。

⑦ 参见〔法〕罗伯特·雅各布：《上天·审判——中国与欧洲司法观念历史的初步比较》，李滨译，上海交通大学出版社2013年版，第3页。

⑧ 参见瞿同祖：《中国法律与中国社会》，中华书局2003年版，第272页。

及科学技术的发展，神明裁判也逐渐被法定证据制度所取代。法定证据制度通过法律规定各种证据的证明力，其产生并非偶然，“为了防止法官的错误和专断，纠问程序中还以详细的法律规定明确了其要件（一种法定证据理论）：只有嫌疑人认罪或者两个见证人证明其行为时，才可作出有罪判决。”[①]与神明裁判相比较，通过法律的形式规定各种证据证明力的法定证据制度，在当时是一种较为理性和进步的证明方法，因为法定证据制度既避免了证据应用中的混乱，也防止了裁判者的擅断。但是，法定证据制度的负面效应也是显而易见的，“讯问、刑讯和供述成为大陆法系刑事程序的重心”[②]。因此，“世界各国无不经过以刑讯来代替神判的阶段”[③]。

可以说，刑讯制度的盛行在很大程度上是因为纠问式诉讼以及法定证据制度将口供视为“证据之王”，即口供是定罪的最重要的证据。虽然在法定证据制度时代，证人证言也是重要的证据，但“多数犯罪没有目击者，所以认定犯罪嫌疑人有罪，就只好依靠自白了（自白必要主义）。而且由于允许刑讯逼供，导致了残酷的刑事司法”[④]。因此，为取得口供的刑讯制度遂盛行起来。例如，欧洲中世纪后期实行法定证据制度的代表性法典《加洛林纳刑法典》规定：被告人在法庭上的供述被认为是完全证据中的最好证据，足以认定犯罪。[⑤] 意大利从古代罗马法中学得刑讯的方法并应用于刑法。[⑥] 法兰克王国的纠问式程序要对被告人进行两次拷打，第一次在侦查期间，逼使他承认犯罪；第二次是在判刑以后，逼使他供出共犯。[⑦] 奥地利 1368 年《刑法典》中规定，可以使用刺人的铜片作为刑讯工具。[⑧] 英国普通法早期，审判时可以采纳嫌疑人的任何供述，即使该供述是通过刑讯方式获得的。[⑨] 总之，到了中世纪末期，除了英国和斯堪的纳维亚半岛的诸国外，刑讯制度已经在欧洲广泛地适用了，这一时期可以广泛、合法地使用各类刑讯逼供；而英国的刑讯制度始于近代早期（1500 年至 1800 年）。[⑩] 在亚洲，19

---

① 〔德〕拉德布鲁赫：《法学导论》，米健、朱林译，中国大百科全书出版社 1997 年版，第 121 页。

② 〔英〕卡文・奥克斯伯等主编：《侦查的语言技术》，杨郁娟、庄东哲译，中国政法大学出版社 2017 年版，第 172 页。

③ 瞿同祖：《中国法律与中国社会》，中华书局 2003 年版，第 272 页。

④ 〔日〕田口守一：《刑事诉讼法（第七版）》，张凌、于秀峰译，法律出版社 2019 年版，第 442 页。

⑤ 参见陈光中主编：《证据法学（第四版）》，法律出版社 2019 年版，第 112 页。

⑥ 参见瞿同祖：《中国法律与中国社会》，中华书局 2003 年版，第 272 页。

⑦ 参见卞建林、刘玫主编：《外国刑事诉讼法》，中国政法大学出版社 2008 年版，第 3 页。

⑧ 参见〔德〕拉德布鲁赫：《法学导论》，米健、朱琳译，中国大百科全书出版社 1997 年版，第 122 页。

⑨ 参见〔美〕约书亚・德雷斯勒、〔美〕艾伦・C. 迈克尔斯：《美国刑事诉讼法精解（第一卷・刑事侦查）（第四版）》，吴宏耀译，北京大学出版社 2009 年版，第 431 页。

⑩ 参见〔德〕乌维・维瑟尔：《欧洲法律史：从古希腊到〈里斯本条约〉》，刘国良译，中央编译出版社 2016 年版，第 426 页；〔日〕松尾浩也：《日本刑事诉讼法（下卷）》，张凌译，中国人民大学出版社 2005 年版，第 5 页。

世纪前期，日本曾经使用过笞仗、石砸、沉海、吊挂等刑讯手段（后两者不常使用）。[①]

刑讯制度是极其残酷的，犯罪嫌疑人完全沦为诉讼客体。近代早期的1500年至1800年是一个比中世纪更加残忍、可怕的时代，在这一时期，中世纪那些不人道的酷刑中又被添加了些新方法，诸如在人的骨骼上和拇指上旋转螺丝，以便粉碎这一部分的身体。[②] 刑讯的非人道性曾被这样予以描述："有人就被放在那刑讯台上，他们的筋骨就这样被撕裂，血管就在上面喷出血来。有人的关节和肌腱就被各式各样的千斤坠撕开。又有人的嘴巴被撑开，一股水流就这样灌了进去，叫他们的肚子胀如坟丘，然而，再用一把烤肉叉或者别的利刃，把它捅开，那肚子就把那水从这洞喷出来，就像鲸鱼在海水里吞下鲱鱼和别的小海鱼之后，把海水喷成一棵李子树那般高。啊，天哪，那笔都羞于写下这罪恶，这为了刑讯而绞尽脑汁想出来的勾当。那酷刑的种类和数量，在那羊皮古卷上是很难有记载的。"[③]

布罗洛斯基在《文明的跃升》中记述了莱斯格罗医生在1620年受教会用刑拷讯的情形："我被带到刑架，绑在上面。我的双脚穿过三板架的两边之间，脚踝系着绳索。将把手向前推，我的双膝的主力顶着两板，把大腿上的腱肉钉得爆裂似的粉碎，膝盖被压破。我的双目直瞪，口吐白沫而呻吟着，牙齿颤抖如鼓手的锤子。我的嘴唇战栗，没命地喊叫，鲜血自手臂与断裂的腿、膝上溅出。自这痛苦的尖端放下来，我被绑着双手，丢到地板上，我不停地大声喊叫着：'我招供，我招供！'"[④]在英国，一般的刑具是"拉肢拷问台"，它是一个立架，每端都有一个压辊，把受刑者的手腕和脚腕分别固定在架子的一端，让叉开的四肢轮流接触。另一件刑具是斯克温顿镣铐，这种刑具是把人的头铐在膝间，把血从鼻子和耳朵里挤出来。[⑤]在法国巴黎，进行一般的刑讯时，要用六锅开水和一具小型刑架；在进行特别刑讯时，也是用六锅开水，但要用一具大型刑架。[⑥]这一时期还产生了一种声名狼藉的酷刑工具叫拇指刑，即一种用于压迫拇指的刑具。[⑦]对此，德国法学家拉德布鲁赫曾言："毫无权利的被控人在阴暗的刑讯室里面对着毫无恻隐之心的审讯者，用无力的声音回答着他的法官，后者虽满腹经纶，却只能依据无生

---

① 参见〔日〕松尾浩也：《日本刑事诉讼法（下卷）》，张凌译，中国人民大学出版社2005年版，第5页。

② 参见〔德〕乌维·维瑟尔：《欧洲法律史：从古希腊到〈里斯本条约〉》，刘国良译，中央编译出版社2016年版，第427页。

③ 〔英〕约翰·福蒂斯丘爵士：《论英格兰的法律与政制》，袁瑜琤译，北京大学出版社2008年版，第64—65页。

④ 转引自张建伟：《证据法要义（第二版）》，北京大学出版社2014年版，第258—259页。

⑤ 参见〔英〕丹宁勋爵：《法律的界碑》，刘庸安、张弘译，法律出版社1999年版，第43页。

⑥ 参见张建伟：《证据的容颜·司法的场域》，法律出版社2015年版，第65页。

⑦ 参见陈卫东主编：《中欧遏制酷刑比较研究》，北京大学出版社2008年版，第56页。

命的刑讯和证人记录文件对前者作出判决;他重见天日的时候,也就是被拖出去命丧刀剑之下、受车磔、受火焚或被送上赫然的绞刑架的时候。”[①]美国联邦最高法院大法官雨果·布莱克曾悲叹道:“肢刑架、拇指夹、轮式刑车、单独监禁、长时间的审讯、反复审讯……走向十字架、断头台、火刑柱、刽子手的绞索的路上剩下醒着但却残缺不全的身体和破碎的心灵。”[②]

二、外国传统讯问制度的现代化转型

刑讯逼供不仅严重侵犯了被讯问人的权利,而且易导致冤假错案,这种取供的方法很早就受到批判。早在公元前4世纪,古希腊哲学家亚里士多德就意识到:“强迫之下的人将很有可能提供虚假证据,他们中有的准备忍受一切拒不说出真相,有的准备错误指控他人以便尽快从刑讯中解脱出来。”[③]古罗马时期,根据乌尔比安的说法,帝国基本法规定,酷刑并非总能得到接受,却也不是总被拒绝,酷刑是一种不可靠的、危险和具有迷惑性的方法,因为有些人的意志如此坚定,无论承受何等酷刑都不会屈服,而另一些人则是如此懦弱,仅仅出于畏惧就会立刻陷害无辜之人。[④] 人文主义者让·路易·比韦斯反对刑讯制度,他认为刑讯制度要么就是无稽之谈,要么就是毫无意义。[⑤]

17、18世纪开始,刑讯制度更是广受诟病,尤其是启蒙思想家们对刑讯逼供进行了全面、系统、猛烈地批判。例如,在英国,1640年刑讯制度就像其开始一样,也以非正式的方式终结了。而刑讯终结的实质原因在于:一方面这一制度使无辜之人备受折磨,另一方面通过这一方式人们并没有从那些有罪之人那里得到一些新的线索。[⑥] 在法国,有学者在评论1670年的“法国刑事法令”时深刻地指出:审讯是一种“绝好”的发明。它一方面可以使一个意志薄弱的无辜者被判有罪,另一方面也可以使一个意志坚强的有罪者被判无罪。而且这种做法往往会走向查明案情真相的反面,即用肉体折磨来制造冤案。[⑦]布里尔曾言:刑讯肯定是一种使体弱的无辜者送命,而让健壮的罪犯获得侥幸的手段。有人曾说过

---

① 〔德〕拉德布鲁赫:《法学导论》,米健、朱林译,中国大百科全书出版社1997年版,第122页。

② 〔美〕丹·西蒙:《半信半疑:刑事司法中的心理学》,刘方权、陈晓云译,上海交通大学出版社2017年版,第198页。

③ 转引自〔英〕卡文·奥克斯伯等主编:《侦查的语言技术》,杨郁娟、庄东哲译,中国政法大学出版社2017年版,第172页。

④ 参见〔美〕亨利·查尔斯·李:《迷信与暴力:历史中的宣誓、决斗、神判与酷刑》,X. Li译,广西师范大学出版社2016年版,第483—484页。

⑤ 参见〔德〕乌维·维瑟尔:《欧洲法律史:从古希腊到〈里斯本条约〉》,刘国良译,中央编译出版社2016年版,第426页。

⑥ 同上。

⑦ 参见何家弘主编:《外国证据法》,法律出版社2003年版,第36页。

这样的警句：那些受得住刑讯的人和那些没有力量忍受刑讯的人，都会同样地说谎。[①]在意大利，贝卡里亚猛烈地批判了刑讯逼供并主张废除刑讯逼供，他认为："在诉讼中对被告人进行刑讯，由于为多数国家所采用，已经成为一种合法的暴行"[②]，但"这种方法能保证使强壮的罪犯获得释放，并使软弱的无辜者被定罪处罚"[③]，因而"刑讯必然造成这样一种奇怪的后果：无辜者处于比罪犯更坏的境地。尽管二者都受到折磨，前者却是进退维谷：他或者承认犯罪，接受惩罚；或者在屈受刑讯后被宣告无罪。但罪犯的情况则对自己有利，当他强忍痛苦而最终被无罪释放时，他就把较重的刑罚改变成较轻的刑罚。所以，无辜者只有倒霉，罪犯则能占便宜"[④]。而且，刑讯带来的另一个问题是，"法律折磨你，因为你是罪犯；因为你可能是罪犯；因为我想你是罪犯"[⑤]。

由于强大的反对浪潮，欧洲各国从 18 世纪开始陆续废除刑讯制度。例如，普鲁士从 1740 年开始废除刑讯逼供。1734 年，瑞士宣布对普通犯罪废除刑讯。[⑥] 1808 年法国《重罪法典》明确废除了刑讯和强加于被追诉人的宣誓。[⑦]同样，受欧洲近代化思想的影响，1879 年日本在法律上废除了刑讯逼供，1946 年日本《宪法》又明确，"绝对禁止公务员实施刑讯逼供"[⑧]。由此可见，自欧洲启蒙运动开始，传统纠问式诉讼逐渐被摒弃，包括职权主义诉讼、对抗制诉讼和混合式诉讼在内的近现代诉讼模式[⑨]逐渐得到肯认，"当较为开明和人性的时代从纠问程序中剔除刑讯的时候，整个坚固的纠问程序大厦也濒临崩溃"[⑩]。证据制度也由法定证据制度转向自由心证制度，"自由心证制度的确立，引起了诉讼结构的变革，促进了诉讼制度的民主化。它从法律上废除了封建法定证据制度中的刑讯逼供和封建等级特权，改变了以被告人口供为定罪主要根据的传统，为被告人获得和行使辩护权提供了保障"[⑪]。因此，法官之后在运用证据认定案件事实时，口供的证明价值有所下降，物证的证明价值大大提升。与此同时，侦查讯问的法治化、人权保障性得到不断强化。

在英国，判例法和制定法共同起到规制侦查讯问的作用。其实判例法早在

---

① 参见张建伟：《证据的容颜·司法的场域》，法律出版社 2015 年版，第 65—66 页。

② 〔意〕切萨雷·贝卡里亚：《论犯罪与刑罚》，黄风译，商务印书馆 2017 年版，第 32 页。

③ 同上书，第 34 页。

④ 同上书，第 35 页。

⑤ 同上书，第 36 页。

⑥ 同上书，第 38 页。

⑦ 参见宋英辉、孙长永、朴宗根等：《外国刑事诉讼法》，北京大学出版社 2011 年版，第 247 页。

⑧ 〔日〕松尾浩也：《日本刑事诉讼法（下卷）》，张凌译，中国人民大学出版社 2005 年版，第 5 页。

⑨ 参见陈光中主编：《刑事诉讼法（第七版）》，北京大学出版社、高等教育出版社 2021 年版，第 33 页。

⑩ 〔德〕拉德布鲁赫：《法学导论》，米健、朱林译，中国大百科全书出版社 1997 年版，第 122 页。

⑪ 卞建林、刘玫主编：《外国刑事诉讼法》，中国政法大学出版社 2008 年版，第 7 页。

18世纪末就确立了供述排除规则，当时排除非任意性自白更多的是基于对证明力的考虑。[①] 20世纪初，为规范警察侦查权的使用，英国制定了《法官规则》，《法官规则》肯定了警察的讯问权，同时又从各个方面限制了警察的讯问权，以实现犯罪嫌疑人权利和警察权之间的平衡。1984年，英国制定了《警察与刑事证据法》，该法是关于侦查程序的重要立法，推进了英国侦查讯问的现代化发展。《警察与刑事证据法》对警察讯问的条件和方式作了大量限定性规定，如讯问时的休息时间、讯问时律师在场制度、合适成年人制度、严禁非法取供等。此后，为应对高犯罪率，英国于1994年制定了《刑事审判与公共秩序法》(Criminal Justice and Public Order Act)，该法对犯罪嫌疑人的沉默权作了限制性规定。[②]

在德国，宪法明确保障犯罪嫌疑人享有律师帮助的权利、沉默权以及更为广泛的决定是否与警察合作的自主权。被控方取证的复杂规则都旨在保障上述权利，这些规则可以转化为对侦查强有力的规制。[③]从德国《刑事诉讼法典》的相关规定来看，德国通过严格的非法口供排除规则规制了侦查讯问活动。

在美国，讯问制度发展史深受联邦宪法和“米兰达规则”的影响。联邦宪法，即1791年联邦宪法第五修正案(不得强迫自证其罪原则)、第六修正案(律师帮助权)和1868年联邦宪法第十四修正案(正当程序原则)，这三个联邦宪法修正案虽在当时并未对讯问制度产生实质性影响，却成为日后侦查讯问改革的重要宪法根源，尤其是联邦宪法第五修正案。“虽然美国还有其他有关警察讯问的重要法律规则，但是目前警察讯问主要还是由联邦宪法第五修正案调整。”[④]美国在侦查讯问转型之前，曾长期采用“第三级”(Third Degree)讯问方法，即通过施加身体或精神痛苦、折磨的方式榨取犯罪嫌疑人口供和其他类型的信息。最常见的“第三级”手段包括：肢体暴力(如殴打、踢蹬或撕扯嫌疑人)、折磨(如将嫌疑人的头浸没在水中模拟窒息，用点燃的雪茄或烧热的火钩烧灼嫌疑人的身体)、用橡胶软管殴击嫌疑人；实行长时间的隔离禁闭；剥夺嫌疑人的睡眠、食物和其他需求；制造感官上的极度不适(如强迫嫌疑人连续数小时站立，用强烈、刺眼的光线照射嫌疑人)以及公然威胁对其实施肉体伤害。[⑤] 1931年，联邦政府公布了“蓝丝带委员会”(a blue-ribbon commission)的调查结果，即《关于执法活动中无法无天现象的报告》(Report on Lawlessness in Law Enforcement)，该报告披露

---

① 参见樊崇义主编：《证据法学(第六版)》，法律出版社2017年版，第98—99页。

② 参见程汉大、李培锋：《英国司法制度史》，清华大学出版社2007年版，第437—444页。

③ 参见〔美〕Jacqueline Ross：《证据规则(仅)适用于审判阶段吗？——美国和德国欺骗性讯问规则比较研究》，冯俊伟、阳平译，载《现代法治研究》2017年第3期。

④ 〔美〕弗洛伊德·菲尼、岳礼玲选编：《美国刑事诉讼法：经典文选与判例》，中国法制出版社2006年版，第177页。

⑤ 参见〔美〕索尔·M.卡辛等：《警察诱供：风险因素与防范建议》，载〔美〕柏恩敬、刘超、高原编译：《追问警察讯问方法——比较法的视角》，法律出版社2018年版，第68页。

的那些刑讯逼供手段让大多数美国人感到震惊。之后警察部门开始实施改革，警察的讯问方式发生变化。20 世纪 30 年代至 40 年代，肉体暴力的现象逐步减少。[①]米兰达案则成为对美国侦查讯问程序影响最为深远的案件，该案确立了当前美国侦查讯问程序的基本框架。“米兰达规则”将原来只是适用于审判阶段的宪法第五修正案所确立的不得强迫自证其罪原则扩展至警察讯问阶段。警察讯问时如果没有进行“米兰达告诫”，所取得的自白便不具有证据资格，这起到规制侦查讯问的作用。不过，也有人认为米兰达案是“铐在警察局手上的又一副手铐”或者“刑事审讯将不再与探寻真相有关，而与探寻技术错误有关”。[②]

在日本，1876 年制定的《断罪依证律》把《改定律例》规定的“凡断罪，依口供结案”，修改为“凡断罪，依证据”。所谓“依口供结案”，是指认定有罪应该根据口供，这种制度认可为了获取口供可以使用刑讯逼供。因此，“凡断罪，依证据”，其实就是禁止刑讯逼供，[③]该规定无疑对日本侦查讯问的发展产生了重要影响。

综上所述，随着人权保障理念逐渐深入人心，惩罚犯罪不再是刑事诉讼追求的唯一目的，保障人权越来越受重视。当前，口供在刑事司法活动中的实际作用和地位仍不容忽视，但人们普遍的共识是应严格规制警察的侦查讯问活动。就正向规制而言，一方面给警察讯问规定了严格的程序要求，如权利告知义务、讯问录音录像等；另一方面提升犯罪嫌疑人的防御权，如赋予犯罪嫌疑人沉默权、律师在场权等。就反向规制而言，通过口供证据规则倒逼侦查讯问合法化展开，如以非法口供排除规则遏制非法取供行为，以口供补强规则防止偏向口供等。总体而言，无论是大陆法系国家还是英美法系国家，在规制侦查讯问的程序、制度和规则构建方面基本一致，但受到历史、诉讼模式、法律文化、犯罪态势等因素的影响，不同国家和地区侦查讯问制度和口供证据规则的具体立法和司法实践还是存在一定的差异。

第二节　我国传统讯问制度及其现代化转型

一、我国传统讯问制度概说

我国刑事司法历史悠久，在早期社会也曾有过神判法，但并不流行。[④] 神判

① 参见〔美〕约书亚・德雷斯勒、〔美〕艾伦・C. 迈克尔斯：《美国刑事诉讼法精解（第一卷・刑事侦查）（第四版）》，吴宏耀译，北京大学出版社 2009 年版，第 422 页。

② 参见〔美〕小卢卡斯・A. 鲍威：《沃仑法院与美国政治》，欧树军译，中国政法大学出版社 2005 年版，第 319—320 页。

③ 参见〔日〕松尾浩也：《日本刑事诉讼法（下卷）》，张凌译，中国人民大学出版社 2005 年版，第 4 页。

④ 瞿同祖先生认为，世界上很少有国家不曾使用神判法，唯一的可能的例外是中国，中国人中找不到神判的痕迹。参见瞿同祖：《中国法律与中国社会》，中华书局 2003 年版，第 272 页。

法是各民族原始时代所通用的一种方法,[①]我国亦不例外,如“獬豸决狱”的传说。[②] 但有历史记载的周代已经衰落。[③]在我国传统社会,对于证据收集和运用,尤其是口供的收集和运用形成了一些自身的特点。

(一)周朝时期

第一,“五听”审讯法。口供是西周审理和判决的主要证据之一,为了确保口供的真实性,西周采取“五听”审问方式。[④]所谓“五听”,根据《周礼·秋官司寇》记载,“以五声听狱讼,求民情:一曰辞听,二曰色听,三曰气听,四曰耳听,五曰目听”。质言之,“以五声听狱讼”,就是要求司法官员通过察言观色来判断当事人的陈述是否真实。如果一个人在接受审讯时,说话烦乱,脸色通红,呼吸急促,听力愚钝,目光失神,那么他的回答就有可能是谎言。[⑤]“五听”虽主观性较强,但较之于神判法,仍不失为巨大的进步。“五听”审讯对后世影响深远,并被法定化。北魏《狱官令》记载:“诸察狱,先备五听之理,尽求情之意,又验诸证信,事多疑似,犹不首实者,然后加以拷掠”;《唐六典》规定:“凡察狱之官,先备五听。”

第二,刑讯之发端。刑讯被认为发端于西周。沈家本指出:“拷囚之事始于何时,书传未详,《月令》乃周末儒生所纂,疑周时即有之也。”[⑥]《礼记·月令》记载:“仲春之月……命有司省囹圄,去桎梏,毋肆掠,止狱讼。”可见,除“仲春之月”,其余时间可以“肆掠”,“肆掠”即刑讯。

(二)秦汉时期

第一,审讯方法。秦汉时期存在两种重要的审讯方法:一是秦朝之诘问法。《睡虎地秦墓竹简·封诊式·讯狱》记载:“凡讯狱,必先尽听其言而书之,各展其辞,虽智(知)其訑,勿庸辄诘。其辞已尽书而毋(无)解,乃以诘者诘之。诘之有(又)尽听书其解辞,有(又)视其它毋(无)解者以复诘之。诘之极而数訑,更言不服,其律当治(笞)谅(掠)者,乃治(笞)谅(掠)。治(笞)谅(掠)之必书曰:爰书:以某数更言,毋(无)解辞,治(笞)讯某。”[⑦]简言之,诘问法是要求刑讯之前必须经过充分的诘问。二是汉朝之“钩距”法。《汉书·赵尹韩张西王传》记载:“钩距

---

① 参见瞿同祖:《中国法律与中国社会》,中华书局2003年版,第269页。

② 王充所著《论衡》记载:“獬豸者,一角之羊也,性知有罪。皋陶治狱,其罪疑者,令羊触之。有罪则触,无罪则不触。斯盖天生一角圣兽,助狱为验,故皋陶敬羊,起坐事之。此则神奇瑞应之类也。”参见黄晖:《论衡校释(下)》,中华书局2018年版,第662—663页。

③ 参见陈光中主编:《证据法学(第四版)》,法律出版社2019年版,第33页。

④ 参见王立民主编:《中国法制史(第二版)》,上海人民出版社2007年版,第51页。

⑤ 参见何家弘:《测谎结论与证据的“有限采用规则”》,载《中国法学》2002年第2期。

⑥ 沈家本:《历代刑法考(上册)》,商务印书馆2011年版,第456页。

⑦ 大意是:先让受审者各自充分陈述,即使知道他是在欺骗,也不要马上追问,必须听完口供并加以记录。供词记录完毕而问题仍未交代清楚,就对不清楚的问题再进行追问,追问时又把其辩解的话记录下来,如还有不清楚的问题,继续进行追问,问到犯人理屈词穷仍拒不服罪时,按法律规定应该拷打的就要拷打。凡是经过拷打的,审讯记录上必须注明:某人因多次改变口供,审讯时进行了拷打。参见毕惜茜主编:《侦查讯问学》,中国人民公安大学出版社2013年版,第13页。

者，设欲知马贾，则先问狗，已问羊，又问牛，然后及马，参伍其贾，以类相准，则知马之贵贱，不失实矣。”[①]简言之，“钩距”法是一种迂回渐进的讯问策略。

第二，刑讯之盛行。秦汉时期，刑讯已较为普遍。《史记・李斯列传》记载，“赵高治斯，榜掠千馀，不胜痛，自诬服”，而且“赵高使其客十馀辈诈为御史、谒者、侍中，更往覆讯斯。斯更以其实对，辄使人复榜之。后二世使人验斯，斯以为如前，终不敢更言，辞服”。[②]《史记・张耳陈馀列传》记载：“贯高至，对狱，曰：‘独吾属为之，王实不知。’吏治榜笞数千，刺爇，身无可击者，终不复言。”[③]《汉书・杜周传》记载：“至周为廷尉……不服，以掠笞定之。”[④]《后汉书・酷吏列传》记载：“王吉者……性残忍……夏月腐烂，则以绳连其骨，周遍一郡乃止，见者骇惧。”[⑤]故而一般认为，秦汉时期刑讯已流行。对此，杨鸿烈认为，“中国的刑讯早已流行于秦汉”[⑥]；陈顾远亦指出，“就刑讯之制言：秦汉刑讯不见于法令；或为法官一种淫威，如秦之榜掠是也；或为默认之事实，如贾谊所谓‘司寇小吏，詈骂而榜笞之’是也”[⑦]，“至于汉景帝箠令之设，原为笞罪之刑具，非为拷问之设；吏滥用之，非本意也”[⑧]。可见，古人认为，惩罚犯罪就要采用断伤肢体、割裂肌肤的肉体摧残方法，“刑讯”不过是把这些残忍的肉体提前适用于侦查阶段而已。[⑨]后世刑讯多用杖，也始于汉朝。可见，笞仗本是刑罚方法，但在封建社会，这种刑罚还广泛作为刑讯的手段。[⑩] 总之，秦汉之际，刑讯均有律可依，但用何方法，用刑到何种程度，法律上未作任何限制，这无疑给司法官吏滥施淫威开了方便之门。[⑪]

第三，慎用刑讯之思想。秦汉时期亦有慎用刑讯甚至批评刑讯之呼吁。例如，秦代《封诊式・治狱》记载：“治狱，能以书从迹其言，毋治（笞）谅（掠）而得人请（情）为上，治（笞）谅（掠）为下，有恐为败。”[⑫]可见，如果不用刑讯，就能查明案件事实，为上策；刑讯、恐吓手段为下策。《汉书・路温舒传》记载，路温舒曾言：

---

① 大意是：要问马的价格，先问狗价、羊价、牛价，再问马价。从狗、羊、牛、马的比价中检验对方回答的马价是否确实，即采用迂回渐进的策略，由浅入深、由表及里地多方盘问，使嫌疑对象在不知不觉中自露其罪状，从而查明真实情况。参见毕惜茜主编：《侦查讯问学》，中国人民公安大学出版社2013年版。

② 参见[汉]司马迁：《史记》，中华书局2006年版，第529页。

③ 同上书，第538页。

④ [汉]班固：《汉书》，中华书局2007年版，第600页。

⑤ [宋]范晔：《后汉书》，中华书局2007年版，第733页。

⑥ 杨鸿烈：《中国法律思想史》，中国政法大学出版社2004年版，第191页。

⑦ 陈顾远：《中国法制史概要》，商务印书馆2011年版，第164页。

⑧ 同上。

⑨ 参见崔敏主编：《刑讯考论——历史 现状 未来》，中国人民公安大学出版社2011年版，第3页。

⑩ 参见罗翔编：《刑罚的历史》，云南人民出版社2021年版，第62页。

⑪ 参见陈卫东主编：《中欧遏制酷刑比较研究》，北京大学出版社2008年版，第33页。

⑫ 大意是：不用刑讯而能证实被告人有罪或无罪是最好的审讯方法，其次是使用刑讯的方法，最差的审案方法是不仅刑讯，而且还要使用恐怖的手段。这种恐怖手段下的审案，是审不出实情的，所以是失败的审案方法。参见樊崇义主编：《刑事诉讼法学（第五版）》，法律出版社2020年版，第23页。

"夫人情安则乐生，痛则思死。棰楚之下，何求而不得？"①

第四，录囚制度。汉朝推行"录囚"制度。所谓"录囚"是指由上级司法机关对下级司法机关的在押犯进行提审和复核的制度。至东汉时，皇帝也经常亲自或委派使者到各地或京师监狱进行录囚。②《汉书·隽疏于薛平彭传》记载，隽不疑"每行县录囚徒还，其母辄问不疑：'有所平反，活几人何'？即不疑多有所平反，母喜笑，为饮食语言异于他时；或亡所出，母怒，为之不食。故不疑为吏，严而不残"③。录囚制度对后世影响深远，《新唐书·刑法志》记载："六年，亲录囚徒，闵死罪者三百九十人，纵之还家，期以明年秋即刑。及期，囚皆诣朝堂，无后者。太宗嘉其诚信，悉原之。"

（三）三国两晋南北朝时期

刑讯在三国两晋南北朝时期开始法定化、制度化。刑讯的条件一般是，存在一定的证据而被告人不供或者所犯罪行比较严重。④此时期的刑讯手段极为残酷，如北齐时，"讯囚则用车辐驺杖，夹指压踝，又立之烧犁耳上，或使以臂贯烧车釭"⑤。其中，影响较大的刑讯有：南朝梁的"测罚"法，即"断食三日，听家人进粥二升。女及老小，一百五十刻乃与粥，满千刻而止"⑥，这是采用饥饿的方法获取口供。二是南朝陈的"立测"法，即"立测者，以土为垛，高一尺，上圆，劣容囚两足立。鞭二十，笞三十讫，著两械及杻，上垛。一上测七刻，日再上。三七日上测，七日一行鞭。凡经杖，合一百五十，得度不承者，免死"⑦，此规定虽规范了刑讯手段，但受刑者往往难以承受而作出虚假口供。"立测"法在隋朝时被废止。⑧

同时，因为刑讯的残酷性，此时期也有对刑讯的反思与批判。如北魏时，"理官鞫囚，杖限五十，而有司欲免之则以细捶，欲陷之则先大杖"，因而"民多不胜而诬引，或绝命于杖下"。⑨ 针对南朝陈的"立测"法，当时都官尚书周弘正言，"重械之下，危堕之上，无人不服，诬枉者多"⑩。

---

① [汉]班固：《汉书》，中华书局2007年版，第524页。

② 参见叶孝信主编：《中国法制史（第二版）》，复旦大学出版社2008年版，第115页。

③ [汉]班固：《汉书》，中华书局2007年版，第709页。

④ 参见陈光中主编：《证据法学（第四版）》，法律出版社2019年版，第36页。

⑤ [唐]魏徵等：《隋书（三）》，中华书局2011年版，第704页。

⑥ 同上书，第699页。该句大意是：对于有特权身份的人以及老弱妇女，可以改用"测罚"，其办法是三天不让吃饭（女人及老小饿一天半），然后允许家里人送二升粥吃。这种情状要持续十天十夜才停止。参见叶孝信主编：《中国法制史（第二版）》，复旦大学出版社2008年版，第139页。

⑦ [唐]魏徵等：《隋书（三）》，中华书局2011年版，第704页。大意是：用土筑成墩子，高一尺，顶部呈凸圆状，面积小到只能容纳两只脚。执行时，将犯罪嫌疑人鞭打二十下，再打三十板，手脚、脖子都带上戒具，罚其站立在土墩上。每上一次约两小时，当天罚站两次，以后每逢三日和七日再上测，隔天再鞭打。等到打满一百五十下，仍然不招供者，可以免死罪。参见叶孝信主编：《中国法制史（第二版）》，复旦大学出版社2008年版，第139页。

⑧ 参见朱勇主编：《中国法制史（第三版）》，法律出版社2016年版，第109页。

⑨ 参见[南北朝]魏收：《魏书（八）》，中华书局2011年版，第2876页。

⑩ 转引自叶孝信主编：《中国法制史（第二版）》，复旦大学出版社2015年版，第139页。

（四）隋唐时期

隋唐时期的刑讯已高度法定化、制度化，根据《唐律》，刑讯制度的主要内容如下：

第一，刑讯的前提。《唐律》规定："诸应讯囚者，必先以情，审察辞理，反复参验。犹未能决，事须讯问者，立案同判，然后拷讯。违者，杖六十。"[①]对此，《唐律疏议》曰："依狱官令，察狱之官，先备五听，又验诸证信，事状疑似，犹不首实者，然后拷掠。故拷囚之义，先察其情，审其辞理，反复案状，参验是非。犹未能决，谓事不明辨，未能断决，事须讯问者，立案，取见在长官同判，然后拷讯。若充使推勘及无官同判者，得自别拷。若不以情审察及反复参验而辄拷者，合杖六十。"[②]可见，刑讯前先要"立案"，且由所在长官共同审讯。

第二，刑讯的工具。唐朝把刑讯的工具称为讯杖。唐太宗时对讯杖作了规定，"其杖皆削去节目，长三尺五寸。讯囚杖，大头径三分二厘，小头二分二厘。常行杖，大头二分七厘，小头一分七厘。笞杖，大头二分，小头一分半"[③]。

第三，免于刑讯的人员。《唐律》规定："诸应议、请、减，若年七十以上、十五以下及废疾者，并不合拷讯，皆据众证定罪，违者以故、失论。若证不足，告者不反坐。"[④]

第四，刑讯的施行。《唐律》规定："诸拷囚不得过三度，数总不得过二百.杖罪以下，不得过所犯之数。拷满不承，取保放之。"[⑤]可见，拷讯不得超过3次，每次相隔20天，总数不得超过200次。如果属于依法拷讯而造成意外死亡的，审判官不承担责任。拷讯已达法定数限仍不承认的，取保释放。[⑥]

第五，违法刑讯之责任。《唐律》规定："若拷过三度及杖外以他法拷掠者，杖一百；杖数过者，反坐所剩；以故致死者，徒二年。"[⑦]

第六，反拷原告。《唐律》规定："诸拷囚限满而不首者，反拷告人。其被杀、被盗家人及亲属告者，不反拷（被水火损败者，亦同）。拷满不首，取保并放。违者，以故、失论。"[⑧]

概言之，《唐律》对刑讯制度进行了具体细致的规定，"其有益之处，在对刑讯加以适当限制，防止滥行无度，但无论如何限制，都无非赋予刑讯以合法性而

① 岳纯之点校：《唐律疏议》，上海古籍出版社2013年版，第469页。
② 同上。
③ ［五代］刘昫等：《旧唐书（六）》，中华书局2011年版，第2139页。
④ 岳纯之点校：《唐律疏议》，上海古籍出版社2013年版，第467—468页。
⑤ 同上书，第470页。
⑥ 参见陈光中主编：《证据法学（第四版）》，法律出版社2019年版，第37页。
⑦ 岳纯之点校：《唐律疏议》，上海古籍出版社2013年版，第470页。
⑧ 同上书，第471页。

已”[①]。其实,实践中的刑讯方法也绝非《唐律》所能涵盖,及至高宗,特别是武后称帝后,任用酷吏,滥施酷刑,变本加厉,[②]如“俊臣每鞫囚,无问轻重,多以醋灌鼻。禁地牢中,或盛之于瓮,以火圜绕炙之,并绝其粮饷,至有抽衣絮以啖之者。其所作大枷,凡有十号:一曰定百脉,二曰喘不得,三曰突地吼,四曰著即承,五曰失魂胆,六曰实同反,七曰反是实,八曰死猪愁,九曰求即死,十曰求破家。又令寝处粪秽,备诸苦毒”[③]。

(五)宋辽金元时期

宋太宗时几废刑讯,不过宋辽金元时刑讯仍是审讯之基本手段。[④]就宋朝而言,其审讯制度有其特色,具言之:一是“情迹”法。南宋司法官郑克在“五听”基础上提出“情迹”法。所谓“情迹”法,如郑克所言,“凡察狱者,或以气貌,或以情理,或以事迹,此三者皆足以知其冤否”[⑤],即审讯时,查明案情要结合嫌疑人的“气貌”“情理”和“事迹”予以综合考虑。二是推问勘鞫制度。在审讯过程中,凡司法官员与犯人之间有亲嫌关系、乡里同籍、同年同科及第者适用回避制度,以防审讯时徇私舞弊。[⑥]三是翻异别勘制度。在宋代,录问或行刑时,犯人如翻供词或申诉冤情,案件必须更换审判官员或由其他司法机关重新审理;可分为原审机关“复司别勘”和上级机关“差官别推”两种形式。[⑦]

(六)明清时期

刑讯是明清时期审讯的重要手段。明律有专门《刑具图》,规定刑讯只能使用荆条制成的“讯杖”,“讯杖”长三尺五寸(约合今108.9厘米),小头直径三分五厘(约合今1.1厘米),大头直径四分五厘(约合今1.4厘米);“讯杖”比笞杖刑的刑具略为粗大,责打时使用小头责打;明律并没有刑讯责打的数目限制。[⑧]《明史·刑法志》称明代官府滥用的酷刑名目繁多,诸如脑箍、烙铁、灌鼻、钉指、“一封信”“鼠筝弹”“拦马棍”“燕儿飞”等,即使是竹板也往往能活活打死人。[⑨]《清史稿》记载:“凡讯囚用杖,每日不得过三十。热审得用掌嘴、跪鍊等刑,强盗人命酌用夹棍,妇人拶指,通不得过二次。其馀一切非刑有禁。”可见,明清时期的刑讯仍是非常残酷的。

① 张建伟:《证据的容颜·司法的场域》,法律出版社2015年版,第67页。
② 参见陈光中主编:《证据法学(第四版)》,法律出版社2019年版,第37页。
③ [五代]刘昫等:《旧唐书(六)》,中华书局2011年版,第2144页。
④ 参见陈光中主编:《证据法学(第四版)》,法律出版社2019年版,第37页。
⑤ 转引自毕惜茜主编:《侦查讯问学》,中国人民公安大学出版社2013年版,第14页。
⑥ 参见黄盛源:《中国法史导论》,广西师范大学出版社2014年版,第263页。
⑦ 同上。
⑧ 参见叶孝信主编:《中国法制史(第二版)》,复旦大学出版社2008年版,第314页。
⑨ 同上书,第315页。

二、我国传统讯问制度的现代化转型

我国传统讯问制度虽不乏"五听"法、"诘问"法、"钩距"法、"情迹"法等具有一定积极意义的审讯方法，但总体上而言，审讯活动主要表现为刑讯逼供，可以说传统讯问制度史基本为一部刑讯逼供史。"中国古代漫长的封建专制主义时期基本上不实行法定证据制度，但同时实行'罪从供定'的口供主义和合法刑讯制度"，即所谓"断罪必取输服供词"。[①] 在司法实践中，没有口供一般不能定罪，定罪必须要有口供。为了取得口供，刑讯就成为必要的手段，并且在法律中加以明确规定。因此，刑讯制度之下，必然造成大量的冤假错案。

近现代以来，社会各界对刑讯制度进行了激烈的批判。郑观应曾质问："夫天地生人，原无厚薄也。何以案情讯鞫而酷打成招，独见之于中国？夫三木之下，何求而不得？抑岂各国之人皆纯良，而我国之人独凶恶，必须施以毒刑，而后可得其情欤？"[②]陈顾远指出："刑讯者，讯问狱囚以刑求之谓。盖在昔并不重视证据，而惟取于口供，于是法官对于狱囚，遂得以榜掠之，而为法之所许；尤其关乎盗命重案，为录口供，视为当然有刑讯之必要。但其结果，善良者或因刑逼，而为诬服，凶恶者或玩刑无供，终得免罪，则又失其平矣。历代对此亦常谋有改革，惜皆除恶未尽，过时复张，不可谓非中国法制史上之一污点也。"[③]徐朝阳亦认为："古代讯问被告，崇尚刑讯，实施强暴，掠捶逼供，被告既无真实之确供，国家滋多诬服之罪人；于人民之利益既悖谬，于诉讼之本旨亦违乖，甚非善制也。现代除正式法院已实行废止刑讯外，其沿用刑讯旧恶习者尚多，未能根本铲除，人民终罹冤蓝。"[④]

清末时，张之洞、刘坤一联名《江楚会奏变法三折》之第二折指出要"恤刑狱""省刑责"，即"敲扑呼謈，血肉横飞，最为伤和害理，有悖民牧之义。地方官相沿已久，漠不动心。夫民虽犯法，当存哀矜，供情未定，行罪与否，尚不可知，理宜详慎。况轻罪一眚，当时如法惩儆，日后仍望其勉为良民，更宜存其廉耻。拟请以后除盗案、命案证据已确而不肯认供者，准其刑吓外，凡初次讯供时及牵连人证，断不准轻加刑责。其笞、杖等罪，应由地方官体察情形，酌量改为羁禁或数日或数旬，不得凌虐久系"[⑤]。光绪三十一年（1904 年），清廷发"晓示各级官员实力奉行禁止刑讯谕"，称："昨据伍廷芳、沈家本奏，议覆恤刑狱十条，请饬禁止刑讯拖累，变通笞杖办法，并清查监狱羁所等条，业经降旨依议。惟立法期于尽善，而徒

① 参见陈光中主编：《证据法学（第四版）》，法律出版社 2019 年版，第 112 页。
② 郑观应：《盛世危言（下）》，上海古籍出版社 2008 年版，第 936 页。
③ 陈顾远：《中国法制史概要》，商务印书馆 2011 年版，第 162 页。
④ 徐朝阳：《中国古代诉讼法 · 中国诉讼法溯源》，中国政法大学出版社 2012 年版，第 115 页。
⑤ 转引自怀效锋主编：《清末法制变革史料》，中国政法大学出版社 2010 年版，第 16 页。

法不能自行,全在大小各官任事实心力除各弊,庶几政平讼理,积习可回。颇闻各府州县或严酷任性,率用刑求,或一案动辄株连,传到不及审讯,任听丁差蒙蔽,择肥而噬,拖累羁押,凌虐百端,种种情形,实堪痛恨。"① 1906年,沈家本、伍廷芳主持起草了《大清刑事民事诉讼法草案》,草案明令禁止刑讯,草案第15条规定:"凡审讯原告或被告及诉讼关系人,均准其站立陈述,不得逼令跪供。"草案第17条规定:"凡审讯一切案件,概不准用杖责、掌责及他项刑具或语言威吓交逼,令原告被告及各证人偏袒供证,致令混淆事实。"1912年,南京临时政府颁布《大总统令内务司法两部通饬所属禁止刑讯文》废除了刑讯制度,规定"不论行政司法官署,及何种案件,一概不准刑讯,鞫狱当视证据之充实与否,不当偏重口供"②。

1949年10月1日中华人民共和国成立,标志着我国的法制建设和刑事诉讼立法进入了一个新的历史发展时期,③也标志着我国侦查讯问制度逐步迈向现代化。尤其自1979年《刑事诉讼法》实施以来,我国讯问制度的法制化建设进入快车道。1979年《刑事诉讼法》第32条规定:"严禁刑讯逼供和以威胁、引诱、欺骗以及其他非法的方法收集证据。"同时,在第二编"立案、侦查和提起公诉"的第二章"侦查"中专节规定了"讯问被告人"。此后1996年、2012年、2018年三次修正《刑事诉讼法》,我国讯问制度得到逐步完善,诸如不得强迫自证其罪原则、讯问录音录像制度等陆续被予以明文规定。2010年6月13日,《关于办理死刑案件审查判断证据若干问题的规定》和《关于办理刑事案件排除非法证据若干问题的规定》(简称"两个证据规则")的发布确立了非法口供排除规则,此后多个规范性文件进一步完善了非法口供排除规则。当前,我国讯问的法治化程度日益提升,这不仅保障了犯罪嫌疑人、被告人的基本权利,同时也有助于依法惩罚犯罪,维护社会秩序。当然,随着社会的发展与进步,要更好地平衡惩罚犯罪与保障人权之间的关系,讯问的法治化建设也需要与时俱进。

---

① 转引自怀效锋主编:《清末法制变革史料》,中国政法大学出版社2010年版,第375页。

② 转引自陈光中主编:《证据法学(第四版)》,法律出版社2019年版,第42页。

③ 参见陈光中主编:《刑事诉讼法(第七版)》,北京大学出版社、高等教育出版社2021年版,第53页。

第三章　讯问人员、地点和时间

第一节　讯问人员

讯问人员是指依法承担讯问活动的人员。对讯问人员的法律规范主要体现在两个方面：一是讯问人员的资格要求；二是讯问人员的人数要求，这是合法讯问的基本前提。近年来，受"案多人少"的困扰，我国有学者建议实施单警讯问。

一、讯问人员的资格

从域外实践看，刑事诉讼中享有讯问权的人员主要是警察、检察官和法官。在侦查程序中，警察是最主要的讯问人员，由于检察机关在一些国家和地区是法定的侦查机关，所以也享有侦查讯问权。例如，在德国，警察、检察官和法官都享有讯问权。[①]在法国，讯问人员包括司法警察、检察官、预审法官，其中，预审法官在重罪案件中实施讯问。在韩国，侦查程序中的讯问人员主要是检察官和司法警察。[②]在我国，讯问犯罪嫌疑人主要由人民检察院或者公安机关的侦查人员负责；[③]同时，经法律授权的军队保卫部门、中国海警局、监狱，以及监察委调查人员也有权开展讯问。[④]

一般而言，讯问人员为侦查人员或其他相关权力机构的人员，其他机关、团体或个人一般不能实施侦查讯问，这说明讯问人员具有专属特性。究其原因：一方面，侦查讯问涉及对个人权利的限制，一旦滥用就有可能侵犯犯罪嫌疑人的合法权利，因而对讯问人员的范围要加以严格限制；另一方面，讯问作为侦查措施，专业性极强，委由侦查人员来实施，方能实现讯问目的。有学者认为，讯问是一项专业性很强的权力实施行为，涉及犯罪心理、法律程序、罪名确定、行为责任、

---

① 参见〔德〕托马斯·魏根特：《德国刑事诉讼程序》，岳礼玲、温小洁译，中国政法大学出版社2004年版，第83页。

② 参见陈卫东主编：《刑事立案与侦查——外国刑事诉讼法有关规定（上）》，中国检察出版社2017年版，第69页。

③ 参见《刑事诉讼法》第118条第1款、《人民检察院刑事诉讼规则》第182条第1款、《公安机关办理刑事案件程序规定》第202条第1款。

④ 参见《刑事诉讼法》第308条、《监察法》第41条第1款。

问话技术和策略、专业性法律事实和情节的理解与认定等多方面的专业性问题，只有经过专业教育训练的侦查人员才具备组织实施讯问活动、实现讯问目标的专业能力。[①]

二、讯问人员的人数

在我国，讯问的时候，侦查人员不得少于二人，[②]即侦查人员不得独自讯问犯罪嫌疑人。一人讯问、自审自记，违法讯问不易被察觉；二人讯问，互相监督、互相配合，既可防范徇私舞弊、施展讯问策略，又可保障人身安全、防止被诬陷。实践中，讯问往往由一人主问，另一人记录；[③]如果一人因故暂时离开，应当由其他办案民警接替或者暂停讯问。[④]需要指出的是，2019 年修订的《人民检察院刑事诉讼规则》规定，“讯问时，检察人员或者检察人员和书记员不得少于二人”，据此，书记员可以参与讯问。另外，根据《监察法》的规定，调查人员采取讯问由二人以上进行。[⑤]

司法实践中，讯问犯罪嫌疑人时，侦查人员少于二人的情况并不鲜见，如有调研显示，一人讯问或者与非警务人员一起“联合办案”的情况时有发生，其中“有非侦查人员参与讯问”在所有的被调查问题中发生频率最高，为 48.6%；“讯问时侦查人员不足二人”情形的发生频率为 28.7%。[⑥]这些现象在很大程度上是因“案多人少”所致。例如，2017 年，Y 市 W 派出所受理行政案件 1060 起，实际办案人数 3 人，刑事立案 887 起，实际办案人数 7 人，平均每人办理 353 起行政案件、126 起刑事案件；H 市 P 派出所受理行政案件 1195 起，刑事立案 763 起，实际办案人数 13 人，平均每人办理 150.6 起刑事或行政案件；Z 市 A 派出所受理行政案件 1679 起，刑事立案 1154 起，实际办案人数为 38 人，平均每人办理 74.55 起刑事或行政案件；S 市 Q 派出所，受理行政案件 3341 起，刑事立案 405 起，实际办案人数为 30 人，平均每人办理 124.86 起刑事或行政案件。[⑦]可见，基层办案单位存在严重的“警力不足”问题，这也就导致在一些案件中，讯问犯罪嫌疑人时事实上只有一位侦查人员。如果司法实践中确因客观原因无法满足法律规定的要求，从而导致法律规定被虚置，进而损害法律的权威性，那么就应该考

① 参见薛宏伟等：《讯问机理、对策与过程》，中国法制出版社 2018 年版，第 121 页。

② 参见《刑事诉讼法》第 118 条第 1 款、《人民检察院刑事诉讼规则》第 182 条第 1 款、《公安机关办理刑事案件程序规定》第 202 条第 1 款。

③ 参见许志武：《悉心制作讯问笔录》，载《森林公安》2005 年第 6 期。

④ 参见《公安机关执法办案场所办案区使用管理规定》第 17 条。

⑤ 参见《监察法》第 41 条第 1 款。

⑥ 参见夏红、曲利民：《常见不规范侦查讯问行为及其程序性处置调查分析》，载《黑龙江省政法管理干部学院学报》2009 年第 6 期。

⑦ 参见李玉华：《同步录音录像下单警讯问的突破》，载《法学》2019 年第 4 期。

虑是否有必要修改法律规定，以避免因普遍不遵守法律规定而损害法律的权威性。针对“警力不足”问题，近年来有学者建议在立法中明确规定单警讯问。就其可行性而言，通过讯问录音录像可以最大限度地确保口供的合法性和真实性。当然，单警讯问适用的案件范围应当有所限制，应限定在犯罪情节较轻、社会危害较小的危险驾驶、交通肇事、盗窃、诈骗、抢夺、毒品犯罪、在公共场所实施的扰乱公共秩序等可能判处三年以下有期徒刑的案件。①

三、讯问人员不符合法律规定下取得供述的证据能力

如果讯问犯罪嫌疑人时，侦查人员为一人，或者一人为侦查人员而另一人为辅警、协警、实习人员等，此种情况下取得的口供可否作为证据使用？对此，立法并没有作出明确规定。笔者认为，一概否定该口供，将其作为非法证据予以排除，显然不切实际；但一概肯定该口供，甚至直接将其作为定案根据，则立法关于讯问人员人数的规定将形同虚设。目前较为主流观点是讯问人员不符合法律规定（如单警讯问）②取得的口供为瑕疵证据，不能一概予以排除，即允许侦查人员进行补正，如果可以证明口供为自愿取得，且真实可靠，则可以作为证据使用。一般而言，补正的方式是提供讯问录音录像，以证明讯问笔录的真实性。③究其原因，单警讯问一般不会侵害犯罪嫌疑人的基本权利，所以应当允许侦查人员予以补正。

第二节　讯　问　地　点

一、讯问地点概述

广义上，讯问地点是指对犯罪嫌疑人、被告人进行讯问的地方；从狭义上看，讯问地点可以理解为具体的讯问室。显然，无论是广义上还是狭义上，讯问地点的设置都不能简单地归结为技术性问题，“讯问室之设置必须依据侦查目的、环境心理学、符合法律规定、人权保障等来考量”④。同时，讯问的地点或场所也应该有利于犯罪嫌疑人如实供述。⑤

---

① 参见李玉华：《同步录音录像下单警讯问的突破》，载《法学》2019年第4期。

② 实践中，犯罪嫌疑人面对记者采访时作出的认罪陈述，不能作为证据使用，也不存在补正的问题。

③ 还有观点认为，对于单人提审问题，具备以下条件的，可以作为定案根据，具备证据能力：一是犯罪嫌疑人对其供述的内容及记录没有异议，表示认可；二是讯问过程合法，没有刑讯逼供、暴力、威胁取证等行为；三是有同步录音录像或其他证据证明笔录记载内容的客观性；四是提审（讯）证与笔录记载的侦查人员不一致，以实际讯问的侦查人员为准进行补正和说明即可。参见李勇：《刑事证据审查三步法则》，法律出版社2017年版，第120—121页。

④ 徐国桢：《揭开侦讯的神秘面纱：暴力篇》，台湾五南图书出版股份有限公司2008年版，第119页。

⑤ 参见何家弘、杨迎泽：《检察证据实用教程（第二版）》，中国检察出版社2014年版，第154页。

从世界范围来看,讯问地点是受到普遍关注的问题。根据奈杰尔·罗德利提供的《酷刑特别报告员的提议》第4条,“审讯只能在官方场所进行,应当在法律上禁止秘密羁押……讯问关押于非官方羁押场所者所获得的证据,如果没有此人在官方场所接受讯问时的认可,不能作为用于庭审的证据。”[①]目前,一般的讯问地点是警察机关的场所或羁押场所。例如,在英国,随着19世纪警察组织的产生,以往由治安法官履行的侦查调查功能改由警察执行,审讯也因此不在法庭中进行,[②]而是在警察局或羁押拘留场所进行,但法律也规定了若干例外情形。[③]在德国,如果某人依照《刑事诉讼法典》第127条的规定被暂时逮捕,他通常会被关押在警察的监所,直至被带到法官面前。在这段关押时间内,警察能够使用简单的办法讯问犯罪嫌疑人;在法官签发审前羁押令后,犯罪嫌疑人不再被关押在警察的监所里,而是被转移至审前羁押的特殊监所,警察可以在那里探访犯罪嫌疑人。[④]可见,德国的讯问地点包括警察的监所和审前羁押的特殊监所。俄罗斯《刑事诉讼法典》第187条第1款规定:“讯问应当在预先侦查实施地点进行,侦查员在认定确有必要的情况下,有权决定在被讯问人所在地进行讯问。”[⑤]美国并未对讯问的地点作禁止性限制,但讯问地点必须告知嫌疑人。[⑥]

二、我国的讯问地点

为了有效遏制刑讯逼供等非法取供行为的发生,我国对讯问地点的法律规定较为明确。“两高三部”联合发布的《关于推进以审判为中心的刑事诉讼制度改革的意见》第5条第1款指出:“严格按照有关规定要求,在规范的讯问场所讯问犯罪嫌疑人。”当前,我国讯问地点主要包括公安机关执法办案场所、看守所、指定地点或者被讯问人住处、现场、执行场所等。

---

① 转引自〔英〕科纳·弗利:《抗制酷刑——法官及检察官手册》,梁欣、魏晓娜、许身健、程雷译,北京大学出版社2009年版,第133页。

② 参见美国司法部法律政策司:《关于庭审前讯问的法律》,载江礼华、〔加〕杨诚主编:《外国刑事诉讼制度探微》,法律出版社2000年版,第61页。

③ 1984年《警察与刑事证据法》“执法手册C”第11.1条规定:“决定逮捕嫌疑人后,不得在除警察局或羁押拘留场所之外的其他地点进行讯问,延迟讯问导致以下后果的除外:A.导致取证受到干扰或破坏证据的、对他人造成骚扰或人身伤害及造成严重财产损失或破坏的;或B.引起其他涉案但未被抓获的嫌疑人警觉的;或C.影响将涉案财物归还原主的。相关的危险消除后,或为消除危险已讯问嫌疑人的,不得以上述任何一项为由继续在非法定地点进行讯问。”参见彭勃编译:《英国警察与刑事证据法规精要》,厦门大学出版社2014年版,第78页。

④ 参见〔德〕托马斯·魏根特:《德国刑事诉讼程序》,岳礼玲、温小洁译,中国政法大学出版社2004年版,第76—77页。

⑤ 陈卫东主编:《刑事立案与侦查——外国刑事诉讼法有关规定(下)》,中国检察出版社2017年版,第560—561页。

⑥ 参见毕惜茜:《侦查讯问过程法律控制研究》,载《中国人民公安大学学报(社会科学版)》2007年第1期。

（一）在看守所进行讯问

在我国，看守所是指公安机关管理的专门看押犯罪嫌疑人的羁押场所。[①]《刑事诉讼法》第118条第2款规定："犯罪嫌疑人被送交看守所羁押以后，侦查人员对其进行讯问，应当在看守所内进行。"[②]该条款为2012年修订《刑事诉讼法》时新增内容，增加这一条款的意义在于：第一，以往的实践中，大量的刑讯逼供多发生在看守所以外的讯问过程中，规定在看守所进行讯问，可以有效防止此类情形发生；第二，由于看守所本身不是侦查机关，所以可以对侦查人员起到一定的制约作用；第三，看守所为讯问提供了规范的条件和设施，有利于规范侦查人员的讯问，在发生意外情况时，可以及时加以处置。[③] 需要指出的是，自2009年以来，我国对看守所系统开始进行改革，看守所不再是刑讯逼供的"避风港"。改革后的看守所讯问室实现了讯问人员与被讯问人员的物理隔离；看守所本身实行严格的在押人员体检制度，实现了社会公众对看守所的随时查访、巡视机制；部分看守所建立起在押人员投诉处理机制。[④]当前，看守所的提讯登记和收押体检制度也较为完备，[⑤]看守所的提讯登记和体检记录等证据材料是审查判断证据收集合法性的重要依据。[⑥]因此，现在的看守所作为专门的羁押场所，看押、提讯设施、完全警戒、监所监督人员等设置是按照有关规定建设和配套的，有条件保证被拘留人的人身安全，防止逃脱，保证讯问等工作依法顺利进行，[⑦]尤其是防止刑讯逼供的发生。同时，我国《刑事诉讼法》还明确规定被拘留人和被逮捕人应按时限送交看守所羁押。[⑧]

2012年以后，我国有关部门又陆续出台了相关规范性文件，严格限制将犯罪嫌疑人提押出看守所进行讯问。例如，《关于切实防止冤假错案的规定》第1条规定："犯罪嫌疑人被送交看守所羁押后，讯问应当在看守所讯问室进行并全程同步录音或者录像。侦查机关不得以起赃、辨认等为由将犯罪嫌疑人提出看

① 参见王爱立主编：《中华人民共和国刑事诉讼法释义》，法律出版社2018年版，第261页。

② 2007年《关于进一步严格依法办案确保办理死刑案件质量的意见》第11条就规定："提讯在押的犯罪嫌疑人，应当在羁押犯罪嫌疑人的看守所内进行。"2012年修订的《刑事诉讼法》，重申了这一立场。

③ 参见王爱立主编：《中华人民共和国刑事诉讼法释义》，法律出版社2018年版，第261—262页。

④ 参见陈卫东、〔荷〕Taru Spronken主编：《遏制酷刑的三重路径：程序制裁、羁押场所的预防与警察讯问技能的提升》，中国法制出版社2012年版，序言第5页。

⑤ 《严格排除非法证据规定》第13条规定："看守所应当对提讯进行登记，写明提讯单位、人员、事由、起止时间以及犯罪嫌疑人姓名等情况。看守所收押犯罪嫌疑人，应当进行身体检查。检查时，人民检察院驻看守所检察人员可以在场。检查发现犯罪嫌疑人有伤或者身体异常的，看守所应当拍照或者录像，分别由送押人员、犯罪嫌疑人说明原因，并在体检记录中写明，由送押人员、收押人员和犯罪嫌疑人签字确认。"

⑥ 参见万春、高翼飞：《刑事案件非法证据排除规则的发展——〈关于办理刑事案件严格排除非法证据若干问题的规定〉新亮点》，载《中国刑事法杂志》2017年第4期。

⑦ 参见王爱立主编：《中华人民共和国刑事诉讼法释义》，法律出版社2018年版，第192—193页。

⑧ 《刑事诉讼法》第85条第2款中规定："拘留后，应当立即将被拘留人送看守所羁押，至迟不得超过二十四小时。"第93条第2款中规定："逮捕后，应当立即将被逮捕人送看守所羁押。"

守所外进行讯问。”可见,《关于切实防止冤假错案的规定》体现了最为严格的立场,“侦查机关不得以起赃、辨认等为由,将犯罪嫌疑人提出看守所外进行讯问”,这属于刚性要求。但是,《严格排除非法证据规定》第9条规定:“拘留、逮捕犯罪嫌疑人后,应当按照法律规定送看守所羁押。犯罪嫌疑人被送交看守所羁押后,讯问应当在看守所讯问室进行。因客观原因侦查机关在看守所讯问室以外的场所进行讯问的,应当作出合理解释。”根据本条规定,因客观原因将犯罪嫌疑人提押出所进行讯问,如果能够作出合理解释,并不违法。问题在于,“客观原因”包括哪些情形?对此,《人民检察院刑事诉讼规则》第186条第2款规定:“因辨认、鉴定、侦查实验或者追缴犯罪有关财物的需要,经检察长批准,可以提押犯罪嫌疑人出所,并应当由两名以上司法警察押解。不得以讯问为目的将犯罪嫌疑人提押出所进行讯问。”根据本款规定,“不得以讯问为目的将犯罪嫌疑人提押出所进行讯问”体现了从严立场;同时“因辨认、鉴定、侦查实验”等需要可以提押犯罪嫌疑人出所,但需要防止提押犯罪嫌疑人出所实施殴打、威胁等手段,迫使犯罪嫌疑人在返回看守所接受讯问时违背意愿作出供述等非法取供现象的发生。

但是,实践中仍存在将犯罪嫌疑人带至偏远地方关押讯问,或者直接在侦查机关办案区域讯问,[①]迫使犯罪嫌疑人认罪,进而导致供述反复、真实性存疑的情况发生。为此,近年来有学者建议对看守所进行改革,由于看守所和侦查部门都隶属于公安机关的体制,看守所的监督制约存在一定的局限性,因此看守所改革的基本方向是看守所的中立化,“将看守所的管理权从作为侦查机关的公安机关剥离出来,使其归由一个不承担刑事侦查职责的国家机关进行管理”[②]。目前学术界较为公认的观点是将看守所转由司法行政机关监管。显然,如将看守所转由司法行政机关监管这在一定程度上可以防止看守所内违法讯问现象的发生。

（二）在公安机关执法办案场所进行讯问

《刑事诉讼法》并未禁止侦查机关在将犯罪嫌疑人送交看守所之前对其进行讯问,犯罪嫌疑人时常是在公安机关执法办案场所接受讯问。《公安机关办理刑事案件程序规定》第198条第1款中规定,“讯问犯罪嫌疑人,除下列情形以外,应当在公安机关执法办案场所的讯问室进行”,[③]本款中“除下列情形”是指看守所、指定地点或者被讯问人住处、犯罪现场等其他场所。实践中,第一次讯问大多是在公安局办案中心进行,且作案人均是在此作出有罪陈述;而在看守所讯问阶段,侦查人员主要是对案件中的关键事实作出补充讯问,目的基本上是审查与

① 参见陈卫东:《严格排除非法证据 加强人权司法保障》,载《人民法院报》2017年7月1日第2版。

② 陈瑞华:《看守所制度的改革问题(上)》,载《中国律师》2017年第5期。

③ 另参见《公安机关讯问犯罪嫌疑人录音录像工作规定》第4条第2款、《公安机关执法办案场所办案区使用管理规定》第15条第1款。

印证公安局办案中心已获取的口供是否属实，及最终能否作为定案依据。[①]可见，公安机关执法办案场所的讯问在整个侦查讯问中发挥着重要的作用。然而，我国对在公安机关执法办案场所进行讯问的法律规制较弱，尤其“在缺乏第三方在场的情况下，这种封闭空间内进行的讯问不利于遏制非法取证行为”[②]。因此，今后应进一步完善公安机关执法办案场所讯问的法律规范，以有效防止非法讯问现象的发生。

（三）在指定地点或者被讯问人住处进行讯问

对不需要逮捕、拘留的犯罪嫌疑人，可以传唤犯罪嫌疑人到其所在市、县内的指定地点或者到其住处进行讯问。[③]其中，犯罪嫌疑人所在市、县内的指定地点主要是指犯罪嫌疑人在被讯问时其工作所在地市、县的公安局、公安派出所、基层组织及其所在单位等；住所是指犯罪嫌疑人在被讯问时所居住的地方。[④]对未被羁押的犯罪嫌疑人讯问的手段是传唤[⑤]和拘传[⑥]，传唤不具有强制性，而拘传具有强制性。由于拘传涉及公民的人身权利，因而不能随意使用，一般只有当犯罪嫌疑人经传唤无正当理由拒绝到案接受讯问时，才能适用拘传强制其到案。但到犯罪嫌疑人住处进行讯问的，不得采用拘传的手段。[⑦]公安司法机关也可以根据需要，直接采用拘传。可见，在我国犯罪嫌疑人接受讯问是其应尽的义务，这与西方各国未被羁押的犯罪嫌疑人自愿到案和自愿接受讯问，无配合侦讯机关的义务是不同的。[⑧]为了防止滥用审讯权，在适用传唤时，侦查人员应当履行如下几点义务：一是传唤犯罪嫌疑人时应当出示传唤证和工作证件等证明文件；[⑨]二是传唤犯罪嫌疑人时应将传唤的原因和地点告知其家属；三是应在传唤证上填写到案时间和结束时间。[⑩]

需要指出的是，近年来有学者认为，监视居住所指定的居所具有“准羁押”场

---

① 参见贺小军：《影响侦查讯问效果因素之实证研究——以J省J县为例子》，载《中国刑警学院学报》2014年第3期。

② 刘静坤：《证据审查规则与分析方法：原理·规范·实例》，法律出版社2018年版，第346页。

③ 参见《刑事诉讼法》第119条第1款、《人民检察院刑事诉讼规则》第183条第1款。另外，根据《公安机关办理刑事案件程序规定》第198条第4款的规定，对于不需要拘留、逮捕的犯罪嫌疑人，经办案部门负责人批准，可以传唤到犯罪嫌疑人所在市、县公安机关执法办案场所或者到他的住处进行讯问。

④ 参见王爱立主编：《中华人民共和国刑事诉讼法释义》，法律出版社2018年版，第263页。

⑤ 传唤是人民法院、人民检察院和公安机关使用传票通知犯罪嫌疑人、被告人到案接受讯问。参见樊崇义主编：《刑事诉讼法学（第五版）》，法律出版社2020年版，第170页。

⑥ 拘传是指采用强制方式，包括使用戒具将犯罪嫌疑人、被告人带到指定地点进行讯问。参见王爱立主编：《中华人民共和国刑事诉讼法修改与适用》，中国民主法制出版社2018年版，第138页。

⑦ 参见王爱立主编：《中华人民共和国刑事诉讼法释义》，法律出版社2018年版，第265页。

⑧ 参见孙长永主编：《侦查程序与人权保障——中国侦查程序的改革和完善》，中国法制出版社2009年版，第470页。

⑨ 参见《刑事诉讼法》第119条第1款、《人民检察院刑事诉讼规则》第183条第2款、《公安机关办理刑事案件程序规定》第199条。

⑩ 参见《人民检察院刑事诉讼规则》第183条第3款、第184条。

所的性质，却又缺少看守所相对严格的规章制度，此种环境下进行的侦查讯问很可能存在刑讯逼供的隐患，但相关法律对此几乎完全没有规定。[①]因此，今后有必要完善在指定居所进行讯问的法律规定。

（四）在犯罪现场进行讯问

对在现场发现的犯罪嫌疑人，可以在现场进行讯问。[②]显然，现场讯问通常是在紧急情况下进行的。实践中，侦查办案人员在犯罪现场及时获取相关的证据非常重要，这也是获取重要相关证据的最佳时机。[③]现场讯问笔录与看守所讯问笔录具有同样的法律效力，因而要严格予以规范，尤其是口头传唤应依法进行。具体而言，对在现场发现的犯罪嫌疑人，经出示工作证件，可以口头传唤，并将传唤的原因和依据告知被传唤人；在讯问笔录中应当注明犯罪嫌疑人到案方式，并由犯罪嫌疑人注明到案时间和传唤结束时间。[④]

（五）在其他特定场所进行讯问

根据法律规定，有两类讯问地点值得关注：一是针对有严重伤病或者残疾、行动不便的，以及正在怀孕的犯罪嫌疑人，可以在其住处或者就诊的医疗机构进行讯问；二是针对正在被执行行政拘留、强制隔离戒毒的人员以及正在监狱服刑的罪犯，可以在其执行场所进行讯问。[⑤]在上述地点进行讯问，主要是基于保护犯罪嫌疑人权益以及侦查效益的考虑。

三、讯问地点不符合法律规定下取得供述的证据能力

从我国关于讯问地点的法律规定来看，在看守所讯问的规定较为明确，并且规定了程序性制裁条款。因此，讯问地点不符合法律规定取得供述的认定，主要是指对违反看守所讯问法律规定取得的供述的认定。对此，龙宗智教授认为，如无正当理由而违法改变审讯地点，自然产生对侦查人员非法取供的合理怀疑，如果控方不能作出合理解释或对审讯行为合法性缺乏有效证明，则应当适用证据排除规则。[⑥]对此，我国相关规范性文件对违反讯问地点取得供述的证据能力也进行了规定。《关于建立健全防范刑事冤假错案工作机制的意见》第 8 条第 2 款规定，“除情况紧急必须现场讯问以外，在规定的办案场所外讯问取得的供述……应当排除”，该意见采取了绝对排除模式。然而，《严格排除非法证据规定》第 9 条的规定对违反讯问地点取得供述的证据能力采取的是可补正的排除

---

① 参见郑曦：《侦查讯问程序研究》，北京大学出版社 2015 年版，第 209 页。

② 参见《刑事诉讼法》第 119 条第 1 款。

③ 参见王爱立主编：《中华人民共和国刑事诉讼法释义》，法律出版社 2018 年版，第 263—264 页。

④ 参见《刑事诉讼法》第 119 条第 1 款、《公安机关办理刑事案件程序规定》第 199 条第 3 款、《人民检察院刑事诉讼规则》第 183 条第 4 款。

⑤ 参见《公安机关办理刑事案件程序规定》第 198 条第 1 款、第 3 款。

⑥ 参见龙宗智：《我国非法口供排除的“痛苦规则”及相关问题》，载《政法论坛》2013 年第 5 期。

模式。换言之，侦查人员将犯罪嫌疑人提出看守所进行讯问，如能作出合理解释，该种情形下取得的口供可以作为证据使用。

近年来，已有因违反讯问地点取得的口供被排除的案例。例如，在冯善顺故意伤害案中[①]，由于“侦查机关存在违反规定在看守所之外的地点讯问被告人，并将被告人冯善顺在看守所外羁押过夜的情形……侦查机关对被告人冯善顺的审讯存在违反法定程序的情形”，法庭在综合所有不当讯问情形的基础上，认定“被告人冯善顺审判前有罪供述依法不能作为定案的根据”。本案被告人冯善顺最终被判无罪。在本案中，“侦查机关违反规定将被告人提押到看守所外讯问，不能排除以非法方法收集证据情形的，有关供述不得作为定案的根据”[②]，可见，排除违反讯问地点取得的口供，最终对案件的定罪也可能产生实质性的影响。

第三节 讯问时间

一、讯问时间概述

讯问时间既与讯问策略相关，又涉及犯罪嫌疑人、被告人的权益保护问题。其实，《保护所有遭受任何形式拘留或监禁的人的原则》第23项原则指出，“被拘留人或被监禁人的任何审问的持续时间和两次审问的间隔时间……应以法定格式加以记录和核证”。虽然这一表述并没有关于审讯持续时间的严格规定，但已“为我们判断审讯持续时间是否具有压迫性或其他虐待性质建立了一个框架”[③]。实践中，“时间是其中一个风险性因素：作为一项策略，审讯人员会隔离被羁押的嫌疑人——但究竟隔离多长时间呢？超长时间隔离还有可能带来疲劳、无助的感觉，或睡眠、食物及其他生理需求的剥夺，也可能损害嫌疑人作出复杂决策的能力。”[④]侦查讯问时间主要涉及三个内容：一是侦查讯问的启动时间，即何时开始讯问；二是侦查讯问的持续时间，即一次讯问的时间长度；三是两次讯问之间的间隔时间。

第一，讯问的开始时间。讯问时间的选择与讯问效果之间存在很大的关联。从人体生理角度考察，人在上午、下午、晚上及午夜时的精神、思维、反应等存在

---

① (2014)海南一中刑初字第105号。

② 戴长林、罗国良、刘静坤：《中国非法证据排除制度：原理·案例·适用(修订版)》，法律出版社2017年版，第290页。

③ 〔英〕奈杰尔·S·罗德雷：《非自由人的人身权利——国际法中的囚犯待遇》，毕小青等译，生活·读书·新知三联书店2006年版，第353页。

④ 〔美〕索尔·M.卡辛：《现代警察讯问程序批判》，载〔美〕柏恩敬、刘超、高原编译：《追问警察讯问方法——比较法的视角》，法律出版社2018年版，第227页。

很大的差异。[1] 当前，一些国家和地区禁止在夜间进行讯问，这意味着讯问的启动时间不能在夜间。之所以要原则上禁止夜间讯问，是因为“夜间乃休息之时间，为重人权乃保障程序之合法性，并避免疲劳讯问”[2]，而允许若干例外情形主要是兼顾侦查的需要。

第二，讯问的持续时间。讯问的持续时间与疲劳审讯等不当讯问方法存在密切的关系，因为“虚假口供更有可能在长时间的讯问之后出现这一点并不特别出人意料……长时间与亲近之人分离，会造就一种足以加重嫌疑人痛苦、强化其逃脱动机的剥夺感”[3]。一项关于125个已被确认的虚假口供的报告的研究发现，在所有记录了讯问时长的案件中，34%的讯问持续了6～12小时，39%的讯问持续了12～24小时，讯问平均持续时间为16.3小时。[4]因此，规范讯问的持续时间是防止虚假供述产生的重要举措。联合国禁止酷刑委员会和联合国酷刑问题特别报告员提议，“被拘禁者应被告知一次审讯所允许的长度”[5]。俄罗斯《刑事诉讼法典》第187条第2款规定：“每次讯问的持续时间不得超过4小时。”[6]有的国家还禁止为获取口供而延迟讯问的持续时间，如丹麦《司法行政法》第752条第4款规定，“讯问时间不得仅为了获取被告人有罪供述而延长”[7]。当然，讯问持续时间的长短也会因被讯问人的年龄、身体状况等个体因素而有所不同，如俄罗斯《刑事诉讼法典》第187条第4款规定，“在具有医疗鉴定的情况下，讯问时间的长短根据医生的诊断证明予以确定”[8]。

第三，两次讯问之间的间隔时间。在一定意义上，规范连续两次讯问的间隔时间也是在确保被讯问人的休息权。英国1984年《警察与刑事证据法》“执法手册C”第12.2条规定：“每24小时内，应保障被拘留人享有连续8小时的休息时间，休息期间不应受到讯问、移送或警察因调查案件的打扰。”[9]俄罗斯《刑事诉讼法典》第187条第3款规定：“讯问的持续，允许在每次休息与用餐至少1小时

---

① 参见刘启刚：《新刑诉法对侦查讯问影响的实证研究——以一线讯问人员为考察对象》，载《中国刑警学院学报》2014年第3期。

② 林钰雄主编：《新学林分科六法——刑事诉讼法》，台湾新学林出版股份有限公司2009年版，第A-102页。

③ 〔美〕索尔·M. 卡辛等：《警察诱供：风险因素与防范建议》，载〔美〕柏恩敬、刘超、高原编译：《追问警察讯问方法——比较法的视角》，法律出版社2018年版，第93页。

④ 同上。

⑤ 〔英〕科纳·弗利：《抗制酷刑——法官及检察官手册》，梁欣、魏晓娜、许身健、程雷译，北京大学出版社2009年版，第50页。

⑥ 陈卫东主编：《刑事立案与侦查——外国刑事诉讼法有关规定（下）》，中国检察出版社2017年版，第561页。

⑦ 同上书，第481页。

⑧ 同上书，第561页。

⑨ 彭勃编译：《英国警察与刑事证据法规精要》，厦门大学出版社2014年版，第82页。

后进行，而且每日讯问的总时间不得超过 8 小时。”[①]

二、我国的讯问时间

相比较于讯问地点，我国对讯问时间的法律规定不尽完善。根据《刑事诉讼法》等相关规范性文件，与讯问时间相关的规定主要包括以下三个内容：其一，非羁押状态下讯问的持续时间。对未被采取拘留、逮捕的犯罪嫌疑人可采用传唤或拘传，传唤、拘传持续的时间不得超过 12 小时；案情特别重大、复杂，需要采取拘留、逮捕措施的，传唤、拘传持续的时间不得超过 24 小时。[②]当然，这一时间是最长时间，如果能在更短的时间内完成讯问和有关法律手续，则应抓紧在更短的时间内完成。[③]因此，以传唤、拘传方式讯问的持续时间一般不超过 12 小时，特定情形下不得超过 24 小时。其二，羁押状态下首次讯问的时间。公安机关对被拘留的人，应当在拘留后的 24 小时以内进行讯问；人民法院、人民检察院对于各自决定逮捕的人，公安机关对于经人民检察院批准逮捕的人，都必须在逮捕后的 24 小时以内进行讯问。[④]从立法目的上看，在 24 小时之内对被拘留人、被逮捕人进行讯问，主要是考虑拘留、逮捕涉及犯罪嫌疑人的人身自由，及时讯问，有助于查明适用拘留、逮捕措施是否正确，已掌握的证据是否可靠，从而纠正错误适用强制措施等。但是，法律只是规定在 24 小时内对羁押状态下的犯罪嫌疑人、被告人进行第一次讯问，但何时开始讯问则是一个弹性的区间，而且羁押状态下讯问持续时间的规定缺失。[⑤]其三，讯问时必要的休息时间。《刑事诉讼法》第 119 条第 3 款规定，“不得以连续传唤、拘传的形式变相拘禁犯罪嫌疑人”，这是指不得以连续传唤、拘传的形式使传唤、拘传超过法定最长时限，即超过 12 小时或 24 小时，从而剥夺犯罪嫌疑人的人身自由。[⑥]换言之，传唤、拘传犯罪嫌疑人，应当保证犯罪嫌疑人的饮食和必要的休息时间。究其原因，由于传唤、拘传的时间紧迫，实践中有时侦查机关及其办案人员在讯问时采取连续审讯，甚至不能保证犯罪嫌疑人必要的饮食、休息和日常生活需求，如不允许吃饭，不让犯罪嫌疑人上厕所等，这严重侵犯了犯罪嫌疑人的合法权益。[⑦]《刑事诉讼法》虽规定了犯罪嫌疑人在非羁押状态接受讯问享有必要的休息时间，但对于休息时间为多长、

---

① 陈卫东主编：《刑事立案与侦查——外国刑事诉讼法有关规定（下）》，中国检察出版社 2017 年版，第 561 页。

② 参见《刑事诉讼法》第 119 条第 2 款、《最高院刑诉法解释》第 149 条、《人民检察院刑事诉讼规则》第 185 条第 1 款、《公安机关办理刑事案件程序规定》第 200 条。

③ 参见王爱立主编：《中华人民共和国刑事诉讼法释义》，法律出版社 2018 年版，第 264 页。

④ 参见《刑事诉讼法》第 86 条、第 94 条。

⑤ 需要指出的是，《监察法》第 44 条第 2 款规定，讯问被留置人员应当合理安排讯问时间和时长。

⑥ 参见王爱立主编：《中华人民共和国刑事诉讼法释义》，法律出版社 2018 年版，第 264—265 页。

⑦ 同上书，第 265 页。

何时可以休息、夜间是否属于休息时间等问题都未有明文规定，尤其未明文规定犯罪嫌疑人在羁押状态下接受讯问享有必要的休息时间。

由上可见，我国关于讯问时间的规定存在较大缺陷，这无疑会引发非法讯问的风险，“侦查人员的讯问时间不受有效的限制，可以任意选择开始时间，讯问持续时间也不受限制”①，这“给侦查人员通过疲劳审讯这种变相肉刑非法获取供述留下了空间”②。司法实践中，疲劳审讯或夜间讯问的问题较为突出，相较于在看守所进行讯问，公安机关执法办案场所的讯问更易出现不规范的现象。在一份针对96位刑事侦查人员的问卷中，有超过38%的侦查人员并不把不让休息、不让吃饭的长时间讯问、夜间讯问视为变相的刑讯手段，取供的讯问一般是在夜间（20点以后次日6点之前）进行。③还有研究指出，从讯问笔录记载的情况统计来看，讯问时间分布存在两个方面的特点：一是侦查人员在公安局办案中心讯问时间较长，且没有保障嫌疑人休息的时间；二是侦查人员在看守所讯问时间较短，平均在一个半小时，且并没有占用和影响嫌疑人饮食、休息的时间。④可见，无间断的长时间讯问、夜间突击讯问的疲劳战术或车轮战术是侦查人员惯用的讯问方式，也是保证高认罪率的重要手段，即所谓“凌晨两点出成果”⑤。不可否认，从近年来曝光的一些冤假错案来看，疲劳审讯是导致无辜者承认其没有实施的犯罪行为的重要原因，在“昼夜颠倒、精神恍惚、意志脆弱的时间段进行讯问而取得口供，不但口供是否是意志自由的结果值得怀疑，甚至其真实性也难以保障”⑥。

因此，为了有效防止虚假供述，规范对疲劳审讯的认定，保障犯罪嫌疑人合法权益，今后有必要进一步完善关于讯问时间的法律规定。具体包括以下两个方面：第一，关于讯问的持续时间。羁押状态下的讯问持续时间是否可以参照非羁押下的讯问持续时间的法律规定？各方对这一问题存在一定的分歧。侦查机关普遍认为，讯问需要持续到一定时间点才有可能突破犯罪嫌疑人的心理防线，连续讯问的时间过短不利于“拿下”供述，⑦所以规定一场讯问的持续时间不利于讯问策略的应用和讯问的连贯性。⑧但是，讯问时间长短与疲劳审讯等非法讯

① 陈瑞华：《刑事诉讼法》，北京大学出版社2021年版，第376页。

② 陈光中、郭志媛：《非法证据排除规则实施若干问题研究——以实证调查为视角》，载《法学杂志》2014年第9期。

③ 参见闫召华：《口供中心主义研究》，法律出版社2013年版，第148页。

④ 参见贺小军：《影响侦查讯问效果因素之实证研究——以J省J县为例子》，载《中国刑警学院学报》2014年第3期。

⑤ 闫召华：《口供中心主义研究》，法律出版社2013年版，第148页。

⑥ 郑曦：《侦查讯问程序研究》，北京大学出版社2015年版，第208页。

⑦ 参见陈光中、郭志媛：《非法证据排除规则实施若干问题研究——以实证调查为视角》，载《法学杂志》2014年第9期。

⑧ 参见毕惜茜：《非法证据排除与取证合法性审查》，载《国家检察官学院学报》2016年第2期。

问方法存在关联。对此，有观点认为，羁押期间一次讯问持续的时间最长不应超过24小时，其间至少应休息6小时，而且两次讯问之间的时间间隔也不得少于24小时；[①]讯问犯罪嫌疑人，每日应当保障不少于8小时的休息时间。[②]可见，以24小时作为羁押状态下的讯问持续时间，是参照了拘传、传唤的时间规定，不过有学者认为，既然非羁押状态下的讯问可以持续达24小时，那么在羁押状态下的讯问可以持续更长的时间。[③] 第二，关于夜间讯问。实务界认为，目前限制夜间讯问为时过早，脱离实际，而且夜间讯问本身并不必然导致非法取证。[④] 不过，从长远来看，应当禁止夜间讯问。如何认定夜间？在我国台湾地区，相关法律规定，夜间指“日出前，日没后”。此外，还有学者认为，夜间指从夜间23点至翌日早晨8点间；[⑤]或者从一日0点至6点间。[⑥] 同样，即使原则上规定不能夜间讯问，也应规定禁止夜间讯问的例外情形，如在我国台湾地区，相关法律规定，经受讯问人明示同意者、于夜间经拘提或逮捕到场而查验其人有无错误者、经检察官或法官许可者、有急迫之情形者，可以夜间讯问。总之，可以考虑将一些特殊的犯罪案件作为例外情形。当然，夜间讯问的例外情形要严格规范，以避免原则规定成为虚设。

三、讯问时间不符合法律规定下取得供述的证据能力

就我国而言，在法律不允许的时间进行审讯，主要是指超过传唤、拘传的法定时限和规定次数的审讯，或拘留、逮捕超期羁押时的审讯。[⑦]由于我国法律并无违反讯问时间取得供述的程序制裁性条款，因而违反讯问时间取得的供述是否应当予以排除，在司法实践中颇有争议。理论上说，一概排除违反讯问时间法律规定取得之供述或者全部采纳违反讯问时间法律规定取得之供述，都颇为片面。[⑧] 对此，龙宗智教授认为，如果超时限的情节不严重，可按可补正与合理解释的瑕疵证据处理；如果情节较严重，如超过12小时或24小时，控方不能以十分确凿的证据证明其审讯中未使用非法手段，则该口供应排除。[⑨]

---

① 参见陈光中、郭志媛：《非法证据排除规则实施若干问题研究——以实证调查为视角》，载《法学杂志》2014年第9期。

② 参见戴长林、罗国良、刘静坤：《中国非法证据排除制度：原理·案例·适用（修订版）》，法律出版社2017年版，第30页。

③ 参见郭志媛：《非法证据排除范围界定的困境与出路——兼谈侦查讯问方法的改革》，载《证据科学》2015年第6期。

④ 参见毕惜茜：《非法证据排除与取证合法性审查》，载《国家检察官学院学报》2016年第2期。

⑤ 参见郑曦：《侦查讯问程序研究》，北京大学出版社2015年版，第208页。

⑥ 参见郭志媛：《非法证据排除规则实施研讨会综述》，载《人民法院报》2013年12月4日第6版。

⑦ 参见龙宗智：《我国非法口供排除的“痛苦规则”及相关问题》，载《政法论坛》2013年第5期。

⑧ 讯问时间涉及疲劳审讯问题。关于疲劳审讯的问题，本书第八章将予以专门讨论。

⑨ 参见龙宗智：《我国非法口供排除的“痛苦规则”及相关问题》，载《政法论坛》2013年第5期。

第四章　讯问的要求与程式

第一节　讯问的要求

一、禁止先行讯问

禁止先行讯问原则是指侦查人员应当先收集实物证据或者人证，积累一定的证明材料之后再讯问犯罪嫌疑人。[①] 禁止先行讯问原则的主要目的在于：一是发动侦查的嫌疑门槛很低，若是有点可疑即传讯，被告人恐怕不胜其扰，甚而必须忍受拘提的不利处分；二是侦查的正确动作应该是先行调查、搜集确实的物证，而后方传讯被告人，不应太多依赖嫌疑人本人之自白或陈述；三是从侦查技巧而言，被告人果真为犯人者，太早传讯，可能打草惊蛇，往往阻碍证据之保全。[②] 有学者认为，避免对无辜者进行讯问的最好的办法就是在使用具有强大劝诱效果、可以同时引诱出真实口供和虚假口供的方法讯问犯罪嫌疑人之前，就已掌握大量相当理由（probable cause）的证据表明其确实有罪。[③] 质言之，根据禁止先行讯问原则，收集物证先于收集口供，是从程序上避免因偏重口供，而形成预断，从而促使侦查人员更加重视实物、鉴定意见等客观证据的收集。[④] 其实，我国《刑事诉讼法》规定，立案之后才能讯问犯罪嫌疑人，立案的条件包括两个方面：一是有犯罪事实；二是需要追究刑事责任。[⑤]可见，侦查机关根据已掌握的事实材料，认为有犯罪事实需要追究刑事责任，决定立案的，才可以对犯罪嫌

---

① 参见刘黎明、王媛媛：《论讯问未成年人的原则——以〈刑事诉讼法〉和〈未成年人保护法〉为视角》，载《青少年犯罪问题》2017 年第 1 期。

② 参见林钰雄：《刑事诉讼法（下册 各论编）》，中国人民大学出版社 2005 年版，第 14 页。

③ 参见〔美〕德博拉・戴维斯、〔美〕理查德・A. 利奥：《讯问诱发的虚假口供：发现与预防机制失效的原因》，载〔美〕柏恩敬、刘超、高原编译：《追问警察讯问方法——比较法的视角》，法律出版社 2018 年版，第 172 页。

④ 事实上，即使在法庭审理阶段，一般也要求先行调查其他证据之后，再调查自白。如日本《刑事诉讼法》第 301 条规定，“依照第 322 条及第 324 条第 1 款规定可以作为证据的被告人供述是自白时，只有在有关犯罪事实的其他证据被调查之后，才能请求调查该自白”。因为对自白先行调查，可能导致过分评价自白的证明力的危险。因此，必须先调查自白的补强证据。参见张凌、于秀峰编译：《日本刑事诉讼法律总览》，人民法院出版社 2017 年版，第 4、77 页；〔日〕田口守一：《刑事诉讼法（第七版）》，张凌、于秀峰译，法律出版社 2019 年版，第 493 页。

⑤ 参见《刑事诉讼法》第 112 条。

疑人进行讯问。[①]从立案程序的功能看，侦查人员先行收集有关证据，掌握一定的犯罪事实之后，再进行讯问，这也体现了禁止先行讯问的原则。

由上可见，如果以实物证据收集和口供证据收集的时间顺序为标准，侦查可以分为两种模式：一是“由证到供”模式；二是“由供到证”模式。“由证到供”模式是指侦查人员在办案时要先收集证据，不仅要收集能够证明犯罪发生的证据，而且要收集能够证明某嫌疑人实施了该犯罪行为的证据，然后再抓捕嫌疑人并通过讯问提取口供。简言之，先取证，后抓人。“由供到证”是指侦查人员在获悉犯罪发生之后，就千方百计查找嫌疑人，找到嫌疑人之后就竭尽全力获取其认罪口供，之后再收集并补足有关的证据。简言之，先抓人，后取证。[②]多年以来我国侦查活动基本围绕着口供进行：以获取口供为中心，以印证口供为补充。侦查人员习惯于“由供到证”的侦查方式，将取得口供作为案件侦破的标志。[③]一旦办案人员面临破案压力或者缺乏专业技能，在没有其他有效方法收集犯罪证据的情况下，就可能通过刑讯逼供等非法方法获取犯罪嫌疑人供述，以便尽快破案。[④]从近年来曝光的一些冤假错案来看，其中一个重要的原因就是采取“由供到证”的侦查模式，所以“为了收集物证，先行收集犯罪嫌疑人的言词证据，有强迫自白的危险”[⑤]。因此，禁止先行讯问原则要求不能为了收集物证而先行取供，而是应当通过先行收集的实物证据来印证口供的真实性，如果先行收集口供，则容易诱发虚假供述，不利于查明案件事实真相，甚至引发冤假错案。

二、分别讯问

分别讯问又称单独讯问、个别讯问，它是指在共同犯罪案件中，为防止同案犯串供或相互影响，对犯罪嫌疑人、被告人分别进行讯问。我国相关规范性文件明确规定了分别讯问原则，[⑥]该原则的主要目的在于避免被讯问人供述和辩解时相互影响、相互启发以及相互提示或暗示等现象的出现，最终导致混淆事实、隐瞒事实乃至共同拒绝如实供述或者相互推诿、相互转嫁责任。[⑦]从另一个

---

① 参见王爱立主编：《中华人民共和国刑事诉讼法释义》，法律出版社2018年版，第61页。

② 参见何家弘：《当今我国刑事司法的十大误区》，载《清华法学》2014年第2期。

③ 参见闫召华：《口供中心主义研究》，法律出版社2013年版，第139页。

④ 参见戴长林、罗国良、刘静坤：《中国非法证据排除制度：原理·案例·适用（修订版）》，法律出版社2017年版，第16页。

⑤ 〔日〕田口守一：《刑事诉讼法（第七版）》，张凌、于秀峰译，法律出版社2019年版，第149页。

⑥ 参见《公安机关办理刑事案件程序规定》第202条第2款、《人民检察院刑事诉讼规则》第182条第2款、《人民法院办理刑事案件第一审普通程序法庭调查规程（试行）》第8条第1款、《最高院刑诉法解释》第243条。

⑦ 参见薛宏伟等：《讯问机理、对策与过程》，中国法制出版社2018年版，第123页。

角度而言，对于实施了犯罪行为的共同犯罪人，分别讯问有助于取得认罪供述。[①]

当然，分别讯问也存在例外情形，即在必要时，可以让犯罪嫌疑人互相质证。如我国台湾地区"刑事诉讼法"第97条第1款中规定："被告有数人时，应分别讯问之……但因发见真实之必要，得命其对质。被告亦得请求对质。"可见，"为发现真实之必要，得命被告与其他被告或证人对质，被告有对质义务，但亦有请求对质之权利"[②]。换言之，基于查清犯罪事实的需要，可以要求被讯问人进行对质，而对质本身也属于被讯问人的一项权利，"因此，对于犯罪嫌疑人要求对质的，只要不妨碍侦查，侦查机关均应当批准同意"[③]。

第二节 讯问的程式

侦查讯问具有高度的程式化特征，尤其在第一次讯问犯罪嫌疑人[④]时，一般要遵循一定的步骤，如制定讯问计划和提纲、查明犯罪嫌疑人的基本情况、告知犯罪嫌疑人诉讼权利等，所谓"讯问被告包括两种，一是人别讯问，二是事务讯问。讯问被告之顺序，应先践行人别讯问，其次践行告知义务，然后再为事务讯问"[⑤]。

一、制定讯问计划和提纲

第一次讯问犯罪嫌疑人是侦查人员与犯罪嫌疑人的第一次正面交锋，既是双方互相试探摸底，也是侦查意识与反侦查意识激烈斗争的过程。[⑥]通常情形下，犯罪嫌疑人在面对第一次讯问时，其心理最慌张，心态也最不稳定。第一次讯问进行得顺利，有助于突破案情，否则案件可能陷入僵局。[⑦]因此，在第一次讯问犯罪嫌疑人之前，侦查人员应熟悉案件情况和证据材料，制定有针对性的讯问

---

① 有研究者从"囚徒困境"的角度分析了分别讯问对于取得供述的积极作用。参见朱孝清：《职务犯罪侦查教程(第三版)》，中国检察出版社2014年版，第150页。

② 林钰雄：《刑事诉讼法(上册 总论篇)》，中国人民大学出版社2005年版，第136页。

③ 樊崇义主编：《刑事诉讼法学(第五版)》，法律出版社2020年版，第349页。

④ 第一次讯问，又称为初次讯问，如果立足于刑事诉讼法所规定的侦查措施，立案之前不存在刑事诉讼法意义上的讯问，因而第一次讯问是在立案之后对犯罪嫌疑人进行的第一次讯问。司法实践中，第一次讯问通常是在首次传唤或拘传时进行，采取羁押性措施之后再进行第一次讯问的情形极少。参见王爱立主编：《中华人民共和国刑事诉讼法释义》，法律出版社2018年版，第61页；毕惜茜主编：《侦查讯问学》，中国人民公安大学出版社2013年版，第120页；朱孝清：《职务犯罪侦查教程(第三版)》，中国检察出版社2014年版，第162页。

⑤ 林钰雄：《刑事诉讼法(上册 总论篇)》，中国人民大学出版社2005年版，第135页。

⑥ 参见毛玉华、王萌萌：《试述第一次侦查讯问》，第二十七届华东地区公安高校侦查学术研讨会论文。

⑦ 参见毕惜茜：《心理突破：审讯中的心理学原理与方法》，中国法制出版社2017年版，第46页。

计划和提纲，使讯问有步骤、有目的地进行。从域外经验来看，在与犯罪嫌疑人有任何接触之前，侦查人员应尽量全面掌握与案件相关的所有信息及背景情况，并且这些信息的来源必须可靠，任何不准确的信息都有可能严重影响讯问及后续讯问工作的效率。如果侦查人员被其他侦查人员先入为主的说法或者被侦查中获取的错误信息误导，那么使用这样的信息会使侦查人员陷入很大的劣势。因为犯罪嫌疑人如果是有罪的，意识到侦查人员的信息并不准确就会使他对撒谎更有信心；犯罪嫌疑人如果是无辜的，则可能因为对侦查人员的态度缺乏信心而感到非常不安。①

二、查明犯罪嫌疑人的基本情况

查明犯罪嫌疑人的基本情况即人别讯问，人别讯问是指为确定被告人身份所为之讯问。② 例如，在法国，受审人第一次到案时，预审法官应查明其身份。③在奥地利，首先应当讯问犯罪嫌疑人的身份。④在韩国，检察官或者司法警察讯问犯罪嫌疑人时，应先讯问其姓名、年龄、籍贯、居所和职业，以确认犯罪嫌疑人无误。⑤在我国，第一次讯问时，应当问明犯罪嫌疑人的姓名、别名、曾用名、出生年月日、户籍所在地、现住地、籍贯、出生地、民族、职业、文化程度、政治面貌、工作单位、家庭情况、社会经历，以及是否属于人大代表、政协委员，是否受过刑事处罚或者行政处理等情况。⑥不过也有学者认为，被告人的生活经历、家庭关系、经济情况及宗教信仰等，不属于人别讯问的事项。⑦

人别讯问，"目的仅在于查验身份而已"⑧。通过人别讯问可以避免"所问非人"，提高司法效率。"因恐被告人如有错误，则所实施之诉讼行为，皆属徒劳，故须先询姓名、住址、年龄等，以免误讯。若无从知其姓名、住址、年龄者，应用其他方法，以定其人之有无错误。"⑨进而言之，人别讯问，若发现被告人别

① 参见〔美〕佛瑞德·E.英鲍等：《刑事审讯与供述（第五版）》，刘涛等译，中国人民公安大学出版社2015年版，第7—8页。

② 参见林钰雄：《刑事诉讼法（上册 总论篇）》，中国人民大学出版社2005年版，第135页。

③ 参见卞建林、刘玫主编：《外国刑事诉讼法》，中国政法大学出版社2008年版，第160页。

④ 参见陈卫东主编：《刑事立案与侦查——外国刑事诉讼法有关规定（下）》，中国检察出版社2017年版，第448页。

⑤ 参见陈卫东主编：《刑事立案与侦查——外国刑事诉讼法有关规定（上）》，中国检察出版社2017年版，第69页。

⑥ 参见《公安机关办理刑事案件程序规定》第203条第3款、《人民检察院刑事诉讼规则》第187条第1款。

⑦ 参见林钰雄：《刑事诉讼法（上册 总论篇）》，中国人民大学出版社2005年版，第135页。

⑧ 同上。

⑨ 林钰雄主编：《新学林分科六法——刑事诉讼法》，台湾新学林出版股份有限公司2009年版，第A-82页。

错误,应即释放,若人别无误,则应于事务讯问之前践行告知义务。[①] 可见,人别讯问也能起到排除无辜的作用。

关于人别讯问,有两个问题值得进一步探讨:其一,犯罪嫌疑人有无义务回答对其身份信息的提问。持否定观点者认为,犯罪嫌疑人无权拒绝回答其身份信息的提问,“就人别讯问,被告有陈述之义务,与事务讯问不同”[②]。如丹麦《司法行政法》第750条规定:“任何人在警方的要求下必须陈述姓名、地址和出生日期,违反者可处以罚金。”[③]持肯定观点者认为,犯罪嫌疑人有权拒绝回答有关其身份信息的提问。在德国,关于被告人是否有义务通过说出名字、住址和年龄来帮助法庭确定他的身份,也存在疑问。法院和大多数法学者认为被告人有这样的义务,但是自我确定身份会导致被告人的自我归罪,因此至少应规定例外情况。[④]总体而言,否定说得到较为广泛的认同。其二,采用非法手段进行人别讯问是否影响后续有罪供述的证据能力。人别讯问是查明犯罪嫌疑人身份信息,但实践中,犯罪嫌疑人也会因各种原因不告诉侦查人员其身份信息。如果侦查人员采取暴力手段获取犯罪嫌疑人的身份信息,后续进行“案情讯问”[⑤]时,犯罪嫌疑人作出有罪供述,此前因暴力手段进行人别讯问是否会影响后续有罪供述的证据能力,不无疑义。对此,有学者认为,从防止侦查人员规避法律的角度出发,政策上不能对人别讯问和案情讯问阶段的刑讯逼供行为区别对待,应当在程序上一体加以排除。[⑥]显然,这属于绝对排除模式,是否考虑一定的例外情形,也值得探讨。[⑦]

三、权利告知义务

(一)权利告知义务的性质

在侦查讯问时,权利告知既是犯罪嫌疑人的权利,也是侦查人员的义务。实践中,在查明犯罪嫌疑人基本情况之后,正式讯问之前,应进行权利告知,即“人别讯问之后,事务讯问之前,讯问机关应践行告知义务”[⑧]。如在德国,如果已经能够确定一个人是证人或者犯罪嫌疑人,则将问询过渡为询问/讯问程序,并特

---

① 参见林钰雄:《刑事诉讼法(上册 总论篇)》,中国人民大学出版社2005年版,第136页。

② 同上书,第135—136页。

③ 陈卫东主编:《刑事立案与侦查——外国刑事诉讼法有关规定(下)》,中国检察出版社2017年版,第481页。

④ 参见〔德〕托马斯·魏根特:《德国刑事诉讼程序》,岳礼玲、温小洁译,中国政法大学出版社2004年版,第75页。

⑤ 所谓“案情讯问”,即对案发过程的讯问,目的是查明案件事实并获取犯罪嫌疑人的自白。参见万毅:《检察环节非法证据排除要点探析》,载《人民检察》2017年第6期。

⑥ 同上。

⑦ 该问题涉及重复性供述排除规则,本书第八章将予以专门讨论。

⑧ 林钰雄:《刑事诉讼法(上册 总论篇)》,中国人民大学出版社2005年版,第138页。

别要履行权利和义务告知。[①]

权利告知义务的理论根源是犯罪嫌疑人、被告人的知悉权。"知悉权是保障犯罪嫌疑人、被告人行使自我防御权的关键组成部分，也是被告人及其辩护人进行调查取证和收集证据的前提。"[②]侦查讯问时，侦查人员与犯罪嫌疑人的实力显然不对等，"透过课予'国家机关'告知义务的方式，保障不知法律的被告也能在充分了解自己的处境与权利的情况下接受讯问，据此决定其反应的模式，例如决定陈述与否，决定选任辩护人与否，决定请求调查有力的证据与否"[③]。例如，美国"米兰达判决"目的之一在于保护无知的犯罪嫌疑人，因为并不是每个犯罪嫌疑人都知道于警讯中有权保持缄默、有权聘请律师，故有要求警察告知犯罪嫌疑人权利的必要，以确保法律的公平性。[④] 因此，设置权利告知义务的目的在于"寻找具有内在威胁性的警察权力与处于相对弱势地位的嫌疑人之间的平衡，以此来减少借助强迫手段获得口供的情况"[⑤]。在对抗制诉讼模式下，权利告知义务也让犯罪嫌疑人认识到"警察是一个以获得供述为任务的对手，而不是一个从心里关心犯罪嫌疑人利益的同情者"[⑥]。

（二）权利告知义务的对象

权利告知义务的对象是犯罪嫌疑人、被告人，因此，讯问时犯罪嫌疑人、被告人地位的形成会影响到权利告知义务的履行，"代表'国家'的讯问者，第一次接触被告的情境，形式上未必是'讯问'，而后来的被告在当时的地位，也未必是被告。因此，若欲确定告知义务的践行时期，必须先行确定被告地位的形成时点，只有被告地位已然形成，'国家机关'对其所为的第一次讯问，无论是否以讯问为名，皆应践行告知义务"[⑦]。例如，侦查人员确定甲为犯罪嫌疑人，但为了不"打草惊蛇"，则以证人地位讯问甲，随后起诉书引用甲作为证人时的不利陈述为证据。可见，侦查人员在讯问甲时，其犯罪嫌疑人地位已经形成，而侦查人员未履行权利告知义务，遂产生该不利陈述是否具有证据能力的问题。[⑧]不过，在德国，警察有时会在正式讯问之前对证人和嫌疑人进行所谓的非正式讯问。现在普遍

---

① 参见〔德〕阿克曼、〔德〕克拉格斯、〔德〕洛尔：《刑事侦查手册：刑事侦查技能实务与培训（第四版）》，刘道前、解冰译，中国人民公安大学出版社 2019 年版，第 413 页。

② 陈卫东、〔荷〕Taru Spronken 主编：《遏制酷刑的三重路径：程序制裁、羁押场所的预防与警察讯问技能的提升》，中国法制出版社 2012 年版，第 14 页。

③ 林钰雄：《刑事诉讼法（上册 总论篇）》，中国人民大学出版社 2005 年版，第 138 页。

④ 参见王兆鹏：《美国刑事诉讼法（第二版）》，北京大学出版社 2014 年版，第 262 页。

⑤ 〔美〕索尔·M. 卡辛等：《警察诱供：风险因素与防范建议》，载〔美〕柏恩敬、刘超、高原编译：《追问警察讯问方法——比较法的视角》，法律出版社 2018 年版，第 71 页。

⑥ 〔美〕弗洛伊德·菲尼、〔德〕约阿希姆·赫尔曼、岳礼玲：《一个案例 两种制度——美德刑事司法比较》，郭志媛译，中国法制出版社 2006 年版，第 318 页。

⑦ 林钰雄：《刑事诉讼法（上册 总论篇）》，中国人民大学出版社 2005 年版，第 139 页。

⑧ 同上书，第 125、139—140 页。

认为，警察有权在未开始适用程序法时向旁观者发问；法院甚至允许警方在告知嫌疑人权利之前对他们进行冗长的“非正式”问话，而在这一过程中所获取的相关信息可以作为证据。[①]

（三）权利告知义务的内容

权利告知义务的基本内容包括三个层次：第一层是指任何遭受刑事指控的人均有权获知控诉的性质和原因；第二层是获得信息的权利，这主要是指获知自己享有辩护权；第三层是有权获知指控所基于的证据。[②]就权利告知义务的顺序而言，应从四个方面依次进行：一是告知犯罪嫌疑人及其所犯所有罪名；二是告知沉默权；三是告知得选任辩护人；四是告知得请求调查有利之证据。[③]总体而言，权利告知的核心内容是告知被讯问人享有沉默权和律师帮助权（尤其是讯问时律师在场权）。

当今各国和地区大多通过成文法或判例法的形式明确规定权利告知义务及其主要内容。例如，美国的“米兰达规则”要求警察对其拘留或逮捕的犯罪嫌疑人在讯问前必须告知他们享有某些宪法性权利，包括：① 有保持沉默权；② 他们所作的任何陈述可能成为对他们不利的证据；③ 有权要求律师在场；④ 如无力聘请律师而又有此要求时，得于讯问前为他们指定律师。[④]德国《刑事诉讼法典》第136条规定：“初次讯问开始时，应当向被指控人告知其被指控的犯罪行为和列入考虑的刑罚规定。应当向被指控人指明，依法其有就指控作出陈述或对案件保持沉默的自由，并可随时地，甚至在讯问前，咨询其所选任的辩护人。”[⑤]根据2011年法国《刑事拘留法》第3条之规定，“犯罪嫌疑人在被刑事拘留后，应立即由司法警官或者在其指挥下的司法警员以犯罪嫌疑人能听懂的一种语言，或者在必要时采用格式告知文书向其告知以下内容：……有权要求通知其家属和雇主、由医生进行身体检查以及获得律师的帮助。被拘留者在接受讯问时拒绝表明身份的，仍有权作出供述、回答有关问题或者保持沉默”[⑥]；同时，法国《刑事诉讼法典》第116条规定，预审法官应明确告知到案人对其认定的法律上的罪名、有回答向其提出问题或者保持沉默的权利、有选任律师的权利等。[⑦]西班牙《刑事诉讼法典》第20条第2款规定：“每一位被逮捕或被监禁的个人应立即以

① 参见〔德〕托马斯·魏根特：《德国刑事诉讼程序》，岳礼玲、温小洁译，中国政法大学出版社2004年版，第80页。

② 参见陈卫东、〔荷〕Taru Spronken 主编：《遏制酷刑的三重路径：程序制裁、羁押场所的预防与警察讯问技能的提升》，中国法制出版社2012年版，第14页。

③ 参见林钰雄：《刑事诉讼法（上册 总论篇）》，中国人民大学出版社2005年版，第140—142页。

④ 参见薛波主编：《元照英美法词典》，北京大学出版社2003年版，第918页。

⑤ 宗玉琨译注：《德国刑事诉讼法典》，知识产权出版社2013年版，第124—125页。

⑥ 施鹏鹏：《口供的自由、自愿原则研究——法国模式及评价》，载《比较法研究》2017年第3期。

⑦ 参见陈卫东主编：《刑事立案与侦查——外国刑事诉讼法有关规定（下）》，中国检察出版社2017年版，第606页。

其所能理解的方式被告知所被指控实施的行为、被剥夺自由的原因以及所享有的权利，尤其是下列权利：(a) 保持沉默的权利，可以不作任何供述，不回答所提的任何问题，或者仅向法官作出愿意作出的供述；(b) 不自证其罪的权利，以及不认罪的权利；(c) 指定一名律师的权利，请求律师在警察或司法官的讯问阶段在场，参与所有的识别程序，无论其对象是谁。如果被逮捕或被监禁的个人未指定律师，则可官方予以指定。"[①]丹麦《司法行政法》第752条第1款规定："警察讯问之前，应清楚告知被指控人所指控的罪名以及被指控人无义务作出陈述。对这些规定的遵守必须在警察的报告中体现出来。"[②]挪威《刑事诉讼法》第232条第1款规定："在讯问犯罪嫌疑人以前，应当向其告知案件的性质以及其没有义务作出陈述。"[③]在英国，讯问前要告知犯罪嫌疑人有权保持沉默和有聘请律师的权利。[④]韩国《刑事诉讼法》第224条之三第1款规定：检察官或者司法警察在讯问犯罪嫌疑人前，应当告知其下列各项内容：犯罪嫌疑人可拒绝陈述，也可以选择性陈述；犯罪嫌疑人不会因拒绝陈述而承担不利后果；犯罪嫌疑人放弃拒绝陈述的权利后，作出的陈述可以在法庭上成为对其不利的证据；犯罪嫌疑人接受讯问时，有权获得辩护人的帮助。[⑤]

我国《刑事诉讼法》第120条第2款规定："侦查人员在讯问犯罪嫌疑人的时候，应当告知犯罪嫌疑人享有的诉讼权利，如实供述自己罪行可以从宽处理和认罪认罚的法律规定。"[⑥]其中，"犯罪嫌疑人享有的诉讼权利"，主要包括有权委托辩护律师、阅读侦查讯问笔录、使用本民族的语言文字、拒绝回答与本案无关的问题、申请法律援助、申请回避、申请变更强制措施等权利。"如实供述自己罪行可以从宽处理和认罪认罚的法律规定"，主要是指刑法关于自首、坦白从宽、立功的规定，以及刑事诉讼法关于认罪认罚从宽制度和诉讼程序的规定。[⑦] 其中，告知犯罪嫌疑人有关认罪认罚的法律规定，是与近年来认罪认罚从宽制度的改革相契合的。

---

① 〔美〕史蒂芬·沙曼：《比较刑事诉讼案例教科书》，施鹏鹏译，中国政法大学出版社2018年版，第251页。

② 陈卫东主编：《刑事立案与侦查——外国刑事诉讼法有关规定（下）》，中国检察出版社2017年版，第482页。

③ 同上书，第746页。

④ 参见卞建林、刘玫主编：《外国刑事诉讼法》，中国政法大学出版社2008年版，第31页。

⑤ 参见陈卫东主编：《刑事立案与侦查——外国刑事诉讼法有关规定（上）》，中国检察出版社2017年版，第70页。

⑥ 《人民检察院刑事诉讼规则》第187条第1款中规定："讯问犯罪嫌疑人……告知犯罪嫌疑人在侦查阶段的诉讼权利，有权自行辩护或者委托律师辩护，告知其如实供述自己罪行可以依法从宽处理和认罪认罚的法律规定……"《公安机关办理刑事案件程序规定》第203条规定："侦查人员讯问犯罪嫌疑人时……告知犯罪嫌疑人享有的诉讼权利，如实供述自己罪行可以从宽处理以及认罪认罚的法律规定……"

⑦ 参见王爱立主编：《中华人民共和国刑事诉讼法释义》，法律出版社2018年版，第268页。

（四）权利告知义务的实施

侦查人员进行权利告知，应使被讯问人明确知悉所告知的权利。例如，在美国，“米兰达规则”要求警察在讯问处于羁押状态的人之前给予其警告，[①]如犯罪嫌疑人被逮捕或者虽未被逮捕，但是“被严重地剥夺了人身自由”需要进行“米兰达告诫”，同时在警车上讯问犯罪嫌疑人，也要进行“米兰达告诫”。[②] 不过也有观点认为，即便犯罪嫌疑人未被拘留，也应对其进行“米兰达告诫”。[③] 在韩国，检察官或者司法警察应当讯问犯罪嫌疑人是否行使拒绝陈述和获得辩护人帮助的权利，并将其回答记录于笔录中。在此情形下，应当由犯罪嫌疑人亲自记录其回答，并签字或盖章。[④]在我国，侦查人员将《犯罪嫌疑人诉讼权利义务告知书》交给犯罪嫌疑人阅读，如果其没有阅读能力，侦查人员要向其宣读，再问犯罪嫌疑人是否看清或听清了告知书的内容，如果看清了或听清了，应在笔录上记明。[⑤]

一般而言，在侦查、审查起诉和审判期间，侦查人员、检察人员、审判人员讯问犯罪嫌疑人、被告人时都应进行权利告知，“从规范目的以观，既然在由于让被告了解其处境与权利，因此，应以程序阶段及讯问主体作为指标，亦即，各个程序阶段的第一次讯问被告，应践行告知义务，之后相同讯问主体得再次讯问被告，由于被告权利与程序处境并未产生变化，应该可以期待被告经由第一次讯问的告知而知晓，因此毋庸重复践行。准此，司法警察第一次讯问被告时，应践行告知义务，但再次讯问被告时，则毋庸重复践行；案件移送检察官后，检察官第一次讯问被告，亦应践行告知义务，之后亦毋庸重复践行；案件起诉后亦同”[⑥]。实践中，不能因认为犯罪嫌疑人已获悉权利告知内容，而不予告知，如在德国，即使认为被指控人看来知悉沉默权或有律师在场权，也不得不作告知。[⑦]

（五）未依法履行权利告知义务下取得供述的证据能力

如果未履行权利告知义务取得的供述可以作为证据使用，那么权利告知义务就无任何价值。从域外实践看，一般会否定未履行权利告知义务下取得供述的证据资格。例如，在美国，如果未对犯罪嫌疑人进行“米兰达告诫”，则此种情

① 参见〔美〕弗洛伊德·菲尼、〔德〕约阿希姆·赫尔曼、岳礼玲：《一个案例 两种制度——美德刑事司法比较》，郭志媛译，中国法制出版社2006年版，第318页。

② 参见〔美〕罗纳尔多·V.戴尔卡门：《美国刑事诉讼：法律和实践》，张鸿巍等译，武汉大学出版社2006年版，第420、423页。

③ 参见〔美〕史蒂芬·沙曼：《比较刑事诉讼案例教科书》，施鹏鹏译，中国政法大学出版社2018年版，第91—92页。

④ 参见陈卫东主编：《刑事立案与侦查——外国刑事诉讼法有关规定（上）》，中国检察出版社2017年版，第70页。

⑤ 参见毕惜茜主编：《侦查讯问学》，中国人民公安大学出版社2013年版，第248页。

⑥ 林钰雄：《刑事诉讼法（上册 总论篇）》，中国人民大学出版社2005年版，第139页。

⑦ 参见宗玉琨译注：《德国刑事诉讼法典》，知识产权出版社2013年版，第124页。

况下进行讯问所得的任何陈述不得在庭审时用作对嫌疑人不利的证据。[①]在2004年的一个案件中,法院判定,鉴于警方为了获取有罪陈述策略性地推迟了警告,在第一份陈述作出之后才告知嫌疑人其享有的权利,该在先陈述不具有可采性,嫌疑人在得到"米兰达告诫"之后作出的重复性供述也不可采。[②]在德国,如果未履行权利告知义务,原则上导致证据使用禁止,"如果嫌疑人在未被告知自己享有沉默权或咨询律师权利的情况下接受了法官、检察官或警察的讯问,那么他接下来的陈述不得被用作不利于他的证据"[③]。在日本,未告知沉默权而获得的自白,不仅在程序上违法,而且侵犯了供述的自白,因此原则上予以排除。[④]

但是,一概否定未履行权利告知义务下取得供述的证据资格,也不利于追诉犯罪的需要。例如,美国通过判例确立了两个权利告知义务的例外情形:一是"公共安全"(Public Safety)例外[⑤],即如果不对犯罪嫌疑人立即进行讯问,有可能危害公共安全,为了保护公共安全,可以不进行"米兰达告诫"直接讯问。二是"抢救例外"(Rescue Exception),即如果嫌疑人被逮捕时受害人并不在现场,警察可以直接讯问受害人的下落。[⑥]在上述两种例外情形中,讯问的目的更多的是为了保护公共利益或者他人安全,因为如果行使"米兰达告诫"而不径直讯问,有可能因犯罪嫌疑人的沉默而导致更大危害结果的发生。而且在2010年汤姆金斯案中,联邦最高法院似乎进一步限制了"米兰达告诫",认为只要嫌疑人没有明确说明他要行使其不自认其罪的权利,而是在沉默之后自愿地回答警察的讯问,那么这些回答就是合法的。[⑦] 德国也允许例外情形或采取相关补救措施,使得

---

① 参见薛波主编:《元照英美法词典》,北京大学出版社2003年版,第918页。

② 参见〔美〕索尔·M.卡辛等:《警察诱供:风险因素与防范建议》,载〔美〕柏恩敬、刘超、高原编译:《追问警察讯问方法——比较法的视角》,法律出版社2018年版,第72页。

③ 〔德〕托马斯·魏根特:《德国刑事程序法原理》,江溯等译,中国法制出版社2021年版,第55页。

④ 参见〔日〕田口守一:《刑事诉讼法(第七版)》,张凌、于秀峰译,法律出版社2019年版,第490页。

⑤ 在纽约州诉夸尔斯案(New York v. Quarles)中,美国联邦最高法院认可了"米兰达规则"的"公共安全"例外。本案的基本情况是:午夜时分一名女性向警察报案说:她被强奸了,实施强奸的人持枪,而且带着武器逃进了附近一家24小时营业的杂货店。接到报案后,一名警察来到这个杂货店,根据报案人描述的特征,找到了夸尔斯。看见警察后,夸尔斯逃到了商店的最里面,警察紧追不舍。最终,在其他三名警察的帮助下,他们逮捕了夸尔斯并给他戴上了手铐。警察发现夸尔斯肩下的枪套是空的。于是,警察(在没有进行"米兰达告诫"的情况下)问夸尔斯"枪在哪儿?"夸尔斯用头指了指那些空纸箱说,"枪在那儿"。之后,警察找到了那把枪。下级法院排除了夸尔斯关于枪的陈述。但是,联邦最高法院撤销了下级法院的判决,其理由是,由于进行羁押讯问的情形存在着针对公共安全的威胁,因此,应当构成"米兰达规则"的例外。大法官伦奎斯特撰写了本案的多数意见。他认为,警察具有找到枪支的"紧急必要性"。如果本案的手枪没有被找到,它将会"对公共安全构成一种威胁,其他共犯可能会利用它继续犯罪,消费者或店员也可能会出于偶然因素拿到它"。参见〔美〕约书亚·德雷斯勒、〔美〕艾伦·C.迈克尔斯:《美国刑事诉讼法精解(第一卷·刑事侦查)(第四版)》,吴宏耀译,北京大学出版社2009年版,第518页。本案中,奥康纳法官则认为枪自身应当作为证据采纳,"承认这种非言词的证据是基于一种非常明智的观点,即程序性错误不应该导致侦查和起诉的全部丧失"。参见〔美〕阿希尔·里德·阿马:《宪法与刑事诉讼:基本原理》,房保国译,中国政法大学出版社2006年版,第115—116页。

⑥ 参见卞建林、刘玫主编:《外国刑事诉讼法》,中国政法大学出版社2008年版,第71页。

⑦ 参见何家弘主编:《当代美国法律(修订版)》,社会科学文献出版社2011年版,第397页。

未履行权利告知义务取得的供述具有证据资格，即如果被指控人知道沉默权（例如其本人是法官）；如果被指控人或辩护人同意使用这种情况下的被指控人陈述，或他们在讯问结束前未提出异议；如果未进行告知，但后来告知并重新进行讯问。[①] 如在讯问之前，犯罪嫌疑人已明知自己享有沉默权，此时在未进行权利告知的情形下取得的口供仍具有可采性。在法国，司法职权机关对未按规定履行权利告知义务所获得的供述并不进行排除，在经对席庭审后，交由法官进行自由评价，仍可能作为定案的依据。法国的通说认为，权利告知并非保障口供自由、自愿原则的关键。[②]

在我国，如果首次讯问时侦查人员未进行权利告知，此种情形下取得的供述被视为瑕疵口供，经补正或者作出合理解释，可以采用；不能补正或者作出合理解释的，不得作为定案的根据。[③]

四、讯问的具体展开

权利告知义务履行之后，方进入实质讯问，“践行告知义务之后，再行事务讯问，亦即本案相关事实之讯问，因此又称本案讯问”[④]。由于“讯问程序从根本上就是一个包含了有罪推定的程序，是一个权威人士主导的、旨在验证某种理论的社会互动；主导程序的权威人士对于嫌疑人已经形成了强烈的确信，而衡量其是否成功的指标就是从嫌疑人处榨取有罪供述的能力”[⑤]，因此为了避免因有罪推定思想引发虚假供述，在进行“事务讯问”之前一般应首先问明犯罪嫌疑人是否有犯罪行为。例如，俄罗斯《刑事诉讼法典》第 173 条第 2 款规定：“在讯问开始时，侦查官应当问明刑事被告人是否承认自己有罪，是否希望就指控的实质进行供述，以及使用何种语言进行供述……”[⑥]奥地利《刑事诉讼法典》第 164 条第 3 款规定：“允许犯罪嫌疑人就其所面临的犯罪指控作出连贯的陈述。”[⑦]韩国《刑事诉讼法》第 242 条规定：“检察官或者司法警察应当讯问犯罪嫌疑人与犯罪事实和情节相关的必要事项，并给予犯罪嫌疑人陈述相关事实

① 参见宗玉琨译注：《德国刑事诉讼法典》，知识产权出版社 2013 年版，第 124 页。

② 参见施鹏鹏：《口供的自由、自愿原则研究——法国模式及评价》，载《比较法研究》2017 年第 3 期。

③ 《最高院刑诉法解释》第 95 条规定：“讯问笔录有下列瑕疵，经补正或者作出合理解释的，可以采用；不能补正或者作出合理解释的，不得作为定案的根据……首次讯问笔录没有记录告知被讯问人有关权利和法律规定的。”

④ 林钰雄：《刑事诉讼法（上册 总论篇）》，中国人民大学出版社 2005 年版，第 136 页。

⑤ 〔美〕索尔·M. 卡辛：《现代警察讯问程序批判》，载〔美〕柏恩敬、刘超、高原编译：《追问警察讯问方法——比较法的视角》，法律出版社 2018 年版，第 225 页。

⑥ 陈卫东主编：《刑事立案与侦查——外国刑事诉讼法有关规定（下）》，中国检察出版社 2017 年版，第 551 页。

⑦ 同上书，第 448 页。

的机会。"[1]

我国《刑事诉讼法》第120条第1款中规定:"侦查人员在讯问犯罪嫌疑人的时候,应当首先讯问犯罪嫌疑人是否有犯罪行为,让他陈述有罪的情节或者无罪的辩解,然后向他提出问题。"[2]立法作此规定,意在防止侦查人员先入为主、主观片面地以有罪推定的思想进行讯问。具言之,如果犯罪嫌疑人承认有犯罪行为,应当让他陈述犯罪的经过和情节;如果犯罪嫌疑人否认有犯罪行为,则应让他连贯陈述,进行辩解,不应加以喝止,待犯罪嫌疑人陈述后,再就其辩解中暧昧不清或者前后矛盾之处提问。[3]

---

① 陈卫东主编:《刑事立案与侦查——外国刑事诉讼法有关规定(上)》,中国检察出版社2017年版,第69页。

② 另参见《公安机关办理刑事案件程序规定》第203条第1款、《人民检察院刑事诉讼规则》第187条。

③ 参见张建伟:《刑事诉讼法通义(第二版)》,北京大学出版社2016年版,第411页。

第五章　讯问笔录与讯问录音录像

第一节　讯　问　笔　录

一、讯问笔录的功能

讯问笔录是指将讯问犯罪嫌疑人的全部活动用文字如实记录的一种书面材料。[①]我国记载讯问内容的笔录自古即有，如秦律规定，审讯时应将审讯经过、在场人员名单、嫌疑人的口供和使用的证据记录下来，并最终以“爰书”的形式保存下来。[②]在现代刑事诉讼活动中，讯问嫌疑人的活动应当予以记载，而且每次讯问都应当制作讯问笔录。例如，在英国，当一个人在告诫之后被讯问，或选择作出供述，应将任何讯问或供述起始和终止时间以及在场人员名单等制成笔录。[③]俄罗斯《刑事诉讼法典》第174条第1款规定：“每次对刑事被告人进行讯问时，侦查官均应当遵循本法典第190条规定的要求制作笔录。”[④]韩国《刑事诉讼法》第244条第1款规定：“犯罪嫌疑人的陈述应记载于笔录中。”[⑤]在我国，相关立法也明确要求，讯问犯罪嫌疑人，应当制作讯问笔录。[⑥]近年来，讯问录音录像得到广泛使用，但其不能替代讯问笔录，凡是侦查讯问，都应当制作讯问笔录。如果属于应当录音录像的刑事案件，讯问笔录与讯问录音录像应同步进行。

讯问笔录作为记载和固定犯罪嫌疑人供述和辩解的文字记录和重要载体，在刑事诉讼中发挥着重要的功能，属于重要的证据材料，经查证属实的讯问笔录，可以作为定案的依据。例如，日本《刑事诉讼法》第322条第1款规定：“被告人书写的供述书或者记录被告人供述的文书中有被告人签名或盖章时，只有该

---

① 参见金飒：《正当程序与侦查讯问规范化研究》，法律出版社2016年版，第147页。

② 参见李文玲：《中国古代刑事诉讼法史》，法律出版社2011年版，第68页。

③ 参见〔英〕麦克·麦康维尔：《英国刑事诉讼导言》，程味秋、杨宇冠、魏晓娜译，载中国政法大学刑事法律研究中心编：《英国刑事诉讼法（选编）》，中国政法大学出版社2001年版，第12页。

④ 陈卫东主编：《刑事立案与侦查——外国刑事诉讼法有关规定（下）》，中国检察出版社2017年版，第551页。

⑤ 陈卫东主编：《刑事立案与侦查——外国刑事诉讼法有关规定（上）》，中国检察出版社2017年版，第70页。

⑥ 参见《人民检察院刑事诉讼规则》第188条。

供述是承认对被告人不利的事实为内容的,或者是在特别可以信赖的情形下作出的,才能作为证据。"[①]可见,犯罪嫌疑人的供述将被制作成笔录,该供述笔录可以在日后的审判中作为证据使用。[②]讯问笔录之所以能够成为证据,是因能够记载讯问活动的实际情况、侦查人员的提问内容和讯问方式以及犯罪嫌疑人有罪的陈述或无罪的辩解,所以能够证明某一事实的客观存在。[③]

二、讯问笔录规则

规范讯问笔录的制作,有利于规制侦查人员的讯问活动以及确保讯问笔录的真实可靠,从而发挥其证据价值。

(一)讯问笔录的制作

我国对讯问笔录的制作有明确的要求,《人民检察院刑事诉讼规则》第188条中规定,"讯问笔录应当忠实于原话,字迹清楚,详细具体";《公安机关办理刑事案件程序规定》第205条也规定,"侦查人员应当将问话和犯罪嫌疑人的供述或者辩解如实地记录清楚。制作讯问笔录应当使用能够长期保持字迹的材料。"具体而言,讯问笔录的制作要求如下:

一方面,讯问笔录要全面如实地记录,忠实于原话,做到完整与准确。对被讯问者有利的陈述与不利的陈述都应当记录,尤其是犯罪嫌疑人无罪或罪轻的辩解应如实记录,而不能仅仅记录不利的陈述。丹麦《司法行政法》第751条第1款规定:"陈述的实质内容应当记录在报告中,尤其是重要的陈述内容,应当以被讯问人的原话记录。"[④]质言之,侦查人员只有克服有罪推定的思想,才能真正做到全面如实地记录,因为在有罪推定的思维定式下,讯问笔录往往是围绕入罪的证据要件进行选材。[⑤]

另一方面,讯问笔录要字迹清楚,详细具体。讯问笔录应当详细具体,对讯问开始时间和结束时间、讯问地点、权利告知、提问与回答等内容都应予以记录,如俄罗斯《刑事诉讼法典》第190条第2款规定,"被讯问人进行谈判时,应当以第一人称,并应尽可能地逐字逐句地记录、问题与对应的回答应当按讯问的先后顺序进行记录。所有问题均应记入笔录,其中包括侦查人员驳斥的问题与被讯

---

① 张凌、于秀峰编译:《日本刑事诉讼法律总览》,人民法院出版社2017年版,第94页。

② 同上书,第4页。

③ 参见潘申明、魏修臣:《从规范执法到诉讼证据——以检察机关侦查讯问全程同步录音录像为视角》,载《证据科学》2012年第1期。

④ 陈卫东主编:《刑事立案与侦查——外国刑事诉讼法有关规定(下)》,中国检察出版社2017年版,第481页。

⑤ 参见韩东成:《论讯问职务犯罪嫌疑人全程同步录音录像与讯问笔录不一致》,载《中国检察官》2010年第24期。

问人拒绝回答的问题,同时将驳斥或者拒绝的理由进行记录。"[①]当然,有学者认为,详细具体地记录并非要求记录员一字不漏地同步记录全部对话内容,而是要做到"繁简得当,重点突出"。[②]

值得说明的是,随着讯问录音录像的广泛使用,"全程同步录音录像不仅可以担保讯问笔录的证据能力,还可以提高讯问笔录的证明力"[③]。因此,在制作讯问笔录时,侦查人员可以对犯罪嫌疑人的供述进行概括,但涉及犯罪的时间、地点、作案手段、作案工具、被害人情况、主观心态等案件关键事实的,讯问笔录记载的内容应当与讯问录音录像资料记录的犯罪嫌疑人供述一致。[④]

(二)讯问笔录的核对

犯罪嫌疑人对讯问笔录应进行核对、确认,以防止歪曲犯罪嫌疑人的真实意图或者造成强加于人的主观臆断甚至捏造事实等情况发生。[⑤]犯罪嫌疑人核对、确认讯问笔录既有助于维护其合法权益,也有助于确保讯问笔录的真实可靠。例如,俄罗斯《刑事诉讼法典》第190条第8款规定:"被讯问人应当在笔录结尾处签字确认,对有关已经了解供述事实以及供述记录正确的情况予以证实。被讯问人还应当在笔录的每一页上签字确认。"[⑥]丹麦《司法行政法》第751条第2款规定:"被讯问人应被告知其陈述将被记录。被讯问人所作的任何修正和补充也应当记录在案。被讯问人应被告知其无义务对报告进行签字。"[⑦]日本《刑事诉讼法》第198条第5款规定:"被疑人声明笔录没有错误时,可以要求他在笔录上签名、盖章。但在拒绝签名、盖章时,不在此限。"[⑧]韩国《刑事诉讼法》第244条第3款规定:"犯罪嫌疑人对笔录没有提出异议或意见时,应亲自在笔录上书写其陈述,并在笔录上捺指印盖章或签字。"[⑨]我国《刑事诉讼法》第122条中明确规定:"讯问笔录应当交犯罪嫌疑人核对,对于没有阅读能力的,应当向他宣读。如果记载有遗漏或者差错,犯罪嫌疑人可以提出补充或者改正。犯罪嫌疑人承认笔录没有错误后,应当签名或者盖章。"此外,笔录经犯罪嫌疑人核对无误后,应当由其在笔录上逐页签名或者盖章、捺指印,在末页写明"以上笔录我看过

① 陈卫东主编:《刑事立案与侦查——外国刑事诉讼法有关规定(下)》,中国检察出版社2017年版,第562页。

② 参见毕惜茜主编:《侦查讯问学》,中国人民公安大学出版社2013年版,第250页。

③ 董坤:《违反录音录像规定讯问笔录证据能力研究》,载《法学家》2014年第2期。

④ 参见《公安机关讯问犯罪嫌疑人录音录像工作规定》第13条。

⑤ 参见王爱立主编:《中华人民共和国刑事诉讼法释义》,法律出版社2018年版,第270页。

⑥ 陈卫东主编:《刑事立案与侦查——外国刑事诉讼法有关规定(下)》,中国检察出版社2017年版,第562页。

⑦ 同上书,第481—482页。

⑧ 陈卫东主编:《刑事立案与侦查——外国刑事诉讼法有关规定(上)》,中国检察出版社2017年版,第79页。

⑨ 同上书,第70页。

(向我宣读过),和我说的相符”。拒绝签名、捺指印的,侦查人员或检察人员应当在笔录上注明。[①]

需要指出的是,侦查人员、书记员、翻译人员等参与讯问活动的人员也应在笔录上签名。例如,俄罗斯《刑事诉讼法典》第190条第7款规定:“在笔录中应当指明所有参与讯问的人员。每名参与人均应当在笔录上签字确认,以及在笔录对所作的全部补充与修改处签字确认。”[②]我国《刑事诉讼法》第122条也规定:“侦查人员也应当在笔录上签名。”[③]

(三)自行书写供述

犯罪嫌疑人可以自行书写供述。例如,在英国,作供述者如果打算自己书写,在书写他想说的之前,应要求他在一份表中写出全名并签写:“我作本供述系出于自愿。我已被告知我无须讲任何事情,除非希望这样做,并且我讲的可以作为证据。”[④]在我国,犯罪嫌疑人请求自行书写供述的,应当准许。必要的时候,侦查人员也可以要犯罪嫌疑人亲笔书写供词。[⑤]需要指出的是,“必要的时候”主要指以下两种情况:一是根据犯罪嫌疑人的情况,书写供述更能准确地表达犯罪嫌疑人的真实意思和案件事实情况,如犯罪嫌疑人口吃或口齿不清,难以表达所要讲的意思等;二是根据侦查的需要,从犯罪嫌疑人的书面笔录上提供侦查线索,如需要笔迹鉴定等。[⑥]对于自行书写供述,犯罪嫌疑人应当在亲笔供述的逐页或末页签名或者盖章,并捺指印,注明书写日期。侦查人员或检察人员收到后,应当在首页右上方写明“于某年某月某日收到”,并签名。[⑦]

三、讯问笔录不符合法律要求时的证据资格

侦查人员应严格依法制作讯问笔录并经过犯罪嫌疑人的核对与确认,该讯问笔录才能作为证据使用。对此,我国立法确立了讯问笔录不符合法律规定的两种排除模式:

第一,非法讯问笔录的强制排除模式。此种排除模式适用于讯问笔录没有

---

① 参见《人民检察院刑事诉讼规则》第188条、《公安机关办理刑事案件程序规定》第206条。

② 陈卫东主编:《刑事立案与侦查——外国刑事诉讼法有关规定(下)》,中国检察出版社2017年版,第562页。

③ 书记员、翻译人员参与讯问活动,也应在讯问笔录上签名。参见《人民检察院刑事诉讼规则》第188条、《公安机关办理刑事案件程序规定》第206条第2款。

④ 〔英〕麦克·麦康维尔:《英国刑事诉讼导言》,程味秋、杨宇冠、魏晓娜译,载中国政法大学刑事法律研究中心编:《英国刑事诉讼法(选编)》,中国政法大学出版社2001年版,第13页。

⑤ 参见《刑事诉讼法》第122条。

⑥ 参见王爱立主编:《中华人民共和国刑事诉讼法释义》,法律出版社2018年版,第271页。

⑦ 参见《人民检察院刑事诉讼规则》第189条、《公安机关办理刑事案件程序规定》第207条。需要说明的是,《人民检察院刑事诉讼规则》要求犯罪嫌疑人在亲笔供述的末页签名;《公安机关办理刑事案件程序规定》则要求在亲笔供词上逐页签名。

经被告人核对确认的情形。[①]讯问笔录关涉被讯问人的重大权益，甚至是作为追究被讯问人刑事责任的重要证据，被讯问人的核对、确认可以确保讯问笔录的真实可靠，如果未经被讯问人的核对、确认，属于严重侵犯被讯问人的基本权益，理应强制排除，而不存在裁量的空间。

第二，瑕疵讯问笔录的可补正排除模式。此种排除模式主要适用于三种情形：一是讯问笔录填写的讯问时间、讯问地点、讯问人、记录人、法定代理人等有误或者存在矛盾的；二是讯问人没有签名的；三是首次讯问笔录没有记录告知被讯问人有关权利和法律规定的。[②]如果讯问笔录存在上述瑕疵，并不属于严重侵犯被讯问人的基本权利，所以经补正或者作出合理解释的，可以采用；但不能补正或者作出合理解释的，不得作为定案的根据。

第二节 讯问录音录像

一、讯问录音录像制度的产生与发展

讯问录音录像存在狭义与广义之分：狭义上的讯问录音录像是指侦查人员讯问犯罪嫌疑人时进行录音录像，即侦查讯问录音录像；广义上的讯问录音录像是指侦查人员、检察人员、审判人员讯问犯罪嫌疑人、被告人时进行录音录像。在我国，讯问犯罪嫌疑人录音录像，一般是指公安机关讯问犯罪嫌疑人，在文字记录的同时，利用录音录像设备对讯问过程进行全程音视频同步记录。[③]

当前，讯问录音录像在世界范围内得到广泛应用。例如，英国被认为是最早采用讯问录音录像的国家，1984 年《警察与刑事证据法》第 60 条专门规定了警察局中警察讯问犯罪嫌疑人的录音制度，还发布有《警察与刑事证据法》“执法手册 E”即《警察讯问嫌疑人录音工作规程》。目前，英国对所有嫌疑人的询问和讯问程序都采取了强制录像。[④] 法国自 2008 年起当预审法官在预审室对重罪案件受审查人进行讯问时，可以进行视听资料录制。[⑤] 在美国，“第三极”盛行的时代，也是录音录像相继引入警察讯问的时代。1906 年密歇根州最高法院裁定，录音可以使用；但也有的州最高法院认为，要求警察讯问录音录像“是公共政策

① 参见《最高院刑诉法解释》第 94 条、《关于办理死刑案件审查判断证据若干问题的规定》第 20 条。

② 参见《最高院刑诉法解释》第 95 条、《关于办理死刑案件审查判断证据若干问题的规定》第 21 条。

③ 参见《公安机关讯问犯罪嫌疑人录音录像工作规定》第 2 条。

④ 参见〔美〕索尔 · M. 卡辛：《现代警察讯问程序批判》，载〔美〕柏恩敬、刘超、高原编译：《追问警察讯问方法——比较法的视角》，法律出版社 2018 年版，第 235 页。

⑤ 参见〔法〕贝纳尔 · 布洛克：《法国刑事诉讼法》，罗结珍译，中国政法大学出版社 2009 年版，第 375 页。

的范畴”，并非宪法或法律的强制要求，[1]因而美国大多数州不强制要求录音录像，而是采取自愿原则。澳大利亚新南威尔士州于1991年引入了讯问嫌疑人录音录像系统。[2] 日本国会于2016年通过了《刑事诉讼法等部分条文改正的法律案》，将讯问录音录像制度写入刑事诉讼法。[3]

在我国，讯问录音录像制度最早应用于职务犯罪案件侦查工作。2005年最高人民检察院专门发布了《最高人民检察院讯问职务犯罪嫌疑人实行全程同步录音录像的规定(试行)》。此后，我国检察机关大力开展同步录音录像讯问室建设。[4] 同时，《关于进一步严格依法办案确保办理死刑案件质量的意见》第11条明确规定：“讯问犯罪嫌疑人，在文字记录的同时，可以根据需要录音录像。”经过多年的司法实践及经验总结，2012年修改《刑事诉讼法》时，我国增设了侦查人员讯问犯罪嫌疑人时录音录像制度。[5]此后，公安机关、检察机关又专门发布或修订了一系列相关规范性文件。

二、讯问录音录像的主要功能

讯问录音录像制度应用之初，曾受到质疑和反对。但随着讯问录音录像制度的实施，人们逐渐认识到该制度带来的积极效果，如美国一项针对38个州共238个警察和治安部门的官员的采访显示，他们对在羁押状态下讯问程序进行录像的做法表示了欣赏。[6]讯问录音录像从被质疑到被肯定，说明该制度具有一些固有的优势。有研究者认为，录音录像对刑事程序中的任何一方都有利：一是对嫌疑人和辩护人的好处在于，它可以制止侦查人员采取那些被禁止的审讯技巧，使嫌疑人避免因虚假自白而被错误定罪，从而得到更好的保护；二是对审讯人员好处在于，录音录像可以证明一些针对他们的指控是错误的，使他们免于非

---

① 参见佀化强：《讯问录音录像的功能定位：在审判中心主义与避免冤案之间》，载《法学论坛》2020年第4期。

② 参见〔澳〕戴维·狄克逊：《“讯问程序之窗”——澳大利亚新南威尔士的警察讯问录音录像》，朱奎彬译，载《中山大学法律评论》2011年第2期。

③ 参见方海日：《日本刑事诉讼程序中的讯问录音录像制度研究》，载《日本研究》2020年第4期。

④ 据统计，2006年至2007年8月，全国检察机关共投入经费5亿多元，在办案工作区建立同步录音录像讯问室4280个，在看守所建立同步录音录像讯问室872个，2829个检察院实行了讯问同步录音录像，适用案件34973件。到2008年上半年，全国绝大多数检察院已经实现同步录音，各省级检察院、省会市检察院和东部地区地市检察院实现了同步录音录像。另外，据报道，截至2011年底，全国已有77.2%的派出所完成了规范化改造。到2013年，全国已有90%以上的派出所完成了功能区改造，市、县级公安机关建成供各办案警种共同使用的办案中心共计3481个。参见中国政法大学法律实证研究中心课题组：《侦查讯问中律师在场可行性报告》，载《人民法治》2017年第6期。

⑤ 参见《刑事诉讼法》第123条第1款。

⑥ 参见〔美〕索尔·M.卡辛：《现代警察讯问程序批判》，载〔美〕柏恩敬、刘超、高原编译：《追问警察讯问方法——比较法的视角》，法律出版社2018年版，第236页。

法审讯和施暴的错误指控；同时录音录像可以提高审讯的质量等。[①]在我国，2012年《刑事诉讼法》修订时新增了讯问录音录像制度，其立法目的在于：规范侦查讯问工作，保证讯问活动依法进行，保障犯罪嫌疑人的合法权利；固定和保存证据，防止被告人在庭审时翻供和诬告办案人员刑讯逼供；保护侦查人员；为非法证据排除制度提供讯问过程是否合法的证明材料。[②]实践证明，讯问录音录像能够有效遏制违法办案、刑讯逼供现象，提升办案质量，切实保障犯罪嫌疑人人权，反驳刑事被告人的翻供。[③]概言之，讯问录音录像具有两大基本功能：一是实体方面的功能，即固定和保存口供；二是程序方面的功能，即确保侦查讯问的合法性。讯问录音录像如能切实发挥上述两大功能，将增强社会公众对于侦查讯问的信任。

（一）固定和保存口供证据

拉德布鲁赫曾说："被控告一方不正常的举止、紧张和愤怒的表情、证言陈述中不情愿的停顿、提前背熟的流畅和急速表述，所有这些细微区别和难以描述的状况，在单调呆板的官方记录中消失得无影无踪。"[④]从中可以知道，讯问笔录通常无法具体、生动、全面地记录侦查讯问的过程，而这恰恰是录音录像固有的优势，"纵观二十世纪，支持同步录音的人士则并不特别看重其预防虚假口供的功能，而更关注警察与嫌疑人在讯问过程中究竟发生了什么各执一词"[⑤]，这指出了录音录像在固定和保存证据方面的价值。例如，在澳大利亚，讯问录音录像首要目的是为了处理实际或者谎称伪造口供的问题，其主要关注点不在于控制警察的讯问，而是要为法院提供一种供述的记录形式，尤其是要使得供认行为不能受到质疑。[⑥]美国的一份调查显示，87%的被调查机构认为，与讯问笔录等方式相比，采用录音录像方式固定的口供更令人信服（占22.2%），或者非常令人信服（占64.8%）。[⑦]

我国在职务犯罪案件侦查中率先采用了录音录像制度，因职务犯罪案件侦查收集的客观证据相对较少，口供在定罪量刑方面发挥着关键的作用，但是在法

---

① 参见〔美〕戴维·T.约翰逊：《日本刑事司法的语境与特色：以检察起诉为例》，林喜芬等译，上海交通大学出版社2017年版，第401页。

② 参见王爱立主编：《中华人民共和国刑事诉讼法释义》，法律出版社2018年版，第272页。

③ 参见沈德咏、何艳芳：《论全程录音录像制度的科学构建》，载《法律科学（西北政法大学学报）》2012年第2期。

④ 〔德〕拉德布鲁赫：《法学导论》，米健、朱林译，中国大百科全书出版社1997年版，第125页。

⑤ 〔美〕索尔·M.卡辛等：《警察诱供：风险因素与防范建议》，载〔美〕柏恩敬、刘超、高原编译：《追问警察讯问方法——比较法的视角》，法律出版社2018年版，第117页。

⑥ 参见〔澳〕戴维·狄克逊：《"讯问程序之窗"——澳大利亚新南威尔士的警察讯问录音录像》，朱奎彬译，载《中山大学法律评论》2011年第2期。

⑦ 参见樊崇义、兰跃军、潘少华：《刑事证据制度发展与适用》，人民法院出版社2012年版，第188页。

庭审理过程中，经常出现被告人翻供的现象，导致审判活动陷入僵局，讯问录音录像可以起到固定和保存证据的作用，从而有助于解决翻供等问题。对此，在2006年召开的全国检察机关推行讯问职务犯罪嫌疑人全程同步录音录像工作现场会上，时任最高人民检察院副检察长王振川指出，讯问录音录像有四个“有利于”，其中就包括固定关键证据和防止翻供。[①] 2006年至2007年，全国各级检察机关共在法庭上出示讯问同步录音录像资料4802次，绝大多数犯罪嫌疑人在法庭上的翻供理由都被依法认定不成立。[②]可见，最初讯问录音录像在职务犯罪中的应用，主要是考虑实体方面的功能，即固定证据以解决翻供的问题。

讯问录音录像在固定和保存证据方面的优势在很大程度上也有助于提高诉讼效率。例如，在英国，同步录音既不会导致无辜者被警察冤枉，也不会使得犯罪当事人因矛盾的陈述而处于被动，司法机关也因此避免了冗长、重复的争论，节省了大量的时间和经费。[③]在美国，录像使警察能够关注嫌疑人而不是进行大量的记录工作，可以提高可问责性，使警察能够针对嫌疑人陈述中那些本来容易被忽略的信息，并对此作出快速的反馈，还有助于缩短警察在法庭为其讯问行为合法性辩护的时间。因此，对讯问程序录像并不会带来过高的成本，也不会阻止嫌疑人向警察开口。[④]

当然，由于录音录像资料形象逼真，很容易使审判人员形成内心确信，而忽略了对供述自愿性和可靠性的审查。因此，在办案中，当被告人的当庭陈述与录音录像不一致并与其他证据相互矛盾时，不能仅仅因为录音录像呈现被告人曾经在庭前作过有罪供述就否定其在法庭上的辩解，而要对被告人的庭前供述进行认真审查，综合全案情况，正确认定。[⑤]

（二）保证侦查讯问的合法性

在侦查讯问中实施录音录像，对相对封闭的侦查讯问造成了一定的冲击，侦查人员会感到被“束缚手脚”，但这也可以保证侦查讯问的合法进行，“从根本上来说，同步录音录像制度的首要功能在于遏制、证明讯问过程中是否存在刑讯逼供等非法取证的行为”[⑥]。对此，中外学术界和实务界也达成了基本共识。

英国学者科纳・弗利认为，会见的电子记录可以在很大程度上帮助降低酷

---

① 参见《检察机关讯问职务犯罪嫌疑人将全程同步录音录像》，http://www.gov.cn/jrzg/2006-01/17/content_161716.htm，2021年6月30日访问。

② 参见丁海东：《促进规范文明执法“逼”出侦查新水平》，载《检察日报》2010年2月23日第3版。

③ 参见彭勃编译：《英国警察与刑事证据法规精要》，厦门大学出版社2014年版，第311页。

④ 参见〔美〕索尔・M.卡辛：《现代警察讯问程序批判》，载〔美〕柏恩敬、刘超、高原编译：《追问警察讯问方法——比较法的视角》，法律出版社2018年版，第236页。

⑤ 参见王爱立主编：《中华人民共和国刑事诉讼法释义》，法律出版社2018年版，第273页。

⑥ 中国政法大学法律实证研究中心课题组：《侦查讯问中律师在场可行性报告》，载《人民法治》2017年第6期。

刑和虐待的危险;[①]戴维·麦克尼尔认为,对讯问过程录音可以避免被告人受到警察的刑讯逼供;被告人主张遭受刑讯逼供的,可以通过讯问磁带发现警察的恐吓或刑讯行为。[②]美国学者弗兰克·施马兰格认为,讯问录音录像有利于防止警察刑讯逼供;[③]索尔·卡森认为,讯问活动的每一分钟都应当被录制下来,这一简单的改革将防止警察强制取证。[④]在澳大利亚,讯问录音录像被作为对付非法拘押讯问的良方。[⑤]

在我国,人们最初肯定讯问录音录像的固定和保存证据的功能,近来更加强调讯问录音录像的保证讯问合法性的功能。例如,何家弘教授等认为:“虽然录音录像在约束执法行为和固定案件事实上都有功效,但从我国推行建立讯问录音录像制度的背景考虑,其主旨更多的在于规范侦查人员讯问活动,遏制刑讯逼供现象,防控刑事冤案与司法误判。”[⑥]张建伟教授认为:“录音、录像的目的绝不是固定证据以防止被讯问者翻供,它的真正目的在于约束讯问者,使之有所顾忌,不能采用野蛮刑讯的方法获取嫌疑人、被告人的口供。”[⑦]董坤教授认为:“讯问中录音录像制度的引入打破了既往封闭密室中侦查方与被讯问方的二元对立格局。由于录音录像‘第三只眼睛’,侦查人员的讯问行为受到‘全景式’监督,刑讯、威胁等非法取证行为受到事前‘阻吓’,一些不合理的‘打擦边球’的讯问行为也大为收敛。”[⑧]马静华教授等认为:“理论构想是公诉机关、审判机关通过讯问录音录像直接载明的内容来判断讯问方法是否合法,从而决定是否需要排除口供证据。这种证据方法将讯问录音录像制度与非法口供排除程序联结起来,一旦口供被排除,可能震慑未来的非法讯问行为,从而引导侦查人员按照合法的程序与方法进行讯问。于是,讯问录音录像便可透过非法证据排除程序,从诉讼结果上制约非法讯问。”[⑨]质言之,录音录像能够提升侦查讯问的公信力和合法性。

三、讯问录音录像的证据属性

在讯问录音录像试行初期,我国对于讯问录音录像的证据属性有两种代表

---

① 参见〔英〕科纳·弗利:《抗制酷刑——法官及检察官手册》,梁欣、魏晓娜、许身健、程雷译,北京大学出版社2009年版,第51页。

② 参见彭勃编译:《英国警察与刑事证据法规精要》,厦门大学出版社2014年版,第311页。

③ 参见〔美〕弗兰克·施马兰格:《美国刑事司法》,徐铁超译,中国政法大学出版社2020年版,第181页。

④ 参见何家弘、王爱平:《强制性讯问录音录像推定规则》,载《国家检察官学院学报》2015年第3期。

⑤ 参见〔澳〕戴维·狄克逊:《“讯问程序之窗”——澳大利亚新南威尔士的警察讯问录音录像》,朱奎彬译,载《中山大学法律评论》2011年第2期。

⑥ 何家弘、王爱平:《强制性讯问录音录像推定规则》,载《国家检察官学院学报》2015年第3期。

⑦ 张建伟:《证据的容颜·司法的场域》,法律出版社2015年版,第75页。

⑧ 董坤:《违反录音录像规定讯问笔录证据能力研究》,载《法学家》2014年第2期。

⑨ 马静华、张潋瀚:《讯问录音录像与非法证据排除:一个实证的考察》,载《西南民族大学学报(人文社科版)》2016年第7期。

性的观点：一种观点认为讯问录音录像不属于证据。其主要理由是：讯问录音录像只是证实取证过程，而不是案件事实本身，因而不属于刑事诉讼证据，“全程同步录音录像在检察机关办理的自侦案件中，只是起到了辅助证明取得相关言辞证据的客观、合法的作用，而与其他证据并无关联，不能单独作为一项证据来证明案件事实，其所证明并追求的是程序正义”[①]。因此，既然录音录像不属于证据，一般也无需随案移送。另一种观点认为讯问录音录像属于某一法定证据种类，如视听资料证据。其主要理由是：讯问录音录像可以证明证据收集的合法性，因而可以作为视听资料证据使用，但不能作为其他证据，“在我国刑事诉讼中，录音录像的性质和定位应当是证据，但不是证明当事人涉嫌犯罪的事实的证据，而是证明讯问和取证过程是否合法的证据”[②]。

随着对讯问录音录像属性认识的深入，人们已充分认识到录音录像属于证据，其主要理由包括：第一，从证据的定义上看，讯问录音录像属于证据。我国现行《刑事诉讼法》第 50 条第 1 款规定，“可以用于证明案件事实的材料，都是证据”，与 1996 年《刑事诉讼法》关于证据的定义[③]相比，现行法律扩大了证据的范围，即只要是与案件相关联的材料都属于证据，该定义合理地区别了证据与定案根据之间的界限。由此可见，讯问录音录像所记载的犯罪嫌疑人口供与案件事实有着直接的关联；所记载的侦查人员讯问是否合法的内容，则与案件事实有着间接的关联，二者都“可以用于证明案件事实”，因而应当属于刑事诉讼证据。[④]第二，从司法实践来看，讯问录音录像已经开始作为证据使用。例如，在法庭上播放讯问录音录像证明讯问是否合法；在受贿案件中，播放行贿人供述行贿犯罪实施的讯问录音录像用于证明受贿犯罪等。第三，从比较法的角度看，许多国家和地区都肯定了讯问录音录像的证据属性。例如，在美国，讯问录音录像的制作应当参照收集物证的程序进行，即对讯问录音录像制作完整的证据保管链条，一些州法院还对讯问录音录像的当庭出示作出了更加具体的要求。[⑤] 第四，与讯问笔录证据相比较，讯问录音录像理应属于证据。讯问录音录像内容能够动态地展示讯问过程中的语言、行为、表情等信息；能够真实地反映讯问方式、方法与犯罪嫌疑人的陈述内容，[⑥]所以讯问录音录像具有客观性、直观性、动态

---

① 韩东成：《论讯问职务犯罪嫌疑人全程同步录音录像与讯问笔录不一致》，载《中国检察官》2010 年第 24 期。

② 高嘉蓬：《准确理解录音录像的法律属性》，载《检察日报》2014 年 3 月 23 日第 3 版。

③ 1996 年《刑事诉讼法》第 42 条第 1 款规定：“证明案件真实情况的一切事实，都是证据。”

④ 参见朱孝清：《讯问录音录像三题》，载《人民检察》2014 年第 12 期。

⑤ 参见戴长林、罗国良、刘静坤：《中国非法证据排除制度：原理 · 案例 · 适用(修订版)》，法律出版社 2017 年版，第 277 页。

⑥ 参见马静华、张潋瀚：《讯问录音录像与非法证据排除：一个实证的考察》，载《西南民族大学学报(人文社科版)》2016 年第 7 期。

性的优点。[1]因此,如果作为犯罪嫌疑人供述和辩解载体的讯问笔录都属于证据,那么没有理由否定讯问录音录像的证据属性。其实,无论是讯问笔录还是讯问录音录像,本质上都是对讯问以及供述内容的记录载体,只是讯问录音录像的记录方式更为科技化,我们不能因循守旧而否定讯问录音录像的证据属性。

那么,讯问录音录像属于刑事诉讼法所规定的哪种法定证据种类?当前较为主流的观点是,根据讯问录音录像的内容及所证明的事项来确定其属于何种证据。司法实践中,讯问录音录像常常以犯罪嫌疑人和被告人的供述与辩解、证人证言、视听资料等证据形式出现。如果讯问录音录像的内容是犯罪嫌疑人的供述,用于证明犯罪嫌疑人是否有罪,那么此时讯问录音录像属于犯罪嫌疑人、被告人供述和辩解。如果录音录像的内容是犯罪嫌疑人陈述他人之犯罪事实,则此时讯问录音录像属于证人证言,这种情况经常发生在共同犯罪案件中,因共犯具有被告人与证人双重身份,如在受贿案件中,讯问录音录像记载了行贿人的行贿陈述,此时讯问录音录像属于证人证言。如果用讯问录音录像来证明侦查人员讯问过程的合法性,则此时讯问录音录像属于视听资料。

四、讯问录音录像规则

(一)讯问录音录像的适用范围及其例外情形

1. 讯问录音录像的适用范围

从域外实践来看,讯问录音录像主要适用于重罪案件。例如,在英国,对于严重犯罪,审讯时应当录音录像。[2]法国《刑事诉讼法典》第116-1条规定:"对于重罪案件,在预审法官的讯问室对受审查人进行的所有讯问,其中包括第一次到案时进行的讯问与对质,均应当进行录音录像。"[3]在美国,考虑到人力、预算等问题,除了阿拉斯加州、明尼苏达州、新泽西州和蒙大拿州之外,其他州并没有将同步录音录像适用于所有刑事案件,一般仅适用于重罪案件。[4]

在我国,侦查人员在讯问犯罪嫌疑人的时候,可以对讯问过程进行录音或者录像;对于可能判处无期徒刑、死刑的案件或者其他重大犯罪案件,应当对讯问过程进行录音或者录像。[5]可见,我国讯问录音录像分为两种情形:一是对一般

---

[1] 参见万春、高翼飞:《刑事案件非法证据排除规则的发展——〈关于办理刑事案件严格排除非法证据若干问题的规定〉新亮点》,载《中国刑事法杂志》2017年第4期。

[2] 参见〔英〕麦克·麦康维尔:《英国刑事诉讼导言》,程味秋、杨宇冠、魏晓娜译,载中国政法大学刑事法律研究中心编:《英国刑事诉讼法(选编)》,中国政法大学出版社2001年版,第37—38页。

[3] 陈卫东主编:《刑事立案与侦查——外国刑事诉讼法有关规定(下)》,中国检察出版社2017年版,第607页。

[4] 参见吴思远:《美国讯问录音录像制度改革发展》,载《检察日报》2017年5月23日第3版。

[5] 参见《刑事诉讼法》第123条第1款。

案件采取“选择性的录音录像”，这主要是考虑到这项制度刚刚推行，录音录像设备投入对于经济尚不发达的边远地区确实还存在一定困难，需要一个渐进的过程；①二是对可能判处无期徒刑、死刑的案件或者其他重大犯罪案件采取“强制性的录音录像”，即对上述案件的侦查讯问必须要录音或者录像。其中，“可能判处无期徒刑、死刑的案件”是指应当适用的法定刑或者量刑档次包含无期徒刑、死刑的案件；“其他重大犯罪案件”，是指致人重伤、死亡的严重危害公共安全犯罪、严重侵犯公民人身权利犯罪，以及黑社会性质组织犯罪、严重毒品犯罪等重大故意犯罪案件，②此类案件一般案情复杂、犯罪情节严重、社会影响大，如人数较多的共同犯罪案件、集团犯罪案件等。③同时，人民检察院办理直接受理侦查的案件，应当在每次讯问犯罪嫌疑人时，对讯问过程实行全程录音录像；④《公安机关讯问犯罪嫌疑人录音录像工作规定》也具体规定了八类应当对讯问过程进行录音录像的案件；⑤《监察法》也明确规定，调查人员进行讯问时，应当对全过程进行录音录像，留存备查。⑥应该说，讯问录音录像应用之初，我国未将“强制性的录音录像”范围扩大至所有刑事案件，这是可以理解的。然而，讯问录音录像具有事实证明功能和权利保障功能，它对于维护司法公正和保障犯罪嫌疑人权益具有重要意义，所以不能因经济原因而缩限讯问录音录像的适用范围，“逐步实行对所有案件的讯问过程全程同步录音录像”⑦应是今后的发展方向。

2. 讯问录音录像适用的例外情形

司法实践中，因存在急迫情况、技术等因素，不少国家和地区构建了“原则上全覆盖、特殊情形例外”的讯问录音录像适用模式。例如，在英国，讯问录音录像的例外情形主要包括：因设备故障，或没有合适的讯问室或录音设备，而授权官员有理由认为讯问不应推迟而导致录像不可操作的；当事人拒绝接受讯问或拒绝在讯问室中等待的，或者因其他原因使得当事人不能或拒绝到讯问室的，羁押官如有合理原因认为不应推迟讯问的。⑧在美国，讯问录音录像的例外情形主要包括：被讯问者拒绝；设备出现故障客观上无法工作；案件涉及公共安全或国土

---

① 参见王爱立主编：《中华人民共和国刑事诉讼法释义》，法律出版社2018年版，第272页。

② 参见《公安机关办理刑事案件程序规定》第208条第2款。

③ 参见王爱立主编：《中华人民共和国刑事诉讼法释义》，法律出版社2018年版，第272页。

④ 参见《人民检察院刑事诉讼规则》第190条。

⑤ 这八类案件分别是：① 犯罪嫌疑人是盲、聋、哑人，未成年人或者尚未完全丧失辨认或者控制自己行为能力的精神病人，以及不通晓当地通用的语言文字的；② 犯罪嫌疑人反侦查能力较强或者供述不稳定，翻供可能性较大的；③ 犯罪嫌疑人作无罪辩解和辩护人可能作无罪辩护的；④ 犯罪嫌疑人、被害人、证人对案件事实、证据存在较大分歧的；⑤ 共同犯罪中难以区分犯罪嫌疑人相关责任的；⑥ 引发信访、舆论炒作风险较大的；⑦ 社会影响重大、舆论关注度高的；⑧ 其他重大、疑难、复杂情形。

⑥ 参见《监察法》第41条第2款。

⑦ 《关于推进以审判为中心的刑事诉讼制度改革的意见》第5条第1款。

⑧ 参见彭勃编译：《英国警察与刑事证据法规精要》，厦门大学出版社2014年版，第192—193页。

安全需要保密；基于执法利益考虑不宜录音录像。[①]在日本，讯问录音录像的例外情形主要包括：当录音录像所需的机器出现故障或者因其他不得已的情况导致无法录音录像的；犯罪嫌疑人拒绝供述，或者通过犯罪嫌疑人的其他言行可以确认如果进行录音录像，犯罪嫌疑人将无法充分供述的；案件属于都道府县公安委员会指定的与暴力团伙成员犯罪相关的犯罪的；如果实施录音录像，犯罪嫌疑人可能无法进行充分供述的。[②]特别需要指出的是，法国对于因“技术不可能”而无法实施录音录像的，严格限定在因不可抗力而导致“技术不可能”，而非其他简单的技术原因；如果未有“技术不可能”的原因，则所获得的口供不可用。[③]

在我国，讯问职务犯罪的犯罪嫌疑人时，因技术故障等客观情况无法录音录像的，一般应当停止讯问，待故障排除后再行讯问。但是，无法录音录像的客观情况一时难以消除又必须继续讯问的，讯问人员可以继续进行讯问，但应当告知犯罪嫌疑人，同时报告检察长并获得批准。[④]另外，公安机关讯问犯罪嫌疑人时，对于非强制性的录音录像案件，因案情紧急、排除中止情形（即客观原因导致不能录音录像的情形）所需时间过长等原因不宜中止讯问的，可以继续讯问。[⑤]可见，“客观情况”“案情紧急”属于讯问录音录像的例外事由，但如何认定“客观情况”“案情紧急”，相关规范性文件仍需进一步明确，否则会导致例外情形的不当扩大。

（二）讯问录音录像前的告知义务

讯问录音录像前应告知犯罪嫌疑人，这也是各国和地区通常的做法。例如，在英国，1984 年《警察与刑事证据法》“执法手册 E”第 4.4 条中规定：“讯问人员应告知嫌疑人录音程序，并向嫌疑人指明录音设备处于开启状态及正在录音的标识。”[⑥]俄罗斯《刑事诉讼法典》第 189 条第 4 款规定：“在讯问过程中，由侦查员主动提出或根据被讯问人的请求可以进行拍照、录音和（或）电影拍摄，照片、录音和（或）录像、电影胶片等材料应归入案卷并在侦查结束后封存。”[⑦]韩国《刑事诉讼法》第 224 条之二第 1 款规定：“对犯罪嫌疑人的陈述可以进行录像，但应提前告知其录像的事实，并应当对调查开始至结束为止的整个过程和客观情况录像。”[⑧]可见，告知犯罪嫌疑人录音录像是侦查人员的义务，但这并不意味着犯罪嫌疑人在获知将录音录像时，可以拒绝录音录像。不过，德国似乎属于例外，按

① 参见吴思远：《美国讯问录音录像制度改革发展》，载《检察日报》2017 年 5 月 23 日第 3 版。

② 参见方海日：《日本刑事诉讼程序中的讯问录音录像制度研究》，载《日本研究》2020 年第 4 期。

③ 参见施鹏鹏：《口供的自由、自愿原则研究——法国模式及评价》，载《比较法研究》2017 年第 3 期。

④ 参见《人民检察院讯问职务犯罪嫌疑人实行全程同步录音录像的规定》第 10 条第 2 款。

⑤ 参见《公安机关讯问犯罪嫌疑人录音录像工作规定》第 14 条第 2 款。

⑥ 彭勃编译：《英国警察与刑事证据法规精要》，厦门大学出版社 2014 年版，第 179 页。

⑦ 《俄罗斯联邦刑事诉讼法典（新版）》，黄道秀译，中国人民公安大学出版社 2006 年版，第 174 页。

⑧ 陈卫东主编：《刑事立案与侦查——外国刑事诉讼法有关规定（上）》，中国检察出版社 2017 年版，第 70 页。

照德国法律，除非犯罪嫌疑人同意，否则一般认为对讯问过程进行秘密录像是对被讯问人隐私权的不当侵犯，只有在不采用秘密录像就不可能或者很难取得严重犯罪的证据时，才可以作为例外。这一立法态度，其实表现出德国对犯罪嫌疑人的隐私利益与有效执法的一般利益的权衡。①

在我国，讯问犯罪嫌疑人时，应当告知犯罪嫌疑人将对讯问进行全程同步录音录像；并且告知情况应当在录音录像中予以反映，并记明笔录。②如果犯罪嫌疑人不同意录音录像的，讯问人员应当进行解释，但不影响录音录像进行。③可见，讯问录音录像是侦查人员的义务，而犯罪嫌疑人也无拒绝之权利。近年来，有学者探讨了犯罪嫌疑人是否有选择进行录音录像的权利，如犯罪嫌疑人认为自己恐惧面对镜头，无法正常陈述，拒绝录音录像是否可以准许。笔者认为，讯问录音录像不仅可以保证讯问的合法性，防止违法讯问现象的发生，还能起到固定和保存口供证据的作用，在刑事诉讼活动中上述利益一般要高于犯罪嫌疑人的选择权，因此，犯罪嫌疑人通常不能拒绝讯问录音录像。

（三）讯问录音录像的全程性和完整性要求

讯问录音录像应保持全程性和完整性，这是讯问录音录像发挥应有功能的关键条件。在某种程度上，如果讯问录音录像不能做到全程性与完整性，就不能发挥其证明作用，也无法监督讯问活动，遏制刑讯逼供，甚至会沦为非法讯问“合法化”的工具，“不完整的记录会给嫌疑人带来危险。录像非但没有保护嫌疑人，反倒会给嫌疑人带来不利影响”④。对此，英国1984年《警察与刑事证据法》“执法手册E”第3.5条规定：“整个讯问过程都应被录音，包括收集和宣读口供。”⑤我国《刑事诉讼法》第123条第2款明确规定：“录音或者录像应当全程进行，保持完整性”，⑥而且无论是“选择性的录音录像”案件，还是“强制性的录音录像”案件，都应当全程进行，保持完整性。

那么，何为讯问录音录像的全程性和完整性？第一，全程性的内涵。“全程”一般是从犯罪嫌疑人进入讯问场所到结束讯问离开讯问场所的过程，⑦如在看守所、人民检察院的讯问室或者犯罪嫌疑人的住处等地点讯问的，讯问录音录像应当从犯罪嫌疑人进入讯问室或者讯问人员进入其住处时开始录制，至犯罪嫌

① 参见〔美〕弗洛伊德·菲尼、〔德〕约阿希姆·赫尔曼、岳礼玲：《一个案例 两种制度——美德刑事司法比较》，郭志媛译，中国法制出版社2006年版，第320页。

② 参见《人民检察院刑事诉讼规则》第187条第3款。

③ 参见《人民检察院讯问职务犯罪嫌疑人实行全程同步录音录像的规定》第6条第2款。

④ 〔澳〕戴维·狄克逊：《“讯问程序之窗”——澳大利亚新南威尔士的警察讯问录音录像》，朱奎彬译，载《中山大学法律评论》2011年第2期。

⑤ 彭勃编译：《英国警察与刑事证据法规精要》，厦门大学出版社2014年版，第179页。

⑥ 我国《监察法》第41条第2款也明确规定：“调查人员进行讯问以及搜查、查封、扣押等重要取证工作，应当对全过程进行录音录像，留存备查。”

⑦ 参见王爱立主编：《中华人民共和国刑事诉讼法释义》，法律出版社2018年版，第273页。

疑人在讯问笔录上签字、捺指印,离开讯问室或者讯问人员离开犯罪嫌疑人的住处等地点时结束。[①]第二,完整性的内涵。"保持完整"是指从侦查人员发现承办案件属于录音录像的范围,应当对讯问过程进行录音录像开始,到案件侦查结束的每一次讯问都要录音或者录像,要完整、不间断地记录每一次的讯问过程,不可作剪接、删改,[②]简言之,即"对每一次讯问的全过程实施不间断的录音、录像"[③]。实践中,我们应防范规避讯问录音录像完整性和全程性的做法。

需要指出的是,从全面、充分发挥讯问录音录像功能的角度出发,讯问录音录像的全程性和完整性应从"正式讯问"扩展至"非正式讯问"阶段,即不仅在看守所讯问时录音录像,到案阶段(口头传唤、传唤、拘传和留置期间)在侦查机关办案场所的讯问也应录音录像,因为"非正式讯问"也可能存在刑讯逼供等非法讯问的情况。[④]从域外实践来看,"警察威胁、引诱或与嫌疑人做私下的交易,然后,在正式讯问中再作出供述,则供述录像会弱化翻供嫌疑人的地位,而不是强化之,因为,录像反映现实的能力是显而易见的"[⑤]。因此,将讯问录音录像限定在"正式讯问"中,反而有可能会架空该制度。

(四)讯问录音录像的制作、管理与存储

讯问录音录像的制作、管理与存储的规范化是发挥该制度功能的基本保障。对此,各国和地区一般通过立法予以明文规定,本书择其要者评述如下:

第一,"审录分离"原则。在我国,讯问录音录像时,讯问人员和录制人员应相分离,即讯问由侦查人员、检察人员负责;录音录像由侦查技术人员、检察技术人员负责。在检察机关侦查的案件中,特别情况下,经检察长批准,也可以指定其他检察人员负责录音录像。[⑥]

第二,全面录制。例如,在美国纽约州,从设备配置来看,讯问室中会同时配置三个摄像头对讯问过程进行录像。只有一个摄像头处于明处,即位于嫌疑人头顶的墙角,可以俯拍讯问的全过程;另两个摄像头分别隐藏在被告人正对面的镜像中以及与被告人平行的空调开关中。这一配置旨在全方位记录讯问的全过程,同时防止录像过程中可能产生的设备故障。[⑦]在我国,讯问过程进行的录音录像,应当对侦查人员、犯罪嫌疑人、其他在场人员、讯问场景和计时装置、温度

---

① 参见《人民检察院讯问职务犯罪嫌疑人实行全程同步录音录像的规定》第5条第2款。

② 参见王爱立主编:《中华人民共和国刑事诉讼法释义》,法律出版社2018年版,第273页。

③ 《人民检察院讯问职务犯罪嫌疑人实行全程同步录音录像的规定》第2条第1款。

④ 参见马静华、张潋瀚:《讯问录音录像与非法证据排除:一个实证的考察》,载《西南民族大学学报(人文社科版)》2016年第7期。

⑤ 〔澳〕戴维·狄克逊:《"讯问程序之窗"——澳大利亚新南威尔士的警察讯问录音录像》,朱奎彬译,载《中山大学法律评论》2011年第2期。

⑥ 参见《人民检察院讯问职务犯罪嫌疑人实行全程同步录音录像的规定》第3条。

⑦ 参见吴思远:《美国讯问录音录像制度改革发展》,载《检察日报》2017年5月23日第3版。

计显示的信息进行全面摄录，图像应当显示犯罪嫌疑人正面中景。同时，讯问过程中出示证据和犯罪嫌疑人辨认证据、核对笔录、签字捺指印的过程均应当在画面中予以反映。①

第三，专业保管、专门储存。“为了防止对录音进行篡改，应该在被拘禁者在场的情况下将一个磁带封存起来，另一个作为副本使用。”②例如，在英国，在嫌疑人离开现场之前会密封一盘录音磁带（即原始录音带），第二份录音为工作用录音带。③在韩国，录像结束后，应当于犯罪嫌疑人或辩护人见证下封印原件，并由犯罪嫌疑人签字或盖章。④在我国，讯问录音录像资料应由办案人员以外的人员保管，不得由办案人员自行保管；讯问录音录像资料应当刻录光盘等存储设备存储，且应当制作一式两份，一份装袋密封作为正本，一份作为副本。⑤

（五）讯问录音录像的移送和使用

合理使用或移送讯问录音录像资料才能发挥该制度的功能。例如，在英国，警官无权拆开用于一审或上诉的原始录音封条；如果需了解原始录音内容，警官应在皇家检察厅代表在场的情况下打开原始录音封条，并应将此告知被告人或其诉讼代理人，给予其到场的合理机会。⑥在俄罗斯，审前调查时播放录音和（或）录像及电影片的主要情形包括：受审人在审前调查过程中所作陈述与在法庭上所作陈述有重大矛盾；刑事案件在受审人缺席的情况下审理；受审人拒绝作陈述。⑦在美国纽约州，辩护律师有权从警察局拷贝讯问录像；作为一项证据，讯问录像也可以直接在法庭上播放与使用。⑧在韩国，当犯罪嫌疑人或者辩护人请求时，应当播放录像。⑨由上可见，被告人及其辩护人有权依法使用录音录像资料。

在我国，2012 年《刑事诉讼法》修改过程中，对于讯问录音录像资料是否应当随案移送有两种意见：一种意见认为，讯问时录音录像既是侦查讯问活动合法性的证明，也是可用于证明案件实体事实的证据材料，可以作为办案机关认定案件事实的依据。因此，侦查讯问录音录像资料应当在审查起诉时作为证据随案

---

① 参见《公安机关讯问犯罪嫌疑人录音录像工作规定》第 11 条。

② 〔英〕科纳・弗利：《抗制酷刑——法官及检察官手册》，梁欣、魏晓娜、许身健、程雷译，北京大学出版社 2009 年版，51 页。

③ 参见彭勃编译：《英国警察与刑事证据法规精要》，厦门大学出版社 2014 年版，第 177 页。

④ 参见陈卫东主编：《刑事立案与侦查——外国刑事诉讼法有关规定（上）》，中国检察出版社 2017 年版，第 70 页。

⑤ 参见《公安机关讯问犯罪嫌疑人录音录像工作规定》第 16 条第 1 款、第 17 条。

⑥ 参见彭勃编译：《英国警察与刑事证据法规精要》，厦门大学出版社 2014 年版，第 183—184 页。

⑦ 参见《俄罗斯联邦刑事诉讼法典（新版）》，黄道秀译，中国人民公安大学出版社 2006 年版，第 75 页。

⑧ 参见吴思远：《美国讯问录音录像制度改革发展》，载《检察日报》2017 年 5 月 23 日第 3 版。

⑨ 参见陈卫东主编：《刑事立案与侦查——外国刑事诉讼法有关规定（上）》，中国检察出版社 2017 年版，第 70 页。

移送。另一种意见认为，讯问录音录像属于证明侦查人员讯问合法性的材料，而不是犯罪嫌疑人、被告人供述与辩解的载体，不能作为认定案件实体事实的证据。因此，不一定每个案件都需要随案移送侦查讯问录音录像资料到检察机关、审判机关，只需要在检察机关、审判机关对讯问的合法性有疑问，需要调取录音录像资料进行调查时及时提供即可。[①]对此，《关于实施刑事诉讼法若干问题的规定》第19条指出："人民检察院、人民法院可以根据需要调取讯问犯罪嫌疑人的录音或者录像，有关机关应当及时提供。"此后，根据《公安机关讯问犯罪嫌疑人录音录像工作规定》第19条第2款，人民法院、人民检察院依法调取讯问录音录像资料的，办案部门应当在三日内将副本光盘移交人民法院、人民检察院。从上述规范性文件来看，讯问录音录像资料并不要求随案移送，而是需要及时移送。"考虑到修改后刑诉法初次规定了侦查讯问录音录像制度，该制度实施到位还会有个过程，随案移送也还缺乏经验，以及办案人员的负荷等实际情况，因而暂不要求随案移送，则有一定道理。"[②]然而，根据《刑事诉讼法》第162条第1款的规定，对于公安机关侦查终结的案件，应当写出起诉意见书，连同案卷材料、证据一并移送同级人民检察院审查决定。讯问录音录像属于诉讼证据，理应在起诉时作为证据一并移送，不随案移送有违法之嫌。对此，《人民检察院刑事诉讼规则》第75条第3款规定："人民检察院直接受理侦查的案件，负责侦查的部门移送审查逮捕、移送起诉时，应当将讯问录音、录像连同案卷材料一并移送审查。"应该说，讯问录音录像材料随案移送既有助于检察机关、法院主动发现且排除非法口供，也能促使侦查机关积极履行讯问录音录像的法定义务。

根据我国有关规范性文件的要求，移送和使用录音录像的具体规则如下：第一，就检察机关而言，检察机关在审查逮捕、审查起诉和审判阶段可以调取讯问犯罪嫌疑人的录音录像，其主要目的是审查讯问过程的合法性和供述的真实性；[③]在法庭审理过程中，公诉人可以提请法庭当庭播放相关时段的讯问录音录像，对有关异议或者事实进行质证。[④]第二，就审判机关而言，一是检察机关可以主动移送录音录像至审判机关，即对于提起公诉的案件，被告人及其辩护人

---

① 参见全国人大常委会法制工作委员会刑法室编：《〈关于实施刑事诉讼法若干问题的规定〉解读》，中国法制出版社2013年版，第98—99页。

② 朱孝清：《讯问录音录像三题》，载《人民检察》2014年第12期。

③ 《人民检察院刑事诉讼规则》第75条第1款规定："对于公安机关立案侦查的案件，存在下列情形之一的，人民检察院在审查逮捕、审查起诉和审判阶段，可以调取公安机关讯问犯罪嫌疑人的录音、录像，对证据收集的合法性以及犯罪嫌疑人、被告人供述的真实性进行审查：（一）认为讯问活动可能存在刑讯逼供等非法取证行为的；（二）犯罪嫌疑人、被告人或者辩护人提出犯罪嫌疑人、被告人供述系非法取得，并提供相关线索或者材料的；（三）犯罪嫌疑人、被告人提出讯问活动违反法定程序或者翻供，并提供相关线索或者材料的；（四）犯罪嫌疑人、被告人或者辩护人提出讯问笔录内容不真实，并提供相关线索或者材料的；（五）案情重大、疑难、复杂的。"

④ 参见《人民检察院刑事诉讼规则》第77条第1款。

提出审前供述系非法取得，并提供相关线索或者材料的，人民检察院可以将讯问录音录像连同案卷材料一并移送人民法院；[①]二是审判机关可以要求检察机关移送录音录像，即依法应当对讯问过程录音录像的案件，相关录音录像未随案移送的，必要时，人民法院可以通知人民检察院在指定时间内移送。[②]第三，就被告人及其辩护律师而言，自人民检察院对案件审查起诉之日起，辩护律师可以查阅、摘抄、复制案卷材料，但其中涉及国家秘密、个人隐私的，应严格履行保密义务。侦查机关对被告人的讯问录音录像已经作为证据材料向人民法院移送并已在庭审中播放的，不属于依法不能公开的材料，在辩护律师提出要求复制有关录音录像的情况下，应当准许；[③]对作为证据材料向人民法院移送的讯问录音录像，辩护律师申请查阅的，人民法院应当准许。[④]在法庭审理过程中，被告人及其辩护人可以出示相关线索或者材料，并申请法庭播放特定讯问时段的讯问录音录像。[⑤]可见，辩护律师在审查起诉之后以及审判程序中可以依法要求复制、查阅录音录像资料。

但实践中，有的讯问录音录像不宜在法庭上播放，如讯问录音录像中涉及国家秘密、商业秘密、个人隐私等内容，公诉人应当建议在法庭组成人员、公诉人、侦查人员、被告人及其辩护人范围内播放。[⑥]此外，对于录音录像的移送、使用还应注意两个问题：一是一些案件的讯问录音录像可能反映讯问工作存在不规范甚至违法情形，对此，应当在诉讼程序内通过依法纠正违法行为或者申请排除非法证据等方式处理。但将此类讯问录音录像公开披露甚至传播，不仅不利于案件公正审理，还可能产生负面社会影响，故应对被告方强调对上述材料的保密义务；[⑦]二是一些案件的讯问录音录像资料可能反映讯问方法以及其他案件的线索，所以要有条件地予以使用。当然，不能因为存在上述情形，而不依法对录音录像进行移送、使用。

五、未依法讯问录音录像下取得供述的证据能力

（一）未依法讯问录音录像的主要情形

自我国在讯问中采用录音录像制度以来，人们对该制度在保证合法讯问、确保供述真实可靠方面给予厚望，但有学者认为，从近年来检察机关全面实施

---

① 参见《人民检察院刑事诉讼规则》第76条。

② 参见《最高院刑诉法解释》第74条。

③ 参见《最高人民法院刑事审判第二庭关于辩护律师能否复制侦查机关讯问录像问题的批复》。

④ 参见《最高院刑诉法解释》第54条。

⑤ 参见《人民法院办理刑事案件排除非法证据规程（试行）》第21条第1款。

⑥ 参见《人民检察院刑事诉讼规则》第77条第2款。

⑦ 参见戴长林、罗国良、刘静坤：《中国非法证据排除制度：原理·案例·适用（修订版）》，法律出版社2017年版，第278页。

录音录像制度的效果来看，这一制度不仅对减少非法取证没有显著的效果，反而对真正的刑讯逼供具有了一定的掩饰作用。[①] 在国外，讯问录音录像的运用也存在功能异化的问题。大体而言，未依法讯问录音录像主要包括以下情形：

第一，不依法进行讯问录音录像。司法实践中，部分办案人员没有依法进行讯问录音录像的原因主要包括两个方面：一是客观上因技术条件限制或技术故障，导致无法进行录音录像。但至2013年，全国各级公安机关办案区改造全部结束，[②]因客观因素无法进行录音录像成为极小概率的事情，如果将极特殊情况下可能产生的技术问题作为不能提供录像的一般性理由，违背概率常识。[③]二是主观上不愿意进行录音录像，即因为讯问本身存在违法或不当的情形，所以侦查人员不愿意录音录像。

第二，不依法进行录制。司法实践中，不依法进行录制主要表现为“先审后录”“先打后录”“打时不录、录时不打”“彩排式审讯”、选择性录制等情形，由于讯问录音录像在证据价值方面更容易使人“信服”，因此不依法录制易掩盖非法取供的问题，进而导致冤假错案的产生。对此，有学者认为，如果记录下来的互动是先前未录音录像时提问的产物，录像给出的就是一种假象。而且确实存在录像以假乱真的危险，如先讯问再录像的供述率为83%；而未先行讯问就录像者，供述率为76%。[④] 1989年美国中央公园案件中，[⑤]录像带的内容（只播放了认罪部分，对之前长达14.5—30个小时的仓促讯问过程则没有任何记录）是令人信服的，因为这些少年以生动的细节描述了慢跑者是如何遭受袭击的，时间、地点和行凶的人，以及他们在犯罪过程中的分工。[⑥] 但是，本案是一起冤假错案，令人“信服”的录音录像是“先审后录”作出的，这也直接导致陪审团作出错误的判断。在我国，选择性录制的情形主要有：在多次讯问中，仅选择某几次“规范依法”的讯问过程进行录制；在单次讯问中，先做“特殊工作”，再选择片段录制；采

---

① 参见陈瑞华：《刑事证据法（第四版）》，北京大学出版社2021年版，第400页。

② 参见王峥：《新刑事诉讼法实施后讯问工作实证研究》，载郝宏奎主编：《侦查论坛（第十三卷）》，中国人民公安大学出版社2015年版，第109页。

③ 参见马静华、张潋瀚：《讯问录音录像与非法证据排除：一个实证的考察》，载《西南民族大学学报（人文社科版）》2016年第7期。

④ 参见〔澳〕戴维·狄克逊：《“讯问程序之窗？”——澳大利亚新南威尔士的警察讯问录音录像》，朱奎彬译，载《中山大学法律评论》2011年第2期。

⑤ 在本案中，警方对五名犯罪嫌疑人采取了先审后录的做法，通过延长审讯时间、采取“极端”审讯方式，获取犯罪嫌疑人承认犯罪的自白，并且在“供述”之后进行了录音录像。法院最终采纳了被告人有罪供述并将被告人送入监狱服刑。直到2002年，在对其他犯罪案件的调查中，警察通过DNA比对，发现了真正的罪犯。后来经过上级部门的调查，警察承认有违法取证的行为以及存在“先审后录”。参见何家弘、王爱平：《强制性讯问录音录像推定规则》，载《国家检察官学院学报》2015年第3期。

⑥ 参见〔美〕索尔·M.卡辛：《现代警察讯问程序批判》，载〔美〕柏恩敬、刘超、高原编译：《追问警察讯问方法——比较法的视角》，法律出版社2018年版，第216—217页。

取非法方式获取犯罪嫌疑人供述后，再“表演”一次，进行补录。[①]无论采取上述哪种方式，都不是依法进行录制。例如，在北京市一中院审理的孙某、焦某抢劫致人死亡一案中，公诉人当庭播放了录音录像，但孙某表示，他第一次被讯问时，并没有录像，而且检方播放的录像，只是节录，“录像只有我坐在那里，而之前我一瘸一拐走路并没有被录下来，他们打我的也没有被录下来”[②]。质言之，选择性录音录像不仅不能遏制刑讯逼供等非法取供现象的发生，反而容易沦为刑讯逼供等非法取供“合法化”的工具。

第三，不依法存储、移送和使用讯问录音录像资料。在我国，讯问录音录像资料的移送、使用属于“任意性程序”，而非“强制性程序”，实践中造成的问题主要有：一是有录制但不移送。在非法证据的证明程序中，公诉机关出示讯问录音录像的比例或频率远低于实际录制的比例，甚至在相关规定明确要求进行录音录像的案件中，也有超过半数未予出示。其中，“依法不予提取”的理由大多是案件不属于强制录音录像的范围而未进行录音录像。[③]二是选择性存储、移送、使用讯问录音录像资料。一些案件中存在“认罪则存，不认罪则不存”的现象，如侦查人员会储存一、两次讯问或一次最全面的供述录音录像，但通常不会对每次认罪的录音录像都存盘；再如，不认罪时的讯问录音录像，无论是否有违法讯问行为，均不会刻录存盘，这属于“选择性证据形成机制”；又如，公诉机关通过片段式播放讯问录音录像，以掩饰侦查讯问的非法性。[④]三是辩护方使用讯问录音录像资料受到限制。在一些案件中，辩护方要求公诉方提供讯问录音录像证明是否存在刑讯逼供及犯罪嫌疑人供述的真实性、自愿性，但是公诉方会以涉及国家秘密或属于工作资料为由不愿意出示。[⑤]

综上可见，应当进一步完善讯问录音录像规则，尤其在立法中应明确讯问录音录像的制作、管理、存储、移送和使用。当然，更为重要的是构建相应的程序性制裁制度，即明确未依法进行录音录像下取得供述的证据能力问题。

（二）未依法讯问录音录像下取得供述的排除模式

讯问时未依法进行录音录像显属违法，此种违法行为下取得供述的证据能力也必然受到影响，目前主要形成了强制排除说、权衡排除说、不利推定说三种代表性的排除模式。

---

① 参见何家弘、王爱平：《强制性讯问录音录像推定规则》，载《国家检察官学院学报》2015年第3期。

② 中国政法大学法律实证研究中心课题组：《侦查讯问中律师在场可行性报告》，载《人民法治》2017年第6期。

③ 参见马静华、张潋瀚：《讯问录音录像与非法证据排除：一个实证的考察》，载《西南民族大学学报（人文社科版）》2016年第7期。

④ 同上。

⑤ 参见张斌：《论讯问录音录像的功能异化与属性复归》，载《郑州大学学报（哲学社会科学版）》2017年第4期。

第一，强制排除说。该说认为讯问时未依法录音录像而取得的供述，不具有证据资格，法官没有裁量的空间。强制排除说的理论依据在于，讯问时未依法录音录像属于严重的程序违法行为，违背了正当程序原则。为保障自白的任意性，应对未依法录音录像取得的供述予以绝对排除，如美国阿拉斯加州、英国、澳大利亚维多利亚州甚至规定未录音的自白原则上应排除，法官无裁量权。[①] 1985年美国阿拉斯加州最高法院判决：根据该州宪法的正当程序条款，警方在可能的情况下，应对所有的羁押审讯进行录音录像，否则所获得的自白在法庭上不得采纳为证据。[②]澳大利亚维多利亚州法律规定，对犯罪嫌疑人所作的陈述必须录音，除有例外的情形，原则上未录音之自白，不得为证据。[③]

第二，权衡排除说。该说认为讯问时未依法录音录像下取得的供述，其证据能力由法官根据个案情况进行综合判断。对此，有学者认为，“倘若违背规定未予录音，此项讯问程序虽有瑕疵……录音或录影，乃系辅助资料，如被告所为陈述符合任意性及真实性，即难执此程序瑕疵而一概否定该笔录之证据能力。”[④]质言之，未依法录音录像下取得的供述并不一概排除，而是要基于惩罚犯罪与保障人权的双重目的，根据个案进行综合判断。

第三，不利推定说。该说认为应首先推定讯问时未依法录音录像下取得的供述，不具有证据能力，只有检察人员证明该供述系任意作出，才具有证据能力。“警察依法既有录音之义务，若未录音或录影，应就未录音或录影且有争执之自白作不利于检察官之推定。惟为兼顾自白之重要性，应使检察官仍得以笔录以外之其他方法证明自白为任意性，但检察官对此必须负举证责任”[⑤]，因此，“惟检察官倘能以其他方式证明该被告自白的任意性与笔录记载正确性（例如辩护人全程在场并于笔录末签名），则笔录虽然违反全程录音录影的规定，应仍得为证据”[⑥]。质言之，推定规则的创设基础是“违反录音录像制度”与“非法取证”之间的高盖然性。[⑦]

概言之，上述三种排除模式各具特点，各有优势。强制排除模式能最大限度地促使侦查人员依法进行录音录像，但这一模式过于绝对和机械，如因客观原因而未依法录音录像，即要排除取得的供述，显然过于严苛。权衡排除模式虽可以充分考虑个案的具体情况，但赋予法官过大的自由裁量权，亦可能导致司法实践的不统一。目前，不利推定模式较受推崇，因为不利推定说没有绝对排除说的僵化；而相

① 参见王兆鹏：《刑事诉讼法讲义》，台湾元照出版有限公司2010年版，第326页。
② 参见董坤：《违反录音录像规定讯问笔录证据能力研究》，载《法学家》2014年第2期。
③ 参见王兆鹏：《美国刑事诉讼法（第二版）》，北京大学出版社2014年版，第261页。
④ 朱石炎：《刑事诉讼法论（修订五版）》，台湾三民书局2015年版，第102页。
⑤ 王兆鹏：《刑事诉讼法讲义》，台湾元照出版有限公司2010年版，第327页。
⑥ 转引自董坤：《违反录音录像规定讯问笔录证据能力研究》，载《法学家》2014年第2期。
⑦ 参见何家弘、王爱平：《强制性讯问录音录像推定规则》，载《国家检察官学院学报》2015年第3期。

较于权衡排除说，不利推定说限缩了法官对证据能力的自由认定空间。①

（三）我国未依法讯问录音录像下取得供述的证据能力

对于未依法进行讯问录音录像下取得供述的证据能力，②我国学术界和实务界有两种有代表性的观点：

第一，强制排除说。该说主张对未依法进行讯问录音录像下取得的供述予以强制排除。其主要理由在于：既然立法已明文规定讯问时录音录像，只要公诉机关未能提供讯问录音录像，无论供述内容是否真实或者是否存在非法取供的现象，对有关供述一概排除，以保障讯问录音录像的实施。该主张曾被有关规范性文件所认可，如《关于建立健全防范刑事冤假错案工作机制的意见》第8条第2款规定，“……未依法对讯问进行全程录音录像取得的供述……应当排除”，本款规定将“未依法对讯问进行全程录音录像取得的供述”视为非法口供，采取强制排除模式。不过，试图通过威慑强度促成整治选择性录制问题，破坏了制裁与救济间的逻辑平衡，遭到实务部门的强烈抵触。③诚如前文所述，虽然未依法讯问录音录像与非法取供之间存在高盖然性，但并不意味着二者之间必然画上等号。由于我国立法对讯问录音录像的中止、中断、恢复等情形，尚缺进一步的明确规定，④而且办案机关违反讯问录音录像的规定并不必然影响供述的自愿性，因此对于不能提供讯问录音录像的情形，如果完全不考虑其他证明取证合法性的证据材料，一律排除有关供述，可能过于严格。⑤

第二，可补正排除说。该说将未依法进行讯问录音录像下取得的供述视为瑕疵口供，而采取可补正的排除模式。对此，近年来出台的多个规范性文件基本持这一立场。例如，《人民法院办理刑事案件排除非法证据规程（试行）》第26条规定，“应当对讯问过程录音录像的案件没有提供讯问录音录像，或者讯问录音录像存在选择性录制、剪接、删改等情形，现有证据不能排除以非法方法收集证据的”，有关证据应当予以排除。《关于全面推进以审判为中心的刑事诉讼制度改革的实施意见》第24条第2款也有类似规定。同时，《人民检察院刑事诉讼规则》第75条第2款规定，人民检察院调取公安机关讯问犯罪嫌疑人的录音、录像，公安机关未提供，人民检察院经审查认为不能排除有刑讯逼供等非法取证行

① 参见董坤：《违反录音录像规定讯问笔录证据能力研究》，载《法学家》2014年第2期。

② 需要指出的是，《人民检察院讯问职务犯罪嫌疑人实行全程同步录音录像的规定》第21条第2款明确规定了未依法进行录音录像的讯问人员、侦查技术人员等要承担相应的法律责任。

③ 参见王仲羊、张志伟、裘树祥：《侦查讯问录音录像的案件适用范围刍议》，载《广西警察学院学报》2017年第5期。

④ 参见中国政法大学法律实证研究中心课题组：《侦查讯问中律师在场可行性报告》，载《人民法治》2017年第6期。

⑤ 参见戴长林、罗国良、刘静坤：《中国非法证据排除制度：原理·案例·适用（修订版）》，法律出版社2017年版，第279页。

为的，相关供述不得作为批准逮捕、提起公诉的依据。《最高院刑诉法解释》第74条也规定，依法应当对讯问过程录音录像的案件，人民检察院未移送，导致不能排除属于《刑事诉讼法》第56条规定的以非法方法收集证据情形的，对有关证据应当依法排除；导致有关证据的真实性无法确认的，不得作为定案的根据。从上述规定来看，未依法进行讯问录音录像下取得的供述并非一概排除，只有在不能排除以非法方法收集供述时才应予以排除。就此而言，未依法讯问录音录像下取得的供述被排除，主要是因为公诉机关不能证明取供的合法性，进而不能排除非法取供的可能性，如果有其他证据证明取供的合法性，那么即使未对讯问进行全程录音录像，所取得的供述也可以作为证据使用。例如，被告人声称被侦查人员刑讯逼供，但看守所入所体检报告并没有任何伤情记载，而且被告人对刑讯逼供的细节或线索的供述前后不一，被告人所作历次供述均自认有罪，供述的案件细节前后一致，并有其他证据相印证。在这种情况下，虽然侦查机关未依法进行全程同步录音录像，但口供的合法性、真实性仍有保障，即使没有进行全程同步录音录像，也不能径直将口供视为非法证据予以排除。①

六、讯问笔录与讯问录音录像不一致的处理

讯问笔录和讯问录音录像都不是一种独立的证据，而是对犯罪嫌疑人、被告人供述和辩解的记录方式或载体，二者都是固定口供证据的方式，它们的内容理应一致。但司法实践中，讯问笔录和讯问录音录像不一致的情形也较为常见，这是因为"受记录速度以及侦查人员主观意志等条件的制约，讯问笔录不可能像全程录音录像一样把讯问的全部内容完完整整地记录下来，二者出现不一致也是情理之中"②。

当讯问笔录和讯问录音录像的内容不一致时，应当如何处理？讯问录音录像应用之初，由于对讯问录音录像的证据属性尚存争议，甚至是直接否定讯问录音录像的证据属性，因而有研究者认为当二者不一致时，应以讯问笔录为准。当前，讯问录音录像属于证据已是基本共识，当二者不一致时，应以讯问录音录像为准成为主流观点，"笔录内所载之被告陈述与录音或录影之内容不符者……其不符之部分，不得作为证据"③。对此，《关于全面推进以审判为中心的刑事诉讼制度改革的实施意见》第24条第1款中明确规定："讯问笔录记载的内容与讯问录音录像存在实质性差异的，以讯问录音录像为准。"《人民法院办理刑事案件排除非法证据规程（试行）》第22条中重申："对与定罪量刑有关的内容，讯问笔录记载的内容与讯问录音录像是否存在实质性差异，存在实质性差异的，以讯问录音录像为准。"

---

① 参见万毅：《检察环节非法证据排除要点探析》，载《人民检察》2017年第6期。

② 戴长林主编：《非法证据排除规定和规程理解与适用》，法律出版社2019年版，第68页。

③ 林钰雄主编：《新学林分科六法——刑事诉讼法》，台湾新学林出版股份有限公司2009年版，第A-99页。

第六章　侦查讯问时律师在场制度

第一节　侦查讯问时律师在场制度概述

一般而言，律师在场权有广义与狭义之分。广义上的律师在场权，是指在刑事诉讼活动中，进行讯问、审判等活动时，犯罪嫌疑人、被告人享有获得律师在场为其提供法律帮助的权利；狭义上的律师在场权仅指在侦查程序中，犯罪嫌疑人接受侦查人员讯问时，享有获得律师在场为其提供法律帮助的权利，即当犯罪嫌疑人要求律师在场时，警察必须停止讯问（换言之，此时犯罪嫌疑人可以保持沉默），直至律师到场，讯问方可继续进行。当前，审判阶段律师在场为被告人提供法律帮助已成为普遍的司法实践，因而最受关注的是侦查讯问时律师在场问题。

一、侦查讯问时律师在场制度的当代发展

在17世纪以前，被追诉人并无受律师协助的权利。早期反对被追诉人有受律师协助的权利，认为被追诉人若是无罪之人，他本人就是自己最好的辩护律师，被追诉人只要依事实陈述，自能证明自己无辜；若被追诉人为有罪之人，其行止言语自能透露真相，狡辩的律师只会阻碍此真相的发生。[①]如今律师辩护权已然成为公民的一项宪法性权利。当前，一些国际公约“对于侦查讯问时律师在场的问题，更多的是采用‘律师帮助权’的规定予以体现”[②]；欧洲人权法院在2008年的萨多斯（Salduz）案中，确立了侦查讯问时的律师在场权，该案的判决对于欧洲国家影响很大。[③]

当前，很多英美法系国家都确立了侦查讯问时律师在场制度。例如，美国被认为是最早确立侦查讯问时律师在场制度的国家。20世纪50年代末，联邦最高法院的少数法官实际上已经表明犯罪嫌疑人有在讯问时律师在场的宪法性权

---

① 参见王兆鹏：《美国刑事诉讼法（第二版）》，北京大学出版社2014年版，第269页。

② 中国政法大学法律实证研究中心课题组：《侦查讯问中律师在场可行性报告》，载《人民法治》2017年第6期。

③ 同上。

利。[①]米兰达案是确立律师在场制度中最具影响力的判例。该案认为,“在讯问时,律师到场的权利在我们今天所述的制度体系下对于保护宪法第五修正案赋予的特权而言是必不可少的。”[②] 2000 年迪克森诉美国案(Dickson v. United States,简称“迪克森案”)中,联邦最高法院的保守派成员拟推翻米兰达案,但并未实现,讯问犯罪嫌疑人要求律师在场的制度,已经深深地扎根于美国法律文化之中。[③]英国 1984 年《警察与刑事证据法》“执法手册 C”,即《警察拘留、处置及讯问嫌疑人的工作规程》第 6.8 条中规定:“允许被拘留人咨询律师的,该律师可在讯问过程中在场。”[④]

一些大陆法系国家也以成文法的形式规定了侦查讯问时的律师在场制度。例如,在法国,律师在场制度在警察侦查和预审法官侦查程序中有所不同,后者在 1990 年就已经确立,前者一直到 21 世纪以后才获允许,并且在实践中出现了反复的情况。[⑤]法国《刑事诉讼法典》第 114 条规定:“除当事人明确表示放弃之外,只有其律师在场,或者按照规定传唤律师到场的情况下,才能听取当事人的陈述、对其进行讯问或者令其进行对质。”[⑥]可见,除非当事人放弃律师在场权,否则不得进行讯问。意大利《刑事诉讼法典》第 350 条第 3 款规定:“上述概要情况必须在辩护人的参与下讯问,司法警察应当及时向辩护人发出通知。辩护人有义务出席有关的讯问活动。”[⑦]其实,意大利所确立的律师在场权已超越了英美法系国家的水平,其律师在场权覆盖了整个诉讼活动,侦查机关的法定义务是保障律师在场权的履行,讯问犯罪嫌疑人时须有律师在场。[⑧]西班牙《刑事诉讼法典》第 20 条第 2 款规定:“指定一名律师的权利,请求律师在警察或司法官的讯问阶段在场,参与所有的识别程序,无论其对象是谁。如果被逮捕或被监禁的个人未指定律师,则可官方予以指定。”[⑨]俄罗斯《刑事诉讼法典》第 53 条第 1 款规定:“自准许参加刑事案件之时起,辩护人有权……参加对犯罪嫌疑人、刑事被

---

① 参见〔美〕伟恩·R.拉费弗、〔美〕杰罗德·H.伊斯雷尔、〔美〕南西·J.金:《刑事诉讼法(上册)》,卞建林、沙丽金等译,中国政法大学出版社 2003 年版,第 352 页。

② 〔美〕弗洛伊德·菲尼、岳礼玲选编:《美国刑事诉讼法:经典文选与判例》,中国法制出版社 2006 年版,第 200 页。

③ 参见牟治伟、罗灿:《以审判为中心视野下律师在场制度构想》,载《人民法治》2017 年第 6 期。

④ 彭勃编译:《英国警察与刑事证据法规精要》,厦门大学出版社 2014 年版,第 65 页。

⑤ 参见中国政法大学法律实证研究中心课题组:《侦查讯问中律师在场可行性报告》,载《人民法治》2017 年第 6 期。

⑥ 陈卫东主编:《刑事立案与侦查——外国刑事诉讼法有关规定(下)》,中国检察出版社 2017 年版,第 604 页。

⑦ 同上书,第 850 页。

⑧ 参见中国政法大学法律实证研究中心课题组:《侦查讯问中律师在场可行性报告》,载《人民法治》2017 年第 6 期。

⑨ 〔美〕史蒂芬·沙曼:《比较刑事诉讼案例教科书》,施鹏鹏译,中国政法大学出版社 2018 年版,第 251 页。

告人的讯问以及其他犯罪嫌疑人、刑事被告人参加的或者根据犯罪嫌疑人、刑事被告人的请求或辩护人自己的请求而依照本法典规定的程序进行的诉讼行为……”[①]奥地利《刑事诉讼法典》第164条第2款规定：“犯罪嫌疑人有权邀请辩护人参与其讯问。”[②]在瑞士，如果犯罪嫌疑人可能被判处的监禁时间不少于1年，讯问期间律师在场是强制性要求，无论犯罪嫌疑人是否要求。[③]韩国《刑事诉讼法》第243条之二第1款规定：“检察官或者司法警察，根据犯罪嫌疑人或者辩护人……的请求，可以允许辩护人会见犯罪嫌疑人，或者参与讯问犯罪嫌疑人。”[④]日本《犯罪侦查规范》第180条第2款规定，“在进行讯问时，让辩护人或者其他被认为适当的人员在场时，应当要求该供述笔录的见证人签名盖章”[⑤]，根据上述规定，讯问时律师可以在场。

值得说明的是，德国最初在法律上并未明确规定警察讯问时律师在场制度，律师在场只限于检察官和法官主持的讯问活动，“如果讯问是由检察官或法官主持的，那么嫌疑人有权要求他的律师在讯问的全过程在场”[⑥]，而“被告人在警察讯问阶段无权要求律师在场”[⑦]。究其原因，德国法律担心允许律师在讯问期间在场可能影响对犯罪嫌疑人的讯问，妨碍查明事实真相。[⑧]不过，嫌疑人可以一概拒绝与警察谈话，他可以以律师在场为条件而接受任何讯问，[⑨]司法实践中，警察讯问时也存在律师在场的情况。2017年，德国在立法中明确规定警察讯问犯罪嫌疑人时的律师在场权。因为欧洲议会和欧盟理事会于2013年通过的《关于刑事诉讼和欧洲逮捕令程序中律师帮助权等的指令》第25条明确规定，成员国应当赋予犯罪嫌疑人、被告人在接受警察或其他司法官讯问时要求律师陪同在场的权利。为落实该指令，德国于2017年生效的《关于加强被追诉人于刑事诉讼中的程序权利及修改参审员权利的第二个修正案》中，赋予了辩护律师在警察讯问被追诉人时的在场权。故此，德国现行的《刑事诉讼法典》第163a条第4

---

① 《俄罗斯联邦刑事诉讼法典(新版)》，黄道秀译，中国人民公安大学出版社2006年版，第237—238页。

② 陈卫东主编：《刑事立案与侦查——外国刑事诉讼法有关规定(下)》，中国检察出版社2017年版，第448页。

③ 参见〔英〕戴维·沃尔什等：《调查询问与讯问的国际发展与实践(卷二：犯罪嫌疑人)》，刘涛、黄靖斯译，知识产权出版社2019年版，第263页。

④ 陈卫东主编：《刑事立案与侦查——外国刑事诉讼法有关规定(上)》，中国检察出版社2017年版，第69页。

⑤ 张凌、于秀峰编译：《日本刑事诉讼法律总览》，人民法院出版社2017年版，第291页。

⑥ 〔德〕托马斯·魏根特：《德国刑事程序法原理》，江溯等译，中国法制出版社2021年版，第14页。

⑦ 〔美〕史蒂芬·沙曼：《比较刑事诉讼案例教科书》，施鹏鹏译，中国政法大学出版社2018年版，第83—84页。

⑧ 参见〔美〕弗洛伊德·菲尼、〔德〕约阿希姆·赫尔曼、岳礼玲：《一个案例 两种制度——美德刑事司法比较》，郭志媛译，中国法制出版社2006年版，第318页。

⑨ 参见〔德〕托马斯·魏根特：《德国刑事程序法原理》，江溯等译，中国法制出版社2021年版，第14页。

款已经规定,在讯问被指控人时检察官及辩护人有权在场。[①]

二、侦查讯问时律师在场权的功能

从在某种意义说,侦查讯问时的律师在场权是犯罪嫌疑人在侦查阶段享有的最为重要的诉讼权利,它也是犯罪嫌疑人律师辩护权在侦查阶段的必然延伸,对维护犯罪嫌疑人的合法权益至关重要。究其原因,被警察讯问的犯罪嫌疑人经常处于劣势,他们对法律或警察权知之甚少甚至一无所知。因此,虽然被警告,他们还是不了解保持沉默的优劣,或者意识不到由于回答了问题他们已为警察提供了至关重要的供认,而如果没有这些供认,甚至不存在需要回答的案件或起诉的可能性。为调整犯罪嫌疑人和警察之间的不平等并确保前者了解所享有的权利,犯罪嫌疑人必须被允许向律师咨询。[②] 因此,如果在讯问时律师在场,辩护律师能够确保犯罪嫌疑人的权利受到尊重,并能保证警察讯问的任何瑕疵都被记录在案,这样法院就不必审理有关警察所为和被告人所说或所做的事实争论。[③] 从另一个角度而言,"如果一种法律制度主要或实际上依据口供和在审前拘禁——尤其是在被拘禁者的律师不在场时实施的审讯中取得的证据定罪,审讯时酷刑和虐待的危险性就会更大"[④]。如沃沦在米兰达案中认为,"没有律师的在场和充分的警告,所有围绕言词证据建立起来的无微不至的保护都将成为一种空洞的形式。"[⑤]同时,侦查讯问时律师在场也是确保犯罪嫌疑人其他诉讼权利的前提,尤其是对沉默权的保障,"为了将侦查讯问从密室中解放,使犯罪嫌疑人受实质缄默权的保障,也为了在最具攻击性之侦查讯问活动中,实现被告受辩护人援助之权利,侦查讯问辩护人之在场极具意义"[⑥]。

质言之,律师在场平衡了犯罪嫌疑人与侦查机关在"力量"上的悬殊,从而最大限度地避免非法取供现象的发生,确保犯罪嫌疑人供述的自愿性,这也有助于发现案件事实真相,所以"讯问时律师在场的目的是在允许律师为其当事人的权益采取行动进行干预的同时,实现警方调查和探求真相之间的平衡,以满足各方需要"[⑦]。

---

① 参见琚明亮:《德国律师侦查讯问在场权的理论与实践》,载《人民法院报》2020年7月17日第8版。

② 参见〔英〕约翰·斯普莱克:《英国刑事诉讼程序(第九版)》,徐美君、杨立涛译,中国人民大学出版社2006年版,第45页。

③ 参见〔美〕爱伦·豪切斯泰勒·斯黛丽、〔美〕南希·弗兰克:《美国刑事法院诉讼程序》,陈卫东、徐美君译,中国人民大学出版社2002年版,第218页。

④ 〔英〕科纳·弗利:《抗制酷刑——法官及检察官手册》,梁欣、魏晓娜、许身健、程雷译,北京大学出版社2009年版,第50页。

⑤ 易延友:《沉默的自由(修订版)》,北京大学出版社2015年版,第195页。

⑥ 〔日〕大出良知、〔日〕川崎英明等编:《刑事辩护》,日本刑事法学研究会译,台湾元照出版有限公司2008年版,第87页。

⑦ 〔英〕戴维·沃尔什等:《调查询问与讯问的国际发展与实践(卷二:犯罪嫌疑人)》,刘涛、黄靖斯译,知识产权出版社2019年版,第263页。

第二节　我国侦查讯问时律师在场制度的确立之争与建构

一、我国侦查讯问时律师在场制度的确立之争

我国《刑事诉讼法》第 34 条第 1 款规定,“犯罪嫌疑人自被侦查机关第一次讯问或者采取强制措施之日起,有权委托辩护人。”本款虽规定了犯罪嫌疑人可以在侦查阶段聘请律师为其提供辩护服务,但并未明确讯问时律师是否可以在场。近年来,对于我国是否应确立侦查讯问时律师在场制度存在分歧,主要有以下三种主张:

第一,否定说。该主张反对确立侦查讯问时律师在场权制度,其主要理由是当前侦查水平较低,尚不具备确立该制度的客观条件。具言之,一是侦查讯问时律师在场不利于犯罪嫌疑人如实供述犯罪事实;二是我国目前尚不具备以物证证明为司法证明主要方针的条件,口供在侦查和诉讼证明中仍居于重要地位;三是侦查讯问时律师在场不利于实现控制犯罪与保障人权的平衡;四是侦查讯问时律师在场制度并没有被发达国家普遍规定;五是侦查讯问时律师在场的证明作用可以通过讯问全程录音录像制度等其他创新措施达到。①而且律师在场也有功能异化的风险,以其防范刑讯逼供缺乏说服力。②一份针对 96 位侦查人员的问卷显示,有 87%的侦查人员反对确立讯问时律师在场权;少数赞成者表示,虽然确立律师在场权是发展趋势,但现在并不具备条件。③总体而言,部分侦查机关更为强烈地反对确立讯问时律师在场权制度。

第二,肯定说。该主张赞成确立侦查讯问时律师在场制度,其主要理由是,该制度可以有效遏制刑讯逼供等非法取供行为的发生,从而防止冤假错案的产生。对此,陈光中教授等认为,赋予讯问时律师在场权,可以消除犯罪嫌疑人的紧张心理,平衡犯罪嫌疑人与侦查机关地位上的悬殊,尤其是可以有效地减少甚至防止侦查阶段的刑讯逼供,减少侦查机关对口供的依赖,促进司法公正的实现。因此,从发展的角度看,我国应当积极创造条件适时建立讯问时律师在场制度。④一份调研显示,有 64.9%的法官认为,在首次讯问犯罪嫌疑人时,律师应当在场。⑤

第三,折中说。该主张在赞成确立侦查讯问时律师在场权制度的基础上,认

---

① 参见朱孝清:《职务犯罪侦查教程(第三版)》,中国检察出版社 2014 年版,第 461—469 页。

② 参见张润平、孙佳:《从检察视角看讯问时律师在场制度》,载《人民法治》2017 年第 6 期。

③ 参见闫召华:《口供中心主义研究》,法律出版社 2013 年版,第 157—158 页。

④ 参见陈光中等:《读懂刑事诉讼法》,江苏人民出版社、江苏凤凰美术出版社 2015 年版,第 117—118 页。

⑤ 参见何家弘、张卫平主编:《简明证据法学(第四版)》,中国人民大学出版社 2016 年版,第 191 页。

为目前不宜在所有刑事案件中实施该制度，而应有步骤、分阶段地推进侦查讯问时律师在场制度。在具体推进方面，目前可以考虑对可能判处无期徒刑以上刑罚的重大案件先行试点，待条件成熟后再逐步推广到其他案件；[①]或者可以先行推出死刑案件讯问值班律师在场制度。[②]

综上所述，笔者认为，我国确立讯问时律师在场制度有其必要性。从域外实践来看，侦查讯问时律师在场制度的实施效果是积极的。例如，在瑞士，审讯室允许律师进入后的三年时间里，警务人员和律师似乎已经适应了这种情况，对供认率没有实质性的负面影响，讯问时律师在场似乎也没有给司法造成障碍。[③]由于我国未确立司法审查制度，也不实行检警一体化，侦查程序成为一个封闭甚至秘密的环节，缺少了“第三只眼”的见证与监督。[④]因此，侦查讯问时律师在场有助于遏制非法取供行为的发生，保障讯问依法进行，同时也能确保犯罪嫌疑人供述的自愿性与稳定性，降低翻供率。[⑤]当然，侦查讯问时律师在场制度的确立并非一蹴而就，尤其需要侦查机关在内的相关部门的认同与支持，以及完善的刑事法律援助制度。

二、我国侦查讯问时律师在场制度的构建

（一）侦查讯问时律师在场的适用范围及其例外情形

从域外实践来看，侦查讯问时律师在场一般会采取“原则加例外”的适用模式，即原则上要求侦查讯问时律师在场，但同时规定在特定情形下允许律师不在场时也可以进行讯问。

当前，侦查讯问时律师在场采用“原则加例外”的适用模式也得到较为普遍的认可。例如，欧盟《2013年获得律师帮助和通知第三方的立法指导》规定，“只有在特殊情况下并且在审前阶段”，成员国可以基于以下两点原因限制被告人的获得律师帮助权：一是有迫切需要来防止对于某人生命、自由或者身体完整性的严重不利后果；二是侦查当局有必要采取立即行动以防止对于刑事程序的实质性危险。[⑥] 在英国，讯问时律师不在场的情形主要包括：一是妨碍侦查时，可以拒绝律师在场，如因会见律师导致犯罪证据受到损毁或不良影响的、导致他人受

---

① 参见沈德咏：《论以审判为中心的诉讼制度改革》，载《中国法学》2015年第3期。

② 参见毕惜茜：《非法证据排除与取证合法性审查》，载《国家检察官学院学报》2016年第2期。

③ 参见〔英〕戴维·沃尔什等：《调查询问与讯问的国际发展与实践(卷二：犯罪嫌疑人)》，刘涛、黄靖斯译，知识产权出版社2019年版，第263页。

④ 参见中国政法大学法律实证研究中心课题组：《侦查讯问中律师在场可行性报告》，载《人民法治》2017年第6期。

⑤ 参见樊崇义、顾永忠主编：《侦查讯问程序改革实证研究——侦查讯问中律师在场、录音、录像制度试验(修订版)》，中国人民公安大学出版社2020年版，第40页。

⑥ 参见邵聪：《讯问时律师在场制度的域外考察与中国构想》，载《学术交流》2017年第10期。

到人身伤害或不良影响的、有严重财产损失或破坏危险的、导致未归案的犯罪嫌疑人产生警觉的；或者等待律师前来不合理地延误本案的侦查活动的。二是联系不上律师或者律师不愿或拒绝接受案件。三是被拘留人不愿使用值班律师；或者被拘留人主动放弃律师在场而接受讯问。四是律师的行为导致侦查人员无法正常向嫌疑人提出问题的，可以要该律师离开讯问现场。同时，警察作出不允许律师在场的决定，其应向法院证明此决定的合理性。[①] 在法国，经司法警察申请，讯问时律师不在场的情形主要包括：一是案件调查之紧迫性，要求立即听取当事人的陈述；二是为了收集或保全证据，保障顺利进行亟待进行的紧急调查，或者为了防止可能紧迫发生的对他人造成的伤害，基于案件调查之特殊情形，有强制性理由必须推迟律师参与听取陈述或对质的时间。[②]在奥地利，为避免侦查风险或证据遭到破坏可以拒绝辩护人参加。[③] 美国对律师在场设立了公共安全例外和抢救例外两个例外情形，前者是指如果不立即对犯罪嫌疑人进行讯问，将会对公共安全造成危害；后者是指如果犯罪嫌疑人被捕时，未发现受害人，警察可以直接讯问嫌疑人以查明受害人的下落。[④]

在我国，有观点主张可以先在认罪认罚案件中实施律师在场制度，以确保犯罪嫌疑人、被告人认罪认罚的自愿性与真实性，但考虑到目前大多数认罪认罚案件发生在审查起诉阶段，因而严格上说这并不属于侦查讯问时律师在场。笔者认为，基于当前侦查能力以及相关配套机制的客观现状，目前可以考虑先在重大刑事案件中采用侦查讯问时律师在场，因为此类案件中一旦出现冤假错案，其负面影响巨大；在条件允许时，再将这一制度适用于所有刑事案件。同时，侦查讯问时律师在场应构建“原则加例外”的立法模式，即原则上规定侦查讯问时律师在场，但允许例外情形，如对于危害国家安全和公共安全的犯罪、恐怖主义犯罪等严重犯罪案件，以及其他紧急情况（如解救人质、共同犯罪人在逃等），可以在律师不在场时进行讯问。当然，如果犯罪嫌疑人放弃律师在场权，也可以在律师不在场时进行讯问。另外，第一次讯问时应允许律师在场，以充分发挥该制度的功能。

（二）侦查讯问时律师在场的职责

从域外实践来看，侦查讯问时律师在场的职责包括两种类型：一种是积极的或实质意义上的律师在场，即律师主动介入侦查讯问。例如，在英国，为了帮助

---

① 参见彭勃编译：《英国警察与刑事证据法规精要》，厦门大学出版社2014年版，第65—67页。

② 参见陈卫东主编：《刑事辩护与代理制度——外国刑事诉讼法有关规定》，中国检察出版社2017年版，第135页。

③ 参见陈卫东主编：《刑事立案与侦查——外国刑事诉讼法有关规定（下）》，中国检察出版社2017年版，第448页。

④ 参见魏景峰：《关于在我国建立律师在场制度的思考》，载《人民法治》2017年第6期。

嫌疑人脱罪，律师可能会干预或制止警察对嫌疑人提出不合适的问题或作出不当的行为，并建议嫌疑人不回答某些特定问题，他们还可以为嫌疑人提供进一步法律咨询。[①]法国《刑事诉讼法典》第63-4-3条第2款规定："律师每次参与听取当事人陈述或对质时，均可以提出问题；只有在律师提出的问题妨碍案件调查的正常进行时，司法警察警官或者警员才能反对其提出问题。"[②]在德国，警察讯问过程中，律师可以向犯罪嫌疑人提问，可以评论他的回答。[③]在美国，讯问时在场律师可以向嫌疑人提供法律咨询，协助嫌疑人决定是否保持沉默，是否回答警察某一特定提问，对于警察强迫性、诱惑性等非法讯问可以直接向警察提出，并建议嫌疑人不予回答。[④]韩国《刑事诉讼法》第243条之二第3款规定："参与讯问的辩护人在讯问结束后，可以陈述意见。同时，在讯问过程中也可以对不当的讯问方法提出异议，经检察官或司法警察许可后陈述意见。"[⑤]另一种是消极的或形式意义上的律师在场，即律师主要充当"见证人"的角色。例如，奥地利《刑事诉讼法典》第164条第2款规定："辩护人不得以任何形式参与讯问本身，然而可以在讯问结束后向犯罪嫌疑人补充提问。讯问过程中，犯罪嫌疑人不得就具体问题的回答咨询辩护人。"[⑥]丹麦《司法行政法》第752条第5款规定："对所提问题得及时回答，被告人不得询问律师或者他人。"[⑦]

显然，侦查讯问时律师无论是积极在场还是消极在场，都可以起到遏制非法取供的作用，这并无疑问。在我国，有学者认为选择律师在场权的消极模式更有利于制度功能的发挥；[⑧]也有学者主张律师在场应为积极的在场。张建伟教授认为，律师在场绝不是充当侦查人员进行讯问的"见证人"，以便在日后当讯问合法性问题产生争议时充当侦查者的证人角色。律师在场的目的在于维护当事人在讯问中的利益，作为诉讼秩序下和平对抗的积极作为者，律师有权向当事人提供意见和提出建议，在当事人进行陈述可能招致定罪量刑的危险时，律师有权打断当事人的陈述，建议其不要说下去。[⑨]程滔教授认为，律师在场应是实质意义

① 参见彭勃编译：《英国警察与刑事证据法规精要》，厦门大学出版社2014年版，第67页。

② 陈卫东主编：《刑事辩护与代理制度——外国刑事诉讼法有关规定》，中国检察出版社2017年版，第135—136页。

③ 参见魏晓娜：《结构视角下的认罪认罚从宽与律师参与》，https://www.sohu.com/a/273633230_711028，2021年7月30日访问。

④ 参见程滔：《论律师的在场权》，载陈忠光中、江伟主编：《诉讼法论丛》，法律出版社2006年版。

⑤ 陈卫东主编：《刑事立案与侦查——外国刑事诉讼法有关规定（上）》，中国检察出版社2017年版，第69页。

⑥ 陈卫东主编：《刑事立案与侦查——外国刑事诉讼法有关规定（下）》，中国检察出版社2017年版，第448页。

⑦ 同上书，第482页。

⑧ 参见陈卫东、孟婕：《重新审视律师在场权：一种消极主义面向的可能性——以侦查讯问期间为研究节点》，载《法学论坛》2020年第3期。

⑨ 参见张建伟：《证据的容颜·司法的场域》，法律出版社2015年版，第75页。

的在场，因为律师在场不仅见证、监督侦查人员的侦查行为，律师还要提供咨询、核查、提出异议等法律帮助，这一系列的法律帮助构成了律师在场权的内容。如果是形式的在场，那么非律师也可以充当，而不必要求一定是律师。[①]可见，就积极的律师在场而言，律师的主要职责包括：旁听审讯、提供法律咨询、提出异议、签字确认等。其中，赋予在场律师签字确认权是通常的做法，如韩国《刑事诉讼法》第243条之二第4款规定："应当由辩护人阅览依据第3款记载辩护人意见的讯问笔录，并签字或盖章"[②]。签字确认权的法律效果在于：在场律师未签字确认的笔录不得作为证据使用，这种程序性制裁后果有助于促使侦查讯问时律师在场制度的贯彻实施。律师在场还应遵守相应的规则，如保守秘密、不得无故干扰正常讯问等。概言之，确立积极的讯问时律师在场制度可以最大限度地保障犯罪嫌疑人的合法权益，但从可行性的角度出发，可以先确立消极的讯问时律师在场制度。

（三）侦查讯问时律师在场权实现的保障机制

为保障侦查讯问时律师在场制度的有效实施，需要建构相关的保障机制，具言之：第一，履行权利告知义务。侦查人员讯问犯罪嫌疑人之前，应明确告知犯罪嫌疑人有权要求律师在场。第二，实施侦查讯问时录音录像。在侦查讯问时律师在场的例外案件中，为了确保犯罪嫌疑人的权利，应实施同步录音录像。第三，完善刑事法律援助制度。确立侦查讯问时律师在场制度，意味着需要更多的辩护律师参与，但考虑到我国刑事诉讼中大多数被追诉人没有资力聘请律师为其提供辩护服务，因此，该制度的有效实施就有赖于完善的刑事法律援助制度。第四，建立第一次讯问时值班律师在场制度。一般情况下，犯罪嫌疑人到案后，侦查机关会立即开展第一次讯问，但此时无论是犯罪嫌疑人自行聘请律师还是获得法律援助都需要一定的时间，因此第一次讯问时如何确保有律师在场成为一个现实问题，对此，可以考虑由值班律师在场，以"见证讯问过程的合法性，有效预防讯问过程中的违法行为"[③]。

（四）侦查讯问时律师不在场取得供述的证据能力

一般而言，如果确立了侦查讯问时律师在场权制度，则意味着律师在场权属于犯罪嫌疑人享有的一项重要的诉讼权利，因此无法定理由而无律师在场进行讯问，则属于严重的程序违法行为，在此情况下取得的供述不能作为证据使用。例如，根据英国《酷刑特别报告员的提议》第4条提议："没有法官或者律师在场的情况下，被剥夺自由者所做的供述除了作为指控采取用非法手段获取供述者

① 参见程滔：《论律师的在场权》，载陈光中、江伟主编：《诉讼法论丛》，法律出版社2006年版。
② 陈卫东主编：《刑事立案与侦查——外国刑事诉讼法有关规定（上）》，中国检察出版社2017年版，第69页。
③ 刘静坤：《证据审查规则与分析方法：原理·规范·实例》，法律出版社2018年版，第347页。

的证据之外,不能作为庭审的证据。”[①]在法国刑事诉讼中,如果司法职权机关违反法律规定,在讯问时未保障犯罪嫌疑人、被告人受律师有效协助,所获得的口供应予以排除。[②]俄罗斯《刑事诉讼法典》第75条第2款规定,犯罪嫌疑人、刑事被告人在没有辩护人在场时,包括在他拒绝辩护人的情况下在审前诉讼过程中所作的,而没有被犯罪嫌疑人、刑事被告人在法庭上证实的陈述,不允许采信为证据。[③]在美国,1964年埃斯科贝多诉伊利诺伊州案(Escobedo v. Illinois)中,埃斯科贝多因为谋杀罪被捕,在警察局受到长达数小时的讯问,在此期间,他被劝告坦白。讯问期间,埃斯科贝多反复要求见他的律师,当时他的律师也在警察局要求见他。但警察拒绝了双方的要求,对埃斯科贝多进行了讯问。最后他坦白了,经过审判,被判有罪。上诉后,联邦最高法院认为埃斯科贝多被剥夺了会见律师的权利,所以在讯问期间所得到的任何对他进行起诉的证据都不得被采纳。[④]事实上,本案也引申出对律师帮助权的进一步思考,如讯问时能否要求律师在场。这也成为米兰达案所要解决的重要议题。根据米兰达案的判决,如果剥夺犯罪嫌疑人讯问时律师在场权,那么此种情形下取得的供述不具有可采性。

因此,确保侦查讯问时律师在场制度的落实,需要构建程序性制裁机制。如果我国确立侦查讯问时律师在场制度,必须明确除非有法定例外情形,在律师不在场情形下进行讯问所取得的供述不能作为证据使用,否则若无程序性制裁机制的保障,侦查讯问时律师在场制度难以得到有效实施。

---

① 〔英〕科纳·弗利:《抗制酷刑——法官及检察官手册》,梁欣、魏晓娜、许身健、程雷译,北京大学出版社2009年版,第133页。

② 参见施鹏鹏:《口供的自由、自愿原则研究——法国模式及评价》,载《比较法研究》2017年第3期。

③ 参见《俄罗斯联邦刑事诉讼法典(新版)》,黄道秀译,中国人民公安大学出版社2006年版,第75页。

④ 参见〔美〕罗纳尔多·V.戴尔卡门:《美国刑事诉讼:法律和实践》,张鸿巍等译,武汉大学出版社2006年版,第406页。

第七章　不得强迫自证其罪原则与沉默权

第一节　不得强迫自证其罪原则

一、不得强迫自证其罪原则的内涵解读

在刑事诉讼制度中，不得强迫自证其罪原则与讯问制度密切相关并直接影响着讯问制度的构建。[①]不得强迫自证其罪原则，又称禁止强迫自证其罪原则、反对强迫自证其罪原则、不被强迫自证其罪原则、拒绝强迫自证其罪原则等，是指不得以暴力、胁迫等方式强迫任何人提供不利于他自己的证言或被强迫承认犯罪。[②]在不得强迫自证其罪原则中，自证其罪（self-incrimination）亦可称为自我归罪、自陷于罪，即指在庭审中或在庭审前作陈述等表明自己与某一犯罪有关或将使自己受到刑事指控的行为。[③]侦查讯问中，犯罪嫌疑人在自愿的状态下自证其罪，并无不妥，法律不仅不禁止这种行为，甚至鼓励这种行为。实际上，犯罪嫌疑人可能因悔罪感、寻求从宽处理等原因而在意志自由的情况下自证其罪。但是，法律所禁止的是侦查人员采取“强迫”手段迫使犯罪嫌疑人自证其罪，在“证据法上，‘强迫’与‘非自愿性’是经常可以画等号的”[④]。其实，“强迫”的内涵与外延一直处于变化之中。例如，在古代社会，刑讯逼供为合法讯问之手段，而当下刑讯逼供已为各国和地区所禁止；又如，目前有的国家和地区禁止采取欺骗的手段取供，而有的国家和地区将欺骗手段视为讯问策略。从刑事诉讼发展的角度来看，“强迫”的范围总体上呈现扩大的趋势，换言之，一些最初不被认为是非法讯问的方法逐渐被纳入“强迫”的范畴。但在某一特定时期，“强迫”的范围存在反复，即当强调打击犯罪目标时，人们对“强迫”的容忍度会高些；当强调保障人权目标时，人们对“强迫”的容忍度就会低些。就不得强迫自证其罪原则的构成要素而言，我们还可以从以下三个方面进一步予以理解：

首先，不得强迫自证其罪原则的适用主体。一般而言，不得强迫自证其罪原

---

① 参见吴宏耀：《反对强迫自证其罪特权原则的引入与制度构建》，载《法学》2008年第6期。

② 参见陈光中主编：《证据法学（第四版）》，法律出版社2019年版，第130页。

③ 参见薛波主编：《元照英美法词典》，北京大学出版社2003年版，第1241页。

④ 陈瑞华：《刑事证据法（第四版）》，北京大学出版社2021年版，第73页。

则适用于犯罪嫌疑人、被告人和证人,也即自然人,而不适用于法人。“不自证己罪之最主要目的,在防止国家机关强迫被告揭露其所知、所思、所信,再借该所知、所思、所信而定被告于罪。绝大多数的言语陈述,表达人之所知、所思、所信,当然受不自证己罪之保护。虽非言语陈述,但可传达人之思想、心理、认知之证据,亦为不自证己罪之保护。”[①]因此,不得强迫自证其罪是犯罪嫌疑人、被告人享有的一项重要权利或者特权,该原则也被称为“不自证己罪特权”(privilege against self-incrimination)。[②]从另一个角度上说,不得强迫自证其罪属于侦控机关的一项基本义务。

其次,不得强迫自证其罪原则适用的程序阶段。从历史发展来看,不得强迫自证其罪原则最先适用于审判阶段,而后逐渐扩展至审前阶段。例如,20 世纪 30 年代,美国联邦最高法院通过确立排除规则的方式,使不得强迫自证其罪原则扩展适用于侦查阶段。[③]当前,不得强迫自证其罪原则主要对审前阶段发挥规制功能。

最后,不得强迫自证其罪原则适用的证据范围。“判断某证据是否为不自证己罪所保护,其标准应以该证据之性质是否具有‘供述或沟通’(testimony or communication)之本质,如答案为肯定,应认为受到不自证己罪之保护,国家机关不得强迫取证……反之,即不受保护,得强迫取得。”[④]可见,不得强迫自证其罪原则主要适用于言词证据,尤其是犯罪嫌疑人的供述。例如,在美国,“只要即将提供的证言可能会让陈述人因此受到刑事追诉,就可以在任何程序中……主张该特权”[⑤],换言之,“反对自我归罪的证据范围仅仅包括被告人自己的陈述和他的私人记录”[⑥]。在美国的一起案件中,被告人因酒醉驾车被送进医院,警察指示医生采取血液化验酒精浓度,被告人抗议反对,医生仍听从警察指示而采取。被告人主张以强制力取得血液,违反不自证己罪。对此,美国联邦最高法院认为,不自证己罪系禁止以强迫方式取得供述或证词,但强迫犯罪嫌疑人或被告人成为物体或物理证据,不违反不自证己罪的规定。[⑦]因此,在普通法上,自我归罪的概念仅仅适用于主体之间进行交流所产生的信息,而不适用于实物性质的东西以及通过谈话的结果找到的东西。质言之,“言词”信息受保护,“非言词”信

① 王兆鹏:《美国刑事诉讼法(第二版)》,北京大学出版社 2014 年版,第 253 页。

② 同上书,第 245 页。

③ 参见樊崇义主编:《证据法学(第六版)》,法律出版社 2017 年版,第 118 页。

④ 王兆鹏:《美国刑事诉讼法(第二版)》,北京大学出版社 2014 年版,第 253 页。

⑤ 〔美〕约书亚·德雷斯勒、〔美〕艾伦·C. 迈克尔斯:《美国刑事诉讼法精解(第一卷·刑事侦查)(第四版)》,吴宏耀译,北京大学出版社 2009 年版,第 450 页。

⑥ 转引自易延友:《沉默的自由(修订版)》,北京大学出版社 2015 年版,第 187 页。

⑦ 参见王兆鹏:《美国刑事诉讼法(第二版)》,北京大学出版社 2014 年版,第 253 页。

息则不受保护。[①]由此可见，不得强迫自证其罪原则主要适用于口供证据，提取犯罪嫌疑人的指纹、血样、足迹、笔迹、声音等检材进行鉴定，以及接受侦查实验、被要求参加辨认或者接受搜查、扣押、查封、冻结、勘验或人身检查等收集证据的方法，[②]不受该原则的保护。另外，不得强迫自证其罪原则适用的证据范围仍有两个问题值得探讨：一是对于询问姓名、职业、住址等身份信息是否受该原则保护，各国和地区的司法实践并不统一，有的予以适用，有的则不予适用；二是对于该原则是否适用于书证等实物证据存在分歧，对此，有观点认为该原则适用于犯罪前写下的记载犯罪动机的日记。[③]

二、不得强迫自证其罪原则的产生与发展

不得强迫自证其罪来源于古老格言——“任何人无义务控告自己”。一般认为，该原则起源于1637年发生在英国的利尔伯恩(lilburn)案；1641年，长期国会(Long Parliament)通过了两项取消以刑讯逼供著称的星室法院(Star Chamber)、特设高等法院(Court of High Commission)和其他类似法院的法案；同年，在“十二主教审判”(Twelve Bishops' Trial)一案中，任何人均享有反对自证其罪的特免权的主张得到了司法上的认可，反对自证其罪的特免权成为普通法的一部分。[④]目前，不得强迫自证其罪原则已经获得广泛的认可。

一方面，一些国际公约或区域性公约肯认了不得强迫自证其罪原则。例如，《公民权利和政治权利国际公约》第14条第3款庚项规定：“不被强迫作不利于他自己的证言或强迫承认犯罪。”《国际刑事法院罗马规约》第55条第1款第1项规定：“不被强迫证明自己有罪或认罪。”《美洲人权公约》第8条第2款第7项规定：“不得被迫作不利于自己的证明，或被迫服罪。”

另一方面，当今各国和地区纷纷通过成文法或判例法的形式确立不得强迫自证其罪原则，有的国家还将该原则规定在宪法中，从而受宪法保障。例如，1791年美国宪法第五修正案中规定：“在任何刑事案件中不得强迫任何人作不利于本人之证词。”[⑤]米兰达案判决也认为，反对强迫自证其罪特权适用于警察的讯问活动。[⑥]法国刑事诉讼程序肯认：“任何人都不得负有指控自己的义务。”[⑦]意大利《刑事诉讼法典》第64条第2款规定：“不得使用足以影响被讯问者自主

---

① 参见易延友：《沉默的自由(修订版)》，北京大学出版社2015年版，第190页。

② 参见陈瑞华：《刑事证据法(第四版)》，北京大学出版社2021年版，第73页。

③ 参见易延友：《沉默的自由(修订版)》，北京大学出版社2015年版，第9页。

④ 参见何家弘主编：《外国证据法》，法律出版社2003年版，第141页。

⑤ 《美国宪法及其修正案》，朱曾汶译，商务印书馆2014年版，第15页。

⑥ 参见〔美〕卡罗尔·S.斯泰克编：《刑事程序故事》，吴宏耀等译，中国人民大学出版社2012年版，第142页。

⑦ 卞建林、刘玫主编：《外国刑事诉讼法》，中国政法大学出版社2008年版，第160页。

回答能力或者改变其记忆和评价事实的能力的方法或技术进行讯问，即使被讯问者表示同意。”[①]西班牙《刑事诉讼法典》第20条第2款中规定：“每一位被逮捕或被监禁的个人应立即以其所能理解的方式被告知所被指控实施的行为、被剥夺自由的原因以及所享有的权利，尤其是下列权利……(b)不自证其罪的权利，以及不认罪的权利……”[②]丹麦《司法行政法》第750条规定：“警察可以进行讯问，但是不能命令或者强迫任何人作出陈述。”[③]德国法律虽没有明确规定不得强迫自证其罪原则，但联邦宪法法院宣称：公民在对自己不利的刑事诉讼程序中拒绝积极合作的权利，是从基本法所保障的人的尊严和自由引申而来的，并且是法治国家概念的组成部分。因此这一权利是宪法性权利，不能被一般法律所剥夺。[④]由此可以推断，德国确立了不得强迫自证其罪原则。日本《宪法》第38条规定：“任何人，均不被强迫作出不利己的陈述。”[⑤]

三、不得强迫自证其罪原则的理论基础

不得强迫自证其罪原则具有多方面的理论基础，归纳而言，该原则主要包括以下依据：

第一，遵循无罪推定原则。《公民权利和政治权利国际公约》第14条第2款规定：“凡受刑事控告者，在未依法证实有罪之前，应有权被视为无罪。”根据无罪推定原则，控方应承担证明责任，“无罪推定原则之典型表现的拒绝自我负罪原则，同时亦是弹劾主义之典型表现。盖因告发者(检察官)负有对告发事实之完全举证责任，被告发者(被告)并不负有任何对于自己不利之举证责任”[⑥]。可见，控方不能通过强迫被告人作出有罪供述的方法证明被告人有罪，否则无罪推定原则就失去了意义。“‘控方证明其案件时不得以违背被告人意志的取证方法所强行获得的证据为依据’……国家有义务证明被告人有罪，而不能通过被告人屈从来达到此目的。”[⑦]

第二，保障人权。保障人权是刑事诉讼的基本目的，防止刑讯逼供、确保供述的自愿性，是保障人权的题中应有之义，“为保障人权，也需要确立不被强迫自

① 陈光中主编：《证据法学(第四版)》，法律出版社2019年版，第126页。

② 〔美〕史蒂芬·沙曼：《比较刑事诉讼案例教科书》，施鹏鹏译，中国政法大学出版社2018年版，第251页。

③ 陈卫东主编：《刑事立案与侦查——外国刑事诉讼法有关规定(下)》，中国检察出版社2017年版，第481页。

④ 参见〔德〕托马斯·魏根特：《德国刑事诉讼程序》，岳礼玲、温小洁译，中国政法大学出版社2004年版，第79页。

⑤ 王兆鹏：《美国刑事诉讼法(第二版)》，北京大学出版社2014年版，第289页。

⑥ 黄朝义：《刑事诉讼法(二版)》，台湾新学林出版股份有限公司2009年版，第15页。

⑦ 〔瑞士〕萨拉·J.萨默斯：《公正审判：欧洲刑事诉讼传统与欧洲人权法院》，朱奎彬、谢进杰译，中国政法大学出版社2012年版，第196页。

证其罪的特权规则”[①]。从广义上而言，人权包含公民的自治权和隐私权，“若无不自证己罪特权，则被告随时有可能被政府强迫吐露其视为隐私之处，换言之，无不自证己罪特权等于无隐私之权”[②]。进而言之，如果没有不得强迫自证其罪特权，被告人将被迫在自我指控、伪证或者蔑视法庭之间选择。[③]因此，不得强迫自证其罪原则可以“防止国家，或以强制力，或以心理控制的方式，压制被讯问人的思想和意志，并剥夺其是否协助国家证明其有罪的自由决定权”[④]。就此而言，不得强迫自证其罪原则的价值追求不仅是发现案件事实真相，保障人权更是该原则的重要理论依据。

第三，维护控辩平等。控辩平等是现代刑事诉讼的基本原则，“两刃相割，利钝乃知；二论相订，是非乃见”[⑤]，从诉讼构造上看，唯有两造平等对抗、充分论辩，才有利于发现案件事实真相，不得强迫自证其罪特权是实现控辩平等的重要保障机制。“不自证己罪特权为‘运动原则’之产物，在此平等的战场上，不自证己罪特权有如被告的武器，政府无权要求其对等的被告投降——亦即放弃自我防御之不自证己罪特权。”[⑥]因此，不得强迫自证其罪原则起源于实行对抗式诉讼模式的国家并非偶然，在对抗式诉讼中，刑事诉讼被视为政府与个人的争讼，为了限制政府的权力并发现案件的客观真实，该诉讼模式注重攻击与防御的作用与反作用。[⑦]所以在欧洲，“不得强迫自我归罪特权是对于侦查中拒绝坚持‘控辩式三角结构’的弥补”[⑧]。

第四，帮助发现案件事实真相。“任何一个诉讼制度要想正常运转，至少都必须在一定程度上声称自己发现了真实，而且能够最大限度地发现真实。”[⑨]虽然不得强迫自证其罪原则并不以发现案件事实真相为最重要的目的，但“不自证己罪特权本身会减少不可信的自白”[⑩]，因为以强迫手段取得的口供，其虚假的概率相对会高。因此，不得强迫自证其罪原则有助于防止犯罪嫌疑人因受压迫而作出虚假供述，这无疑有助于发现案件事实真相。

---

① 张建伟：《证据的容颜·司法的场域》，法律出版社2015年版，第83页。

② 转引自王兆鹏：《美国刑事诉讼法（第二版）》，北京大学出版社2014年版，第249页。

③ 参见〔美〕阿希尔·里德·阿马：《宪法与刑事诉讼：基本原理》，房保国译，中国政法大学出版社2006年版，第125页。

④ 〔美〕巴里·C. 菲尔德：《少年司法制度（第二版）》，高维俭、蔡伟文、任延峰译，中国人民公安大学出版社2011年版，第86—87页。

⑤ 黄晖：《论衡校释（下）》，中华书局2018年版，第1023页。

⑥ 王兆鹏：《美国刑事诉讼法（第二版）》，北京大学出版社2014年版，第248页。

⑦ 参见陈光中主编：《证据法学（第四版）》，法律出版社2019年版，第128页。

⑧ 〔瑞士〕萨拉·J. 萨默斯：《公正审判：欧洲刑事诉讼传统与欧洲人权法院》，朱奎彬、谢进杰译，中国政法大学出版社2012年版，第202页。

⑨ 易延友：《证据法学：原则 规则 案例》，法律出版社2017年版，第72页。

⑩ 王兆鹏：《美国刑事诉讼法（第二版）》，北京大学出版社2014年版，第247页。

四、不得强迫自证其罪原则的具体要求

不得强迫自证其罪原则对侦查讯问必然有重要的影响，它一方面可以确保取得口供的合法性，另一方面可以最大限度地保证口供的真实性。然而，不得强迫自证其罪原则不能自发地发挥应有的功能，它需要借助具体的制度、规则予以落实，“不自证其罪原则的实现与沉默权、自白规则以及非法证据排除规则等是联系在一起的”[①]。从域外实践来看，为了落实不得强迫自证其罪原则，从正向角度出发，最为重要的制度设计是沉默权、律师在场权、自白任意性规则等；从反向视角出发，最为重要的制度设计是非法口供排除规则。

第一，沉默权是不得强迫自证其罪原则的逻辑结果。不得强迫自证其罪原则意味着犯罪嫌疑人享有陈述的自由，也享有不陈述的自由，后者即指沉默权。可以说，沉默权的法源基础是不得强迫自证其罪原则，[②]“缄默权滥觞于英美法的‘不自证己罪的权利’”[③]。赋予犯罪嫌疑人沉默权，意在防止非法取供行为的发生。其实，不得强迫自证其罪原则必然推演出沉默权，“反对强迫自证其罪原则往往与沉默权联系在一起，共同构成了对讯问活动自然倾向的法律限制”[④]。因此，不得强迫自证其罪原则的落实需要赋予犯罪嫌疑人沉默权，“若被告无‘权’对政府的讯问保持沉默，其反面解释即谓政府有‘权’取得被告的口供。若赋予政府此权力，政府即有可能滥用此权力，其结果就是政府有机会使用强暴胁迫的方式取得口供。检察官及警察极有可能为办案快速，及节省时间资源，而径以刑求方式逼供……不自证己罪特权之理论即在于赋予被告保持缄默的绝对权利，来反制政府以刑求方式取得自白”[⑤]。质言之，沉默权可以说是不得强迫自证其罪原则最为重要的表现形式，甚至可以认为不得强迫自证其罪原则等同于沉默权。[⑥]

第二，律师在场权是不得强迫自证其罪原则实现的重要保障机制。侦查讯问时律师在场可以最大程度地避免犯罪嫌疑人非自愿性地供述，“嫌疑人接受警察讯问时，赋予其会见律师的权利，无疑对于他或者她选择开口还是沉默进行‘选

---

① 樊崇义主编：《证据法学（第六版）》，法律出版社 2017 年版，第 122 页。

② 从这个角度上说，不得强迫自证其罪原则的理论基础也是沉默权的理论基础。

③ 王兆鹏：《刑事被告的宪法权利》，台湾元照出版有限公司 2004 年版，第 33 页。

④ 吴宏耀：《反对强迫自证其罪特权原则的引入与制度构建》，载《法学》2008 年第 6 期。

⑤ 王兆鹏：《美国刑事诉讼法（第二版）》，北京大学出版社 2014 年版，第 246—247 页。

⑥ 参见樊崇义主编：《刑事诉讼法学（第五版）》，法律出版社 2020 年版，第 319 页。当然，不得强迫自证其罪原则和沉默权存在显著区别：前者属于一项基本原则，是一个上位概念；后者则为一项具体的诉讼制度，它属于前者的核心内容。另外，不得强迫自证其罪原则适用的主体包括证人，而沉默权却不包括；不得强迫自证其罪原则适用的证据还包括实物证据，而沉默权却不包括。参见陈瑞华：《刑事证据法（第四版）》，北京大学出版社 2021 年版，第 74 页；樊崇义主编：《证据法学（第六版）》，法律出版社 2017 年版，第 117 页；易延友：《沉默的自由（修订版）》，北京大学出版社 2015 年版，第 9 页。

择'的权利可以提供更好的保护"[1]。质言之,律师在场权是侦查程序中的一种结构性权利,它并非不得强迫自证其罪特权所能完全替代,前者是后者实现的重要保障机制。

第三,自白任意性规则与不得强迫自证其罪原则是一体两面关系。自白任意性规则,是指在刑事诉讼中只有基于被追诉人自由意志而作出的自白(即承认有罪的供述),才具有证据能力。[2]按照自白任意性规则,只有出自被告人自愿的自白,才能作为定案的根据。一般认为,自白任意性规则起源于英国的"考门罗原则"。19 世纪以后,受法国大革命保障人权思想的影响,人们对自白的证据价值大为怀疑,任意性为自白可采性的基本条件成为英美法系国家和大陆法系国家的共识。[3]自白任意性规则与反对强迫自证其罪原则在历史沿革、原理、功效、内容上原本不尽相同,但近年来,由于二者强调的重点相接近,因此自白任意性规则被许多人视为反对强迫自证其罪的保障性规则。[4]其实,自白任意性规则与不得强迫自证其罪原则属于一体两面的关系,二者并无本质差异,只是分别从正面和反面的角度确保供述的自愿性,前者是从正面的角度规范自白可采性的标准,后者则从反面的角度规范自白不可采的标准,它们的主要功能是相同的。如果不是基于严格意义上区分,不得强迫自证其罪原则可以称为自白任意性规则。

第四,非法口供排除规则以事后制裁的方式落实不得强迫自证其罪原则。不得强迫自证其罪既是犯罪嫌疑人、被告人的特权,也是侦控机关的基本义务。如果将其作为一项权利,该权利在受到侵犯后应有相应的救济措施;如果将其视为一项义务,该义务未能履行时也应有相应的制裁性后果。诚如樊崇义教授所言,"作为不得强迫自证其罪原则的一种事后救济机制,非法言词证据排除规则保障了不得自证其罪原则在司法实践中的实现,并与不得强迫自证其罪原则共同构筑了一道牢固保护犯罪嫌疑人、被告人诉讼权益及其他合法权益的保护和屏蔽机制。"[5]对此,联合国人权事务委员会指出:"为了强迫被告人供认或作出不利于己的证言,违反上述规定(反对强迫自证其罪的规定)的方法经常被使用。法律应规定依靠上述方法提供的证据或者任何其他强迫方式是完全不能接受。"[6]

---

① 〔瑞士〕萨拉·J.萨默斯:《公正审判:欧洲刑事诉讼传统与欧洲人权法院》,朱奎彬、谢进杰译,中国政法大学出版社 2012 年版,第 204 页。

② 参见樊崇义主编:《证据法学(第六版)》,法律出版社 2017 年版,第 98 页。

③ 参见张建伟:《证据法要义(第二版)》,北京大学出版社 2014 年版,第 264 页。

④ 同上书,第 265 页。

⑤ 转引自〔美〕柏恩敬、刘超、高原编译:《追问警察讯问方法——比较法的视角》,法律出版社 2018 年版,序第 3 页。

⑥ 转引自陈光中主编:《证据法学(第四版)》,法律出版社 2019 年版,第 127 页。

第二节 沉 默 权

一、沉默权的内涵及其规则

（一）沉默权的内涵解读

沉默权存在广义和狭义之分。广义上的沉默权，是指犯罪嫌疑人有不供述的自由，也有供述的自由；也可以放弃沉默权作出供述，或者随时恢复沉默权保持沉默。[①]狭义上的沉默权，是指犯罪嫌疑人消极的不陈述自由。[②]广义的沉默权与狭义的沉默权区别在于：前者包括积极的陈述和消极的不陈述，这是一个完整的陈述自由（或自由陈述）的内容；后者主要是保持沉默而不予回答的权利，即“保持沉默的自由”。在现代刑事诉讼中，沉默权与律师帮助权构成了公民的两大基本权利，“沉默权和辩护权，既有消极防御权的功能，又有积极防御权的功能”[③]。

从域外实践来看，沉默权的适用需要明确四个方面的问题：其一，沉默权适用的主体。沉默权主要是犯罪嫌疑人、被告人所享有的权利，证人一般无保持沉默的权利。其二，沉默权适用的程序。沉默权适用于所有程序阶段，如在英国，“沉默权不仅仅在嫌疑人被警察机关讯问时适用，一旦被指控犯罪，被告人仍享有沉默权，并且可以拒绝在审判时提供证据”[④]。其三，沉默权适用的证据范围。与不得强迫自证其罪原则类似，沉默权主要适用于言词证据。沉默权适用的例外情形如下：一是询问犯罪嫌疑人的姓名、年龄、住址等身份信息一般不属于沉默权规则的保护范围。例如，在德国，嫌疑人不能对自己姓名、生日和住址的信息保持沉默。[⑤]如对于警察“例行公事”的询问“你的姓名”“你的年龄”“你的住址”等，嫌疑人不享有沉默权。[⑥]但也有学者认为，“犯罪嫌疑人的沉默权是综合性的沉默权，对沉默权的事项没有限制。沉默权也包括犯罪嫌疑人的姓名。”[⑦]二是为确定犯罪嫌疑人精神状态进行的询问，不在沉默权规则保护的范围之内。例如，精神病医生为确定嫌疑人是否犯有精神病而对其进行询问、心理医生为确

---

① 参见〔日〕田口守一：《刑事诉讼法（第七版）》，张凌、于秀峰译，法律出版社 2019 年版，第 170 页。

② 参见林钰雄主编：《新学林分科六法——刑事诉讼法》，台湾新学林出版股份有限公司 2009 年版，第 A-86 页。

③ 〔日〕田口守一：《刑事诉讼法（第七版）》，张凌、于秀峰译，法律出版社 2019 年版，第 168 页。

④ 〔英〕麦克·麦康维尔：《英国刑事诉讼导言》，程味秋、杨宇冠、魏晓娜译，载中国政法大学刑事法律研究中心编：《英国刑事诉讼法（选编）》，中国政法大学出版社 2001 年版，第 15 页。

⑤ 参见〔德〕托马斯·魏根特：《德国刑事程序法原理》，江溯等译，中国法制出版社 2021 年版，第 71 页。

⑥ 参见易延友：《沉默的自由（修订版）》，北京大学出版社 2015 年版，第 189 页。

⑦ 〔日〕田口守一：《刑事诉讼法（第七版）》，张凌、于秀峰译，法律出版社 2019 年版，第 170 页。

定被告人是否存在心理障碍而对其进行询问时，[1]犯罪嫌疑人、被告人不得主张沉默权。三是采集犯罪嫌疑人的指纹、血液、声音等检材不在沉默权规则保护的范围之内，即犯罪嫌疑人不得以行使沉默权为由拒绝侦查人员采取的上述行为。其四，沉默权的实现。沉默权的实现需要相关制度予以保障，主要是事前的权利告知义务和事后的非法口供排除规则。“直接保障犯罪嫌疑人沉默权的规定，是对犯罪嫌疑人的沉默权的告知规定……对沉默权的事后保障规定有关于自白的证据能力规定。”[2]如在英国，警察决定指控某人时，应在讯问或进一步讯问之前告知其有保持沉默的权利。[3]

（二）沉默权规则

沉默权规则是指犯罪嫌疑人、被告人依法可以对有关官员的提问保持沉默或拒绝回答，不会因此受到强迫，也不会因此受到不利后果的推论。[4]如果犯罪嫌疑人、被告人因行使沉默权而会导致不利后果，甚至其保持沉默的行为被作为有罪推定的证据，那么沉默权将毫无价值，所以“不得以被告行使缄默权或拒绝陈述，即认系默示自白或为不利于被告之推断”[5]。对此，美国联邦最高法院禁止法院因被告人保持缄默而对其作不利之事实推断。[6]英国法总的精神是，除了议会立法另有规定以外，公民没有义务回答警察机关或其他任何人提出的问题，不回答提问不构成刑事犯罪。[7]在日本，不能根据犯罪嫌疑人或被告人行使沉默权这一事实，推定不利于他们的事实；不能将行使沉默权作为有罪证据，也不能作为评价证据的资料；在量刑时，行使沉默权这个事实本身不能构成对被告人不利的要素，但可以作为被告人没有悔改表现的资料予以参考。[8]

二、沉默权的产生与发展

当前，犯罪嫌疑人、被告人享有沉默权已为基本共识。“近代各国法律，多设有缄默（或拒绝陈述）权之规定，其于刑事诉讼法中规定者，如德国、日本、意大利、新加坡等是，于宪法判例中承认之者，如美国是。”[9]

---

① 参见易延友：《沉默的自由（修订版）》，北京大学出版社2015年版，第189页。

② 〔日〕田口守一：《刑事诉讼法（第七版）》，张凌、于秀峰译，法律出版社2019年版，第169页。

③ 参见薛波主编：《元照英美法词典》，北京大学出版社2003年版，第722—723页。

④ 参见樊崇义主编：《证据法学（第六版）》，法律出版社2017年版，第117页。

⑤ 林钰雄主编：《新学林分科六法——刑事诉讼法》，台湾新学林出版股份有限公司2009年版，第A-86页。

⑥ 参见王兆鹏：《美国刑事诉讼法（第二版）》，北京大学出版社2014年版，第250页。

⑦ 参见〔英〕麦克·麦康维尔：《英国刑事诉讼导言》，程味秋、杨宇冠、魏晓娜译，载中国政法大学刑事法律研究中心编：《英国刑事诉讼法（选编）》，中国政法大学出版社2001年版，第8页。

⑧ 参见〔日〕田口守一：《刑事诉讼法（第七版）》，张凌、于秀峰译，法律出版社2019年版，第172页。

⑨ 林钰雄主编：《新学林分科六法——刑事诉讼法》，台湾新学林出版股份有限公司2009年版，第A-82页。

英国的沉默权制度可以追溯至17世纪李尔本案，该案确立沉默权之后，无论法院还是控诉方都严格贯彻，并无异议；[①]之后，1898年《刑事证据法》、1984年《警察与刑事证据法》、法官规则以及一些实践法典又间接确立了沉默权。[②]在美国，联邦最高法院在米兰达案中明确指出，“如果一个被监禁的人将受到讯问，他必须首先被清楚明白地告知他有保持沉默的权利。”[③]沉默权也成为“米兰达规则”的核心内容。德国《刑事诉讼法典》第136条规定：“初次讯问开始时……应当向被指控人指明，依法其有就指控作出陈述或对案件保持沉默的自由”[④]，第243条第5款规定，“随后向被告人指明，其有就公诉作出陈述或对案件保持沉默的自由”[⑤]。可见，沉默权贯穿于德国刑事诉讼的各个阶段。虽然告知沉默权不需要以特定方式作出，但为了避免证据上的问题，警察常让嫌疑人在事先拟定的声明上签字，证明他们已经告知了沉默权。[⑥]俄罗斯《刑事诉讼法典》第47条第4款规定：“刑事被告人有权……对向他提起的指控作陈述或者拒绝作陈述。”[⑦]俄罗斯联邦最高法院还裁定，讯问前必须告知犯罪嫌疑人享有保持沉默的宪法权利。[⑧]西班牙《刑事诉讼法典》第20条第2款规定：“每一位被逮捕或被监禁的个人应立即以其所能理解的方式被告知所被指控实施的行为、被剥夺自由的原因以及所享有的权利，尤其是下列权利：(a) 保持沉默的权利，可以不作任何供述，不回答所提的任何问题，或者仅向法官作出愿意作出的供述……”[⑨]2000年6月15日，法国进行了自1958年《刑事诉讼法典》颁布以来力度最大的一次刑事诉讼立法改革，正式明确地将沉默权载入《刑事诉讼法典》。其中规定，“被拘留者应立即被告知，其可选择作出声明，回答向其被提问的问题，亦可以保持沉默。”[⑩]日本《刑事诉讼法》第311条第1款规定：“被告人可以始终沉默，或者对各项质问拒绝供述。”[⑪]可见，在日本，被告人在法庭审理过程中“可以始终沉默”，但侦查讯问中犯罪嫌疑人是否享有沉默权却并不明确，“对于犯罪嫌疑人的沉默权，是应当理解为像证人那样的以陈述义务为前提的陈述拒绝权，还是应当

① 参见齐树洁主编：《英国司法制度》，厦门大学出版社2005年版，第476页。

② 参见陈瑞华：《比较刑事诉讼法(第二版)》，北京大学出版社2021年版，第39页。

③ 〔美〕弗洛伊德·菲尼、岳礼玲选编：《美国刑事诉讼法：经典文选与判例》，中国法制出版社2006年版，第199页。

④ 宗玉琨译注：《德国刑事诉讼法典》，知识产权出版社2013年版，第123—124页。

⑤ 同上书，第193页。

⑥ 参见〔德〕托马斯·魏根特：《德国刑事诉讼程序》，岳礼玲、温小洁译，中国政法大学出版社2004年版，第80页。

⑦ 《俄罗斯联邦刑事诉讼法典(新版)》，黄道秀译，中国人民公安大学出版社2006年版，第50页。

⑧ 参见〔美〕史蒂芬·沙曼：《比较刑事诉讼案例教科书》，施鹏鹏译，中国政法大学出版社2018年版，第85页。

⑨ 同上书，第251页。

⑩ 施鹏鹏：《口供的自由、自愿原则研究——法国模式及评价》，载《比较法研究》2017年第3期。

⑪ 张凌、于秀峰编译：《日本刑事诉讼法律总览》，人民法院出版社2017年版，第79页。

理解为像被告人那样的不以供述义务为前提的综合沉默权？从法律制度上看，这两种理解均有道理。但从现行法规定的犯罪嫌疑人地位的角度考虑，应当认为犯罪嫌疑人的沉默权与被告人的沉默权具有相同的性质”[①]。

犯罪嫌疑人行使沉默权之后，仍有两个问题值得探讨：其一，是否可以讯问正在行使沉默权的犯罪嫌疑人？对此，在日本，忍受讯问义务肯定说认为可以讯问；忍受讯问义务否定说认为不能讯问。但即使忍受讯问义务否定说也允许对犯罪嫌疑人进行劝说以使他接受讯问，[②]不过此种做法在日本颇受诟病。[③]在德国，法律不要求一旦犯罪嫌疑人宣布其不想回答问题就停止讯问，因而德国的犯罪嫌疑人处于严重的劣势，只要犯罪嫌疑人缺乏主张其沉默权的内在力量，德国警察就可以轻松地继续讯问。[④]俄罗斯《刑事诉讼法典》第173条第4款规定：“如果刑事被告人在第一次讯问时拒绝供述，只有该刑事被告人本人提出请求，才能对其再次讯问”[⑤]，因而在俄罗斯，如果犯罪嫌疑人援引沉默权，则警察不能再次讯问，除非犯罪嫌疑人自行主动联系。[⑥]其二，是否可以以犯罪嫌疑人行使沉默权为理由延长逮捕期间？在日本，行使沉默权本身不能成为延长逮捕期间的理由，但作为行使沉默权的结果，导致出现居所不定、可能销毁罪证等逮捕理由时，可以延长逮捕期间。[⑦]

三、沉默权限制之争

（一）沉默权适用的三种主张

研究表明，无辜之人比凶手更有可能放弃沉默权，因为无辜者相信清者自清的现象。[⑧]这反映出一个问题：沉默权到底更有利于避免无辜之人受错误刑罚，还是会使真正的罪犯逃脱法律制裁？可以说，人们在确立沉默权之时，亦是讨论废除沉默权的开始之时。

1. 否定说

否定说主张取消沉默权，其主要理由为犯罪嫌疑人行使沉默权将阻碍侦查

---

① 〔日〕田口守一：《刑事诉讼法（第七版）》，张凌、于秀峰译，法律出版社2019年版，第170页。

② 同上书，第171页。

③ 参见张建伟：《证据的容颜・司法的场域》，法律出版社2015年版，第73页。

④ 参见〔美〕弗洛伊德・菲尼、〔德〕约阿希姆・赫尔曼、岳礼玲：《一个案例 两种制度——美德刑事司法比较》，郭志媛译，中国法制出版社2006年版，第319页。

⑤ 陈卫东主编：《刑事立案与侦查——外国刑事诉讼法有关规定（下）》，中国检察出版社2017年版，第551页。

⑥ 参见〔美〕史蒂芬・沙曼：《比较刑事诉讼案例教科书》，施鹏鹏译，中国政法大学出版社2018年版，第85页。

⑦ 参见〔日〕田口守一：《刑事诉讼法（第七版）》，张凌、于秀峰译，法律出版社2019年版，第171页。

⑧ 参见〔美〕索尔・M.卡辛：《现代警察讯问程序批判》，载〔美〕柏恩敬、刘超、高原编译：《追问警察讯问方法——比较法的视角》，法律出版社2018年版，第224页。

活动的顺利展开，不利于有效惩罚犯罪。在英国，20世纪70年代中期至80年代，爱尔兰共和军实施的恐怖犯罪日益加剧，英国朝野上下出现了要求打击包括恐怖活动在内的各种犯罪的强烈呼声，沉默权规则首当其冲成为人们批评的对象。[①]英国刑事法律改革委员会指出："有一大帮并且不断增长的狡猾的职业犯罪人，他们不仅在组织犯罪和逃避侦查方面富有经验，如果被捕获，他们还熟知法律权利和使用任何手段逃避定罪。这些手段包括拒绝回答警察的问题……"[②]伦敦大都市警察厅的一位警监曾经声称："取消沉默权是立法者所能采取的控制和减少犯罪的最重要的一步。"[③] 1993年，英国时任内政部长迈克尔·霍华德(Michael Howard)在保守党大会上大声疾呼，"正如我一直以来对人们所说的，在我们的法律制度中，有一项特别的内容是让我们热血沸腾的……那就是所谓的沉默权……它被恐怖分子充分利用，在他们看来，我们是多么愚蠢。是时候停止这种伪善了，沉默权将会被废除。"[④]同样，其他国家和地区也有废除沉默权之呼吁，如有日本检察官认为，"沉默权是毒瘤。我们必须获取有罪供述。"[⑤]

2. 肯定说

肯定说主张保留沉默权，其主要理由为沉默权是犯罪嫌疑人重要的诉讼权利，行使沉默权有助于确保供述的自愿性。1981年英国皇家刑事程序委员会提出沉默权是对抗制的一个部分，"任何……利用嫌疑人的沉默作为反对他的证据的企图都是违反对抗制审判的核心的……不能使控方利用被告人在警察讯问时保持沉默这一点在审判之时攻击被告人"[⑥]。欧洲人权法院也认为，警告被追诉人——保持沉默会作出不利推断——这样的做法在讯问一开头就将嫌疑人置于两难的困境中：一方面，要是他保持沉默，就会被依法作出不利的推断；另一方面，嫌疑人打破沉默，可能对辩护不利，也不一定能够保证他免遭不利推断的不公正后果。[⑦]在赞成沉默权者看来，沉默权也并没有成为真正的罪犯逃避法律制裁的手段，如美国通过米兰达案确立沉默权之后，"反对者们满口预言的灾难性

---

① 参见陈瑞华：《比较刑事诉讼法(第二版)》，北京大学出版社2020年版，第40页。

② 〔英〕麦克·麦康维尔：《英国刑事诉讼导言》，程味秋、杨宇冠、魏晓娜译，载中国政法大学刑事法律研究中心编：《英国刑事诉讼法(选编)》，中国政法大学出版社2001年版，第22页。

③ 〔澳〕大卫·迪克逊：《警务中的法则：法律法规与警察实践》，薛向君、罗瑞林、倪瑾译，南京出版社2013年版，第193页。

④ 转引自夏菲：《论英国警察讯问权的发展》，载《犯罪研究》2011年第2期。

⑤ 〔美〕戴维·T.约翰逊：《日本刑事司法的语境与特色：以检察起诉为例》，林喜芬等译，上海交通大学出版社2017年版，第355页。

⑥ 〔英〕麦克·麦康维尔：《英国刑事诉讼导言》，程味秋、杨宇冠、魏晓娜译，载中国政法大学刑事法律研究中心编：《英国刑事诉讼法(选编)》，中国政法大学出版社2001年版，第49—50页。

⑦ 参见〔瑞士〕萨拉·J.萨默斯：《公正审判：欧洲刑事诉讼传统与欧洲人权法院》，朱奎彬、谢进杰译，中国政法大学出版社2012年版，第201页。

执法后果从未重现”[①]；在英国，无论是法院的数据还是一些学者就沉默权问题的调研都显示，只有很少的嫌疑人使用沉默权，大致为4%，而在这些人中，很多人最终认罪，因为保持沉默而最终被判决无罪的情况是非常少的。[②]

3. 折中说

折中说是在赞成沉默权的基础上，出于平衡惩罚犯罪与保障人权的考虑，主张在一些特定情形下对沉默权的行使予以限制。1993年英国皇家刑事司法委员会认为，不应抛弃沉默权规则，但对沉默权规则应进行一定程度的改革。[③]这里的改革就是限制沉默权的使用，即“每个人在同等情形下仍然有权像1994年《刑事审判与公共秩序法》以前那样保持沉默，所发生变化的只是法官或控诉官有权对其沉默作出不利的评价而已”[④]。在美国，亦有观点认为，“从法庭之外的可疑沉默中得出合理的不利推论，不需要总是被视作第五修正案的‘强制’”[⑤]，“新近被打上‘权利’烙印的东西，禁止陪审员从被告人沉默或基于特权的不作证行为得出任何结论，削弱了那些微妙的平衡，使沉默权规则成为发现真相的严重障碍”[⑥]。对沉默权的限制实质上可以理解为：犯罪嫌疑人应当对警察的某些特定事项的提问进行解释或者说明，而不能保持沉默，否则会因保持沉默而承担不利推论的风险，这无疑增强了警察的讯问能力，但这“并不表明沉默权不是一项自然权，也不会从根本上动摇沉默权的道德基础”[⑦]。

（二）沉默权的限制

英国较早在限制沉默权方面进行了尝试，1987年《刑事审判法》（Criminal Justice Act）开始对严重欺诈案件中被告人的沉默权作出限制。[⑧] 1994年《刑事审判与公共秩序法》又明确规定了行使沉默权而导致不利推论的四种情形：一是被告人在被讯问或被指控时没有提供事实；二是被告人在审判中保持沉默；三是被告人没有或拒绝对物品、材料或痕迹作出解释；[⑨]四是被告人没有或拒绝对出

---

① 〔美〕斯蒂芬·舒尔霍夫尔：《米兰达诉亚利桑那州案：微小但重要的历史功绩》，载〔美〕柏恩敬、刘超、高原编译：《追问警察讯问方法——比较法的视角》，法律出版社2018年版，第41—42页。

② 参见夏菲：《论英国警察讯问权的发展》，载《犯罪研究》2011年第2期。

③ 参见陈瑞华：《比较刑事诉讼法（第二版）》，北京大学出版社2021年版，第40页。

④ 转引自齐树洁主编：《英国司法制度》，厦门大学出版社2005年版，第476页。

⑤ 〔美〕阿希尔·里德·阿马：《宪法与刑事诉讼：基本原理》，房保国译，中国政法大学出版社2006年版，第148页。

⑥ 〔美〕拉里·劳丹：《错案的哲学：刑事诉讼认识论》，李昌盛译，北京大学出版社2015年版，第186页。

⑦ 易延友：《沉默的自由（修订版）》，北京大学出版社2015年版，第210—211页。

⑧ 英国《刑事审判法》第2条规定，在严重欺诈案件中，嫌疑人如果没有合理理由而拒绝回答调查人员提出的问题或者撒谎，其行为构成犯罪，并可能被判处短期监禁刑。参见彭勃编译：《英国警察与刑事证据法规精要》，厦门大学出版社2014年版，序言第6页。

⑨ 即警察逮捕嫌疑人时，在其身上、衣着内外、鞋子内外、携带物品或逮捕地点发现任何物品、痕迹、物质或附着在物品上的痕迹或物质，嫌疑人没有或拒绝对这些物品、痕迹或物质作出解释的。参见彭勃编译：《英国警察与刑事证据法规精要》，厦门大学出版社2014年版，第77页。

现在特定地点作出解释。[①] 基于此，英国警察在履行权利告知义务时，也隐含着不利推论的意思，如《警察与刑事证据法》“执法手册 C”第 10.5 条规定：“除因保持沉默而导致不利推论的，应告知嫌疑人以下内容：‘你可以保持沉默。但如果你在被问及将来作为庭审抗辩依据的问题时保持沉默，则可能对你的辩护产生不利影响……’”[②]总之，英国“严格限制了警察审讯期间犯罪嫌疑人保持沉默的权利”[③]，但并没有取消沉默权，而是从绝对沉默权走向相对沉默权。

在英国限制沉默权改革之前，其实已有国家开始限制沉默权的使用。例如，在新加坡，法官必须在陪审团面前警告被告人，如果他拒绝回答问题，将会导致对他不利的推论。[④]当前，不少国家对沉默权的使用也进行了限制。挪威《刑事诉讼法》第 93 条第 2 款规定，“如果被告人拒绝回答提问，或者对提问作出模棱两可的回答，审判长应当提醒被告人由此可能产生对其不利的后果。”[⑤]在德国，被指控人的沉默权是针对全部事实情况而言的，如果他在一个行为的几个点上陈述而在另外几个点上保持沉默，那他也就通过自己的陈述行为把自己变成了一种可以用以证明的手段，法院可以从这种部分沉默中作对其不利的推断。[⑥]在法国，为了避免沉默权的告知促使被拘留人沉默，对侦查的效率和被拘留人的权利产生不利影响，2002 年 3 月 2 日，法国法律将被拘留人的沉默权改为“侦查机关应当告知被拘留人可以在作出声明、回答侦查人员提出的问题或保持沉默之间进行选择”[⑦]。

总体而言，废除沉默权并未成为潮流，如美国也提议对犯罪嫌疑人、被告人的沉默权进行限制，但这一提议并未获得通过，也未形成对沉默权进行限制的有约束力的司法判例。[⑧]当前，沉默权依然是犯罪嫌疑人享有的重要权利，警察讯问时不能滥用对沉默权的限制。而且，目前对于沉默权限制的倾向，也引起了各界的忧虑，如欧洲人权法院在 1996 年默里案的判决中认为，当犯罪嫌疑人因寻求法律帮助被拒绝而选择沉默时，对其作出不利推论的做法侵犯了《欧洲人权公

---

① 即警察发现嫌疑人的时间和地点，与犯罪行为发生地和时间吻合，而嫌疑人不能说明或拒绝说明身处犯罪现场的理由的。参见彭勃编译：《英国警察与刑事证据法规精要》，厦门大学出版社 2014 年版，第 77 页。

② 彭勃编译：《英国警察与刑事证据法规精要》，厦门大学出版社 2014 年版，第 75—76 页。

③ 〔澳〕大卫·迪克逊：《警务中的法则：法律法规与警察实践》，薛向君、罗瑞林、倪瑾译，南京出版社 2013 年版，第 193 页。

④ 参见易延友：《沉默的自由（修订版）》，北京大学出版社 2015 年版，第 209 页。

⑤ 陈卫东主编：《刑事辩护与代理制度——外国刑事诉讼法有关规定》，中国检察出版社 2017 年版，第 203 页。

⑥ 参见宗玉琨译注：《德国刑事诉讼法典》，知识产权出版社 2013 年版，第 124 页。

⑦ 刘计划：《法国、德国参与式侦查模式改革及其借鉴》，载《法商研究》2006 年第 3 期。

⑧ 参见易延友：《沉默的自由（修订版）》，北京大学出版社 2015 年版，第 211 页。

约》赋予他的公正审判权。这就需要对沉默权的例外规则作出明确规定。[①]

第三节　我国刑事司法中的不得强迫自证其罪原则

一、不得强迫自证其罪原则在我国的确立

在我国,不得强迫自证其罪是指不得以任何强迫手段迫使任何人认罪和提供证明自己有罪的证据。[②] 2012年修订的《刑事诉讼法》首次规定了不得强迫自证其罪原则,现行《刑事诉讼法》第52条中规定,"严禁刑讯逼供和以威胁、引诱、欺骗以及其他非法方法收集证据,不得强迫任何人证实自己有罪"。该原则的确立"具有重要的法律引领和引导作用,体现了我国刑事诉讼制度对于程序公正的重视,也体现了社会主义法治理念和现代诉讼理念,强化对于刑讯逼供的严格禁止,并与国际公约的有关规定相衔接"[③],可以说这是我国刑事法治的重大进步。

我国的不得强迫自证其罪原则有两个重要特点:第一,不得强迫自证其罪原则中拒绝作证范围较窄。《公民权利和政治权利国际公约》规定的是"不被强迫作不利于他自己的证言或强迫承认犯罪",此处拒绝作证的范围是"不利"的证据;而我国规定的是"不得强迫任何人证实自己有罪",此处拒绝作证的范围是"有罪"的证据,显然窄于国际通行的范围,虽然这符合犯罪治理的现实需求,但从长远来看,今后修法时还是应将该原则中的"有罪"改成"不利"。第二,不得强迫自证其罪原则中的"证实"应理解为"证明"。"证明"强调"证的过程","证实"是"证的结果"。[④]显然,只要存在强迫犯罪嫌疑人、被告人自证其罪的行为就违反了不得强迫做证其罪原则,而不应是仅反对被"证实"了的供述行为。"不强迫自证其罪"条款更多强调的是取证过程中不得使用带有强迫性的手段,所以条款中的"证实"应当理解为"证明"。[⑤]

二、"坦白从宽、抗拒从严"政策与不得强迫自证其罪原则的关系

"坦白从宽、抗拒从严"政策是我国长期司法实践所凝练出的一项刑事司法政策。就"坦白从宽"而言,"坦白"是指犯罪嫌疑人和被告人在其犯罪行为被司

---

① 参见刘静坤、武丹蕾:《被告人沉默时能否作出不利于其的推论》,载《人民法院报》2016年4月27日第6版。

② 参见王爱立主编:《中华人民共和国刑事诉讼法释义》,法律出版社2018年版,第111页。

③ 同上。

④ 参见陈光中主编:《证据法学(第四版)》,法律出版社2019年版,第129—130页。

⑤ 参见戴长林主编:《非法证据排除规定和规程理解与适用》,法律出版社2019年版,第11页。

法机关或有关组织发觉后，如实交代其所犯罪行的行为；“从宽”是指从轻、减轻处罚或免除处罚，也包括宣告缓刑。[①] 我国《刑事诉讼法》规定的认罪认罚从宽制度就体现了“坦白从宽”的精神。而“抗拒从严”中的“抗拒”是指作案人犯罪后仍顽固坚持，有拒绝供述、假供、谎供、串供、毁灭证据、嫁祸他人等行为，或对证人、控告人、举报人进行威胁，恐吓，打击报复等；[②]如果犯罪嫌疑人有“抗拒”行为，就可能被“从严”对待。在侦查讯问实践中，“坦白从宽，抗拒从严”政策几乎已成为侦讯人员瓦解犯罪嫌疑人对抗心理，实现“恩威并施”“打、拉结合”“攻心为上”讯问方略，并最终获取供述的手段。[③]

但是，“坦白从宽，抗拒从严”政策也颇受质疑，如有学者认为，“‘坦白从宽、抗拒从严’从来都是一个遭到实践严重背离的口号”[④]。因此，“坦白从宽、抗拒从严”是否有悖于不得强迫自证其罪原则成为人们探讨的重要议题。对此，樊崇义教授指出，“坦白”与“抗拒”都是以“有罪推定”为前提的，犯罪嫌疑人一旦被抓，那就意味着一定是有罪的，有罪就必须老实招供，否则就是抗拒，抗拒就得从严惩处。正是由于这种“有罪推定”的逻辑，造成了重口供而轻其他证据的倾向，进而导致刑讯逼供现象以及冤假错案的发生。[⑤] 陈瑞华教授认为，在“坦白从宽、抗拒从严”政策的影响下，嫌疑人既不享有保持沉默的自由，也难以从容不迫地提出无罪辩护意见。[⑥]

因此，如何理解“坦白从宽，抗拒从严”政策与不得强迫自证其罪原则之间的关系？有学者提出“自首应予鼓励，坦白应当从宽，沉默受到保护，抗拒依法从严”[⑦]的主张。笔者认为，不得强迫自证其罪原则属于我国《刑事诉讼法》明确规定的一项基本原则，“坦白从宽、抗拒从严”政策应在不得强迫自证其罪原则的规范下应用，不能以“坦白从宽、抗拒从严”为由迫使犯罪嫌疑人作出有罪供述，也不能因为犯罪嫌疑人不认罪而予以从严对待。具言之，对于犯罪嫌疑人而言，在侦查人员告知认罪认罚的法律规定后，他们应当有选择是否认罪认罚的权利，如果其认罪认罚，履行相应的程序之后，可以获得从宽处理；如果其拒绝认罪认罚，且不影响侦查和诉讼程序正常进行，并不会因此被加重处罚。[⑧]

---

① 参见龙宗智：《论坦白从宽》，载《法学研究》1998 年第 1 期。

② 参见董坤：《“坦白从宽、抗拒从严”的经济学分析》，载《中国人民公安大学学报（社会科学版）》2011 年第 1 期。

③ 参见闫召华：《口供中心主义研究》，法律出版社 2013 年版，第 156 页。

④ 程雷：《刑事诉讼法律解释方法的顺序规则初探——以反对强迫自证其罪原则与应当如实回答之关系为范例的分析》，载《中国刑事法杂志》2018 年第 1 期。

⑤ 参见樊崇义：《证据法治与证据理论的新发展》，中国人民公安大学出版社 2020 年版，第 31 页。

⑥ 参见陈瑞华：《看得见的正义（第二版）》，北京大学出版社 2013 年版，第 178 页。

⑦ 何家弘、张卫平主编：《简明证据法学（第四版）》，中国人民大学出版社 2016 年版，第 193 页。

⑧ 参见王爱立主编：《中华人民共和国刑事诉讼法释义》，法律出版社 2018 年版，第 268—269 页。

三、"如实回答"义务与不得强迫自证其罪原则的关系

我国《刑事诉讼法》确立了犯罪嫌疑人的供述义务，即"如实回答"的义务。它是指犯罪嫌疑人对侦查人员的提问，应当如实回答。但是对与本案无关的问题，有拒绝回答的权利。①"如实回答"义务也被视为"坦白从宽、抗拒从严"政策的立法表述。②"如实回答"要求犯罪嫌疑人对于侦查人员提出的问题应当如实回答，既不能夸大，也不能缩小；既不能隐瞒，也不能无中生有，或者避重就轻。"与本案无关的问题"是指与犯罪嫌疑人、案件事实、情节、证据等没有牵连的问题。③供述义务的认识基础在于："对有罪者要求他如实供认罪行，提供自己能提供的证据，既有利于司法机关及时、准确地查明案情，正确处理案件，也使罪犯本人能获得从宽处理，并在认罪的基础上加速改造；对无罪者，要求他如实陈述无罪的事实，有利于司法机关迅速查明案情，查获真正的犯罪分子，也可使他从刑事追诉中尽早解脱。"④理论上而言，"如实回答"有利于查清案件事实真相，保护犯罪嫌疑人的合法权益。实践中，大多数刑事案件中的犯罪嫌疑人、被告人都会履行"如实回答"的义务，如一份随机抽查一个基层人民法院和一个中级人民法院 250 个案件的调查指出，在所调查案件中仅有 2 个案件的嫌疑人、被告人在司法机关讯问中拒绝回答，占 0.8%。⑤

在我国已规定不得强迫自证其罪原则的背景下，"如实回答"义务是否有悖于不得强迫自证其罪原则？这引发了理论界和实务界的广泛探讨。对此，时任全国人大常委会法制工作委员会副主任郎胜指出，不得强迫自证其罪原则与"如实回答"义务之间没有矛盾，前者是对司法机关刚性的、严格的要求；后者是从另外一个层面规定的，因为刑法规定犯罪嫌疑人如实回答、交代罪行可以从宽处理，刑事诉讼法作为程序法，要落实刑法的规定。⑥不过，也有学者认为，不得强迫自证其罪原则与"如实回答"义务之间存在冲突。陈光中教授主编的《证据法学》一书认为，"应当如实回答"要求犯罪嫌疑人、被告人在讯问时不仅应当"回答"，而且应当"如实回答"，该义务可以被办案人员作为办案武器，会对犯罪嫌疑

---

① 《刑事诉讼法》第 120 条第 1 款中规定："犯罪嫌疑人对侦查人员的提问，应当如实回答。但是对与本案无关的问题，有拒绝回答的权利。"另参见《公安机关办理刑事案件程序规定》第 203 条第 2 款、《人民检察院刑事诉讼规则》第 187 条第 2 款。

② 参见陈瑞华：《刑事诉讼的中国模式（第二版）》，法律出版社 2010 年版，第 400 页。

③ 参见王爱立主编：《中华人民共和国刑事诉讼法释义》，法律出版社 2018 年版，第 267 页。

④ 转引自张建伟：《证据法要义（第二版）》，北京大学出版社 2014 年版，第 268 页。

⑤ 参见成都市中级法院研究室、武侯区法院刑事审判庭：《被告人口供运用的调研报告——以审判程序为视角》，http://cdfy.chinacourt.org/article/detail/2004/06/id/550827.shtml，2018 年 12 月 19 日访问。

⑥ 参见郎胜：《不得强迫自证其罪和要求如实供述不矛盾》，http://gb.cri.cn/27824/2012/03/08/145s3591594.htm，2020 年 11 月 3 日访问。

人、被告人造成一定心理压力，虽未达到“强迫”的程度，却有违背反对强迫自证其罪原则精神之嫌。[①]樊崇义教授主编的《刑事诉讼法学》一书认为，“如实回答”义务与沉默权是格格不入的，是刑讯逼供在法律上的借口之一。为了与不得强迫自证其罪原则相适应，犯罪嫌疑人、被告人的“如实回答”义务应当废除。[②]何家弘和张卫平教授认为，“如实回答”义务既是一种有罪推定，也违背了基本诉讼原理，体现了口供中心主义，为讯问人员的刑讯逼供提供了法律上的借口。[③]陈瑞华教授认为，刑事诉讼法至今保留的“如实回答”义务使得嫌疑人在面对侦查人员的讯问时，实际上负有被强迫自证其罪的义务，而不享有拒绝自证其罪的自由。[④]

概言之，由于我国没有明确规定沉默权，反而又规定了“如实回答”义务，因而“不强迫自证其罪的法律条款，只是一个以特定方式对非法取证进行限制的条款，而且是一个权利宣誓意义大于实际权利保障的法律条款”[⑤]。因此，从长远来看，今后再次修改《刑事诉讼法》时应取消犯罪嫌疑人“如实回答”的义务。

四、我国确立沉默权的讨论

一般认为，我国并未确立犯罪嫌疑人的沉默权制度，主要理由是我国《刑事诉讼法》规定了犯罪嫌疑人的“如实回答”义务。那么，我国是否需要赋予犯罪嫌疑人沉默权？对此，存在两种截然相反的主张：一种主张是反对确立沉默权。实务部门多持该主张，其理由是，赋予犯罪嫌疑人沉默权必然会降低侦查效率，进而导致无法有效惩罚犯罪。2012 年《刑事诉讼法》修订之时，刑事司法机关尤其是侦查机关反对引入沉默权，这是因为我国常用侦查手段和措施仍显较为简单和陈旧，长期形成的“口供依赖”情结仍难消除。如果确立沉默权制度，会导致口供难以获得，这将对我国传统的讯问取证方式带来沉重的打击，各种本可以由口供获取的潜在的物证、书证将难以获得，甚至导致破案和收集证据时机的丧失。[⑥]另一种主张是赞成确立沉默权。其主要理由是我国已明确规定了不得强迫自证其罪原则，而且赋予犯罪嫌疑人沉默权有助于防止偏重口供、遏制刑讯逼供等非法取供行为，因为“若被告无权保持缄默，警察或检察官常会期待自被告之口供中发现证据，如此过分仰赖被告之自白，常会

---

① 参见陈光中主编：《证据法学（第四版）》，法律出版社 2019 年版，第 130 页。

② 参见樊崇义主编：《刑事诉讼法学（第五版）》，法律出版社 2020 年版，第 322 页。

③ 参见何家弘、张卫平主编：《简明证据法学（第四版）》，中国人民大学出版社 2016 年版，第 192 页。

④ 参见陈瑞华：《刑事证据法（第四版）》，北京大学出版社 2021 年版，第 76 页。

⑤ 龙宗智等：《司法改革与中国刑事证据制度的完善》，中国民主法制出版社 2016 年版，第 110 页。

⑥ 同上书，第 111 页。

导致疏于调查其他证据。反之，赋予被告不自证己罪特权后，警察或检察官因预计被告有可能行使不自证己罪特权，较有可能竭尽所能调查自白以外的其他客观证据"[①]。

概言之，理论界多肯定沉默权，实务界多否定沉默权，这"恰恰反映了学界与实务界居于不同立场与角度，前者一般更为关注刑事诉讼中的普适性规律，后者一般更加强调国情以及打击犯罪的现实需求"[②]。在笔者看来，随着我国日益加强对犯罪嫌疑人、被告人的权利保障，今后有必要赋予犯罪嫌疑人沉默权。当然，我们也要避免从一个极端走向另一个极端。立足于平衡惩罚犯罪与保障人权之间的关系，在原则上赋予犯罪嫌疑人沉默权的同时，还应规定沉默权行使的例外情形，这也符合当今世界的通常做法。

① 王兆鹏：《美国刑事诉讼法（第二版）》，北京大学出版社 2014 年版，第 248 页。

② 何家弘、张卫平主编：《简明证据法学（第四版）》，中国人民大学出版社 2016 年版，第 191 页。

第八章　口供证据的证据能力规则：非法口供排除规则

第一节　非法口供排除规则概述

一、非法口供排除规则的基本问题

（一）非法口供排除规则的内涵

非法证据排除规则[①]不仅是刑事司法制度中标志性的证据规则，而且也是程序公正乃至国家法治发达程度的重要标尺。[②] 从非法证据排除规则的种类上看，狭义上的非法证据排除规则是指非法取得实物证据的排除规则，如在美国“仅指违反了宪法第4修正案有关不得进行不合理的搜查和扣押之规定所取得的证据（通常是物证）不能在刑事司法中使用”[③]。当前，人们已从广义上去理解非法证据排除规则，即从非法实物证据排除规则扩展至非法言词证据排除规则，尤其指非法口供排除规则。非法口供排除规则最受理论界和实务界的关注，因为“盱衡整部刑事诉讼法，不乏真实发现与法治程序之冲突，然而，于证据禁止领域，两者冲突之激烈程度，则是无与伦比”[④]，所以“在证据法则中，对控、辩、裁三方的法律地位和相互关系影响最大的，莫过于自白排除法则和违法证据排除法则”[⑤]。进而言之，以非法方法取供往往比以非法方法取得实物证据更易侵犯犯罪嫌疑人的人身权利，“言词证据的取得直接来源于自然人，一旦非法取得，势必侵犯人身权利”[⑥]。同时，非法口供的真实可靠性难以保证，实物证据的真实可靠性往往不会因非法方法取得而有所减损，这也是我国对非法口供和非法实物证

① 非法证据排除规则是指在刑事诉讼中，以非法手段取得的证据，不得采纳为认定被告人有罪的根据。参见陈光中主编：《刑事诉讼法（第七版）》，北京大学出版社、高等教育出版社2021年版，第200—201页。

② 参见陈光中：《对〈严格排除非法证据规定〉的几点个人理解》，载《中国刑事法杂志》2017年第4期。

③ 樊崇义主编：《证据法学（第六版）》，法律出版社2017年版，第98页。

④ 林钰雄：《刑事诉讼法（上册 总论篇）》，中国人民大学出版社2005年版，第422页。

⑤ 李心鉴：《刑事诉讼构造论》，中国政法大学出版社1992年版，第269页。

⑥ 顾永忠：《我国司法体制下非法证据排除规则的本土化研究》，载《政治与法律》2013年第2期。

据采取不同排除标准的重要原因。[①]

非法口供排除规则是指在刑事诉讼中，以非法方法取得的口供应予以排除，不得作为被告人有罪的根据。证据本身并不存在“合法”与“非法”之分，非法口供排除规则中的“非法”是指取供手段的“非法”，所以非法口供是指以非法方法取得的有罪供述。在美国，“非法证据”是指用不合法的方式取得的证据。[②]一般而言，非法口供不具有证据能力，更遑论作为定案根据。就我国而言，非法口供的排除含义更为广泛，即非法口供不得作为起诉意见、起诉决定和判决的依据等。[③]怎样的非法口供才会被排除，这就涉及非法口供排除的实体性要件和程序性要件，具体包括非法口供排除的适用对象、适用范围[④]、排除主体、合法性证明责任等内容。总之，非法口供的扩张与限缩最能体现惩罚犯罪与保障人权之间的冲突与平衡。

（二）非法口供排除的适用对象

非法口供排除规则主要规制的是国家机关及其工作人员（尤指警察）的非法取供行为，“讯问之主体乃‘国家机关’，不正讯问之主体也是‘国家机关’”[⑤]。可见，非法口供排除规则是防止警察的非法取供行为，而不是限制公民个人的行为。[⑥]

但是，非法口供排除规则也并非不规制私人的行为。私人不法取证问题之困难在于：刑事诉讼上之证据禁止规定，所规范之对象，乃国家机关之行为，而非私人。有鉴于此，第一种想法认为，私人违法取得之证据，原则上没有禁止使用的道理。但是质疑者认为，如果概括容许国家机关收受私人不法取得之证据，国家岂非犹如收受赃物的“窝赃者”？第二种想法认为，禁止不法取证之规定，关键不在于证据由何人不法取得，而在于不法行为本身，因此，即使私人施用不法手段，效果亦无不同。[⑦]在德国，对于私人，如被害人请的私人侦探，采用“禁止”方法，只要其无职业任务，不在禁止之列；但如果在询问中有侵犯人权的行为，如使

---

① 总体而言，对实物类证据非法取证的容忍度较高，“可能严重影响司法公正的”也不必然排除。参见魏晓娜：《非法言词证据认定路径的完善》，载《人民检察》2017年第18期。在域外，与非法实物证据排除规则相比较，对非法口供一般采取更为严格的排除规则，如德国《刑事诉讼法典》第136条中规定，“不论被指控人同意与否，第一款和第二款的禁止规定一律适用。违反这些禁止获得的陈述，即使被指控人同意，亦不得使用”。参见宗玉琨译注：《德国刑事诉讼法典》，知识产权出版社2013年版，第128页。可见，德国确立了对非法口供的强制排除模式。

② 参见杨宇冠：《非法证据排除规则研究》，中国人民公安大学出版社2002年版，第4页。

③ 《人民检察院刑事诉讼规则》第66条也规定：“对采用刑讯逼供等非法方法收集的犯罪嫌疑人供述……应当依法排除，不得作为移送审查逮捕、批准或者决定逮捕、移送起诉以及提起公诉的依据。”

④ 有关非法口供排除规则的实体性要件主要是指非法口供的范围，本章第三节将专门论述。

⑤ 林钰雄：《刑事诉讼法（上册 总论篇）》，中国人民大学出版社2005年版，第146页。

⑥ 参见陈光中主编：《证据法学（第四版）》，法律出版社2019年版，第235页。

⑦ 参见林钰雄：《刑事诉讼法（上册 总论篇）》，中国人民大学出版社2005年版，第442页。

用酷刑，或者该“私人”作为侦查机关的“工具”而行动，则构成证据使用禁止。[①]在日本，追诉机关利用私人非法收集的证据，该非法证据是否排除？日本的规范说和抑制说都认为不必排除。不过，廉洁说主张，违法的程度严重、侦查机关委托个人进行的违法侦查所收集的证据应当排除。[②]因此，如果办案人员指使狱内特情或其他被监管人对犯罪嫌疑人施以殴打、威胁等手段取得口供，应认定事实上也是办案人员直接取得口供。就此而言，私人受有关国家机关委托或指使实施的非法取供行为，也要受非法口供排除规则的规制。

（三）非法口供的排除阶段与排除主体

从域外实践来看，非法口供的排除主要发生在审判阶段，排除非法口供的主体为法官。“这主要是因为在整体的诉讼构造当中，与警察和检察官相比，法官被设定在一种相对超然的地位，能够更为平等地面对控辩双方。”[③]在美国，聆讯后，被告人可能会提出审前动议，审前动议发生在庭审前，其中就包括以违宪方式获得的证据应予以排除的申请。如果法官批准了被告人关于排除关键证据的动议，最终则可能驳回指控。[④]可见，美国通过审前会议，由法官排除非法证据，意在避免此类证据干扰陪审团进行事实认定。在法国，对非法口供的认定与排除更多由预审法官或法官负责。[⑤]在意大利，违反法律禁令的情况下获得的证据不得加以使用，并且可以在诉讼的任何阶段和审级中指出上述证据是不可使用的。[⑥]

在我国，侦查机关、检察机关、审判机关都是非法口供排除的义务主体，法官可以在审判阶段依法排除非法证据，侦查人员和检察人员可以在侦查和检察环节依法排除非法证据。[⑦]“规定刑事诉讼每个阶段的办案机关都有排除非法证据的义务，有利于尽早发现和排除非法证据，提高办案质量，维护诉讼参与人合法权利。”[⑧]可以说，审前阶段可以排除非法口供是我国口供证据排除规则的一大特色，甚至是制度创新。

---

① 参见宗玉琨译注：《德国刑事诉讼法典》，知识产权出版社 2013 年版，第 125 页。

② 参见〔日〕田口守一：《刑事诉讼法（第七版）》，张凌、于秀峰译，法律出版社 2019 年版，第 482 页。

③ 吴洪淇：《证据排除抑或证据把关：审查起诉阶段非法证据排除的实证研究》，载《法制与社会发展》2016 年第 5 期。

④ 参见〔美〕约书亚·德雷斯勒、〔美〕艾伦·C. 迈克尔斯：《美国刑事诉讼法精解（第二卷·刑事审判）（第四版）》，魏晓娜译，北京大学出版社 2009 版，第 10 页。

⑤ 参见施鹏鹏：《口供的自由、自愿原则研究——法国模式及评价》，载《比较法研究》2017 年第 3 期。

⑥ 参见卞建林主编：《刑事证据制度——外国刑事诉讼法有关规定（上）》，中国检察出版社 2017 年版，第 396 页。

⑦ 《刑事诉讼法》第 56 条第 2 款规定：“在侦查、审查起诉、审判时发现有应当排除的证据的，应当依法予以排除，不得作为起诉意见、起诉决定和判决的依据。”

⑧ 王爱立主编：《中华人民共和国刑事诉讼法释义》，法律出版社 2018 年版，第 121 页。

第一，侦查机关排除非法口供。侦查机关在侦查阶段可以依法排除非法口供。[①]一般认为，由侦查机关排除自己收集的非法证据不太可能，但这样至少可以警示侦查机关及侦查人员应当依法收集证据，从而激励侦查机关自我排除非法证据，而不是抵触对非法证据的排除。[②]因此，规定侦查机关可以排除非法口供有助于提升侦查人员的证据意识，主动防止刑讯逼供等非法取供行为。但也必须指出，侦查取证职能与排除非法证据职能具有天然的冲突，所以至少应在侦查机关内部将取证职能与排除非法证据职能分离，分别由不同的部门行使。[③]

第二，检察机关排除非法口供。检察机关在审前阶段依法排除非法口供，突显了检察机关作为法律监督机关的地位和作用。检察机关排除非法口供主要包括三种情形：一是审查逮捕期间排除非法口供；二是审查起诉期间排除非法口供；三是侦查终结前排除非法口供。[④]在审查逮捕、审查起诉期间讯问犯罪嫌疑人，应告知其有权申请排除非法证据。[⑤]不过，有的办案人员在审前阶段应排除非法口供而未排除，同时通过补充侦查的形式进行补救，所以审前阶段排除非法口供存在背离非法证据排除规则设立初衷的问题。“从非法证据排除之后的处理状况来看，在审查起诉阶段将非法证据排除之后，绝大多数案件因此所遗留的证据缺陷都被通过退侦、补正、重新收集证据等方式进行了补救”[⑥]，但“如此一来，显然非法证据的排除已经成为控方完善其指控证据的一种手段，也对侦查机关的违法取证活动进行了最大的弥补，最终非法证据的排除效果荡然无存”[⑦]。因此，在审前阶段排除非法口供应树立证据能力意识，不能将非法口供排除规则作为确保口供真实性的工具。

第三，审判机关排除非法口供。实践中审判阶段仍是排除非法口供的重要程序阶段。一是庭前会议排除非法口供。我国 2012 年修订的《刑事诉讼法》增设了庭前会议制度，另外，《关于办理刑事案件排除非法证据若干问题的规定》

① 《公安机关办理刑事案件程序规定》第 71 条第 3 款规定：“在侦查阶段发现有应当排除的证据的，经县级以上公安机关负责人批准，应当依法予以排除，不得作为提请批准逮捕、移送审查起诉的依据。”

② 参见顾永忠：《我国司法体制下非法证据排除规则的本土化研究》，载《政治与法律》2013 年第 2 期。

③ 参见任惠华、邓发前：《我国侦查阶段非法证据排除规则的法教义学分析》，载《政法学刊》2020 年第 6 期。

④ 《严格排除非法证据规定》第 14 条第 3 款规定：“对重大案件，人民检察院驻看守所检察人员应当在侦查终结前询问犯罪嫌疑人，核查是否存在刑讯逼供、非法取证情形，并同步录音录像。经核查，确有刑讯逼供、非法取证情形的，侦查机关应当及时排除非法证据，不得作为提请批准逮捕、移送审查起诉的根据。”

⑤ 参见《严格排除非法证据规定》第 16 条。

⑥ 吴洪淇：《证据排除抑或证据把关：审查起诉阶段非法证据排除的实证研究》，载《法制与社会发展》2016 年第 5 期。

⑦ 杨波：《审查起诉阶段非法证据排除规则研究——以非法证据排除规则立法的中国特色为视角》，载《学习与探索》2017 年第 7 期。

《人民法院办理刑事案件排除非法证据规程(试行)》等规范性文件又对庭前会议中排除非法证据进行了较为详细的规定,这有助于发挥庭前会议在排除非法证据方面的功能。"从长远来看,甚至可能由此将庭前会议制度引导发展成我国刑事审判过程中的程序性裁判活动,作为'审判之中的审判'。"①二是庭审阶段排除非法口供。我国确立了先行调查原则,即"法庭决定对证据收集的合法性进行调查的,应当先行当庭调查"②,这就意味着非法证据排除一旦启动,就具有中止案件实体裁判程序的效果,直到法院作出是否排除有关证据的决定后,才能恢复案件的实体审理活动。③先行调查原则符合当前通行的做法,英美法一般认为,自白是否出于任意性,为先决之实施问题,法官应先予调查并决定之。④当然,为防止庭审过分迟延,也可以在法庭调查结束前调查,⑤这属于先行调查原则的例外情形。同时,人民法院对证据收集的合法性进行调查后,应当当庭作出是否排除有关证据的决定。⑥

(四)非法口供排除程序的启动与口供合法性的证明责任

1. 非法口供排除程序的启动

在审判阶段,我国非法证据排除程序的启动包括两种模式:一是法院依职权启动,即审判人员认为可能存在法律规定以非法方法收集证据情形的,应当对证据收集的合法性进行法庭调查,⑦这是法院的法定权力,也是法院的法定义务。二是法院依被告方申请启动。申请排除以非法方法收集的证据的,应当提供相关线索或者材料,⑧其中,"线索"是指内容具体、指向明确的涉嫌非法取证的人员、时间、地点、方式等;"材料"是指能够反映非法取证的伤情照片、体检记录、医院病历、讯问笔录、讯问录音录像或者同监室人员的证言等。⑨申请方提供线索或者材料属于"履行力所能及的提证责任"或称为"初步的证明责任",而不是由申请方承担证明责任。从立法角度上而言,申请方提供线索或者材料,一方面是因为当事人是非法取证的亲历者,有条件向法庭提供有关线索或者材料以便进行调查;另一方面也是为了防止当事人及其辩护人、诉讼代理人滥用诉讼权利,随意提出申请,干扰庭审的正常进行。⑩但是实践中,申请方提供线索或者材料通常较难。

---

① 卞建林:《我国非法证据排除规则的新发展》,载《中国刑事法杂志》2017年第4期。

② 《最高院刑诉法解释》第134条。

③ 参见陈瑞华:《新非法证据排除规则的八大亮点》,载《人民法院报》2017年6月29日第2版。

④ 参见林钰雄主编:《新学林分科六法——刑事诉讼法》,台湾新学林出版股份有限公司2009年版,第A-193页。

⑤ 参见《最高院刑诉法解释》第134条。

⑥ 参见《人民法院办理刑事案件排除非法证据规程(试行)》第25条。

⑦ 参见《刑事诉讼法》第58条第1款。

⑧ 参见《刑事诉讼法》第58条第2款。

⑨ 参见《人民法院办理刑事案件排除非法证据规程(试行)》第5条第1款。

⑩ 参见王爱立主编:《中华人民共和国刑事诉讼法释义》,法律出版社2018年版,第125页。

2. 口供合法性的证明责任和证明标准

在刑事诉讼活动中,控方与辩方之间的力量悬殊,“被告欲证明其自白非出于任意,十分困难”[①]。为了平衡二者之间的关系,由控方证明取供的合法性是通常做法,“英美法例与日本法例则认为检察官应就自白之证据能力,负举证责任”[②],也即举证责任倒置。例如,在英国,任何公诉方计划将被告人所作供述作为本方证据提出的诉讼中,如果有证据证明供述是或者可能是通过对被告人采取压迫的手段,或者实施在当时情况下可能导致被告人的供述不可靠的任何言语和行为,则法庭应当不允许将该供述作为对被告人不利的证据提出,除非检察官能向法庭证明该供述(尽管它可能是真实的)并非以上述方式取得,并且要将此证明到排除任何合理怀疑的程度。[③]在日本,对于自白的任意性没有疑问,检察官负有客观的举证责任。[④]其实理论上而言,检察机关要证明被告人构成犯罪,也应证明用于证明被告人有罪的证据是合法取得的。

就我国而言,关于口供合法性的证明责任,即在对证据收集的合法性进行法庭调查的过程中,人民检察院应当对证据收集的合法性加以证明。[⑤]证明证据合法性的方法主要包括:出示讯问笔录、提讯登记、体检记录、采取强制措施或者侦查措施的法律文书、侦查终结前对讯问合法性的核查材料等,播放讯问录音录像,提请法庭通知侦查人员或者其他人员出庭说明情况。[⑥]其中,侦查人员或者其他人员出庭作证制度[⑦]是检察机关承担证明取供合法性的重要手段,同时也有助于抑制刑讯逼供,保障犯罪嫌疑人权利,推进以审判为中心的刑事诉讼制度

---

① 林钰雄主编:《新学林分科六法——刑事诉讼法》,台湾新学林出版股份有限公司 2009 年版,第 A-99 页。

② 同上书,第 A-194 页。

③ 参见卞建林主编:《刑事证据制度——外国刑事诉讼法有关规定(上)》,中国检察出版社 2017 年版,第 431 页。

④ 参见〔日〕田口守一:《刑事诉讼法(第七版)》,张凌、于秀峰译,法律出版社 2019 年版,第 491 页。

⑤ 参见《刑事诉讼法》第 59 条第 1 款。

⑥ 参见《人民法院办理刑事案件排除非法证据规程(试行)》第 20 条第 1 款。

⑦ 《刑事诉讼法》第 59 条第 2 款规定:“现有证据材料不能证明证据收集的合法性的,人民检察院可以提请人民法院通知有关侦查人员或者其他人员出庭说明情况;人民法院可以通知有关侦查人员或者其他人员出庭说明情况。有关侦查人员或者其他人员也可以要求出庭说明情况。经人民法院通知,有关人员应当出庭。”其中,“有关侦查人员”主要是指参与收集有关证据的侦查人员,如讯问犯罪嫌疑人的侦查人员、提取物证的侦查人员等。“其他人员”是指了解证据收集情况的其他人员,如看守所民警、搜查时的见证人等。参见王爱立主编:《中华人民共和国刑事诉讼法释义》,法律出版社 2018 年版,第 127 页。不过,侦查人员出庭作证的启动不包括被告方的申请,对此,有研究者指出,主要考虑到侦查人员的主要职责是侦查犯罪,看守所监管人员、驻看守所检察人员、值班律师等也都承担着各自的职责,如果被告人及其辩护人对证据收集的合法性提出异议,就一律要求上述人员出庭,非但没有必要,而且会大大增加其负担,影响其本职工作,因此,法庭应当对必要性作出审查。只有当现有证据材料不能证明证据收集的合法性,确有必要通知上述人员出庭作证或者说明情况的,才通知其出庭。参见万春、高翼飞:《刑事案件非法证据排除规则的发展——〈关于办理刑事案件严格排除非法证据若干问题的规定〉新亮点》,载《中国刑事法杂志》2017 年第 4 期。

的改革。而关于口供合法性的证明标准,《刑事诉讼法》第60条规定:"对于经过法庭审理,确认或者不能排除存在本法第五十六条规定的以非法方法收集证据情形的,对有关证据应当予以排除"。该条是对证据合法性进行法庭调查之后如何处理的规定,也可以理解为排除非法口供证据的证明标准。因此,检察机关对所涉证据合法性的证明应当达到完全排除系非法取得之可能性的程度;否则,该证据就属于应当排除的非法证据,不得作为法院判决的依据。①

二、非法口供排除规则的当代发展

(一)非法口供排除规则的域外考察

非法口供排除规则是一项受到公认的国际刑事司法准则,一些国际公约明确规定禁止采用非法手段取得口供。例如,《世界人权宣言》第5条规定:"任何人不得加以酷刑,或施以残忍的、不人道的或侮辱性的待遇或刑罚。"《禁止酷刑和其他残忍、不人道或有辱人格的待遇或处罚公约》第15条规定:"每一缔约国应确保在任何诉讼程序中,不得援引任何业经确定系以酷刑取得的口供为证据,但这类口供可用作被控施用酷刑者刑求逼供的证据。"《保护所有遭受任何形式拘留或监禁的人的原则》第21条规定:"应禁止不当利用被拘留人或被监禁人的处境而进行逼供,或迫其以其他方式认罪,或作出不利于他人的证言。审问被拘留人时不得对其施以暴力、威胁或使用损害其决定能力或其判断力的审问方法。"《国际刑事法院罗马规约》第55条中规定:"不受任何形式的强迫、胁迫或威胁,不受酷刑,或任何其他形式的残忍、不人道或有辱人格的待遇或处罚。"同时,非法口供排除规则在一些国家和地区主要通过成文法或者判例法的形式予以确立。

现代意义上的非法证据排除规则被认为于19世纪末至20世纪初产生于美国,且主要通过判例法的形式予以确立。在美国,警方采用不恰当的威胁、伤害或压力诱使嫌疑人认罪的行为,不仅遭到禁止,且因此获得任何的证据都不会被法庭采信;同时,嫌疑人享有拒绝回答问题、得到律师帮助的权利,在被告知享有这些权利前,嫌疑人透露的任何信息同样不能为法庭采信。② 对此,美国联邦最高法院曾表明,特定讯问方法,包括肢体暴力、以造成身体伤害或实施惩罚相威胁、在长时间与外界隔离的环境下进行讯问、单独禁闭、剥夺食物与睡眠需求以及作出从轻处理的承诺,可以被推定为因具有强迫性而违宪。③当然,美国目前

---

① 参见顾永忠:《我国司法体制下非法证据排除规则的本土化研究》,载《政治与法律》2013年第2期。

② 参见〔美〕艾伦·法恩思沃斯、〔美〕史蒂夫·谢泼德:《美国法律体系》,李明倩译,上海人民出版社2018年版,第96页。

③ 参见〔美〕索尔·M.卡辛等:《警察诱供:风险因素与防范建议》,载〔美〕柏恩敬、刘超、高原编译:《追问警察讯问方法——比较法的视角》,法律出版社2018年版,第81—82页。

非法取供的形式已不那么极端，公开的肉体折磨的使用让位于使用更不易察觉的压力，“现代羁押中的讯问实践是以心理而不是以肉体为目标”①。从相关判例来看，采用威胁等方法取得的口供的排除立场更为明确，而采用许诺、欺骗等方法取得的口供是否需要排除还存在一定的分歧。

英国的非法口供排除规则既有判例法上的渊源，也能在成文法中找到相关规定。18世纪末期以前，被告人在庭外作出的口供都可以作为证据被法庭采纳，哪怕口供是遭到警察的逼迫而在非自愿的情况下作出的。1783年国王诉沃里克沙尔（The King v. Warickshall）一案确认了非自愿性口供天然地缺乏可靠性，从而开创了第一个证据排除规则。根据该案，采用酷刑或者其他强制方式获取的口供必须被禁止，因为这种做法隐藏着导致无辜者被迫认罪的风险，非自愿性的口供被禁止是因为它们并不可靠。② 1984年《警察与刑事证据法》第76条第2款规定，“在任何公诉方计划将被告人所作供述作为本方证据提出的诉讼中，如果有证据证明供述是或者可能是通过以下方式取得的——（a）对被告人采取压迫（oppression）的手段；或者（b）实施在当时情况下可能导致被告人的供述不可靠（unreliable any confession）的任何言语和行为，则法庭应当不允许将该供述作为对被告人不利的证据提出，除非检察官能向法庭证明该供述（尽管它可能是真实的）并非以上述方式取得，并且要将此证明到排除任何合理怀疑的程度。”③该法第78条第1款还规定：“在任何程序中，如果法庭在考虑到包括收集证据情况在内的所有情况以后，认为采纳这种证据将会对诉讼的公正性造成不利的影响，因此不应将它采纳为证据，则可以拒绝将审查官据以作出指控的证据予以采纳。”④根据上述两个条款，英国明确了三种非法取供的方法：一是压迫方法。“压迫”包括刑讯、非人道或有损尊严的对待以及使用暴力或以暴力相威胁（不论是否构成刑讯）。⑤二是导致不可靠供述的其他方法。如允诺保释、允诺减少指控或威胁增加指控、敌意的和攻击性的提问、威胁关押犯罪嫌疑人直至作出口供、不适当地拒绝律师帮助的权利或其他严重违反《操作细则》的行为。⑥三是对程序公平性具有不利影响的取证。例如，警察错误地拒绝被告人得到法律顾问或者拒绝的理由是不适当的，或没有告知嫌疑人他们的权利，或没有在审讯时

---

① 〔美〕伟恩·R.拉费弗、〔美〕杰罗德·H.伊斯雷尔、〔美〕南西·J.金：《刑事诉讼法（上册）》，卞建林、沙丽金等译，中国政法大学出版社2003年版，第338页。

② 参见〔美〕索尔·M.卡辛等：《警察诱供：风险因素与防范建议》，载〔美〕柏恩敬、刘超、高原编译：《追问警察讯问方法——比较法的视角》，法律出版社2018年版，第79—80页。

③ 卞建林主编：《刑事证据制度——外国刑事诉讼法有关规定（上）》，中国检察出版社2017年版，第431页。

④ 同上书，第433页。

⑤ 同上书，第431页。

⑥ 参见〔英〕麦克·麦康维尔：《英国刑事诉讼导言》，程味秋、杨宇冠、魏晓娜译，载中国政法大学刑事法律研究中心编：《英国刑事诉讼法（选编）》，中国政法大学出版社2001年版，第40页。

作同期记录,或者欺骗了嫌疑人和他的法律顾问。[①]

德国主要以成文法的形式规定非法口供排除规则。德国《刑事诉讼法典》第136a条规定:"(一)不得用虐待、疲劳战术、伤害身体、施用药物、折磨、欺诈或催眠等方法损害被指控人意思决定和意思活动之自由。强制只能在刑事诉讼法允许的范围内使用。禁止以刑事诉讼法不准许的措施相威胁,禁止许诺法律未规定的利益。(二)禁止使用损害被指控人记忆力或理解力的措施。(三)不论被指控人同意与否,第(一)款和第(二)款的禁止规定一律适用。违反这些禁止获得的陈述,即使被指控人同意,亦不得使用。"[②]当然,德国的非法取供行为不限于上述方式,"通过其他非法方法以及通过侵犯个人权利和人格尊严获得的证据是否排除取决于法院权衡利益后的自由裁量"[③]。

奥地利也主要以成文法的形式规定非法口供排除规则,如奥地利《刑事诉讼法典》第164条第4款规定:"不得使用非法允诺、欺骗、威胁或强制手段获取犯罪嫌疑人供述或促使其提供其他信息。不得通过任何手段或者以侵犯其身体完整性的手段来损害犯罪嫌疑人的意思决定自由和意思实现自由及其记忆力和辨认能力。向犯罪嫌疑人提出的问题必须明确、清晰易懂,不得提出不确定、语意模糊或诱导性问题。"[④]

与其他大陆法系国家不同的是,法国《刑事诉讼法典》并未详细列举各种非法取供的情况,而仅作极为宽泛的界定。究其原因,由于司法实践的情况非常复杂,非法获取口供的方式也屡有翻新,为此法国更多是以最高法院判例的形式进行规制,而非成文法。较之于成文法典,判例更具时效性、灵活性和可参照性。不过,在证明制度上,法国刑事诉讼采用最便于"揭示案件真相"的"证据自由原则"。因此,与德国、意大利相比,法国对非法口供的排除标准较低,除非存在极端侵害人身完整或者自由辩护权的行为,否则所获取的口供均可进入庭审,经对席辩论后可作为定案的依据。从根本上说,因为"社会利益优先""国家权力主导""追求实质真实"等核心目标在法国刑事诉讼中未发生根本变化,公权力机构在刑事司法体系中还处于较优势的地位,所以法国的司法实践对口供合法性标准的把握总体宽松。[⑤]

---

① 参见〔英〕麦克·麦康维尔:《英国刑事诉讼导言》,程味秋、杨宇冠、魏晓娜译,载中国政法大学刑事法律研究中心编:《英国刑事诉讼法(选编)》,中国政法大学出版社2001年版,第42页。

② 宗玉琨译注:《德国刑事诉讼法典》,知识产权出版社2013年版,第125—128页。

③ 陈卫东、〔荷〕Taru Spronken主编:《遏制酷刑的三重路径:程序制裁、羁押场所的预防与警察讯问技能的提升》,中国法制出版社2012年版,第19页。

④ 陈卫东主编:《刑事立案与侦查——外国刑事诉讼法有关规定(下)》,中国检察出版社2017年版,第448页。

⑤ 参见施鹏鹏:《口供的自由、自愿原则研究——法国模式及评价》,载《比较法研究》2017年第3期。

日本的判例从1978年开始采用非法收集证据排除规则；[①]日本《宪法》第38条第2款规定："用强制、刑讯或胁迫的方法获得的自白或者因长期不当羁押、拘禁后的自白，不能作为证据"[②]，同时日本《刑事诉讼法》第319条第1款也规定："受强制、刑讯逼供或者胁迫而作出的自白，经过不当的长期扣留或者拘禁后的自白，以及其他疑似非任意的自白，都不得作为证据使用。"[③]

（二）我国非法口供排除规则的立法沿革

我国非法证据排除规则的产生和发展，具有特定的历史和制度背景。从现有的排除规则看，既借鉴了域外的先进理念，又立足于中国国情和司法实际。[④]从立法沿革上看，我国非法口供排除规则发展进程中有三个重要的法制建设标志：一是2010年"两高三部"发布的"两个证据规则"；二是2012年修订的《刑事诉讼法》；三是2017年"两高三部"发布的《严格排除非法证据规定》。

1998年和1999年最高人民检察院和最高人民法院相继出台的刑事诉讼法司法解释就已规定了非法口供排除规则，但当时的规定较为简单、原则。2010年"两个证据规则"首次系统地规定了非法口供排除规则。《关于办理死刑案件审查判断证据若干问题的规定》第19条规定："采用刑讯逼供等非法手段取得的被告人供述，不能作为定案的根据。"《关于办理刑事案件排除非法证据若干问题的规定》第1条规定："采用刑讯逼供等非法手段取得的犯罪嫌疑人、被告人供述……属于非法言词证据。"第2条规定："经依法确认的非法言词证据，应当予以排除，不能作为定案的根据。"可见，"两个证据规则"明确规定排除刑讯逼供取得的口供。

2012年修订的《刑事诉讼法》基本沿用了"两个证据规则"的有关规定，首次在国家法层面规定了非法口供排除规则，这主要体现在两个条文中，即第50条关于禁止收集口供方法的规定和第54条第1款关于排除非法口供的规定。[⑤]第50条规定："严禁刑讯逼供和以威胁、引诱、欺骗以及其他非法方法收集证据"；第54条第1款规定："采用刑讯逼供等非法方法收集的犯罪嫌疑人、被告人供述……应当予以排除"。这两个条款确立了我国"宽禁止、严排除"的非法口供排除特点。但是，以其他非法方法收集的口供是否应当排除，2012年《刑事诉讼法》并未明确规定，"排除以刑讯手段获取的口供在很大程度上只能算是非法证据排除规则的'前身'"[⑥]。当然，从条文表述中的"等"字来看，与刑讯逼供相当的其他严重违法行为取得的口供也应该排除。2012年《刑事诉讼法》未能列举出

---

① 参见〔日〕田口守一：《刑事诉讼法（第七版）》，张凌、于秀峰译，法律出版社2019年版，第475页。

② 同上书，第485页。

③ 张凌、于秀峰编译：《日本刑事诉讼法律总览》，人民法院出版社2017年版，第92页。

④ 参见戴长林主编：《非法证据排除规定和规程理解与适用》，法律出版社2019年版，第2页。

⑤ 2018年修订的《刑事诉讼法》分别在第52条和第56条第1款进行了相同的规定。

⑥ 孙远：《论非法证据排除规则有效适用的三个要素——以侦查追诉阶段排除非法证据为视角》，载《政治与法律》2018年第4期。

应当排除的非法取供行为是多种因素导致的，虽有遗憾，但2012年《刑事诉讼法》首次规定了非法口供排除规则，其意义深远。

之后，有关部门陆续出台了涉及非法口供排除规则的规范性文件，其中较有影响力的规范性文件及其主要内容包括：一是2013年《关于建立健全防范刑事冤假错案工作机制的意见》第8条第1款规定，"采用刑讯逼供或者冻、饿、晒、烤、疲劳审讯等非法方法收集的被告人供述，应当排除。"该意见列明了非法讯问行为，尤其将以"冻、饿、晒、烤、疲劳审讯"方法取得的口供视为非法口供，并予以排除，实属不易。二是2016年《关于推进以审判为中心的刑事诉讼制度改革的意见》第4条第2款规定："对采取刑讯逼供、暴力、威胁等非法方法收集的言词证据，应当依法予以排除。"该意见规定了以威胁方法取得的口供应予以排除。三是2017年《关于全面推进以审判为中心的刑事诉讼制度改革的实施意见》第21条第1款再次确认，"采取刑讯逼供、暴力、威胁等非法方法收集的言词证据，应当予以排除。"不过，上述规范性文件对有些问题的规定并不完全一致，这影响了《刑事诉讼法》的统一适用，增加了法律适用的难度。[①]

2017年《严格排除非法证据规定》的出台"既立足国情又适当借鉴国际有益经验"[②]，在我国非法口供排除规则法制化建设进程中占有重要地位。其主要亮点包括：一是将刑讯逼供细化为殴打、违法使用戒具等暴力方法和变相肉刑的恶劣手段，即刑讯逼供包括肉刑和变相肉刑两种情形；二是明确规定以威胁方法取供的排除问题；三是首次规定以非法拘禁等非法限制人身自由方法取供的排除问题；四是首次规定重复性供述的排除问题。

此后，最高司法机关又陆续出台了若干司法解释，大体上重申或明确了非法口供排除规则的主要内容，不过总体上未再有实质性的突破。例如，《人民法院办理刑事案件排除非法证据规程（试行）》第1条重申了《严格排除非法证据规定》第2—5条的有关内容；《人民检察院刑事诉讼规则》第67条和《最高院刑诉法解释》第123条对非法取供行为的排除几乎作了相同的表述。

综上所述，近十年来我国非法口供排除规则的法制化建设取得了极为显著的成绩，并逐渐形成了以《刑事诉讼法》为统率，以相关司法解释或者司法解释性质的文件为辅助的法律规范体系，对非法口供排除规则的一些基本问题也达成了基本共识，但受制于部门利益，一些重要的、关键的问题尚未达成共识，这也导致一些重要的规则无法确立。[③] 笔者认为，随着我国日益强化人权保障，一些待

① 参见戴长林、罗国良、刘静坤：《中国非法证据排除制度：原理·案例·适用（修订版）》，法律出版社2017年版，第19页。

② 陈光中：《对〈严格排除非法证据规定〉的几点个人理解》，载《中国刑事法杂志》2017年第4期。

③ 参见戴长林、罗国良、刘静坤：《中国非法证据排除制度：原理·案例·适用（修订版）》，法律出版社2017年版，第67页。

定事宜是有可能在今后的法制建设中逐步得到解决的。

三、非法口供排除规则的正当性基础与属性

（一）非法口供排除规则的正当性基础

人们对于非法口供排除规则的正当性基础既存在共识，也存在一些不同理解。[①]如美国的重点在于限制警察滥用权力，德国更强调禁止以非法手段对犯罪嫌疑人本身造成侵害，我国则更多地侧重于对刑讯逼供的防范。[②]可见，非法口供排除规则的构建受到了地方性因素的影响。

1. 威慑说

威慑理论，也称吓阻理论、吓阻效果说、抑制效果说、导正纪律说等，它是指"推定自白因警察的不当行为而不真实，以吓阻警察的不当行为"[③]。威慑理论的基本假设是：如果要遏制警察的非法取供行为，有效的方法是排除警察违法取得的供述，"排除此等口供的动机与讯问人员违反规则的行为息息相关，与有正当的根据怀疑口供的内容没有任何关系。为了激励警察完全遵守现有的有关被逮捕人处遇的法律，法院已经认定，通过排除一个毫无争议的具有相关性的口供来惩罚追诉者是适当的"[④]，所以非法口供排除规则"乃将一具证据价值，甚或为真实的证据，因取得程序违法而排除不得作为证据"[⑤]。理论上而言，"以禁止使用违法证据为违法取证之法律效果，自始消除追诉机关违法取证之诱因，进而导正其纪律。亦即，通过证据使用禁止之制度，检警即使迫于外界破案压力或纯为一己的绩效，也没有诱因要违法取证，因为即使取得，也无法使用"[⑥]。质言之，"依据吓阻性法则排除之自白，与该自白是否具有任意性无关，排除之理论基础在吓阻取得该合法自白前之非法行为"[⑦]。

威慑理论盛行于美国，且为美国非法口供排除规则产生的重要理论基础，

---

① 在一定程度上，非法证据排除规则的正当性基础就是非法口供排除的正当性基础。有学者认为，以逼迫手段取得的自白不得被采为证据有两个主要理由：一是这样的自白可能不可靠；二是在一个文明社会里，不应强迫一个人自我归罪，对于处于监禁状态中的人，警察不得施以虐待或者不当压力来榨取其自白。参见〔英〕克里斯托弗·艾伦：《英国证据法实务指南（第四版）》，王进喜译，中国法制出版社2012年版，第237页。有学者认为，排除规则的实质性根据有三种观点：规范说（也称宪法保障说）、司法廉洁说（也称司法无瑕说）和抑制效果说。参见〔日〕田口守一：《刑事诉讼法（第七版）》，张凌、于秀峰译，法律出版社2019年版，第476页。还有学者认为，非法证据排除规则的主要理论为威慑理论、公正审判理论、法治国家理论、救济理论、可靠性理论等。参见戴长林、罗国良、刘静坤：《中国非法证据排除制度：原理·案例·适用（修订版）》，法律出版社2017年版，第52—60页。

② 参见陈卫东、胡晴晴：《我国非法证据排除规则的问题与完善》，载《法治社会》2016年第5期。

③ 王兆鹏：《美国刑事诉讼法（第二版）》，北京大学出版社2014年版，第259页。

④ 〔美〕拉里·劳丹：《错案的哲学：刑事诉讼认识论》，李昌盛译，北京大学出版社2015年版，第196页。

⑤ 王兆鹏：《新刑诉·新思维》，中国检察出版社2016年版，第3页。

⑥ 林钰雄：《干预处分与刑事证据》，北京大学出版社2010年版，第184页。

⑦ 王兆鹏：《美国刑事诉讼法（第二版）》，北京大学出版社2014年版，第270页。

“因为法院认为抑制警察的非法行为可以不计代价。这个理论，就像当前美国刑事法中的许多其他阻碍认知的理论一样，是20世纪法院的创造物”[①]。对此，联邦最高法院已经在许多判例中指出，非法证据排除规则的主要目的是遏制警察的不合法行为，[②]即“通过激励警察尊重个人权利来规制警察调查活动”[③]。20世纪后半叶以来，受美国非法证据排除规则的影响，包括欧洲大陆法系国家在内的许多国家和地区已经逐渐接受了为威慑警察违法而排除证据的观念。[④] 例如，在日本，抑制效果说占主导地位，为“抑制将来的违法侦查，排除非法收集的证据是最佳的方法”[⑤]。英国虽不以威慑理论作为非法证据排除规则的理论基础，但排除规则的威慑效应是客观存在的，如1984年《警察与刑事证据法》实施之初，警察如果在讯问时忽视被告人获得律师帮助的权利，上诉法院就会在一些案件中以警察取得供述剥夺律师帮助权为由撤销定罪裁决。[⑥]在我国，戴长林教授等认为，办案人员通过非法方法逼取口供，这种非法的口供也不能作为起诉意见、起诉决定和判决的依据。这种釜底抽薪的方式能够有效遏制办案人员非法取证的动机，促使其依法规范取证。[⑦]张建伟教授认为，排除非法证据的真正目的在于矫正取证行为，即通过排除特定行为的结果而反制行为人，使其不能从特定行为取得的成果中获益，同时发挥警戒作用，使行为人不再重复这种特定行为，从而改变其行为模式。[⑧]

但是，非法口供排除规则是否能够发挥威慑作用，也不无疑义。例如，在美国，即使是“控制警察”(policing the police)论最狂热的支持者也承认，排除证据至多也不过是对无法令人接受的警察侦查行为的一个温和的和间接的吓阻因素。[⑨]如果警察知道非法获得的证据对于定罪没有用，他们就不会使用被禁止的方法，该观点在德国并不受到认同。批评者指出，刑事诉讼中的证据并不是公诉人用来赢得案件的手段，而是法庭履行职责查明真相的必要工具；因此，证据排除损害的并不是警察或者公诉人的利益，而是刑事案件获得公正准确判决的公

---

① 〔美〕拉里·劳丹：《错案的哲学：刑事诉讼认识论》，李昌盛译，北京大学出版社2015年版，第201页。

② 参见〔美〕罗纳尔多·V.戴尔卡门：《美国刑事诉讼：法律和实践》，张鸿巍等译，武汉大学出版社2006年版，第108页。

③ 〔美〕罗纳德·J.艾伦：《艾伦教授论证据法（上）》，张保生等译，中国人民大学出版社2014年版，第318页。

④ 参见吴宏耀：《美国非法证据排除规则的当代命运》，载《比较法研究》2015年第1期。

⑤ 〔日〕田口守一：《刑事诉讼法（第七版）》，张凌、于秀峰译，法律出版社2019年版，第476页。

⑥ 参见戴长林、罗国良、刘静坤：《中国非法证据排除制度：原理·案例·适用（修订版）》，法律出版社2017年版，第53页。

⑦ 同上书，第16—17页。

⑧ 参见张建伟：《通报制度：非法证据排除中的“痛感传递”》，载《人民检察》2021年第3期。

⑨ 参见〔美〕拉里·劳丹：《错案的哲学：刑事诉讼认识论》，李昌盛译，北京大学出版社2015年版，第245页。

共利益。[①]而且，目前也缺乏对非法证据排除规则威慑效果的实证研究，实际上对该问题也难以开展有效的实证研究，如侦查人员的法律知识不足，并不了解相应的排除规则，或者认为违法取证不会被发现，或者认为犯罪嫌疑人会始终认罪，排除规则的威慑效应就无从谈起。[②]因此，抑制将来违法侦查的效果是不能进行实证的。[③]换言之，评估威胁理论的实效，就如同评估刑罚的实效一样，并不容易做到。在我国，审查起诉时发现有应当排除的证据的，应当依法予以排除，然而"审查起诉阶段的非法证据排除非但不是震慑警察，反而更多的是给警察的证据补救提供机会和缓冲的余地"[④]。

当然，虽然没有实证研究证实非法口供排除规则的威慑功能，但以此否定其威慑效果也是不客观的。从中外司法实践来看，侦查讯问的法治化程度越来越高，这与非法口供排除规则的确立无疑存在密切的关联，"无论是其他国家刑事诉讼发展的历史，还是我国刑事诉讼的现状，都已经证明了其他替代排除规则的方法是有缺陷的，并不能起到制止警察非法取证的作用"[⑤]。目前，威慑理论在我国还未深入人心，不过随着非法口供排除规则的不断适用，该规则在遏制非法取供方面的作用也会逐渐彰显。

2. 权利保障说

在非法口供排除规则中，权利保障理论抑或人权保障理论的流行体现了刑事诉讼和证据规则在价值取向上的转变。传统观点认为，刑事诉讼和证据规则主要在于发现实体真实，而发现实体真实的手段往往被忽视。如在1861年英国的一个相关案件中，法官表示，"不管你如何得到的证据，即使是偷来的，也可以作为证据采纳。"[⑥]但到了20世纪，证据规则除真实取向外，出现了权利取向。例如，在美国，1944年阿什克拉夫特诉田纳西州案（Ashcraft v. Tennessee，简称"阿什克拉夫特案"）在自白的证据能力方面由真实标准转向了警察方法标准，注重对警察权力滥用倾向的遏制，因为"即使追求真相这样高贵的目的——不能正当化所有可能的手段"[⑦]。在德国，法学理论和法学著作中存在一种共识，"不惜

---

① 参见〔德〕托马斯·魏根特：《德国刑事诉讼程序》，岳礼玲、温小洁译，中国政法大学出版社2004年版，第193—194页。

② 参见戴长林、罗国良、刘静坤：《中国非法证据排除制度：原理·案例·适用（修订版）》，法律出版社2017年版，第53页。

③ 参见〔日〕田口守一：《刑事诉讼法（第七版）》，张凌、于秀峰译，法律出版社2019年版，第476页。

④ 吴洪淇：《证据排除抑或证据把关：审查起诉阶段非法证据排除的实证研究》，载《法制与社会发展》2016年第5期。

⑤ 樊崇义主编：《刑事诉讼法学（第五版）》，法律出版社2020年版，第308页。

⑥ 转引自陈卫东、〔荷〕Taru Spronken主编：《遏制酷刑的三重路径：程序制裁、羁押场所的预防与警察讯问技能的提升》，中国法制出版社2012年版，第20页。

⑦ 〔美〕亚伦·德肖维茨：《合理的怀疑：从辛普森案批判美国司法体系》，高忠义、侯荷婷译，法律出版社2010年版，第31页。

任何代价来调查真相并不是刑事诉讼法的原则”，也即公诉人在审前和法庭在审判中查明真相的职责还受另外一些重要利益的约束，特别是保护由宪法保障的基本个人权利的利益。[①]在日本，有关证明能力问题的认识发生了重大转变，即从发现事实真相为中心的证明能力问题，转变为以正当程序为中心的证据能力问题。[②]

概言之，发现实体真实是刑事诉讼的基本目的，而以非法方法取得的供述也未必不真实。有办案人员指出，对那些拒不交代或者认罪态度不好的犯罪嫌疑人实施一定程度的体罚甚至虐待，获得的口供往往是真实的，而且能够得到犯罪现场勘查或其他赃物罪证的印证，[③]但为何还要排除此类真实的口供？这是因为“不正当之侦讯方式，乃对于自由权的不法侵害，违反人性尊严之保护。因此，法律不但禁止公权力机关以不正当之侦讯方式取得证据，也进而禁止法院使用这类证据”[④]。显然，非法取供行为侵犯了公民的基本权利和尊严，这不符合现代刑事诉讼的基本精神，“刑讯逼供等非法方法之所以必须加以摒弃的重要依据，并不在于其对犯罪调查和案件事实证明不能提供帮助，而在于刑讯逼供等非法方法侵犯了公民的基本人权，违反了正当程序的要求”[⑤]。因此，非法口供排除规则意在遏制非法取供行为，其内在根据是人权保障理念。非法口供排除规则也就不再仅关注口供的真实性，还强调取得口供的合法性，甚至有的时候，为了保障人权，可以牺牲真实的口供，如“对于某些严重侵犯当事人等权利的非法取证行为，在考虑是否排除由此取得的非法证据的时候，甚至应当将真实置之度外”[⑥]。在我国非法口供排除规则确立的过程中，权利保障理论也发挥了重要作用。

3. 防范冤假错案说

在我国，防范冤假错案是确立非法口供排除的重要原因。近年来，我国陆续发生了滕兴善案、佘祥林案、杜培武案、赵作海案、李久明案、呼格吉勒图案等冤假错案，这些冤假错案产生的原因是多方面的，但采取刑讯逼供等非法手段获得

---

① 参见〔德〕托马斯·魏根特：《德国刑事诉讼程序》，岳礼玲、温小洁译，中国政法大学出版社2004年版，第187—188页。

② 参见〔日〕田口守一：《刑事诉讼法（第七版）》，张凌、于秀峰译，法律出版社2019年版，第475页。

③ 参见刘涛：《侦查讯问中威胁、利诱、欺骗之限度研究》，载《中国人民公安大学学报（社会科学版）》2016年第3期。

④ 林钰雄：《干预处分与刑事证据》，北京大学出版社2010年版，第183页。

⑤ 戴长林、罗国良、刘静坤：《中国非法证据排除制度：原理·案例·适用（修订版）》，法律出版社2017年版，第66页。

⑥ 张建伟：《排除非法证据的价值预期与制度分析》，载《中国刑事法杂志》2017年第4期。

有罪供述则是其中最为重要的原因之一。[①] 实践中,以刑讯逼供等非法方法收集言词证据,严重侵犯当事人的人身权利,破坏司法公正,极易酿成冤假错案,是非法取证最严重的情形。[②]其实为了遏制刑讯逼供等非法取供行为,我国《刑法》第247条规定了刑讯逼供罪和暴力取证罪,但刑罚手段并未达到预期效果。采用否定非法口供的程序性制裁手段,则成为可行的方案。因此,我国非法口供排除规则的确立在很大程度上是基于治理刑讯逼供的需要,"非法证据排除规则被赋予解决刑讯问题的重大使命"[③],进而可以防范冤假错案的发生。从中央层面看,十八届三中全会通过的《中共中央关于全面深化改革若干重大问题的决定》明确要求:"健全错案防止、纠正、责任追究机制,严禁刑讯逼供、体罚虐待,严格实行非法证据排除规则。"十八届四中全会通过的《中共中央关于全面推进依法治国若干重大问题的决定》再次重申:"完善对限制人身自由司法措施和侦查手段的司法监督,加强对刑讯逼供和非法取证的源头预防,健全冤假错案有效防范、及时纠正机制。"

4. 发现真实说

非法口供排除规则曾主要关注口供的真实性,"证据使用禁止,以往最常被提及的功能,莫过于保障实体真实发现的可靠性"[④],盖因"刑求取得之证据,往往不具真实性,这点已经经过古今中外无数的经验事实证实,并且也是法制史上开始禁止使用刑求自白的肇因"[⑤]。采用刑讯逼供手段取得的口供,其虚假的可能性较大,将其排除是对真实性的追求。然而,当前排除采用刑讯逼供取得的口供,并非因其不真实可靠,"发现真实早已不是现代刑事诉讼法的'帝王条款',而现代证据禁止理论,也早已跳脱单单追求发现真相之窠臼……这类证据不得使用之理由,与其说是追求真相发现,毋宁说是设定真实发现之界限"[⑥]。

但是,非法口供排除规则在发现真相方面并未被完全否定,"非法取证不仅侵犯人权,所获得的证据也很可能是虚假的"[⑦],如"讯问被告人时,若用威吓诈言,则惊恐之余,思想纷杂,真实状态,反为所淆"[⑧]。因此,英美国家排除规则的

---

① 参见余双彪、周颖:《论口供补强法则的实务运用——以22起冤错案件为视角》,载《西部法学评论》2014年第6期。

② 参见王爱立主编:《中华人民共和国刑事诉讼法释义》,法律出版社2018年版,第120页。

③ 张栋:《中国刑事证据制度体系的优化》,载《中国社会科学》2015年第7期。

④ 林钰雄:《干预处分与刑事证据》,北京大学出版社2010年版,第183页。

⑤ 林钰雄:《刑事诉讼法(上册 总论篇)》,中国人民大学出版社2005年版,第433—434页。

⑥ 同上书,第434页。

⑦ 戴长林主编:《非法证据排除规定和规程理解与适用》,法律出版社2019年版,第2页。

⑧ 林钰雄主编:《新学林分科六法——刑事诉讼法》,台湾新学林出版股份有限公司2009年版,第A-91页。

发展脉络是从真实走向权利,但是真实从未被权利彻底取代。[①]我国非法口供排除规则确立的过程在一定程度上也关注该规则在发现真相方面的功能,“非法证据排除规则有利于保证所收集的证据是自愿的、真实的,进而保证有罪判决的准确性”[②],所以“真实取向仍然主导着我国非法证据排除规则的扩张适用”[③]。换言之,口供的合法性与真实性是密切相关的,非法取得的口供,真实性要弱;反之,合法取得的口供,真实性要强。

5. 其他相关正当性依据

在非法口供排除规则的正当性依据中,以下三个理论也颇受关注:第一,公正审判理论。与公正审判理论类似的有道德正当性理论、道德最低限度理论、正当程序理论等,“公平审判原则要求,公权力机关只可在公平而合乎法治国的刑事程序中追诉审判被告。如果追诉机关本身在取证过程中明显违法,则该项违法取得之证据不得使用,不然刑事诉讼程序就不可能合乎公平和法治的要求”[④]。例如,法国学界创设了“司法尊严限制”原则,即指“司法机关本身不得使用违法或违反社会伦理底线的手段以打击犯罪”[⑤]。排除非法口供是公平审判的必然要求,但惩罚犯罪也是公平审判的题中应有之义。根据公平审判原理,应当要平衡排除非法口供与惩罚犯罪之间的关系。如英国、澳大利亚、加拿大等国的非法证据排除规则,都以公正审判理论作为基本理论基础,因而多采取裁量性排除规则,所以可能要比基于威慑理论更加倾向于采纳非法证据。[⑥]第二,司法廉洁理论。司法廉洁说,也称为司法无瑕说,即使用非法收集的证据意味着司法机关背叛了公民的信仰。[⑦]“司法的正直诚实要求法院——据说对于在社会中维护法律的尊严至关重要——不得因采纳任何通过违法或卑劣行径所得到的证据而受到玷污”,因而排除非法获得的证据“起到另一个重要作用——‘维护司法正直诚实的绝对需要’”。[⑧]按照此理论,非法口供排除规则有助于维护司法的纯洁性和法律尊严,进而提升公民对司法公正的信赖。不过,有学者认为,从我国目前的司法实践来看,审查起诉阶段非法证据排除的最大动力不是维护司法的纯洁性,而是追求起诉的顺利进行,及时发现错误,避免在庭审过程中陷入被动甚至

① 参见张建伟:《排除非法证据的价值预期与制度分析》,载《中国刑事法杂志》2017年第4期。

② 陈光中主编:《刑事诉讼法(第七版)》,北京大学出版社、高等教育出版社2021年版,第202页。

③ 张建伟:《排除非法证据的价值预期与制度分析》,载《中国刑事法杂志》2017年第4期。

④ 林钰雄:《干预处分与刑事证据》,北京大学出版社2010年版,第184页。

⑤ 施鹏鹏:《口供的自由、自愿原则研究——法国模式及评价》,载《比较法研究》2017年第3期。

⑥ 参见戴长林、罗国良、刘静坤:《中国非法证据排除制度:原理·案例·适用(修订版)》,法律出版社2017年版,第54、56页。

⑦ 参见〔日〕田口守一:《刑事诉讼法(第七版)》,张凌、于秀峰译,法律出版社2019年版,第476页。

⑧ 参见〔美〕拉里·劳丹:《错案的哲学:刑事诉讼认识论》,李昌盛译,北京大学出版社2015年版,第246—247页。

导致无罪判决的产生。[①]第三，法治国家理论。法治国家理论在德国的认同度较高，“支持排除非法取得的证据的最有说服力的理由是，在法治国度里，法院只有遵守了刑事诉讼法所确立的规则，才可以判决被告人有罪；这就意味着法院不能使用‘被污染’的证据”[②]。法治国家理论“使得对事实的侦查不能不惜一切代价”[③]。

（二）非法口供排除规则的属性

非法口供排除规则属于证据能力规则。从发展史的角度上看，证据能力规则逐渐从“技术性规则”转向“政策性规则”，如最初排除以非法方法取得的口供，是基于该供述是在非自愿状态下作出的，具有虚假的风险；现在排除以非法方法取得的口供，不再是因为该供述存在真实性问题，而是该取供行为侵犯了公民的基本权利。因此，非法口供排除的判断标准也逐渐从关注口供的真实性、任意性，向关注取证的合法性方向转变，只要是采取非法方法取得的口供，“无论其是否与事实相符，根本上已失去其证据能力，不得采为判断事实之证据资料”[④]，所以“证据禁止之发展，所确立者，乃刑事诉讼法上禁止不计代价、不择手段、不问是非的真实发现”[⑤]。

当前，我国确立了非法口供排除规则，这要求我们树立证据能力意识，厘清证据能力与证明力的关系，换言之，有证据能力的证据未必有证明力，有证明力的证据也未必有证据能力。但是，由于此前我国的刑事证据理论和制度不够发达，并未区分证据能力与证明力两个不同的范畴，也没有专门的证据能力规则，导致有些办案人员容易混淆证据的合法性审查（证据能力）与真实性评估（证明力）两个层面的问题，[⑥]这也是当前非法口供排除规则适用效果不佳的思想根源。实践中，能够与其他证据相互印证的非法取得的言词证据，对于一些办案人员来说，难下决心加以排除，除非被侵权人是无辜者；如果被侵权人是有罪的人，侵犯权利的行为就不成为一个问题。[⑦]“这种司法现状弱化了非法证据排除规则的功能，在一些案件中甚至架空了非法证据排除规则。”[⑧]其实，2010 年《关于办

① 参见吴洪淇：《证据排除抑或证据把关：审查起诉阶段非法证据排除的实证研究》，载《法制与社会发展》2016 年第 5 期。

② 〔德〕托马斯·魏根特：《德国刑事诉讼程序》，岳礼玲、温小洁译，中国政法大学出版社 2004 年版，第 194—195 页。

③ 宗玉琨译注：《德国刑事诉讼法典》，知识产权出版社 2013 年版，第 125 页。

④ 林钰雄主编：《新学林分科六法——刑事诉讼法》，台湾新学林出版股份有限公司 2009 年版，第 A-199 页。

⑤ 林钰雄：《干预处分与刑事证据》，北京大学出版社 2010 年版，第 172 页。

⑥ 参见戴长林、罗国良、刘静坤：《中国非法证据排除制度：原理·案例·适用（修订版）》，法律出版社 2017 年版，第 46 页。

⑦ 参见张建伟：《排除非法证据的价值预期与制度分析》，载《中国刑事法杂志》2017 年第 4 期。

⑧ 戴长林主编：《非法证据排除规定和规程理解与适用》，法律出版社 2019 年版，第 4 页。

理刑事案件排除非法证据若干问题的规定》顺利颁布，得到了社会各界的普遍认可，然而这种共识主要是基于强制排除规则在排除虚假供述、防范冤假错案等方面的功能，而非基于人权、维护程序公正的考虑。[①]因此，正确理解非法口供排除规则的属性，就是要树立取供的合法性理念，而不是口供的真实性理念。质言之，“非法证据排除规则与证明力问题没有直接的关系，而基本属于证据能力层面的规则”[②]。

四、自白排除任意性标准

（一）自白任意性规则的内涵

根据早期的普通法，自白在审判中是可采的，没有任何限制，即使是通过刑讯取得的有罪供述也不必排除。[③] 18世纪开始，一些国家和地区对自白可采性进行了一定的限制，尤以“任意性”（voluntariness）作为自白可采性的标准。18世纪后半叶，英国法官在审判中形成了规范审前自白可采性的“自愿性”规则；[④]在美国，为了区分合法的警察讯问活动与非法的权力滥用行为，联邦最高法院提出了“任意性”标准。[⑤]质言之，“自白最重要的是其出于‘任意性’”[⑥]，因为自白出于任意，方具有可采性；反之，缺乏任意性的自白或者怀疑自白为非任意性作出的，无论出于何种原因，该自白都应予以排除，而不能作为证据使用。自此，“无论在英美法还是大陆法中，这一规则都属于与被告人的当事人地位有关的‘黄金规则’”[⑦]。因此，“传统判断自白是否可采，依任意性标准”[⑧]。人们“提到口供，心里就会出现一个与自由意志有关的特别困难的问题：‘自愿’和‘非自愿’口供的区别；在刑事审判中，前者可以作为证明招供者有罪的证据，而后者则不能”[⑨]。

申言之，“任意性”又称“自愿性”，它是指在理智清醒和意志自由的前提下自

---

① 参见戴长林、罗国良、刘静坤：《中国非法证据排除制度：原理·案例·适用（修订版）》，法律出版社2017年版，第82页。

② 陈瑞华：《刑事证据法（第四版）》，北京大学出版社2021年版，第175页。

③ 参见〔美〕伟恩·R.拉费弗、〔美〕杰罗德·H.伊斯雷尔、〔美〕南西·J.金：《刑事诉讼法（上册）》，卞建林、沙丽金等译，中国政法大学出版社2003年版，第340页。

④ 参见魏晓娜：《非法言词证据认定路径的完善》，载《人民检察》2017年第18期。

⑤ 参见〔美〕卡罗尔·S.斯泰克编：《刑事程序故事》，吴宏耀等译，中国人民大学出版社2012年版，第143页。

⑥ 张丽卿：《刑事诉讼法理论与运用》，台湾五南图书出版股份有限公司2010年版，第353页。

⑦ 陈瑞华：《问题与主义之间——刑事诉讼基本问题研究》，中国人民大学出版社2003年版，第387页。

⑧ 王兆鹏：《美国刑事诉讼法（第二版）》，北京大学出版社2014年版，第264页。

⑨ 〔美〕理查德·A.波斯纳：《法理学问题》，苏力译，中国政法大学出版社2002年版，第224—225页。

主作出选择。[①] 如在英国,“任意性”自白是指被告人在警察局作出自白是出于自由意志,而不是出于任何形式的不当诱因,包括实际的或威胁的身体伤害、不追诉的许诺、定罪后宽大处理的许诺以及欺骗行为可能导致的虚假自白。[②]因此,任意性自白意指犯罪嫌疑人在接受讯问时,其意志是自由的,供述是自愿的;反之,非任意性自白“系在被告遭受身体上强制或精神上强制之情况下所取得,并非出于其自由意思之发动,在其自主之情况下所为之陈述”[③]。就此而言,非法口供排除规则可被称为自白任意性规则,二者是一个问题的两个方面,只是分别从反向视角和正向视角规范口供的收集、审查等活动。

(二) 自白任意性规则的理论根据

从域外实践来看,确立以任意性作为自白可采性的标准主要存在以下理论依据:

第一,排除虚假自白。非任意性自白的真实可靠性存疑,排除非任意性自白,旨在保障发现案件事实真相,“基于强暴、胁迫、利诱等方式取得之自白,其内容本身虚伪成分之盖然性颇高,一旦利用该欠缺可信性之自白,将有误判之疑虑,理应否定该自白之证据能力,方得以排除此虚伪之自白”[④]。当前,排除虚假自白仍是自白任意性规则的主要根据。但是,任意性自白是否能排除虚假供述,也存有疑义。有时任意性自白未必是真实的,而非任意性自白也未必是虚假的。“口供有效性和自愿性的判断之间存在明显的交叉,但二者无疑又有区别。口供可能是非自愿作出的,甚至是在审讯人员殴打嫌疑人之后才获得的,却仍然是真的。反过来,口供也可能由于嫌疑人自身的原因从头到尾都是假的,但确实是在嫌疑人完全自愿的情况下在讯问中或讯问之外作出的。”[⑤]因此,自白任意性规则并不以排除虚假自白作为唯一的理论依据,因为即使自白是任意性的,也无法完全排除虚假自白。

第二,排除非法取供。自白法则正在从排除虚假自白向排除非法取供的方向发展,“社会之所以痛恨使用非自愿的供述,并不仅仅是因为其固有的可信性问题,还有更为根深蒂固的价值观:警察在执法过程中必须遵守法律,否则,生命和自由最终会在使用非法的方法将那些被认为是罪犯的人定罪的执法活动中受

---

① 参见张建伟:《自白任意性规则的法律价值》,载《法学研究》2012 年第 6 期。

② 参见魏晓娜:《非法言词证据认定路径的完善》,载《人民检察》2017 年第 18 期。

③ 林钰雄主编:《新学林分科六法——刑事诉讼法》,台湾新学林出版股份有限公司 2009 年版,第 A-92 页。

④ 黄朝义:《刑事诉讼法(二版)》,台湾新学林出版股份有限公司 2009 年版,第 485 页。

⑤ 〔美〕德博拉·戴维斯、〔美〕理查德·A. 利奥:《讯问诱发的虚假口供:发现与预防机制失效的原因》,载〔美〕柏恩敬、刘超、高原编译:《追问警察讯问方法——比较法的视角》,法律出版社 2018 年版,第 198 页。

到与犯罪活动本身一样的危害”[①]。就此而言，自白任意性作为可采性标准意在遏制非法取供。从域外实践来看，非自愿性供述成为认定非法讯问的重要标准，“如何将正当合法的警察问话与非法的滥权行为分离开来，界定的标准是‘自愿性’”[②]。可以说，“自愿性”并不是指社会心理学意义上的“自由自愿”，而是一种对强迫取证行为的否定。[③]

第三，保障人权。保障人权是自白任意性规则的重要理论依据。人权拥护说认为，只要存有侵害陈述自由之违法心理压制等情况，即应判断该自白欠缺任意性。[④]在自白可采性标准中，强调人权保障，是因为让一个人主动进行有罪供述违反人之本性，故此，有必要以人权保障来制约侦查人员的非法取供行为。“自白系违反人类自己保护之本能，是以被告之自白多在不得已之情况下为之，完全出于任意自动之情形较少。基于人权的保护，对于非任意性之自白不能不予以排除。”[⑤]因此，从现代法的观念看，以“自愿性”为核心构建自白排除规则，包含尊重犯罪嫌疑人法律人格的意蕴，因为成为法律上主体的前提是意志自由，如果不尊重犯罪嫌疑人的意志自由，相当于否定了犯罪嫌疑人的诉讼主体地位，这与现代刑事司法的基本精神是背道而驰的。[⑥]在某种意义上，自白任意性规则意在确保自白的自愿性，而非自白的真实性。

（三）自白任意性排除规则的判断标准

以任意性作为判断自白可采性的标准，随之而来的问题是，“法官如何才能判断犯罪嫌疑人的内心是出于自愿，而不是出于强迫？”[⑦]对此，有学者认为，任意性包括“身体的任意”和“精神的任意”两方面内容：前者是指自白不是在受外在强力的情况下作出的，自白人作出自白应当是自愿的；后者是指自白人在作出自白时，其精神状况处于“明知且明智”的状态，对自白的后果有充分的了解和认识。[⑧]尽管如此，法官在判断自白是否出于任意性时，仍会面临缺乏可操作性标准的困境。从域外实践看，任意性判断标准在两个方面有所发展：一是规定了某些取证行为（如暴力、压迫、威胁、欺骗、许诺、违法羁押等）可以导致非任意性自白；二是任意性标准由主观性要素逐渐向客观性要素方向发展。

美国的司法实践表明了任意性标准的复杂性和反复性。在米兰达案之前，

---

① 〔美〕佛瑞德·E.英鲍等：《刑事审讯与供述（第五版）》，刘涛等译，中国人民公安大学出版社2015年版，第402页。

② 〔美〕斯蒂芬·舒尔霍夫尔：《米兰达诉亚利桑那州案：微小但重要的历史功绩》，载〔美〕柏恩敬、刘超、高原编译：《追问警察讯问方法——比较法的视角》，法律出版社2018年版，第36页。

③ 参见陈瑞华：《刑事证据法（第四版）》，北京大学出版社2021年版，第398页。

④ 参见黄朝义：《刑事诉讼法（二版）》，台湾新学林出版股份有限公司2009年版，第485页。

⑤ 张丽卿：《刑事诉讼法理论与运用》，台湾五南图书出版股份有限公司2010年版，第352页。

⑥ 参见魏晓娜：《非法言词证据认定路径的完善》，载《人民检察》2017年第18期。

⑦ 同上。

⑧ 参见陈光中主编：《证据法学（第四版）》，法律出版社2019年版，第240页。

美国联邦最高法院对自白的可采性判断完全取决于具体的案件,自愿性是其主要标准,[①]并演变为“综合判断”标准,“‘综合判断’标准要求综合考虑影响犯罪嫌疑人供述自愿性的各种情形,即与自白相关的几乎所有因素”[②],然而,“综合判断”标准仍存在不明确的问题,因为似乎每一个因素都有相关性,应予以考虑,但似乎都非决定性因素。“如此之判断标准,等于未提供警察一客观可资遵循的规范,警察将不知如何避免非任意性自白的产生。既然无一因素为决定的,法官似得以一己之喜好,恣意决定何种自白为任意性或非任意性。”[③]1966年以前,美国联邦最高法院从未对所谓自愿作过定义,只是指示要依个别的案件综合全部情状来决定被告人的自白是否具任意性。[④]不过,这对于较低级别法院来说比较混乱不清,因为实际上没有任何判定自白可采性的明确标准。[⑤]在一些案件中,法院认定自白非任意性的讯问手段包括:胁迫、心理的压力、承诺仁慈、诈欺等;[⑥]与此同时,法院还会考虑嫌疑人的个人特征,如年龄、性别、种族、智力、受教育程度、身体损伤、精神状态、之前与警察接触等因素。[⑦]总之,除了以暴力取供会明显影响自白的任意性之外,其他心理强制方法是否构成自白的非任意性往往很难确定,加之还要考虑犯罪嫌疑人的个体因素,因而更不易判断自白的任意性。可见,“综合判断”标准主观性较强,无法成为有效的判断依据。“由于要求查明所有与自白相关的案件事实,并评估其对犯罪嫌疑人‘自愿性’产生的影响,这种‘综合判断’标准在实践中较难操作。”[⑧]

为了解决自白任意性标准不明确的问题,美国联邦最高法院寻求更具操作性的客观标准,即程序违法性标准。1966年创设的“米兰达规则”成为判断自白任意性的重要依据,即是否遵守“米兰达规则”是自白是否任意的依据,“美国米兰达判决要求警察在询问被逮捕拘禁的犯罪嫌疑人前,应为一定警语之告知,否

---

① 参见〔美〕罗纳尔多·V.戴尔卡门:《美国刑事诉讼:法律和实践》,张鸿巍等译,武汉大学出版社2006年版,第404页。

② 魏晓娜:《非法言词证据认定路径的完善》,载《人民检察》2017年第18期。

③ 转引自王兆鹏:《美国刑事诉讼法(第二版)》,北京大学出版社2014年版,第259页。

④ 同上书,第4页。

⑤ 参见〔美〕罗纳尔多·V.戴尔卡门:《美国刑事诉讼:法律和实践》,张鸿巍等译,武汉大学出版社2006年版,第404页。

⑥ 参见王兆鹏:《美国刑事诉讼法(第二版)》,北京大学出版社2014年版,第258页。

⑦ 参见〔美〕索尔·M.卡辛等:《警察诱供:风险因素与防范建议》,载〔美〕柏恩敬、刘超、高原编译:《追问警察讯问方法——比较法的视角》,法律出版社2018年版,第82页;〔美〕伟恩·R.拉费弗、〔美〕杰罗德·H.伊斯雷尔、〔美〕南西·J.金:《刑事诉讼法(上册)》,卞建林、沙丽金等译,中国政法大学出版社2003年版,第347页。在采取相同讯问方法时,因个体差异性及其他因素,一些犯罪嫌疑人的自白可能是自愿的,另一些犯罪嫌疑人的自白则可能是非自愿的。例如,在英国,当判断口供是不是受压迫所作出时,法庭还需要考虑犯罪嫌疑人的性格和经验。参见〔英〕麦克·麦康维尔:《英国刑事诉讼导言》,程味秋、杨宇冠、魏晓娜译,载中国政法大学刑事法律研究中心编:《英国刑事诉讼法(选编)》,中国政法大学出版社2001年版,第40页。

⑧ 魏晓娜:《非法言词证据认定路径的完善》,载《人民检察》2017年第18期。

则所取得的自白不得为证据”[1]。具言之，自愿性仍旧是标准之一，但其可采性必须经过法庭讯问三个问题而且得到“是”的肯定回答才被认可：一是是否向你宣读了“米兰达告诫”？二是如果已经向你宣读了“米兰达告诫”，你是否声明过弃权？三是你是否在头脑清醒和自愿的情形下作出声明弃权的决定？[2]由此，根据是否遵守“米兰达规则”的程序性要求，判断自白是否任意，即自白可采性的标准是“三问题”标准，只有在遵守“米兰达规则”下取得的自白才被认为是自愿作出的，这显然是一种客观性较强的判断标准，易于审查判断，能够为警察提供一个明确的指引。“虽然自白的任意性作为排除的终极依据一以贯之，但是为了操作性的考虑在不断寻找相关联的客观标准，最终形成以程序违法性为外部表现形式、而以自白任意性为实质内容的非法自白排除标准。”[3]当然，“米兰达规则是确立口供自愿性的必要条件，但还不是确立可采性的充分条件。即使讯问人员完全遵守米兰达规则的要求，如果被告人声称他被殴打、威胁或许诺不合理的引诱，这也会对口供是不是‘自愿的’带来怀疑”[4]。总体而言，美国非法自白的排除由“米兰达规则”调整。[5]

不过，人们也质疑“米兰达规则”，“米兰达案的影响在于，它将会给警察获取重要的供述带来更大的困难”[6]，因为“刑事审讯将不再与探寻真相有关，而与探寻技术错误有关”[7]，当“排除所有违反米兰达规则的口供，将会稍微减少错误定罪的数量，但是回报它的则是极大地增加了错误无罪的数量”[8]，其结果就是更多的真正的罪犯将逃脱法律的制裁。因此，美国国会曾欲通过《综合犯罪控制和街道治安法案》(Omnibus Crime Control and Safe Street Act)推翻米兰达案的判决，重新构建自白排除标准，但这一目的并未实现。而且在2000年迪克森案中，联邦最高法院重新肯定了米兰达案的地位。[9]事实上，“米兰达规则”实施之后，它对供述率几乎没有任何影响，因为嫌疑人通常会放弃“米兰达权利”，讯问

---

① 王兆鹏：《新刑诉·新思维》，中国检察出版社2016年版，第27页。

② 参见〔美〕罗纳尔多·V. 戴尔卡门：《美国刑事诉讼：法律和实践》，张鸿巍等译，武汉大学出版社2006年版，第407页。

③ 郭志媛：《非法证据排除范围界定的困境与出路——兼谈侦查讯问方法的改革》，载《证据科学》2015年第6期。

④ 〔美〕拉里·劳丹：《错案的哲学：刑事诉讼认识论》，李昌盛译，北京大学出版社2015年版，第195页。

⑤ 参见宋英辉、甄贞主编：《刑事诉讼法学(第六版)》，中国人民大学出版社2019年版，第210页。

⑥ 〔美〕约书亚·德雷斯勒、〔美〕艾伦·C. 迈克尔斯：《美国刑事诉讼法精解(第一卷·刑事侦查)(第四版)》，吴宏耀译，北京大学出版社2009年版，第490页。

⑦ 〔美〕小卢卡斯·A. 鲍威：《沃伦法院与美国政治》，欧树军译，中国政法大学出版社2005年版，第320页。

⑧ 〔美〕拉里·劳丹：《错案的哲学：刑事诉讼认识论》，李昌盛译，北京大学出版社2015年版，第195页。

⑨ 参见〔美〕卡罗尔·S. 斯泰克编：《刑事程序故事》，吴宏耀等译，中国人民大学出版社2012年版，第149页。

活动可以照常进行。“米兰达规则”反而“解放了警察”，因为与传统的任意性标准相比，由于存在“米兰达告诫”，法院可能宣告讯问活动具有强迫性的概率降低了。[①]总之，从域外实践来看，自白任意原则最先的标准为自白是否自愿，而后发展成为虽自白为自愿，但若程序上存在不当，便要排除其作为证据的可能。[②]因此，在现代法治国家，非法口供排除规则包括自白任意性规则和程序违法的口供排除规则，[③]英美国家以供述“自愿性”为原点，逐步发展出一条“由内而外”的路径。[④]

就我国而言，我国排除非法口供的证据规则，可以概括称为“痛苦规则”或“酷刑规则”，[⑤]即将关注的重点集中于外部的非法取证行为，从而形成与英美国家不同的非法言词证据认定路径。[⑥]例如，根据《严格排除非法证据规定》，只有采用刑讯逼供、威胁方法，使“犯罪嫌疑人、被告人遭受难以忍受的痛苦而违背意愿作出的供述”，才予以排除。可见，我们认定非自愿性供述的前提是该供述是犯罪嫌疑人在“难以忍受的痛苦”下作出的。“痛苦规则”以当事人对于痛苦的耐受性为基础，以侵权的严重性为标准进行评判，强调形成痛苦源的非法方法的应用，即“外部标准”。[⑦]但是，“痛苦规则”在客观上提高了非自愿性供述的认定难度，从而缩小了非法口供的范围。因此，之后“非法言词证据的判断要件逐步从‘痛苦规则’转向以‘痛苦规则’为主、兼具‘自白任意性规则’要素”[⑧]。对此，笔者认为，构建自白任意性判断标准是我国非法口供排除规则的发展方向，但也要考虑任意性标准的可操作性。当然，今后是否会构建类似于因程序违法即否定口供的证据能力，最终取决于如何对待惩罚犯罪与保障人权之间的关系。

五、我国非法口供的排除规则

（一）非法口供与瑕疵口供之分类及其排除规则

非法取供行为的违法程度有轻有重，如以是否侵犯了公民的基本权利为标准，可分为以严重违法手段的取供行为和以一般违法手段的取供行为两种情形，故所取得之口供分别称为非法口供和瑕疵口供[⑨]。有鉴于此，我国针对非法口

---

① 参见〔美〕约书亚·德雷斯勒、〔美〕艾伦·C.迈克尔斯：《美国刑事诉讼法精解（第一卷·刑事侦查）（第四版）》，吴宏耀译，北京大学出版社 2009 年版，第 492 页。

② 参见陈光中主编：《证据法学（第四版）》，法律出版社 2019 年版，第 240 页。

③ 参见戴长林主编：《非法证据排除规定和规程理解与适用》，法律出版社 2019 年版，第 19 页。

④ 参见魏晓娜：《非法言词证据认定路径的完善》，载《人民检察》2017 年第 18 期。

⑤ 参见龙宗智：《我国非法口供排除的“痛苦规则”及相关问题》，载《政法论坛》2013 年第 5 期。

⑥ 参见魏晓娜：《非法言词证据认定路径的完善》，载《人民检察》2017 年第 18 期。

⑦ 参见施鹏鹏：《证据法》，中国政法大学出版社 2020 年版，第 179 页。

⑧ 卞建林：《我国非法证据排除规则的新发展》，载《中国刑事法杂志》2017 年第 4 期。

⑨ 当然，非法口供也有狭义和广义之分，狭义上的非法口供仅指以严重违法手段取得的口供，而广义上的非法口供还包括瑕疵口供。

供和瑕疵口供分别确立了两种排除规则：一是非法口供的强制排除规则，又称为绝对排除规则、自动排除规则等，它是指法院对那些较为严重的非法取证行为所采取的自动排除非法证据的程序性制裁方式。[①]二是瑕疵口供的可补正排除规则，又称为附条件排除规则、相对排除规则等，它是指法院对于瑕疵口供并不自动排除，而是给予公诉方补救的机会，如果公诉方进行了补正或者作出合理解释，[②]瑕疵口供则成为合法口供，从而具有证据能力；如果公诉方不进行补正或者不能作出合理解释，瑕疵口供则视同非法口供予以排除。可见，瑕疵口供属于证据能力待定的口供，是否具有证据能力，取决于瑕疵口供能否得到补正或被作出合理解释。换言之，对于瑕疵口供是否排除，法院具有一定的裁量权。

显然，非法口供和瑕疵口供都是在违反法律规定的情形下取得的，二者在口供取得的合法性方面都存在问题，缘何对它们适用不同的排除规则？究其原因，非法口供和瑕疵口供在违法程度上存在显著差异，前者属于严重违法或者严重侵权，因而适用强制排除规则，即法院对非法口供予以自动排除，不存在自由裁量的空间；后者属于轻微违法或者轻微侵权，因而不宜一概排除。"一些证据的收集程序、方式存在瑕疵，导致证据的形式要件不完备或者存在缺陷，影响了证据的证据能力，因此不能直接作为诉讼证据使用。与此同时，由于瑕疵证据只是证据形式要件不完备或者存在瑕疵，并不属于非法证据，此类证据瑕疵也没有在实质上影响到证据的真实性，如一概予以排除，也不利于准确认定案件事实"[③]，就此而言，"取证过程中之程序瑕疵或违法事由，与证据(使用)禁止之间，不能画上等号。程序瑕疵与证据(使用)禁止，两者固然息息相关，但程序瑕疵，既非证据(使用)禁止之充分条件，也不是其必要条件。详言之，并非所有的违法取得之证据，都不得为裁判之基础"[④]。因此，对于瑕疵口供而言，不能仅仅因为轻微违反法定程序而强制排除，瑕疵口供可以通过补正而具有证据资格，以避免"因为警察违法就放纵犯罪"的极端情形的发生。这意在寻求程序公正与实体公正之间的平衡。[⑤]不过，在司法实践中，有些办案人员未能认识到非法证据和瑕疵证据的区别，或者将非法证据视为瑕疵证据不予排除；或者将瑕疵证据视为非法证据径行予以排除，这两种做法都是错误的，都会影响案件的公正处理。如将非法证据视为瑕疵证据，经过所谓的补正或者合理解释后予以采纳，将会架空非法证

① 参见陈瑞华：《论被告人口供规则》，载《法学杂志》2012年第6期。

② 所谓"补正"是指对取供程序上的非实质性的瑕疵进行补救；"合理解释"是指对取供程序作出符合逻辑的解释。参见王爱立主编：《中华人民共和国刑事诉讼法释义》，法律出版社2018年版，第121页。

③ 戴长林主编：《非法证据排除规定和规程理解与适用》，法律出版社2019年版，第13页。

④ 林钰雄：《干预处分与刑事证据》，北京大学出版社2010年版，第172页。

⑤ 在我国，"瑕疵证据"或"瑕疵口供"是一个新的概念，由此也构建起两种不同的非法言词证据排除规则，不过亦有学者认为，非法证据排除规则的有效适用，必须从根本上否定"瑕疵证据"这一概念。参见孙远：《非法证据排除的裁判方法》，载《当代法学》2021年第5期。

据排除规则;如将瑕疵证据视为非法证据,将会导致非法证据排除规则的适用范围不当扩张,变相增加非法证据排除在适用中面临的阻力。[①]

(二)非法口供的情形及其强制排除

非法口供是指侦查人员以严重侵犯犯罪嫌疑人基本权利或在严重违反法定程序的情形下获取的口供。根据我国《刑事诉讼法》及相关规范性文件的规定,需强制排除的非法口供主要包括如下情形:

第一,以刑讯逼供手段取得的口供。刑讯逼供方法直接侵犯犯罪嫌疑人的人身权和意志自由权,对基本人权的侵犯程度最高,[②]此种情形下取得的口供适用强制排除规则。2010年《关于办理死刑案件审查判断证据若干问题的规定》即明确规定以刑讯逼供手段取得的口供应予以强制排除。[③] 2012年修订的《刑事诉讼法》首次以国家法的形式规定了以刑讯逼供手段取得的口供予以排除。此后,《严格排除非法证据规定》《人民检察院刑事诉讼规则》《最高院刑诉法解释》等多个规范性文件不断重申对刑讯逼供取供的强制排除立场。当然,刑讯逼供取得的口供不得作为追究刑事责任的证据使用,但可以作为证明侦查机关实施刑讯逼供的证据使用。值得说明的是,在我国刑讯逼供主要包括肉刑与变相肉刑,目前理论界和实务界对变相肉刑的认定和排除问题仍存在争议。

第二,以威胁方法取得的口供。我国《刑事诉讼法》虽禁止采用威胁方法取供,但以威胁方法取得的供述是否需要排除,却未予以明文规定。威胁方法虽未直接侵犯犯罪嫌疑人的身体,但对犯罪嫌疑人的精神实施强迫,侵犯了意志自由权,侵权程度仅次于刑讯逼供。[④]对此,社会各界对以威胁方法取得的口供适用强制排除逐渐达成共识。《关于推进以审判为中心的刑事诉讼制度改革的意见》首次明确规定以威胁方法收集的言词证据应当予以排除;[⑤]《关于全面推进以审判为中心的刑事诉讼制度改革的实施意见》重申了威胁方法取供的强制排除立场;[⑥]《严格排除非法证据规定》则进一步明确了以威胁方法取供的强制排除标准;[⑦]此后《人民检察院刑事诉讼规则》《最高院刑诉法解释》等司法解释重申了上述立场。[⑧]实践中,以殴打等暴力方式取供已鲜见,通过威胁方法取供则较为常见,我国明文规定了以威胁方法取供的排除规则,可谓意义深远。

第三,以非法限制人身自由的方法取得的口供。非法限制人身自由本身就

---

① 参见戴长林主编:《非法证据排除规定和规程理解与适用》,法律出版社2019年版,第15页。

② 同上书,第29页。

③ 参见《关于办理死刑案件审查判断证据若干问题的规定》第19条。

④ 参见戴长林主编:《非法证据排除规定和规程理解与适用》,法律出版社2019年版,第29页。

⑤ 参见《关于推进以审判为中心的刑事诉讼制度改革的意见》第4条。

⑥ 参见《关于全面推进以审判为中心的刑事诉讼制度改革的实施意见》第21条第1款。

⑦ 参见《严格排除非法证据规定》第3条。

⑧ 参见《人民检察院刑事诉讼规则》第67条、《最高院刑诉法解释》第123条。

严重侵犯了犯罪嫌疑人的基本权利，此种情形下取得的口供应当被强制排除，但我国《刑事诉讼法》对此未作明文规定。《严格排除非法证据规定》首次明确规定采用非法拘禁等非法限制人身自由的方法取得的供述，适用强制排除规则；[①]此后，《人民检察院刑事诉讼规则》《最高院刑诉法解释》等司法解释重申了上述立场。[②]

第四，重复性供述。犯罪嫌疑人、被告人的重复性供述是否需要排除，一直是理论界和实务界探讨的重要议题。《严格排除非法证据规定》首次规定了重复性供述的排除规则，采取了“原则加例外”的排除模式；[③]此后《人民法院办理刑事案件排除非法证据规程(试行)》《人民检察院刑事诉讼规则》《最高院刑诉法解释》等司法解释重申了上述立场。[④]

第五，其他严重违反法定程序取得的口供。《关于办理死刑案件审查判断证据若干问题的规定》第 20 条规定：“具有下列情形之一的被告人供述，不能作为定案的根据：(一) 讯问笔录没有经被告人核对确认并签名(盖章)、捺指印的；(二) 讯问聋哑人、不通晓当地通用语言、文字的人员时，应当提供通晓聋、哑手势的人员或者翻译人员而未提供的。”在此基础上，《最高院刑诉法解释》又增加了讯问未成年人，其法定代理人或者合适成年人不在场的，所取供述不得作为定案根据的规定。[⑤]

可以说，上述取供行为都严重侵犯了犯罪嫌疑人、被告人的诉讼权利，在此情形下取得的口供应予以强制排除。

(三) 瑕疵口供的情形及其可补正排除

瑕疵口供是指侦查人员在轻微违反法定程序或者形式要件存在瑕疵的情形下取得的口供。基于前述分析，可补正排除的瑕疵口供的情形主要如下：

第一，讯问地点存在瑕疵。对于违反讯问地点的法律规定所取得的口供的排除问题，《关于建立健全防范刑事冤假错案工作机制的意见》第 8 条确立了强制排除规则，但《严格排除非法证据规定》《人民法院办理刑事案件排除非法证据规程(试行)》等规范性文件则采取可补正的排除模式。

第二，讯问笔录存在瑕疵。根据《关于办理死刑案件审查判断证据若干问题的规定》《最高院刑诉法解释》等规范性文件的有关规定，讯问笔录存在瑕疵的情形主要包括：笔录填写的讯问时间、讯问人、记录人、法定代理人等有误或者存在矛盾的，讯问人没有签名的，首次讯问笔录没有记录告知被讯问人诉讼权利内容

① 参见《严格排除非法证据规定》第 4 条。
② 参见《人民检察院刑事诉讼规则》第 67 条、《最高院刑诉法解释》第 123 条。
③ 参见《严格排除非法证据规定》第 5 条。
④ 参见《人民检察院刑事诉讼规则》第 68 条、《最高院刑诉法解释》第 124 条。
⑤ 参见《最高院刑诉法解释》第 94 条。

的。上述瑕疵笔录适用可补正的排除规则。

第三,讯问录音录像存在瑕疵。对于违反讯问录音录像法律规定所取得的口供的排除问题,《关于建立健全防范刑事冤假错案工作机制的意见》确立了强制排除规则,但《关于全面推进以审判为中心的刑事诉讼制度改革的实施意见》《人民法院办理刑事案件排除非法证据规程(试行)》《人民检察院刑事诉讼规则》《最高院刑诉法解释》等规范性文件则采取可补正的排除模式。

第四,重大案件侦查终结前讯问合法性核查存在瑕疵。根据《人民法院办理刑事案件排除非法证据规程(试行)》的规定,驻看守所检察人员在重大案件侦查终结前未对讯问合法性进行核查,或者未对核查过程同步录音录像,或者录音录像存在选择性录制、剪接、删改等情形,现有证据不能排除以非法方法收集证据的,对有关证据应当予以排除。[1]

(四)其他非法方法取供的情形及其排除问题

我国非法口供排除规则日臻完善,但不可否认,除了以上排除规则之外,还有一些涉及以非法方法取得的口供尚无明文处理规定,主要包括以下三点:

第一,法律明确禁止采用的非法取供行为,但尚无排除规则的法律规定。我国《刑事诉讼法》明确禁止以引诱、欺骗的方法收集证据,但无论是《刑事诉讼法》还是其他相关规范性文件,都回避了以引诱、欺骗方法取得的口供是否排除的问题。引诱、欺骗方法并未对犯罪嫌疑人的身体或精神实施强迫,未直接侵犯人身权和意志自由权,侵权程度最低。[2]一般情况下,普通的引诱、欺骗行为对被告人供述的自愿性所造成的影响是微乎其微的。[3]这也是此类取供方法与讯问策略之间难以区分的重要原因。但是,一些引诱、欺骗方法可能突破法律的底线,甚至导致犯罪嫌疑人作出虚假供述,进而引发冤假错案。[4]有鉴于此,对于以引诱、欺骗方法取得的供述一概排除,有可能导致大量的口供被排除,从而不利于侦查工作的顺利开展;但同时也极有必要明确引诱、欺骗取供与讯问策略之间的界限,构建引诱、欺骗取供的排除规则。事实上,如果讯问笔录没有经被告人核对、确认,即不得作为定案的根据,相对更为严重的欺骗、引诱方法取得的口供却没有排除规则,似乎并不合理。

第二,法律明文规定了讯问程序或要求,但讯问时未能履行此类程序和要求,此种情形下取得的口供是否需要排除未有明文规定。例如,单警讯问取得的口供,违反传唤、拘传时间规定取得的口供,拒绝犯罪嫌疑人委托律师后取得的

---

[1] 参见《人民法院办理刑事案件排除非法证据规程(试行)》第 26 条。

[2] 参见戴长林主编:《非法证据排除规定和规程理解与适用》,法律出版社 2019 年版,第 29—30 页。

[3] 参见陈瑞华:《论被告人口供规则》,载《法学杂志》2012 年第 6 期。

[4] 参见戴长林、罗国良、刘静坤:《中国非法证据排除制度:原理·案例·适用(修订版)》,法律出版社 2017 年版,第 99 页。

口供,未履行"通知辩护"后取得的口供等。这些取供行为都违反了法律的规定,但是否应强制排除,立法未能有明确的规定。

第三,某些取供行为存在侵犯犯罪嫌疑人自愿供述的可能性,但立法对此类取供行为的排除规定仍处于空白状态。例如,域外实践对以施用药物、催眠等方法取得的口供,一般予以排除,但我国或许因为实践中上述问题并不突出,因而并未有明文规定。

当然,对于采取上述方法取得的口供是否应予以排除,以及是采用强制排除模式还是可补正的排除模式,在很大程度上需要考虑惩罚犯罪与保障人权之间的动态平衡。同时,司法实践中,侦查人员时常会结合使用威胁、引诱、欺骗等方法以取得口供,如"引诱和欺骗经常是交织在一起的,往往是以欺骗相引诱"[①]。在这种情况下,或许某一非法取供行为尚不足以达到"使犯罪嫌疑人、被告人遭受难以忍受的痛苦而违背意愿作出供述"的排除标准,但是,需要考虑在具体个案中,多个非法取供行为共同使用时所产生的"叠加效应",并以此来判断所取得的口供是否应予以排除。

第二节 非法口供的认定标准与排除方式

一、刑讯逼供的认定标准与排除方式

刑讯逼供是指侦查人员以"刑讯"迫使犯罪嫌疑人作出有罪供述的非法取供方法。刑讯逼供有着久远的历史,古代社会刑讯逼供甚至是合法的讯问手段。当今世界,刑讯逼供已被视为最严重的非法取供行为,排除采取刑讯逼供取得的口供已无疑义。例如,在德国,刑讯逼供主要包括虐待[②]、疲劳战术、伤害身体、施用药物、折磨[③]等情形。在美国,联邦最高法院不少自白的案件涉及事实上或者威胁的肉体折磨或者剥夺权利,如鞭笞或抽打犯罪嫌疑人,不给嫌疑人食物和水或者不让其睡觉,让其处于赤裸的状态或待在一间小牢房中。当存在这种违法行为时,"不需要衡量其对被害人意志的影响"[④]。在日本,采用强制、刑讯或者

---

① 陈光中、郭志媛:《非法证据排除规则实施若干问题研究——以实证调查为视角》,载《法学杂志》2014年第9期。

② 在德国,虐待是指严重的身体伤害和健康侵害,如伤害、脚踢、殴打、讯问时刺眼的照明、制造噪声、持续干扰睡眠、饥饿和寒冷;身体伤害是指对身体直接作用的措施,也包括无疼痛、无后果的侵害,大多数伤害身体采用的是虐待、施用药物或折磨等的方法。参见宗玉琨译注:《德国刑事诉讼法典》,知识产权出版社2013年版,第126页。

③ 在德国,折磨包括长时间禁食、禁水或是不让有强烈烟瘾的人在犯瘾时吸烟。参见〔德〕托马斯·魏根特:《德国刑事诉讼程序》,岳礼玲、温小洁译,中国政法大学出版社2004年版,第86页。

④ 〔美〕伟恩·R.拉费弗、〔美〕杰罗德·H.伊斯雷尔、〔美〕南西·J.金:《刑事诉讼法(上册)》,卞建林、沙丽金等译,中国政法大学出版社2003年版,第343页。

因长期不当羁押、拘禁后取得的自白,都不得作为证据使用。[1]在我国,对于刑讯逼供取得的口供适用强制排除。

(一)刑讯逼供的一般认定标准与排除方式

在我国,刑讯逼供是指使用肉刑或者变相肉刑,使当事人在肉体或精神上遭受剧烈疼痛或痛苦而不得不供述的行为。[2]《严格排除非法证据规定》第2条规定:"采取殴打、违法使用戒具等暴力方法或者变相肉刑的恶劣手段,使犯罪嫌疑人、被告人遭受难以忍受的痛苦而违背意愿作出的供述,应当予以排除。"可见,认定刑讯逼供包括两个条件:一是客观条件,即使用了肉刑或变相肉刑的方法;二是主观条件,即刑讯逼供要达到一定的程度。

1. 刑讯逼供方法的认定

刑讯逼供包括肉刑与变相肉刑,前者实践中并不多见,也较易认定;后者实践中较为常见,且认定存在较大争议,尤其是有些变相肉刑与讯问策略之间的界限较为模糊。

第一,肉刑。肉刑是指直接施加于犯罪嫌疑人、被告人身上,可使其身体健康遭到损害或肉体、精神遭受痛苦的摧残手段。[3] 简言之,肉刑即暴力方法。肉刑主要表现为暴力殴打、捆绑、违法使用戒具等暴力方法。[4]其中,违法使用戒具包括两种情况:一是不按规定的条件使用戒具,如不需要使用戒具而使用戒具;二是不按正当使用方式、用途使用戒具,如用手铐将人的双手铐在身体前面或者铐在身体后面(背铐)都属于正当使用戒具,但用手铐将人吊在栏杆上或门窗框上,两脚悬空或者脚尖点地以及采取"斜背铐"的方法都属于不正当使用戒具。[5]我国对采用殴打、违法使用戒具等暴力方法取得的口供予以直接排除,并不存在裁量的空间。

第二,变相肉刑。变相肉刑是指除肉刑以外的其他使犯罪嫌疑人、被告人肉体、精神遭受痛苦折磨的手段和方法。[6]简言之,变相肉刑即体罚虐待方法。[7]变

---

① 参见〔日〕田口守一:《刑事诉讼法(第七版)》,张凌、于秀峰译,法律出版社2019年版,第485页。

② 参见王爱立主编:《中华人民共和国刑事诉讼法释义》,法律出版社2018年版,第120页。

③ 参见陈卫东主编:《中欧遏制酷刑比较研究》,北京大学出版社2008年版,第17页。

④ 《最高人民检察院关于渎职侵权犯罪案件立案标准的规定》关于"刑讯逼供案"的立案标准指出,司法工作人员"以殴打、捆绑、违法使用戒具等恶劣手段逼取口供的",应予以立案。《严格排除非法证据规定》参考了上述规定,将殴打和违法使用戒具作为肉刑的主要方法。

⑤ 参见张建伟:《排除非法证据的价值预期与制度分析》,载《中国刑事法杂志》2017年第4期。

⑥ 参见陈卫东主编:《中欧遏制酷刑比较研究》,北京大学出版社2008年版,第17页。

⑦ 参见戴长林、罗国良、刘静坤:《中国非法证据排除制度:原理·案例·适用(修订版)》,法律出版社2017年版,第27页。

相肉刑主要包括冻、饿、晒、烤、疲劳审讯等非法方法。[①]当然,变相肉刑的范围不限于上述方法,凌辱、鼻腔灌水、长时间站立、罚跪(冰块)、罚跑、强烈照射、不提供饮食、不让上洗手间、剥去衣服、不提供必要的药品等也被认为属于变相肉刑。变相肉刑虽不像肉刑会给犯罪嫌疑人造成明显的伤痕,但有些变相肉刑的过度使用也会给犯罪嫌疑人带来肉体上和精神上难以忍受的痛苦,从而违背意愿作出供述。因此,以变相肉刑的手段取得的口供的真实性存在很大疑问,而且这些方法本身也侵犯了犯罪嫌疑人的权利。不过,对于采用变相肉刑取得的口供是否都应排除,理论界和实务界分歧较大,立法也未有明确的规定,尤其是实践中较为常见的以疲劳审讯方法取得的供述是否需要排除,有关规范性文件未呈现前后一致的立场。[②]

2. 刑讯逼供程度的认定

在我国,构成刑讯逼供还需要满足程度要求,即刑讯逼供要"使犯罪嫌疑人、被告人遭受难以忍受的痛苦而违背意愿作出的供述"[③]。可见,作为非法手段的刑讯逼供需具备两个条件:一是犯罪嫌疑人、被告人遭受难以忍受的痛苦;二是犯罪嫌疑人、被告人违背意愿作出的供述。由于认定刑讯逼供尚需满足程度条件,即我国非法口供的排除标准为"痛苦规则",因此对一些轻微的暴力行为或者变相肉刑是否能造成犯罪嫌疑人、被告人难以忍受的痛苦而违背意愿作出供述就存在不同理解。例如,在讯问过程中,打了犯罪嫌疑人几个耳光、偶尔拳打脚踢、大吼大叫[④]等,是否构成刑讯逼供?此种情形下取得的口供是否需要排除?对此,龙宗智教授认为,对于刑讯逼供需要把握程度,不应过严把握,将一些主要属于精神压制而非肉体折磨的手段作为刑讯逼供,如偶尔采取的拳打脚踢,意在精神压制而并非使其疼痛、痛苦,一般不应被当作为刑讯逼供;也不能标准过于宽松,如将某些因个人耐受力较弱,实已达到剧烈疼痛和痛苦程度的非法取供行为不纳入排除范围。在操作中,既要考虑一般人的耐受程度即一般标准,更要注

---

① 《最高人民检察院关于渎职侵权犯罪案件立案标准的规定》关于"刑讯逼供案"的立案标准指出,司法工作人员"以较长时间冻、饿、晒、烤等手段逼取口供,严重损害犯罪嫌疑人、被告人身体健康的",应予立案。《关于建立健全防范刑事冤假错案工作机制的意见》将"冻、饿、晒、烤等手段"视为变相肉刑,参考了上述规定。

② 目前,除了疲劳审讯外,冻、饿、晒、烤的认定标准也需要进一步的明确。

③ 有观点认为,我国关于刑讯逼供的定义参考了《禁止酷刑和其他残忍、不人道或有辱人格的待遇或处罚公约》关于"酷刑"的界定。根据该公约的规定,"酷刑"系指为了向某人或第三者取得情报或供状,为了他或第三者所作或被怀疑所作的行为对他加以处罚,或为了恐吓或威胁他或第三者,或为了基于任何一种歧视的任何理由,蓄意使某人在肉体或精神上遭受剧烈疼痛或痛苦的任何行为。

④ 例如,在某一案件中,警察反复在谈话中打断嫌疑人,向其大喊大叫并出示淫秽物品来指责嫌疑人撒谎,本案被告人的有罪判决被推翻。参见〔英〕安迪·格里菲思:《从口供导向到专业导向——英格兰和威尔士嫌疑人谈话程序简史》,载〔美〕柏恩敬、刘超、高原编译:《追问警察讯问方法——比较法的视角》,法律出版社2018年版,第252—253页。

重因特定环境情形中个体的不同耐受性而产生的特殊标准。[①]例如，对于未成年犯罪嫌疑人而言，打几个耳光或者偶尔拳打脚踢就足以对其产生巨大的心理压力，由此获得的口供难以保证真实可靠。当然，刑讯逼供的程度要件不会是一成不变的，现在一些归入司法不文明的行为，随着人权保障意识的不断加强，就有可能成为非法取供行为。但是，即使现在属于司法不文明行为，也应在讯问中予以禁止。

（二）疲劳审讯的认定标准与排除方式

疲劳审讯，又称为疲劳讯问，它是指利用犯罪嫌疑人处于疲劳状态下所取得之自白。[②]

1. 疲劳审讯所取得口供的排除之争

在理论界和实务界，疲劳审讯取得的口供是否需要排除，存在肯定说和否定说两种基本观点。

第一，肯定说。持该论者反对排除采用疲劳审讯取得的口供，其主要有两个理由：一是疲劳审讯是重要的侦查手段。实践中，一些办案人员认为，殴打、暴力、威胁等讯问方法均明令禁止，如果连疲劳审讯都不允许，许多案件将无法获取供述证据，[③]尤其当犯罪嫌疑人的思想防线动摇甚至崩溃时，讯问一般应趁热打铁而不宜中断。[④]讯问进行到16—18小时的时候，被认为最容易获取有罪供述。[⑤]二是对于疲劳审讯的认定标准仍未达成一致。疲劳审讯的认定标准是以连续讯问的时间为标准，还是以被告人的主观感受为标准？如以前者为标准，连续讯问多长时间可认定为“疲劳审讯”？[⑥]换言之，作为非法方法的疲劳审讯和正常的连续审讯的界限如何划定？该问题存有争议。如果缺乏较为明确可行的认定标准，难免会导致司法实践的不统一。

第二，否定说。持该论者赞成排除采用疲劳审讯取得的口供，其主要理由是疲劳审讯（包括长时间讯问、夜间讯问）既违背了不得强迫自证其罪原则，也有违人的生理规律，易导致虚假供述，“因‘疲劳审讯’而取得之自白，亦属不正方法之一种，应予排除，自无疑义”[⑦]。例如，德国规定疲劳战术所取得的供述不得作为证据使用；[⑧]美国有判例认定，警察剥夺犯罪嫌疑人饮食、水、睡眠至太久的时

---

① 参见龙宗智：《我国非法口供排除的“痛苦规则”及相关问题》，载《政法论坛》2013年第5期。

② 参见朱石炎：《刑事诉讼法论（修订五版）》，台湾三民书局2015年版，第176—177页。

③ 参见刘静坤：《证据审查规则与分析方法：原理·规范·实例》，法律出版社2018年版，第146页。

④ 参见朱孝清：《刑事诉讼法实施中的若干问题研究》，载《中国法学》2014年第3期。

⑤ 参见郭志媛：《非法证据排除范围界定的困境与出路——兼谈侦查讯问方法的改革》，载《证据科学》2015年第6期。

⑥ 参见朱孝清：《刑事诉讼法实施中的若干问题研究》，载《中国法学》2014年第3期。

⑦ 林钰雄主编：《新学林分科六法——刑事诉讼法》，台湾新学林出版股份有限公司2009年版，第A-208页。

⑧ 参见宗玉琨译注：《德国刑事诉讼法典》，知识产权出版社2013年版，第126页。

间,判决该自白非任意性;[①]日本有判例认定,通过不分昼夜地违法审讯所获得的自白,应当予以排除。[②]事实上,犯罪嫌疑人被剥夺睡眠时间越长,就越会损害其决策能力,其易受暗示性倾向越明显,从而易违背意愿作出虚假供述。"长时间接受讯问,犯罪嫌疑人很容易受到角色扮演、假定的犯罪情景和释梦的影响,从而使疲惫不堪的犯罪嫌疑人相信自己莫名其妙地忘记了自己的确从事了某种犯罪行为。"[③]

2. 疲劳审讯认定标准与排除方式的域外考察

从域外实践来看,各国和地区排除疲劳审讯取得的口供总体上一致,但对疲劳审讯的认定标准存在一定的分歧。德国并不禁止因案情需要在夜间讯问的情况,禁止的是利用讯问损害意思活动自由,直至耗尽意志力或者利用这种筋疲力尽的状态进行讯问,同时对于疲劳战术不要求讯问人主观故意引起该状态,也不要求其对存在疲劳战术此事有所知悉。[④]根据德国联邦最高法院的见解,持续讯问达于侵害陈述人意思自由之程度时,即属疲劳讯问,如讯得嫌犯自白前,该嫌犯已有30小时未曾睡眠休息。[⑤] 20世纪40年代,美国法院在判定是否自愿时会考虑讯问的持续时间。[⑥]关于持续讯问时间多长可以构成自白的非任意性,美国的一些判例对此问题进行了讨论。例如,1944年阿什克拉夫特案中,讯问持续时间是36小时;[⑦] 1948年哈利诉俄亥俄州案(Haley v. Ohio)中,讯问持续时间是5小时;[⑧] 1959年斯派诺诉纽约州案(Spano v. New York)中,夜间讯问了8小时;[⑨] 1961年罗杰斯诉里士满案(Rogers v. Richmond)中,讯问持续时间是6

① 参见王兆鹏:《美国刑事诉讼法(第二版)》,北京大学出版社2014年版,第258页。

② 参见〔日〕田口守一:《刑事诉讼法(第七版)》,张凌、于秀峰译,法律出版社2019年版,第491页。

③ 〔美〕吉姆·佩特罗、〔美〕南希·佩特罗:《冤案何以发生:导致冤假错案的八大司法迷信》,苑宁宁、陈效等译,北京大学出版社2012年版,第311页。

④ 参见宗玉琨译注:《德国刑事诉讼法典》,知识产权出版社2013年版,第126页。

⑤ 参见朱石炎:《刑事诉讼法论(修订五版)》,台湾三民书局2015年版,第176页。

⑥ 参见〔美〕佛瑞德·E.英鲍等:《刑事审讯与供述(第五版)》,刘涛等译,中国人民公安大学出版社2015年版,第400页。

⑦ 参见〔美〕吉姆·佩特罗、〔美〕南希·佩特罗:《冤案何以发生:导致冤假错案的八大司法迷信》,苑宁宁、陈效等译,北京大学出版社2012年版,第311页。本案中,被告人因涉嫌谋杀他的妻子而被拘捕,警方断断续续地对他进行了36小时的审讯后得到其供认,田纳西州最高法院确认了对阿什克拉夫特的有罪判决。但联邦最高法院推翻了有罪判决,法院认为:在长达36小时的讯问期间,被告人被单独拘禁且不允许睡觉或休息,这种讯问因具有"内在强制性"而违背了"正当程序"。

⑧ 本案中,最高法院推翻了对一名15岁男孩的有罪判决,这名男孩受到了数名警察交替轮流进行的长达5小时的讯问,尽管没有使用任何强迫、威胁或许诺。但法院认为警察对哈利的审讯具有"内在强制性"。参见〔美〕佛瑞德·E.英鲍等:《刑事审讯与供述(第五版)》,刘涛等译,中国人民公安大学出版社2015年版,第401页。

⑨ 本案中,在夜间对犯罪嫌疑人进行了8小时的讯问,犯罪嫌疑人有情绪失调的病例,又叫也是犯罪嫌疑人好友的另一位警察来帮忙操控犯罪嫌疑人的情绪,犯罪嫌疑人终自白,联邦最高法院判决为非任意性。参见王兆鹏:《美国刑事诉讼法(第二版)》,北京大学出版社2014年版,第258页。

小时。[①]有研究指出，在虚假供述的案例中，平均审讯时长为16.3小时，其中有34%的案件审讯持续时间在6—12小时，39%的案件审讯持续时间达12—24小时。[②] 因此，有研究认为，讯问时间不应超过4小时，超过6小时的讯问会"构成法律上的强迫"。[③]总体而言，连续讯问36小时的案例较为极端，多数情况下口供的可采性需要综合考虑，即讯问的持续时间要与讯问环境、犯罪嫌疑人的个体情况等相结合。

2. 我国疲劳审讯的认定标准与排除方式

我国《刑事诉讼法》要求讯问时应保证犯罪嫌疑人的饮食和必要的休息时间，这可以理解为不得进行疲劳审讯。从近年来曝光的一些冤假错案来看，疲劳审讯是诱发无辜者承认自己未实施的犯罪行为的重要原因。鉴于疲劳审讯是目前较为常见的非法取供行为，明确疲劳审讯的认定标准与排除方式势在必行。[④]最高人民法院起草的《严格排除非法证据规定》(征求意见稿)中，曾对"疲劳审讯"有专门的规定："讯问犯罪嫌疑人、被告人，应当保证每日不少于8小时的连续休息时间。采用违反上述规定的疲劳讯问方法收集的犯罪嫌疑人、被告人供述，应当予以排除"。但该条最终被删除了。[⑤]诚如前文所述，讯问持续时间可以作为认定犯罪嫌疑人供述自愿性的标准。司法实践中，有将讯问时间超过24小时获得的供述作为非法证据予以排除；还有将连续讯问四天，被告人吃饭、睡觉的时间一共只有半个小时，认定为疲劳审讯。[⑥]当然，是否以连续讯问24小时作为疲劳审讯的认定标准，尚需深入论证以便达成共识，同时在司法实践中还需要结合个案中犯罪嫌疑人的个体因素进行综合判断。

（三）其他刑讯逼供方法的认定与排除

从域外实践来看，侦查讯问时采用催眠、施用药物等方法也被视为非法，所取得的口供不得作为证据使用。

第一，催眠。催眠术是运用心理暗示的方法，使心理活动达到某种状态，呈

---

① 本案中，联邦最高法院认为警察连续讯问6小时并威胁逮捕犯罪嫌疑人的妻子，可以构成非自愿供述。参见陈光中、郭志媛：《非法证据排除规则实施若干问题研究——以实证调查为视角》，载《法学杂志》2014年第9期。

② 参见王靖康：《侦查讯问中犯罪嫌疑人虚假供述问题探析》，载《长春师范大学学报》2018年第3期。

③ 参见〔美〕索尔·M.卡辛等：《警察诱供：风险因素与防范建议》，载〔美〕柏恩敬、刘超、高原编译：《追问警察讯问方法——比较法的视角》，法律出版社2018年版，第124页。

④ 有学者认为，变相肉刑的认定不需要标准，因为人的个体差异较大，硬定标准并不科学。对此，诸如冻、饿、晒、烤、疲劳审讯等非法取证方法取得的供述要不要排除，应交给司法人员自由裁量，即构建相对排除(裁量排除)。参见张建伟：《排除非法证据的价值预期与制度分析》，载《中国刑事法杂志》2017年第4期。

⑤ 参见毛立新：《严格排除非法证据规定的九大缺憾》，载《中国律师》2017年第8期。

⑥ 参见陈光中、郭志媛：《非法证据排除规则实施若干问题研究——以实证调查为视角》，载《法学杂志》2014年第9期。

现一种特殊的意识活动——催眠状态。在这种状态下,受术者会如实畅述内心深处的奥秘,暴露心灵底层压抑的情感,回忆早已被"遗忘"的经历和体验。[①]可见,催眠自白属于侵害陈述人意思自由之不正方法。[②] 例如,在德国,被催眠者在有意识下的意思被阻截,按照实施催眠者所希望的方向对其意思加以引导,这样的一种作用即为"催眠"。德国对催眠无例外地排除。[③]在意大利,警察不能使用催眠术迫使犯罪嫌疑人回忆发生了什么。[④]

第二,施用药物。例如,在德国,施用药物是指以针灸、片剂、饭食等形式将固体、液体或者气体的物质导入体内,特别是酒精和麻醉剂。如果被指控人自己服用,也不得准许;但如果是为增强或清醒意识,使用如咖啡、茶和烟,这些是基本准许的。[⑤]在1949年法国"戊硫巴比妥"案件中,塞纳轻罪法院在判决中详细区分了"麻醉诊断"与"麻醉讯问",即使用麻醉药物以摧毁犯罪嫌疑人、被告人意志获取口供的,构成非法取证,应予以排除;如果麻醉药物仅是为了判断犯罪嫌疑人、被告人是否伪装成病人,则不构成非法取证,可作为定案依据。[⑥]法国法学理论界一致反对采用麻醉手段进行讯问,如注射戊硫巴比妥,这种方法被行话为"一针露底"。[⑦]在美国汤森诉塞恩案(Townsend v. Sain)中,患病的被告人被提供了一片含有"吐真剂"成分的药片,服用该药片后他针对警察的讯问作出了有罪供述,而警察是不知道该药片的作用的。尽管该自白并非通过有意识的警察违法取得,而且看起来似乎是可靠的,联邦最高法院仍然认为该自白的使用是不可允许的。"任何由警察进行的事实上产生了并非自由意志产物的自白的讯问都将导致该自白不可采",因为自白必须是被告人"自由合理选择"的结果。[⑧]

二、威胁取供的认定标准与排除方式

威胁取供,又称为胁迫取供,它是指侦查人员以威逼胁迫的方法迫使犯罪嫌疑人违背意愿作出有罪供述的非法取供方法。威胁的方式既可以口头作出,也可是某种动作,如让犯罪嫌疑人观看他人受刑讯或听他人惨叫声等;其内容主要

---

① 参见〔美〕阿瑟·S. 奥布里、〔美〕鲁道夫·R. 坎普托:《刑事审讯》,但彦铮、杜军等译,西南师范大学出版社1998年版,第307页。

② 参见朱石炎:《刑事诉讼法论(修订五版)》,台湾三民书局2015年版,第177页。

③ 参见宗玉琨译注:《德国刑事诉讼法典》,知识产权出版社2013年版,第127页。

④ 参见〔英〕戴维·沃尔什等:《调查询问与讯问的国际发展与实践(卷二:犯罪嫌疑人)》,刘涛、黄靖斯译,知识产权出版社2019年版,第179页。

⑤ 参见宗玉琨译注:《德国刑事诉讼法典》,知识产权出版社2013年版,第126页。

⑥ 参见施鹏鹏:《口供的自由、自愿原则研究——法国模式及评价》,载《比较法研究》2017年第3期。

⑦ 参见〔法〕卡斯东·斯特法尼等:《法国刑事诉讼法精义(上)》,罗结珍译,中国政法大学出版社1999年版,第44页。

⑧ 参见〔美〕伟恩·R. 拉费弗、〔美〕杰罗德·H. 伊斯雷尔、〔美〕南西·J. 金:《刑事诉讼法(上册)》,卞建林、沙丽金等译,中国政法大学出版社2003年版,第34页。

以生命、身体、自由、名誉、信用、贞操或家庭声誉等事相威胁。[①]质言之，是“以无形力施加威胁，致生心理恐惧不安而迫使自白”[②]。

（一）排除以威胁取供的理由

排除以威胁方法取供的理由主要包括：其一，威胁取供对犯罪嫌疑人造成的心理压迫并不亚于刑讯逼供。我国《刑法》规定的劫持航空器罪（第 121 条）、劫持船只、汽车罪（第 122 条）、强奸罪（第 236 条）、强迫劳动罪（第 244 条）、抢劫罪（第 263 条）、妨害公务罪（第 277 条）、妨害作证罪（第 307 条第 1 款）等罪名都将胁迫或威胁视为和暴力等同的犯罪手段。其二，从司法实践来看，以暴力进行威胁或者以重大利益进行威胁，是有可能使犯罪嫌疑人产生心理恐惧，造成精神痛苦，从而违背意愿作出供述的。其三，禁止威胁取供在国际社会获得较为广泛的认可，如《禁止酷刑和其他残忍、不人道或有辱人格的待遇或处罚公约》将“恐吓或威胁”作为“酷刑”予以禁止。[③]总之，以威胁方法取供严重侵犯了犯罪嫌疑人的基本权利，将此种情形下取得的口供予以排除，是刑事诉讼文明化的重要体现。

侦查讯问中，是否只要侦查人员施以威胁，所取得的口供就要排除？对此，一些实务人士认为，法律已经严厉禁止明显的刑讯逼供，如果连威胁也不能采用的话，讯问将无法开展。[④]司法实践中，很多从气势上、心理上来压倒、摧垮犯罪嫌疑人心理防线的讯问语言、行为和策略很难与威胁区别开来。[⑤]而且对于一些心理素质较好的犯罪嫌疑人，如果没有一定程度的疾严厉色，讯问工作根本无法达到预期目的。[⑥]因此，合理的威胁方法（即审讯策略）与非法的威胁方法之间如何辨别，是需要进一步厘清的问题。

（二）威胁取供认定标准与排除方式的域外考察

美国在多个判例中探讨了威胁取供的认定问题。例如，在亚利桑那州诉富尔米南特案（Arizona v. Fulminante）中，被告人的同监犯说，他从其他同监犯处听说被告人“即将受到粗暴对待”，他也许能帮忙，但是被告人必须说真话，被告人随后对其承认了自己的犯罪，多数意见认定该自白是强迫的结果。[⑦]在罗杰斯诉里士满案中，法院裁定被告人的自白是在警察威胁要拘禁被告人的妻子的情

① 参见易延友：《沉默的自由（修订版）》，北京大学出版社 2015 年版，第 196 页。

② 朱石炎：《刑事诉讼法论（修订五版）》，台湾三民书局 2015 年版，第 175 页。

③ 参见《禁止酷刑和其他残忍、不人道或有辱人格的待遇或处罚公约》第 1 条。

④ 参见陈光中、郭志媛：《非法证据排除规则实施若干问题研究——以实证调查为视角》，载《法学杂志》2014 年第 9 期。

⑤ 参见戴长林主编：《非法证据排除规定和规程理解与适用》，法律出版社 2019 年版，第 30 页。

⑥ 参见陈卫东、胡晴晴：《我国非法证据排除规则的问题与完善》，载《法治社会》2016 年第 5 期。

⑦ 参见〔美〕伟恩·R. 拉费弗、〔美〕杰罗德·H. 伊斯雷尔、〔美〕南西·J. 金：《刑事诉讼法（上册）》，卞建林、沙丽金等译，中国政法大学出版社 2003 年版，第 343—344 页。

况下取得的,因而是被迫的。[①]在莱纳姆诉伊利诺伊州案(Lynumm v. Illinois)中,被告人被告知如果不供述将可能失去福利待遇并且她的儿子也将被逮捕,之后法院裁定被告人的自白是被迫作出,必须排除。[②]在佩恩诉阿肯色州案(Payne v. Arkansas)中,警察警告嫌疑人,若不承认犯罪,可能会有30—40人到警察局来揍他,之后法院判决该自白非任意性。[③]在菲尔普斯案中,警察告诉强暴案嫌疑人,若不承认与被害人性交,必须接受精液采集程序,又告诉嫌疑人此程序的痛苦,法院判决该自白非任意性。[④] 在另一个案件中,被告人否认其罪行,于是警察假装要将被告人患关节炎的妻子带来警察局讯问;并且警察不让被告人打电话给其妻子,还警告被告人在未向警方陈述前,不能打电话给妻子或任何人。[⑤] 联邦最高法院也认定该案件中的自白非出于自由意思。由上可见,在美国,威胁取供的方法主要是以使用暴力相威胁或以损害近亲属权益相威胁。

英国也有不少判例讨论了威胁取供的认定问题。在1990年埃莫森案中,警察在讯问时提高嗓音并说一些脏话,表现出不耐烦、很生气的态度,法院认为,这种做法不构成威胁,但如不当讯问行为达到影响供述自愿性的程度,就将构成威胁。[⑥]在1993年帕里斯案中,被告人遭到了“凌辱和威吓”,警察与其说是在讯问他,不如说是对他大喊大叫,让他说出警察想让他说出的东西。虽然没有身体暴力,但很难想象警察对犯罪嫌疑人还有比这更为充满敌意和恐吓的方法。因此法院认为,录音带表明,被告人哭叫、啜泣了很长时间,他没有得到片刻的休息,法院毫不怀疑这里存在逼迫,在这种情况下获得的自白将是不可靠的,即使犯罪嫌疑人具有正常的精神能力。[⑦]但是,在1992年斯利格案中,法官考虑到被告人作为经验丰富的银行家,其智商和情商较高,警察在该欺诈案件中对被告人的严厉讯问并非其不能承受,据此认定讯问行为不构成威胁。不过,采用类似方式讯问未成年人或老年人则可能被认定为构成威胁。[⑧]由上可见,在英国,威胁的认定需要考虑犯罪嫌疑人的个体情况。

德国《刑事诉讼法典》第136条没有普遍禁止在讯问中适用威胁,但规定不能用刑事诉讼法不允许的后果来威胁嫌疑人。例如,警察声明嫌疑人如果不合

---

① 参见〔美〕伟恩·R.拉费弗、〔美〕杰罗德·H.伊斯雷尔、〔美〕南西·J.金:《刑事诉讼法(上册)》,卞建林、沙丽金等译,中国政法大学出版社2003年版,第344—345页。

② 参见郭志媛:《非法证据排除范围界定的困境与出路——兼谈侦查讯问方法的改革》,载《证据科学》2015年第6期。

③ 参见王兆鹏:《美国刑事诉讼法(第二版)》,北京大学出版社2014年版,第258页。

④ 同上。

⑤ 同上书,第4页。

⑥ 参见戴长林主编:《非法证据排除规定和规程理解与适用》,法律出版社2019年版,第36页。

⑦ 参见〔英〕克里斯托弗·艾伦:《英国证据法实务指南(第四版)》,王进喜译,中国法制出版社2012年版,第238页。

⑧ 参见戴长林主编:《非法证据排除规定和规程理解与适用》,法律出版社2019年版,第36页。

作会导致长期监禁，则不被视为威胁，而是法院实际量刑的预示；如果这种声明是不真实的，则构成带有欺骗性质的威胁。[①]德国有判例探讨了威胁取供的认定问题，其中有一个案件，被告人在和其妻子、岳父母争吵之后，将其深爱的三岁儿子杀死。在讯问时，被告人被威胁，如果不供认如何杀死其儿子，就把他带到儿子的尸体前，被告人含泪请求不要这样，但讯问人最终不顾被告人的反对这样做了，被告人看到尸体后完全崩溃，作了供认。[②]该供述之后被裁定不得作为证据使用。另一个案件中，被指控人绑架了一名儿童，警方讯问被指控人孩子的下落，无果。事已数日，警方猜测如再不及时找到孩子，孩子有生命危险（其实，当时孩子已经被杀了），故警方对被指控人威胁施加酷刑，被指控人供出孩子下落。最后，法院没有使用经过警方威胁而得到的供词，而威胁使用酷刑的两名警察因此受到了刑事审判。[③]

（三）我国对威胁取供的认定标准与排除方式

《严格排除非法证据规定》第3条规定："采用以暴力或者严重损害本人及其近亲属合法权益等进行威胁的方法，使犯罪嫌疑人、被告人遭受难以忍受的痛苦而违背意愿作出的供述，应当予以排除。"可见，认定威胁取供行为需要满足两个条件：其一，客观条件，即存在威胁方法。威胁方法包括三种情形：一是以暴力进行威胁；二是以严重损害犯罪嫌疑人、被告人合法权益进行威胁；三是以严重损害犯罪嫌疑人、被告人的近亲属合法权益进行威胁。其二，主观条件，即威胁达到一定的程度，该程度要求是"使犯罪嫌疑人、被告人遭受难以忍受的痛苦而违背意愿作出的供述"。只要存在客观条件中所述三种威胁方法之任何一种，且达到一定的程度，该威胁即可被认定为非法方法，由此取得的口供应予以排除。

近年来，我国司法实践中出现过不少相关案例，这对于我们正确认定威胁取供具有参考价值。例如，最高人民法院指导案例"郑祖文犯贪污罪、受贿罪和滥用职权案"是涉及威胁取供认定的一个典型案件。[④]本案中，"郑祖文庭审中辩称：其年近70岁，侦查办案人员一直对其进行疲劳审讯，自2011年8月19日开始，其有关受贿的有罪供述是在侦查办案人员以取保候审进行诱惑及以扣押家属相威胁的情况下所作"；控方认为威胁没有明确的认定标准，在本案中属于侦查人员的审讯策略。法院最终采纳了辩护意见，认定郑祖文犯受贿罪的指控不能成立。结合本案的实际情况，郑祖文被讯问时已退休近10年、年近70岁，因

---

① 参见〔德〕托马斯·魏根特：《德国刑事诉讼程序》，岳礼玲、温小洁译，中国政法大学出版社2004年版，第85—86页；戴长林主编：《非法证据排除规定和规程理解与适用》，法律出版社2019年版，第36页。

② 参见宗玉琨译注：《德国刑事诉讼法典》，知识产权出版社2013年版，第126页。

③ 同上书，第128页。

④ （2012）穗中法刑二初字第146号。

个人的原因导致女儿、女婿(公职人员)被检察机关“抓起来”,这对其心理必然起到强烈的胁迫作用,迫使他为保住一家老小的平安,选择做出牺牲,从而违背意愿作出有罪供述。[①] 2012年9月13日,某市中院公开审理一起涉毒案件,法官在审理前排除了对被告人不利的一份供述,该份认罪供述被指是侦查员威胁“不说的话就见不到孩子”后,犯罪嫌疑人才配合作出的。[②] 总之,在认定威胁取供时,威胁方法较易判断,而对于如何认定“使犯罪嫌疑人、被告人遭受难以忍受的痛苦而违背意愿作出的供述”则可以从如下两个方面进行判断:

第一,如果在讯问过程中,侦查人员对犯罪嫌疑人说:“你不说的话,就揍你”“你不说的话,就见不到孩子”“你不说的话,就把你老婆抓进来”等,一般应认定犯罪嫌疑人遭受了“难以忍受的痛苦”,从而会违背意愿作出供述,故此种情形下作出的供述应予以排除。当然,对于以“你不说的话,就把你老婆抓进来”进行威胁,如果该嫌疑人的妻子也确实共同参与了犯罪活动,“这属于带有辩诉交易性的威胁,在法政策容许的尺度之内”[③]。那么,如果以符合事实的隐私进行威胁,所取得口供应如何认定?例如,在一起受贿案件中,侦查机关发现犯罪嫌疑人与其嫂子私通,侦查机关调取了两人在宾馆的开房记录,并以此对犯罪嫌疑人进行威胁,“你如果不老实交代,我们就公开你和你嫂子私通、乱伦的事情,让你和你的家族在本地都抬不起头”。在强大压力下,犯罪嫌疑人承认了犯罪事实。在分析本案侦查人员的威胁是否构成非法取供时,有学者认为,法律或司法解释并未明确限定只能以虚构的事实相威胁,如刑法上的敲诈勒索罪,以他人隐私进行敲诈勒索,同样构成犯罪。这种心理压力,可能造成嫌疑人事实上无辜被迫认罪。[④] 但是,也曾有这样的案例,上诉人称其供述受到了胁迫,即警察以将上诉人的同性恋之倾向告诉其父亲且公之于世相胁迫,而法官并未排除此供述。[⑤]

第二,讯问过程中,如果侦查人员只是进行一般性的威吓、呵斥,应当认为尚不足以达到使犯罪嫌疑人“遭受难以忍受的痛苦”的程度,此种情况下取得的口供一般不予以排除。但也要注意两点:一是对于一般性的威吓、呵斥,虽不构成法律所禁止的“威胁”方法,但仍属于不文明的行为,在讯问中应予以禁止,对相关讯问人员要予以处分;二是对于一些特殊群体的犯罪嫌疑人,如未成年人、老

---

① 参见黄建屏、林恒春:《郑祖文犯贪污罪、受贿罪和滥用职权案——如何处理以威胁方法收集的被告人供述及司法实践中对“重复供述”如何采信》,载中华人民共和国最高人民法院刑事审判第一、二、三、四、五庭主办:《刑事审判参考》,法律出版社2017年版,第30页。

② 参见陈光中、郭志媛:《非法证据排除规则实施若干问题研究——以实证调查为视角》,载《法学杂志》2014年第9期。

③ 龙宗智等:《司法改革与中国刑事证据制度的完善》,中国民主法制出版社2016年版,第34页。

④ 同上。

⑤ 参见林钰雄主编:《新学林分科六法——刑事诉讼法》,台湾新学林出版股份有限公司2009年版,第A-201页。

年人等，要综合考虑一般性的威吓、呵斥对他们所产生的压迫心理，换言之，正常情况下一般性的威吓、呵斥可能不构成法律所禁止的“威胁”方法，但若用在未成年犯罪嫌疑人等特殊对象身上，则有可能构成法律所禁止的“威胁”方法。

三、以非法限制人身自由方法取供的认定标准与排除方式

非法限制人身自由取供，也称非法羁押取供，它是指侦查人员通过非法限制人身自由方式迫使犯罪嫌疑人违背意愿作出供述。从广义上说，非法限制人身自由还包括不当羁押、长期羁押等。

（一）排除以非法限制人身自由方法取供的理由

排除以非法限制人身自由取得的口供主要有两个理由：其一，在非法羁押或长期羁押状态下，自白丧失自愿性的可能性较高，易导致虚假供述，“羁押性的警方讯问，从本质上来说，对被讯问人具有隔绝性和压迫性，会导致那些没有实施犯罪的人作出有罪供述”①，因而“凡被告或犯罪嫌疑人处于非法拘束自由状态接受讯（询）问所为自白，皆系非任意之自白”②。其二，非法羁押或长期羁押本身就侵犯了犯罪嫌疑人的基本权利，“非法限制人身自由的方法严重违反法定程序并严重侵犯人权，与刑讯逼供、威胁方法并无二致”③。因此，这种取供手段应为法律所禁止，所得之口供理应排除。

（二）非法限制人身自由方法取供认定标准与排除方式的域外考察

美国有不少判例讨论了在非法羁押或长期羁押状态下取供的合法性问题。例如，在1948年哈利诉俄亥俄州案中，一名15岁的黑人男孩遭到警察轮番彻夜盘问，被单独关押长达三天，且其要求会见律师的请求也一再被警察拒绝。对此，联邦最高法院的多数意见认为，本案的口供是通过“法律不应容忍的方式”取得的。④在1957年菲克斯诉亚拉巴马州案（Fikes v. Alabama）中，法院裁定一名未受过教育的人在超过10天羁押期间中作出的供述不可采，在羁押期间他与其他在押人员相隔离，并被拒绝与试图探望他的父亲和律师会见。法院认为“综合全案情势”，这一行为超出了可以容忍的界限。⑤在1966年戴维斯诉北卡罗来纳州案（Davis v. North Carolina）中，在拘禁的16天内以及被告人供述之前的讯问中，除了警察之外没有任何其他人与被告人交谈过。联邦最高法院在裁决该

---

① 〔美〕佛瑞德·E.英鲍等：《刑事审讯与供述（第五版）》，刘涛等译，中国人民公安大学出版社2015年版，第340页。

② 朱石炎：《刑事诉讼法论（修订五版）》，台湾三民书局2015年版，第177页。

③ 刘静坤：《证据审查规则与分析方法：原理·规范·实例》，法律出版社2018年版，第83页。

④ 参见〔美〕索尔·M.卡辛等：《警察诱供：风险因素与防范建议》，载〔美〕柏恩敬、刘超、高原编译：《追问警察讯问方法——比较法的视角》，法律出版社2018年版，第81页。

⑤ 参见〔美〕佛瑞德·E.英鲍等：《刑事审讯与供述（第五版）》，刘涛等译，中国人民公安大学出版社2015年版，第401—402页。

自白为非任意性时指出,“从未维持过像本案中这样的经过如此长时间的拘禁和讯问后获得的自白用作证据”①。

在德国,强迫某人长期待在一个狭小的讯问室内,即使不要求他开口讲话,从某种意义上仍构成“折磨”,②而“折磨”是为德国《刑事诉讼法典》第136条所禁止使用的讯问方法。

日本《刑事诉讼法》第319条第1款中规定,“经过不当的长期扣留或者拘禁后作出的自白……不得作为证据使用。”③例如,由于起诉以前的逮捕拘押和起诉以后的逮捕拘押合计时间长达109天,因此被告人在没有逃跑可能性的情况下作出自白。而该自白属于不当羁押后作出的自白,这属于任意性被怀疑的自白。④

(三)我国对以非法限制人身自由方法取供的认定标准与排除方式

《严格排除非法证据规定》第4条明确规定:“采用非法拘禁等非法限制人身自由的方法收集的犯罪嫌疑人、被告人供述,应当予以排除。”实践中,“非法限制人身自由的方法”主要是指不经任何程序即限制人身自由,在刑事拘留期限届满后继续非法羁押,或者在逮捕期限届满后不变更强制措施等。⑤值得注意的是,超期羁押下取得的口供是否需要排除?对此,最高人民法院最初起草的《严格排除非法证据规定》(征求意见稿)曾规定,采用超期羁押的方法收集的犯罪嫌疑人、被告人供述,应当予以排除,但该内容最终被删除了。⑥当前超期羁押屡禁不止,排除超期羁押期间所取得的口供,在一定程度上可以有效遏制超期羁押。

四、引诱取供的认定标准与排除方式

引诱又称利诱、许诺、(司法)承诺等,引诱取供是指侦查人员以给予犯罪嫌疑人利益或者好处,使犯罪嫌疑人违背意愿作出供述。引诱取供常见的是“利益诱导”,即“诱之以利而自白”。⑦ 广义上,引诱取供还包括指名问供,即指供。⑧

(一)引诱取供的使用及其限制

国外有研究者分析了125个有全程录音录像的讯问笔录后发现:审讯人员特别重视高端诱导技术,即告知嫌疑人,认罪可以获得较轻的刑罚、较短时间的

---

① 〔美〕伟恩·R.拉费弗、〔美〕杰罗德·H.伊斯雷尔、〔美〕南西·J.金:《刑事诉讼法(上册)》,卞建林、沙丽金等译,中国政法大学出版社2003年版,第347—348页。

② 参见〔德〕托马斯·魏根特:《德国刑事诉讼程序》,岳礼玲、温小洁译,中国政法大学出版社2004年版,第87页。

③ 张凌、于秀峰编译:《日本刑事诉讼法律总览》,人民法院出版社2017年版,第92页。

④ 参见〔日〕田口守一:《刑事诉讼法(第七版)》,张凌、于秀峰译,法律出版社2019年版,第149页。

⑤ 参见陈瑞华:《新非法证据排除规则的八大亮点》,载《人民法院报》2017年6月29日第2版。

⑥ 参见毛立新:《严格排除非法证据规定的九大缺憾》,载《中国律师》2017年第8期。

⑦ 参见朱石炎:《刑事诉讼法论(修订五版)》,台湾三民书局2015年版,第175页。

⑧ 本章将专门讨论指供问题。

监禁,或者得到其他公诉或审判方面的从轻处理;拒绝认罪则会带来更严重的指控或更长时间的监禁。[①]质言之,引诱取供具有"对价性"(即交换条件):司法机关保证犯罪嫌疑人得到某种利益,如对其从轻处罚、不追究其余罪行、改变强制措施、关照其亲友等;犯罪嫌疑人则愿意与司法机关协作,如承认犯罪指控、交代自己的犯罪事实、交出赃款赃物、交代其他人的犯罪以及提供抓捕其他罪犯的线索与条件等。[②]那么,以引诱方法取得的口供是否需要排除?"一些承诺本身就足以导致口供是非自愿的;而其他承诺是否被法律所允许的,则取决于具体情形。"[③]对此,我国理论界和实务界存在如下两种主张:

第一,肯定说。持该观点者反对排除以引诱取得的口供,其主要理由包括:一是我国《刑事诉讼法》只是规定严禁以引诱方法收集证据,而未规定排除法则,因而以引诱方法取得的口供可以作为证据使用。二是引诱不同于刑讯逼供、威胁等非法方法,一般不会达到侵犯犯罪嫌疑人基本权利的程度,也不会造成犯罪嫌疑人违背意愿作出供述。三是司法实践中,引诱取供与合法的讯问策略之间的界限模糊,一概排除以引诱方法取得的口供,不利侦查工作的顺利展开。

第二,否定说。持该观点者赞成排除以引诱方法取得的口供,其主要理由包括:一是《刑事诉讼法》明确规定禁止采用引诱方法收集证据,这就意味着以引诱方法取得的口供应当排除,否则"客观上使严禁以引诱、欺骗方法取证的规定成为号召性的要求"[④]。二是利益引诱与威胁往往具有一体两面的关系,从重处罚、恶劣待遇是威胁,不从重从严或允诺从轻从宽即为引诱。实践中二者经常交叉使用,并未截然分开,实际效果并无根本区别。因此,排除规则中只规制威胁不规制引诱不合理。[⑤]三是司法实践中,引诱取供在压迫程度上虽不及刑讯逼供和威胁,但"诱之以利",犯罪嫌疑人作出有罪供述可能不是来自其"内疚感",所以该供述仍存在不自愿的可能性,进而为虚假供述。对此,有的国家和地区明文规定引诱取供属于非法方法,如俄罗斯《刑事诉讼法典》第 189 条第 2 款中规定,"禁止提出诱导性的问题"[⑥]。

(二)引诱取供认定标准与排除方式的域外考察

引诱取供合法与非法之间的界限是理论界与实务界关注的焦点议题,各国

---

① 参见〔美〕索尔·M. 卡辛等:《警察诱供:风险因素与防范建议》,载〔美〕柏恩敬、刘超、高原编译:《追问警察讯问方法——比较法的视角》,法律出版社 2018 年版,第 100 页。

② 参见龙宗智、何家弘:《"兵不厌诈"与"司法诚信"》,载《证据学论坛》2003 年第 6 卷。

③ 〔美〕索尔·M. 卡辛等:《警察诱供:风险因素与防范建议》,载〔美〕柏恩敬、刘超、高原编译:《追问警察讯问方法——比较法的视角》,法律出版社 2018 年版,第 84 页。

④ 秦宗文:《以引诱、欺骗方法讯问的合法化问题探讨》,载《江苏行政学院学报》2017 年第 2 期。

⑤ 参见龙宗智:《我国非法口供排除的"痛苦规则"及相关问题》,载《政法论坛》2013 年第 5 期。

⑥ 陈卫东主编:《刑事立案与侦查——外国刑事诉讼法有关规定(下)》,中国检察出版社 2017 年版,第 561 页。

和地区对引诱取得供述的证据资格进行了广泛探讨。

1. 以引诱方法取得的口供不具有证据资格的情形

美国针对讯问中许诺的探讨由来已久。在1845年美国诉博斯蒂克案(United States v. Bostick)中,讯问人员承诺:如果犯罪嫌疑人认罪,她就可以获得从宽处理并被"送回家",之后法院认定由此产生的供述不予采信。[①] 在1897年布拉姆诉美国案(Bram v. United States)中,联邦最高法院认为,"任何依靠直接或者间接承诺(无论其有多么轻微)而取得"的自白都不是自愿的。[②] 在美国诉多明戈-加布里埃尔案(United States v. Dominguez-Gabriel)中,讯问人员向被讯问人提到了他涉嫌罪名的严重性和会被长期监禁的可能性,之后,又告诉被讯问人如果他合作就会有好处,法院认定这种讯问场景构成了强迫。[③]总之,美国下级法院经常裁决,如果自白是由于不起诉、撤销部分指控或者被告人可能获得较轻的刑罚等许诺而作出的,那么该自白是不自愿的。[④]

在英国,赫伦案(Heron Case)的判决扩大了强迫手段的范围,将诸如夸大证据或强调认罪的好处之类的手段也纳入了强迫的范围。[⑤]

在德国,检察官不可以许诺给嫌疑人较轻的判决,因为他没有权力决定本应由法院作出的判决。[⑥]

在日本,有判例指出,检察官许诺如果自白就不起诉或起诉犹豫,被告人、犯罪嫌疑人相信了这种承诺所作出的自白没有任意性,承诺不起诉而又起诉,不仅是背信弃义的利益诱导行为,而且具有虚伪性,侵害了供述的自由,所谓的"许诺的自白"应予以排除。[⑦]

2. 以引诱方法取得的口供具有证据资格的情形

美国有不少判例肯定了许诺取供的合法性。例如,在1990年美国诉哈里斯(United States v. Harris)一案中,法院认为,"警察在获取口供的过程中可以向

---

① 参见黄士元:《正义不会缺席:中国刑事错案的成因与纠正》,中国法制出版社2016年版,第252页。

② 参见郭志媛:《非法证据排除范围界定的困境与出路——兼谈侦查讯问方法的改革》,载《证据科学》2015年第6期。

③ 参见〔美〕佛瑞德·E.英鲍等:《刑事审讯与供述(第五版)》,刘涛等译,中国人民公安大学出版社2015年版,第411页。

④ 参见〔美〕伟恩·R.拉费弗、〔美〕杰罗德·H.伊斯雷尔、〔美〕南西·J.金:《刑事诉讼法(上册)》,卞建林、沙丽金等译,中国政法大学出版社2003年版,第345页。

⑤ 参见〔英〕安迪·格里菲思:《从口供导向到专业导向——英格兰和威尔士嫌疑人谈话程序简史》,载〔美〕柏恩敬、刘超、高原编译:《追问警察讯问方法——比较法的视角》,法律出版社2018年版,第251页。

⑥ 参见〔德〕托马斯·魏根特:《德国刑事诉讼程序》,岳礼玲、温小洁译,中国政法大学出版社2004年版,第86页。

⑦ 参见〔日〕田口守一:《刑事诉讼法(第七版)》,张凌、于秀峰译,法律出版社2019年版,第489页。

犯罪嫌疑人提出减少指控，所以提出宽大处理的许诺并非强制”[①]；在人民诉万斯(People v. Vance)一案中，法院认为，“我们愿意听你说，并想办法帮你出去”的表述并不是一种许诺；[②]马萨诸塞州的一起判例声明，讯问人员可以笼统地向犯罪嫌疑人指出，“从过去的情况来看，与警方合作是法庭认可的有利因素”[③]；在美国诉马什本案(United States v. Mashburn)中，警方关于“你可以通过承担责任和给予实质性协助来自救”的声明并不是宽大处理的许诺。[④] 雷德案中，法院驳回了被告人提出的供述受到压制，即讯问人员告诉他：如果他合作，他就不会在监狱里生活；他们是来帮助他的；他们是唯一可以帮他的人。[⑤]

在加拿大奥克尔案中，上诉法院认为讯问人员采用的将犯罪嫌疑人的罪行严重程度最小化的讯问方法实际上是在向其提供从宽处理的许诺。对此，最高法院提出了反对意见，并认为，如果警方的行为只是降低了犯罪行为道德上的罪过，在此范围内警方的行为没有问题。[⑥]

在德国，只有作出许诺的个人能够实现许诺，许诺才是允许的。因此，如果认罪是不起诉的必要条件，那么在嫌疑人认罪的情况下，检察官可以许诺对嫌疑人附条件地不起诉；[⑦]如果只是许诺给予普通意义上的嗜好品，如香烟和咖啡，这是准许的。[⑧]

3. 引诱取供的排除标准

从域外实践来看，并非所有以承诺取得的口供都会被予以排除。那么，引诱取供的排除标准是什么？对此，美国曾有判例认为，“并不是所有的劝诱因素都会导致供述无效，只有这种劝诱因素包含可能会导致错误供述的风险时才应当被禁止。”[⑨]有学者也认为，“以利诱之不正方法，使被告为非任意性之自白，系取决于该利诱提示是否具有诱发虚假自白之可能性，倘其根本不可能诱发虚假自白，自无利诱之可言。”[⑩]总体而言，如果仅仅是因为提出宽大处理的许诺、督促如实供述、提出建议、提供帮助等所取得的口供，一般具有证据资格。具言之，如

---

① 〔美〕佛瑞德·E.英鲍等：《刑事审讯与供述(第五版)》，刘涛等译，中国人民公安大学出版社2015年版，第408页。

② 同上书，第411页。

③ 同上书，第412页。

④ 同上。

⑤ 同上书，第411—412页。

⑥ 同上书，第410页。

⑦ 参见〔德〕托马斯·魏根特：《德国刑事诉讼程序》，岳礼玲、温小洁译，中国政法大学出版社2004年版，第86页。

⑧ 参见宗玉琨译注：《德国刑事诉讼法典》，知识产权出版社2013年版，第128页。

⑨ 〔美〕佛瑞德·E.英鲍等：《刑事审讯与供述(第五版)》，刘涛等译，中国人民公安大学出版社2015年版，第409页。

⑩ 林钰雄主编：《新学林分科六法——刑事诉讼法》，台湾新学林出版股份有限公司2009年版，第A-205页。

果许诺属于法律所规定的利益，如警察许诺犯罪嫌疑人只要供述即给吸烟等好处，则不会导致该自白被排除；但警察承诺不起诉、撤回某些起诉、刑罚的减轻，法院均可以认为自白是非自愿性的。[①]另外，警察如果说“你最好还是招了吧”，则既有可能构成威胁，也有可能被质疑为是许诺宽大处理，从而导致自白不具有证据资格。因此，“讯问人员应当遵循的安全做法是避免做出任何许诺，除非是明显无害的许诺”[②]。

（三）我国引诱取供认定标准与排除方式的构建

我国《刑事诉讼法》规定，严禁以引诱方法收集证据，但未规定相应的排除规则。因此，我们有必要构建引诱取供的认定标准和排除方式。根据威胁取供的认定标准和排除方式，结合中外司法实践和相关理论研究成果，采取以下引诱方法取得的口供应予以排除。

第一，以非法利益的许诺进行引诱所取得的口供应予以排除。最高人民法院起草的《严格排除非法证据规定》（征求意见稿）曾对“引诱”有专门的规定，“采取以许诺法律不准许的利益等进行引诱……应当予以排除”[③]，虽然该立法意见最终被删除，但仍有重要启示意义。例如，侦查人员对吸毒的犯罪嫌疑人称，只要认罪就可以为其提供毒品，由于教唆、引诱他人吸毒严重违反法律，在这种情形下取得的口供应予以排除；若侦查人员对犯罪嫌疑人称，如果交代就给其香烟、吃大餐，或者安排其会见家人等，上述许诺不属于非法利益，此种情形下取得的口供一般可以作为证据使用。

第二，以超越自身权限的许诺进行引诱所取得的口供应予以排除。例如，侦查人员对犯罪嫌疑人称，“如果你现在交代，只判你三年；如果你不老实，最后要判五年以上”“你若交代可以不判你死刑”等，上述许诺属于定罪量刑的权力，显已超出侦查人员许诺的范围，这种情形下取得的口供应予以排除。但如果没有社会危险性的犯罪嫌疑人如实交代犯罪事实，积极退赔，侦查机关可依事先许诺对其取保候审。

第三，以严重违背社会公德的许诺进行引诱所取得的口供应予以排除。例如，犯罪嫌疑人很孝顺，被拘捕后，其母病危住院，侦查人员对犯罪嫌疑人称，只要供认后就安排其到医院探视，此种许诺对犯罪嫌疑人而言，有可能使其“遭受难以忍受的痛苦而违背意愿作出供述”，因而此种情形下取得的口供应予以排除。

第四，以引诱方法取得未成年人的口供应予以排除。一般而言，基于未成年

① 参见王兆鹏：《美国刑事诉讼法（第二版）》，北京大学出版社 2014 年版，第 258 页。

② 〔美〕佛瑞德·E. 英鲍等：《刑事审讯与供述（第五版）》，刘涛等译，中国人民公安大学出版社 2015 年版，第 408 页。

③ 毛立新：《严格排除非法证据规定的九大缺憾》，载《中国律师》2017 年第 8 期。

人的身心特点，对未成年犯罪嫌疑人不能以引诱方法取供，因为较之于成年人，未成年人在面对引诱方法时更易作出虚假供述。

需要指出的是，在认罪认罚从宽程序中，办案人员若以许诺从宽处理促使犯罪嫌疑人、被告人认罪，此时的许诺也应遵循上述认定标准。

五、欺骗取供的认定标准与排除方式

欺骗取供是指侦查人员采用欺骗手法，使犯罪嫌疑人违背意愿作出供述。一般而言，侦查讯问中的欺骗主要是故意为之，但也包括无意为之，当然对于犯罪嫌疑人而言，欺骗是否故意所带来的负面影响都是一样。

（一）欺骗方法取供的使用及其限制

以欺骗方法取供的历史可谓源远流长，我国宋代县官陈述古曾以“辨盗钟”的方法侦破盗窃案的故事即属此类。[①]在这起案件中，人们并不会因为陈述古使用了欺诈手段而谴责他，反而称道他的智慧。当前，对于采用欺骗方法取得的口供是否可以作为证据使用，存在肯定说和否定说两种观点。

1. 肯定说

肯定说主张以欺骗方法取得的口供可以作为证据使用，其主要理由包括以下四个方面：

第一，国际公约没有禁止以欺骗方法取供。例如，《世界人权宣言》《禁止酷刑和其他残忍、不人道或有辱人格的待遇或处罚公约》《保护所有遭受任何形式拘留或监禁的人的原则》《国际刑事法院罗马规约》等公约明文禁止使用酷刑、威胁等方法取供，但并没有明确禁止采用欺骗方法取供。

第二，欺骗取供属于讯问策略。在美国，警察和法院将欺骗性讯问视为是一种替代威胁或暴力强迫自证其罪的合法措施。[②]在1990年美国诉哈里斯案中，联邦上诉法院裁定：“警察在讯问中使用一些小的欺骗伎俩无伤大雅。”[③]美国联邦及大多数州未禁止以欺诈取供，认为执法人员较被告人的聪敏不必禁止。[④]波斯纳亦认为，“法律并不绝对地防止以欺骗手段获取口供。在审讯中，是要允许

---

① 在沈括所著的《梦溪笔谈》一书中，记载了陈述古“辨盗钟”的事情。陈述古密直知建州浦城县日，有人失物，捕得莫知的为盗者。述古乃给之曰：“某庙有一钟，能辨盗，至灵。”使人迎置后阁祠之。引群囚立钟前，自陈不为盗者，摸之则无声；为盗者摸之则有声。述古自率同职，祷钟甚肃，祭讫，以帷帷之，乃阴使人以墨涂钟，良久，引囚逐一令引手入帷摸之，出乃验其手，皆有墨。唯有一囚独无墨，讯之，遂承为盗。盖恐钟有声，不敢摸也。此亦古之法，出于小说。参见诸雨辰译注：《梦溪笔谈》，中华书局2016年版，第313页。

② 参见〔美〕Jacqueline Ross：《证据规则（仅）适用于审判阶段吗？——美国和德国欺骗性讯问规则比较研究》，冯俊伟、阳平译，载《现代法治研究》2017年第3期。

③ 〔美〕佛瑞德·E.英鲍等：《刑事审讯与供述（第五版）》，刘涛等译，中国人民公安大学出版社2015年版，第408页。

④ 参见王兆鹏：《美国刑事诉讼法（第二版）》，北京大学出版社2014年版，第258页。

一定的小诡计的。特别是夸大警察已经获得的、对嫌疑人不利的其他证据,让嫌疑人觉得招供也没有什么的预先的战术设计,这都是许可的。”[①]莱德等认为,“我们确实赞成使用那些可能带有欺骗色彩的心理学策略和技巧。为了从犯罪嫌疑人那里获得能够使其定罪的证据……这些策略和技巧不仅很有帮助,而且经常是不可或缺的。”[②]因此,在警方看来,由于犯罪嫌疑人当然性的不愿意直接回答问题,同时法律又禁止刑讯逼供,因而在这种情况下,有必要利用欺骗手段。[③] 德国学者托马斯·魏根特认为,诈术一直是警方在讯问中的惯用手段,很难将这种允许使用的讯问策略与不合法的欺诈相区别。[④] 在法国,尽管欺骗犯罪嫌疑人已有对其不利的证据,明显会影响由此产生的证据的可靠性,但这仍然被视为一个合法的侦查手段。[⑤] 我国学者龙宗智教授认为,“适度欺骗是刑事审讯的基本方法之一。”[⑥]何家弘教授也认为,呼吁诚信并不等于要求侦查人员必须在讯问中实话实说,在讯问时采取适度欺骗的方法是必要的,也是正当的。[⑦]诚如有学者所认为的,威胁应当“慎用”,利诱应当“适度”,欺骗应当“容许”。[⑧]

第三,秘密侦查属于合法的侦查措施,欺骗取供也应允许。我国《刑事诉讼法》第153条规定了隐匿身份实施侦查,这种侦查措施属于典型的秘密侦查,[⑨]其常见的措施是诱惑侦查,即隐匿侦查人的身份,以假面目示人。可见,诱惑侦查具有明显的欺骗性,既然诱惑侦查为法律所允许,侦查讯问中采取有限度的欺骗方法也应被允许。

第四,欺骗取供与非自愿性供述并不必然存在关联。在美国1969年弗雷泽诉卡普案(Frazier v. Cupp)中,联邦最高法院认为警察使用欺骗手段本身并不足

---

① 〔美〕理查德·A.波斯纳:《法理学问题》,苏力译,中国政法大学出版社2002年版,第228页。

② 转引自〔美〕佛瑞德·E.英鲍等:《刑事审讯与供述(第五版)》,刘涛等译,中国人民公安大学出版社2015年版,导论第1—2页。

③ 参见〔美〕布鲁斯·N.沃勒编:《罪与罚:关于公正的19场激辩》,李立丰译,法律出版社2021年版,第42页。

④ 参见〔德〕托马斯·魏根特:《德国刑事诉讼程序》,岳礼玲、温小洁译,中国政法大学出版社2004年版,第84页。

⑤ 参见〔英〕杰奎琳·霍奇森:《法国刑事司法——侦查与起诉的比较研究》,张小玲、汪海燕译,中国政法大学出版社2012年版,第280页。

⑥ 龙宗智:《威胁、引诱、欺骗的审讯是否违法》,载《法学》2000年第3期。

⑦ 参见何家弘:《论“欺骗取证”的正当性及限制适用——我国〈刑事诉讼法〉修改之管见》,载《政治与法律》2012年第1期。

⑧ 参见刘涛:《侦查讯问中威胁、利诱、欺骗之限度研究》,载《中国人民公安大学学报(社会科学版)》2016年第3期。

⑨ 秘密侦查是指侦查机关通过隐匿身份、目的或手段而实施的侦查措施,既包括侦查人员隐匿身份实施“卧底侦查”“化妆侦查”“诱惑侦查”等情形,也包括侦查机关根据需要安排其他人隐匿身份或目的担任“卧底”或“线人”参与侦查的情形。参见《刑事诉讼法学》编写组编:《刑事诉讼法学(第三版)》,高等教育出版社2019年版,第259页。

以导致口供成为非自愿性口供。[①]在2009年人民诉卢比奥案(People v. Rubio)中,法院认为,“在形形色色的讯问技巧中,就犯罪嫌疑人与犯罪行为的联系,说谎是最不容易造成供述非自愿的……欺骗行为并不构成对(被告人)在供认或保持沉默之间作出理性选择的意愿造成一种外在的强迫性的干扰因素。”[②]

2. 否定说

否定说认为欺骗取供属于非法取供行为,此种方法取得的口供不得作为证据使用,其主要理由包括以下四个方面:

第一,一些国家和地区明确禁止欺骗取供。法国早在1670年的《刑事法令》中就禁止欺骗性讯问,即法官在讯问被告人时,不得使用各种伎俩、欺骗性论断。[③]德国《刑事诉讼法典》第136条明确规定,使用欺诈方法取得的供述不得作为证据使用。对此,德国法院认为,欺骗是故意的虚假表示,警察不必告诉犯罪嫌疑人案件信息,但不能对犯罪嫌疑人说谎。[④]我国《刑事诉讼法》第52条也明确规定禁止采用欺骗方法收集证据。

第二,欺骗取供具有强迫性,易导致犯罪嫌疑人违背意愿作出供述。实验表明,出示诸如伪造的同伙供述、证人证言、伪造的检验结果、虚构的法律规制、虚假的生理反馈之类的虚假证据能够在很大程度上改变嫌疑人的视觉判断、信念、对他人的看法、对于曾经看到和经历过的事情的记忆等,被试身上甚至会出现类似于安慰剂效应的病理反应。[⑤]而且,展示虚假证据的现象在绝大多数有据可查的包含了虚假口供的案件中都有体现,这种做法提高了无辜之人对自己从未实施的犯罪认罪的风险,有时还会促使其内化有罪的观念。[⑥]德国法院和学者们也认为,如果警察通过误导信息,影响了一个人的心理状态,他将不能在决定是否援引沉默权上行使自主权。[⑦]英国有学者还认为,诡计和欺骗是英博讯问法的一

---

① 参见〔美〕索尔·M.卡辛等:《警察诱供:风险因素与防范建议》,载〔美〕柏恩敬、刘超、高原编译:《追问警察讯问方法——比较法的视角》,法律出版社2018年版,第85页。

② 〔美〕佛瑞德·E.英鲍等:《刑事审讯与供述(第五版)》,刘涛等译,中国人民公安大学出版社2015年版,第418—419页。

③ 参见施鹏鹏:《口供的自由、自愿原则研究——法国模式及评价》,载《比较法研究》2017年第3期。

④ 参见戴长林、罗国良、刘静坤:《中国非法证据排除制度:原理·案例·适用(修订版)》,法律出版社2017年版,第100页。

⑤ 参见〔美〕索尔·M.卡辛等:《警察诱供:风险因素与防范建议》,载〔美〕柏恩敬、刘超、高原编译:《追问警察讯问方法——比较法的视角》,法律出版社2018年版,第95页。

⑥ 参见〔美〕索尔·M.卡辛:《现代警察讯问程序批判》,载〔美〕柏恩敬、刘超、高原编译:《追问警察讯问方法——比较法的视角》,法律出版社2018年版,第227页。

⑦ 参见〔美〕Jacqueline Ross:《证据规则(仅)适用于审判阶段吗?——美国和德国欺骗性讯问规则比较研究》,冯俊伟、阳平译,载《现代法治研究》2017年第3期。

大支柱,但也更有可能使讯问催生虚假口供,特别是当被讯问人处于某种弱势时。①

第三,欺骗取供有违人权保障精神,不符合法治国家的形象,有损社会诚信体系的建设。在德国,一些评论者主张,欺骗性讯问策略侵犯了宪法予以保护的人的尊严;还有一些评论者批评,欺骗性讯问本质上与致力于法治的民主国家"不相称"。②龙宗智和何家弘教授认为,刑事司法中的欺骗作为国家机关实施社会控制和社会管理的手段,其实际应用可能冲击社会信用体系,损害社会道德系统。③龙宗智教授还认为,刑事司法机关对待犯罪嫌疑人的态度与方法,涉及国家权力与公民权利的合理界限;国家刑事司法行为具有一种社会示范作用,侦讯谋略设计与使用不当,可能损害公民权利,败坏国家形象,损害社会善良风俗,而且也会损害刑事司法效益尤其是长远效益。④

第四,禁止欺骗取供不会必然导致认罪率的下降。在英国,因为法律很早就禁止警察就证据问题欺骗嫌疑人,警察不得不转而依赖调查性谈话手段,目前尚无证据表明认罪率因此出现了下滑。⑤

(二)欺骗方法取供认定标准与排除方式的域外考察

从域外司法实践来看,当前除德国等少数国家和地区明确禁止欺骗取供外,多数国家和地区对以欺骗取供采取了一定的"容忍"态度,但认为以欺骗取供也有必要的限度,如美国、加拿大等国普遍采用"不能使社会和家庭受到良心上的冲击""不能使社会不能接受"等标准判断欺骗方法的合法性。⑥具言之,以欺骗取供的方法主要包括如下情形:

1. 证据圈套

证据圈套,也称出示伪造证据,即采用虚假的证据骗取犯罪嫌疑人的口供,这是"一种旨在将嫌疑人与犯罪行为相联系并使其感到陷入证据包围的技巧"⑦。证据圈套是欺骗取供中最为常见的方法。

第一,美国以证据圈套取供的排除规则。一个影响深远的案件是弗雷泽诉

---

① 参见〔英〕安迪·格里菲思:《从口供导向到专业导向——英格兰和威尔士嫌疑人谈话程序简史》,载〔美〕柏恩敬、刘超、高原编译:《追问警察讯问方法——比较法的视角》,法律出版社2018年版,第253页。

② 参见〔美〕Jacqueline Ross:《证据规则(仅)适用于审判阶段吗?——美国和德国欺骗性讯问规则比较研究》,冯俊伟、阳平译,载《现代法治研究》2017年第3期。

③ 参见龙宗智、何家弘:《"兵不厌诈"与"司法诚信"》,载《证据学论坛》2003年第6卷。

④ 参见龙宗智:《欺骗与刑事司法行为的道德界限》,载《法学研究》2002年第4期。

⑤ 参见〔美〕索尔·M.卡辛等:《警察诱供:风险因素与防范建议》,载〔美〕柏恩敬、刘超、高原编译:《追问警察讯问方法——比较法的视角》,法律出版社2018年版,第125页。

⑥ 参见戴长林、罗国良、刘静坤:《中国非法证据排除制度:原理·案例·适用(修订版)》,法律出版社2017年版,第99—100页。

⑦ 〔美〕索尔·M.卡辛等:《警察诱供:风险因素与防范建议》,载〔美〕柏恩敬、刘超、高原编译:《追问警察讯问方法——比较法的视角》,法律出版社2018年版,第116页。

卡普案，该案中，警察骗被告人说其他犯罪行为人已经自白，犯罪嫌疑人因此自白，联邦最高法院判决为“任意性”自白，得为证据。[①]在警察和法院看来，该案直到今天仍是一个被视为对欺骗手段“开绿灯”的判决。[②]此后，联邦最高法院未再度对这一问题发表意见。[③]一些下级法院认为在以下欺骗情况下作出的自白是可采的：杀人案件的被害人仍然活着；找到了并不存在的证人；发现了杀人工具；在犯罪现场发现了被告人的指纹；同案犯已经供认并指认被告人犯罪。[④]但也有一些判例否定了以上述欺骗方法取得的自白的证据资格。

总体而言，采用伪造鉴定意见取得的自白一般不具有可采性。例如，在美国新泽西州，法院在多个判例中排除了警察在如下欺骗情形下取得的口供：使用伪造的录有目击证人陈述的录音带、使用假的实验室报告、报告谎称在犯罪现场检出了嫌疑人的 DNA。[⑤]美国 1989 年佛罗里达州诉凯沃德案（Florida v. Cayward）也是涉及伪造鉴定意见取供的一个案例。该案中，被告人涉嫌对一小孩性侵后将之杀害，警察因无足够证据证明其罪行，于是虚构了一份鉴定报告，向被告人表示死者的内裤沾有其精液，被告人信以为真，并坦承其罪行。对此，佛罗里达州上诉法院认为，鉴定结论有真实性和持久性之性质，如果允许以虚伪的鉴定结论骗取被告人的口供，将使鉴定结论真伪难辨，危及整个刑事司法制度，因而否定了该口供的证据能力。[⑥]事实上，美国发生过以伪造鉴定意见取得的自白进行定罪，但最终被认定为是冤假错案的事件。

第二，德国以证据圈套取供的排除规则。在德国，如果警察伪称已获得证明嫌疑人有罪的充分证据，后者在此误导下作出自白，则该自白因涉及“欺骗”而不具有证据能力。[⑦]如警察声称：其他的参与人已经被羁押了、有人在行为实施时看到了被指控人、共犯已经供认了，或者说掌握了很多证据，被指控人“没有机会了”。[⑧]德国此类判例也较为丰富。例如，在一个案例中，警方发现了一具被分割的尸体，他们怀疑是被害人的室友所为，于是对他进行讯问，并告诉他，他们正在调查一个“失踪人”的案件。这种情况下嫌疑人所作的供述在德国被认为是不可

---

① 参见王兆鹏：《美国刑事诉讼法（第二版）》，北京大学出版社 2014 年版，第 258 页。

② 参见〔美〕索尔·M.卡辛等：《警察诱供：风险因素与防范建议》，载〔美〕柏恩敬、刘超、高原编译：《追问警察讯问方法——比较法的视角》，法律出版社 2018 年版，第 85 页。

③ 同上书，第 124 页。

④ 参见〔美〕伟恩·R.拉费弗、〔美〕杰罗德·H.伊斯雷尔、〔美〕南西·J.金：《刑事诉讼法（上册）》，卞建林、沙丽金等译，中国政法大学出版社 2003 年版，第 345 页。

⑤ 参见〔美〕索尔·M.卡辛等：《警察诱供：风险因素与防范建议》，载〔美〕柏恩敬、刘超、高原编译：《追问警察讯问方法——比较法的视角》，法律出版社 2018 年版，第 86 页。

⑥ 参见龙宗智、夏黎阳主编：《中国刑事证据规则研究》，中国检察出版社 2011 年版，第 43 页。

⑦ 参见〔德〕托马斯·魏根特：《德国刑事程序法原理》，江溯等译，中国法制出版社 2021 年版，第 84 页。

⑧ 参见宗玉琨译注：《德国刑事诉讼法典》，知识产权出版社 2013 年版，第 127 页。

以被采纳的，因为警察故意误导了嫌疑人对案件内容的认识。[①]在另一个案例中，警方提取了犯罪嫌疑人的指纹，然后告诉他，在被告知他的指纹是否与谋杀凶器上指纹匹配前，他有供述的“机会”，这也可能会被认定为一种欺骗。[②]还有一个案例，警方告诉嫌疑人，他们已经掌握了证明其有罪的“有力证据”，但事实上他们只有没有根据的怀疑；这之后嫌疑人的供述被认为是不可以被采纳的。[③]这些案例中的证据圈套都属于法律所禁止的欺骗取供行为。同时，德国对侦查讯问时的欺诈行为作了较为宽泛的解释。例如，如果讯问人在讯问休息期间离开，以使被讯问人有机会在“无监视”的情况下与第三人交谈，而讯问人却倚靠在门外偷听到对被讯问人不利的话的情况构成欺诈；如果对拒绝声音辨别的被讯问人，为进行声音辨别而将其投入另一押所，从而获得其与押所所长的对话录音，此种行为构成欺诈；某人被怀疑实施了强奸，而被害人只能从声音辨别，于是将被害人请到了对某人进行警察讯问的隔壁房间，某人即使被认出，此亦构成欺诈。[④]

值得说明的是，德国对禁止使用的“欺骗”和可允许使用的“诡计”作了区分，从而为讯问创设了更多的回旋余地。因为“诡计”是一种引起混淆的合法手段，这种混淆致使犯罪嫌疑人供述。[⑤]对此，实践中的做法包括：一是检察官和警察使用各种策略模糊欺骗和诡计之间的界限。如对犯罪嫌疑人说，“我们从其他来源知道，是你实施了该犯罪”“你们这些人中迟早会有人说的”“我们对你已有了解，我们已与你的伙伴交谈过”，这样的陈述被认为足够模棱两可，绕过了不得直接谎称犯罪嫌疑人的同伙已指认他的禁令。[⑥]二是警察利用犯罪嫌疑人已存在的虚假印象。例如，在一个案件中，嫌疑人被指控从火车站投币储物箱内偷窃物品。当警察讯问嫌疑人时，他回答说：“你问我干什么？你们不是在火车站装有摄像机吗？它可以拍下发生的一切。”尽管警察明知火车站实际没有监视器，也可以默认嫌疑人的假设，之后嫌疑人所作的供述，法院认为可以采纳。[⑦] 再如，警察将一叠厚厚的案卷放在讯问桌上，并说“你看，我们一直在忙”，即使侦查人

---

① 参见〔德〕托马斯·魏根特：《德国刑事诉讼程序》，岳礼玲、温小洁译，中国政法大学出版社2004年版，第85页。

② 参见〔美〕Jacqueline Ross：《证据规则（仅）适用于审判阶段吗？——美国和德国欺骗性讯问规则比较研究》，冯俊伟、阳平译，载《现代法治研究》2017年第3期。

③ 参见〔德〕托马斯·魏根特：《德国刑事诉讼程序》，岳礼玲、温小洁译，中国政法大学出版社2004年版，第85页。

④ 参见宗玉琨译注：《德国刑事诉讼法典》，知识产权出版社2013年版，第127页。

⑤ 参见〔美〕Jacqueline Ross：《证据规则（仅）适用于审判阶段吗？——美国和德国欺骗性讯问规则比较研究》，冯俊伟、阳平译，载《现代法治研究》2017年第3期。

⑥ 同上。

⑦ 参见〔德〕托马斯·魏根特：《德国刑事诉讼程序》，岳礼玲、温小洁译，中国政法大学出版社2004年版，第84—85页。

员在此之前的工作毫无进展。[①]这种做法似乎属于讯问策略的“灰色区域”。

第三，其他国家和地区以证据圈套取供的排除规则。例如，在英国，1988年女王诉梅森（R. v. Mason）一案中，上诉法官明确表示，谎称嫌疑人指纹已经被警方发现的做法是不被允许的。[②]在意大利，警察不能对犯罪嫌疑人撒谎以使其相信他们已经收集到不利于他/她的证据。[③]日本有判例认定，告诉犯罪嫌疑人同案犯已经招供这种提供虚假内容所获得的自白，是“欺骗取供”获得的自白，没有任意性，应当否定该自白的证据能力。[④]

2. 其他欺骗取供的方法

从域外司法实践来看，采用欺骗方法取得的口供不能作为证据使用主要还包括以下四种情形：

第一，以冒充特定人员的欺骗方法取供。警察冒充医生、律师、牧师等特定人员，获取的犯罪嫌疑人口供不具有证据资格。美国的一个案例中，警察假扮为医生来治疗犯罪嫌疑人之疾病，该医生（警察）询问病人（犯罪嫌疑人）所得之陈述，违反正当程序而不得为证据。[⑤]加拿大最高法院的大法官曾说，所使用的圈套和欺诈方法决不能具有那种“使社会震惊”的性质，如警察装扮成牧师去听嫌疑人的自白，或者警察装扮成提供法律帮助的律师来引出嫌疑人的有罪陈述。[⑥]

第二，以曲解法律的欺骗方法取供。在美国，法院不能容忍警察对于法律的曲解，如警察称被告人自白不会在审判中用作不利于他的证据或者先前获得同案犯的自白可以在审判中用作证据。[⑦]在德国，有意对法律情况作出不正确说明也被认为是欺诈，如讯问人说不正确的主张和沉默会被认为是有罪的证据。[⑧]

第三，以安排线人的欺骗方法取供。在德国的一个案例中，警方发现了一具无首尸体，之后对嫌疑人以查丢失物为名进行讯问的情况可以被认定为欺诈取供；被指控人被审前羁押，警方在其关押房间安排了一名“押友”，诱骗其说出犯罪行为，[⑨]此种欺诈取供的手段也是法律所禁止的。在英国，1992年的女王诉布

---

① 参见〔美〕Jacqueline Ross：《证据规则（仅）适用于审判阶段吗？——美国和德国欺骗性讯问规则比较研究》，冯俊伟、阳平译，载《现代法治研究》2017年第3期。

② 参见〔英〕安迪·格里菲思：《从口供导向到专业导向——英格兰和威尔士嫌疑人谈话程序简史》，载〔美〕柏恩敬、刘超、高原编译：《追问警察讯问方法——比较法的视角》，法律出版社2018年版，第252页。

③ 参见〔英〕戴维·沃尔什等：《调查询问与讯问的国际发展与实践（卷二：犯罪嫌疑人）》，刘涛、黄靖斯译，知识产权出版社2019年版，第179页。

④ 参见〔日〕田口守一：《刑事诉讼法（第七版）》，张凌、于秀峰译，法律出版社2019年版，第489页。

⑤ 参见王兆鹏：《美国刑事诉讼法（第二版）》，北京大学出版社2014年版，第258—259页。

⑥ 参见龙宗智、何家弘：《“兵不厌诈”与“司法诚信”》，载《证据学论坛》2003年第6卷。

⑦ 参见〔美〕伟恩·R.拉费弗、〔美〕杰罗德·H.伊斯雷尔、〔美〕南西·J.金：《刑事诉讼法（上册）》，卞建林、沙丽金等译，中国政法大学出版社2003年版，第345页。

⑧ 参见宗玉琨译注：《德国刑事诉讼法典》，知识产权出版社2013年版，第127页。

⑨ 同上。

莱斯(R. v. Bryce)一案中,一位卧底警员打电话给被告人,让他安排售卖一辆被盗车辆,以此获得有罪供述,最终法院排除了该供述。[①]

第四,以违背社会公德的欺骗方法取供。在美国斯派诺诉纽约州一案中,联邦最高法院认定,警官的虚假陈述(暗示嫌疑人其行为可能会导致他的朋友失去工作)是造成非自愿性口供的关键因素。[②]在罗杰斯诉里士满案中,被告人的自白是在警察假装发布命令逮捕其有病的妻子来接受讯问之后取得的,州法院裁定"如果假装或欺骗并非蓄意获取不真实的陈述",那么该陈述不需要排除。但是,最高法院推翻了该判决,并认为,"不是因为这样的自白可能不真实,而是因为获取这样自白所使用的方法侵犯了我们刑事法律执行中遵行的一项基本原则:我们的法律制度是对抗式而非纠问式"[③]。上述两个案件都认定犯罪嫌疑人的供述系非任意性而被排除,因为上述欺骗手段违背了社会公德,有可能导致犯罪嫌疑人虚假认罪。

(三)我国欺骗取供认定标准与排除方式的构建

我国《刑事诉讼法》规定了严禁以欺骗方法收集证据,但未规定相应的排除规则。因此,我们有必要构建欺骗取供的认定标准和排除方式。根据威胁取供的认定标准和排除方式,同时结合中外司法实践和相关理论研究成果,采取以下欺骗方法取得的口供应予以排除:

第一,以违背司法诚信原则进行欺骗取得的口供应予以排除。例如,审讯人员对嫌疑人作出某种从轻、从宽处理的承诺,但在嫌疑人认罪并作供述后予以反悔,称系审讯谋略、侦查需要等;[④]或者利用犯罪嫌疑人对法律的无知,告诉他们供述没有后果,如称"反正也不以你说的为准,还要调查核实呢",结果犯罪嫌疑人一旦供述,在法庭上就可能据以定罪。[⑤]上述欺骗取供严重违反司法诚信原则,所取得的口供应予以排除。

第二,以违背职业、家庭、宗教伦理进行欺骗取得的口供应予以排除。侦查人员冒充律师、医生、神职人员取得犯罪嫌疑人的口供,应予以排除。例如,侦查人员伪装成律师与嫌疑人会见,以骗取口供。"这种欺骗性取证,严重背离司法职业伦理且严重侵犯犯罪嫌疑人的辩护权,其违法程度以及对犯罪嫌疑人意志

---

① 参见〔美〕史蒂芬·沙曼:《比较刑事诉讼案例教科书》,施鹏鹏译,中国政法大学出版社2018年版,第92—93页。

② 参见〔美〕索尔·M.卡辛等:《警察诱供:风险因素与防范建议》,载〔美〕柏恩敬、刘超、高原编译:《追问警察讯问方法——比较法的视角》,法律出版社2018年版,第84—85页。

③ 〔美〕伟恩·R.拉费弗、〔美〕杰罗德·H.伊斯雷尔、〔美〕南西·J.金:《刑事诉讼法(上册)》,卞建林、沙丽金等译,中国政法大学出版社2003年版,第342页。

④ 参见龙宗智:《我国非法口供排除的"痛苦规则"及相关问题》,载《政法论坛》2013年第5期。

⑤ 参见陈光中、郭志媛:《非法证据排除规则实施若干问题研究——以实证调查为视角》,载《法学杂志》2014年第9期。

的强迫程度，与刑讯逼供相比不遑多让。”[①]实践中，还有一种严重违背社会公德的欺骗行为，如对犯罪嫌疑人谎称其家人遇到车祸，只有认罪才安排见“遇车祸”的近亲属。[②]应该说，上述欺骗取供行为“冲击了社会的良心”。对此，戴长林等认为，欺骗的范围可以限定为“以严重违背社会公德的方式进行”的，对此类非法取得的供述可实行裁量排除，即“可能严重影响司法公正的”，才予以排除。[③]

第三，以伪造证据进行欺骗取得的口供应予以排除。有学者认为，侦查人员谎称同案犯已经招供等策略实质上是一种心理战术，并非不可采用，[④]这种方法被称为离间法，即利用共同犯罪嫌疑人之间的矛盾，使讯问对象都以为其同伙已经供认，从而互不信任、互相指责，达到分化瓦解、各个击破的目的。[⑤]从域外司法判例来看，各国和地区对谎称同案犯已交代供述的欺骗方法并非一概排除。但是，侦查人员对犯罪嫌疑人谎称在案发现场提取到他的指纹，或者谎称在被害人身上发现了他的DNA，也即通过伪造物证、书证、鉴定意见等方法取得的犯罪嫌疑人的口供，应予以排除。事实上，最高人民法院起草的《严格排除非法证据规定》（征求意见稿）曾对“欺骗”有专门的规定，即“采取以伪造物证、书证等进行欺骗的方法收集的犯罪嫌疑人、被告人供述，应当予以排除”[⑥]，但该立法意见最终被删除。不过，也有学者认为，侦查人员可以谎称“现场遗留的指纹经鉴定就是你的”，但不得伪造鉴定意见文书，因为鉴定意见是具有社会公信力的法律文书，伪造鉴定意见会破坏社会公信力。[⑦]据此标准，以伪造证据进行欺骗，不包括口头谎称。但是，如果立足于严禁以伪造证据进行欺骗取供，伪造证据的行使方式也应包括口头表示。

第四，以欺骗方法取得未成年人的口供应予以排除。一般而言，基于未成年人的身心特点，对未成年犯罪嫌疑人不能以欺骗方法取供。这是为了保护未成

---

① 龙宗智等：《司法改革与中国刑事证据制度的完善》，中国民主法制出版社2016年版，第25页。

② 何家弘教授曾举过一个例子：在一起抢劫案中，侦查人员得知嫌疑人非常孝敬他的母亲。于是，在审讯中，侦查人员突然接到某医院急诊室医生打来的电话。然后，侦查人员告知嫌疑人，他的母亲在得知其出事后急忙外出找人帮忙，结果在街上不小心出了车祸，命在旦夕，口中还不断呼唤儿子的小名。嫌疑人泪流满面，请求去医院看望母亲。侦查人员无奈地表示：“在案子没有结论之前，我们不能让你出去。当然，如果你供认了自己的罪行，我们就可以立即送你去医院看望你的母亲。”于是，嫌疑人承认了犯罪指控。但是他承认之后，侦查人员并没有带他去医院。后来又告诉他，原来弄错了，那个出车祸的老人不是他的母亲。其实，这是侦查人员设置的骗局。对此，何家弘教授认为，本案例中的欺骗方法是恶劣的，是不可接受的，因为它不仅突破了人们的道德底线，而且可能使无辜者违心地承认有罪。参见何家弘：《论“欺骗取证”的正当性及限制适用——我国〈刑事诉讼法〉修改之管见》，载《政治与法律》2012年第1期。

③ 参见戴长林、罗国良、刘静坤：《中国非法证据排除制度：原理·案例·适用（修订版）》，法律出版社2017年版，第27—28页。

④ 参见龙宗智：《我国非法口供排除的“痛苦规则”及相关问题》，载《政法论坛》2013年第5期。

⑤ 参见曹晓宝：《侦查讯问的实践误区及其应对策略》，载《湖北警官学院学报》2018年第2期。

⑥ 毛立新：《严格排除非法证据规定的九大缺憾》，载《中国律师》2017年第8期。

⑦ 参见龙宗智等：《司法改革与中国刑事证据制度的完善》，中国民主法制出版社2016年版，第32页。

年人，一方面防止其被诱使犯罪，或者因被欺骗而承认未实施的罪行（由于不成熟，未成年人容易受到误导）；另一方面也是防止国家机关使用欺骗手段对未成年人形成道德上的不良影响。①

六、重复性供述的认定标准与排除方式

司法实践中，为了固定证据、实现指控，侦查人员一般会多次讯问犯罪嫌疑人，制作多份讯问笔录，从而产生重复性供述问题。重复性供述又称为“重复供述”“重复自白”“反复自白”“二次自白”等，它是指犯罪嫌疑人、被告人在作出有罪供述后，又作出与先前有罪供述内容相同或相似的供述。② 重复性供述中的争议性问题在于：如果先前有罪供述是采用刑讯逼供等非法方法取得的，那么后续的重复性供述是否可以作为证据使用，还是应被视为非法证据予以排除？实践中，几乎在每一个辩方要求排除非法证据的案件中，法院都会遇到重复自白的采用难题。③

（一）重复性供述排除之争

重复性供述是否需要排除，我国理论界和实务界对此形成了“不排除说”“全部排除说”“绝对排除说”“强制排除说”“一排到底说”“单个排除说”“裁量排除说”“相对排除说”“适时排除说”“区别对待说”“同一主体排除说”等不同观点。总体而言，上述观点可以划分为以下三种主张：

1. “不排除说”

“不排除说”认为，即使先前有罪供述是采用非法手段获得的，但只要后续的重复性供述不是通过非法手段取得，该重复性供述就可以作为证据使用。在《严格排除非法证据规定》发布之前，“不排除说”具有一定的影响力，主要理由为：一是理论上而言，重复性供述不能被视为先前非法取供行为的衍生证据，对非法取供行为应作“一次行为一次评价”，不能重复评价，如果后续供述是依照合法程序取得的，将其排除并无道理，况且当时我国立法并未对重复性供述作出明确规定，排除重复性供述也于法无据。二是实践上而言，排除重复性供述将妨碍侦查工作的展开，从而无法有效实现惩罚犯罪的目的。

随着非法证据排除规则的不断发展，“不排除说”逐渐受到质疑。因为如果仅排除先前采用非法手段取得的供述，而不排除后续受先前非法取供行为影响的重复性供述，“其他合法的重复供述仍然具有证据能力和证明力，基本不会对

---

① 参见龙宗智、何家弘：《“兵不厌诈”与“司法诚信”》，载《证据学论坛》2003 年第 6 卷。

② 有学者指出，重复性供述不包括重复性辩解。参见董坤：《重复性供述排除规则之规范解读》，载《华东政法大学学报》2018 年第 1 期。

③ 参见龙宗智：《我国非法口供排除的“痛苦规则”及相关问题》，载《政法论坛》2013 年第 5 期。

被告人的定罪量刑产生实质性的影响”[①]，非法口供排除规则的实施效果可能会大打折扣。

2. “排除说”

“排除说”主张排除重复性供述，其意在落实非法证据排除规则，遏制警察非法取供行为，“如果推定第二个自白与第一个自白无关，会激励执法人员的侥幸心态，得不顾一切法律先取得第一个自白，再利用人性‘飞语难收’的弱点合法取得第二个自白”[②]，如侦查机关可能采取先对犯罪嫌疑人实施刑讯逼供，再经合法审讯取得嫌疑人有罪供述的策略。[③] 就此而言，重复性供述可被视为先前非法取供行为的结果。“排除说”中的“全部排除说”“绝对排除说”“一排到底说”等，主张审前阶段重复性供述应全部予以排除，“只要侦查机关的非法讯问行为一经查证属实的，则侦讯阶段形成的所有口供均应无例外地一体排除”，甚至“只要查明侦查机关在审讯中曾经采用过刑讯逼供等非法审讯行为，则之后形成的所有有罪供述皆视为非法证据而予以排除”。[④]据此，在侦查阶段，只要先前有罪供述是采用刑讯逼供等非法方法取得的，后续所有的重复性供述均予以排除，即“一排到底”。持这一立场者大多是寄期望通过“全部排除”模式，遏制刑讯逼供的发生。

但是，“排除说”也“基本否定了公检法之间的反向制约作用，认为检察机关在审查批捕、审查起诉时通常以巩固侦查机关取得的有罪供述为讯问出发点的观点也有失偏颇”[⑤]。客观上而言，对重复性供述予以全部排除，会极大地遏制非法取供行为，但也不可避免地会导致惩罚犯罪的不力。因此，考虑到惩罚犯罪的现实需求和口供在当前证据体系中的重要作用，以及犯罪嫌疑人、被告人主动、自愿供述的可能性，对重复性供述予以全部排除尚不具有现实可能性。“对于重复供述，若绝对排除，可能会超越供述排除法则救济的目的，加大其负面影响，提高追诉成本。”[⑥]因为侦查人员可能会基于“破罐破摔”的思维逻辑，为避免刑讯后所有供述被“一排到底”的命运，尽其所能地掩盖刑讯逼供，由此导致刑讯逼供更难被发现和纠正。[⑦]因此，仅因侦查人员的一次非法取供行为就排除后续所有的重复性供述，至少在当下是过于严苛的。

---

① 左卫民：《“热”与“冷”：非法证据排除规则适用的实证研究》，载《法商研究》2015 年第 3 期。

② 王兆鹏：《美国刑事诉讼法(第二版)》，北京大学出版社 2014 年版，第 273 页。所谓“飞语难收”，是指因先前已作有罪供述，受此心理影响，犯罪嫌疑人、被告人一般会认为再保持沉默也无意义，因而会继续进行有罪供述。

③ 参见万毅：《论“反复自白”的效力》，载《四川大学学报(哲学社会科学版)》2011 年第 5 期。

④ 同上。

⑤ 朱孝清：《重复供述是否排除之我见》，载《检察日报》2016 年 5 月 20 日第 3 版。

⑥ 闫召华：《重复供述排除问题研究》，载《现代法学》2013 年第 2 期。

⑦ 参见董坤：《重复性供述排除规则之规范解读》，载《华东政法大学学报》2018 年第 1 期。

3."区别对待说"

从兼顾惩罚犯罪与保障人权的双重目的出发,"一概不排"或"一排到底"都未免过于片面,作为上述两种主张的折中方案,"区别对待说"立足于以排除重复性供述为原则,但又肯定例外之情形,可谓"相对排除主义"。肯定例外情形"使执法人员不会因为曾有不法行为,即因此陷于万劫不复的地位"[①]。其实,对排除重复性供述设定例外情形也是当今世界通行的做法。

那么,如何对重复性供述予以"区别对待"?陈光中教授等赞成"同一主体排除说","即如果讯问主体不是同一的,则后一主体取得的供述不受前一主体非法取证的影响"[②]。龙宗智教授认为,可以设定诸如取证违法的严重性、取证主体的改变情况以及特定的讯问要求等相关条件,决定是否排除重复性供述。[③] 陈瑞华教授认为,对于重复性供述可以确立强制性排除规则和裁量性排除规则,后者主要针对存在争议的案件。[④]可见,对重复性供述是否排除应视具体情况而定,"关键看重复供述与先前的刑讯逼供等非法讯问行为是否有因果关系,有因果关系的,应予排除;没有因果关系的,不予排除"[⑤]。因此,"区别对待说"也形成了"裁量排除说""原则加例外说"等不同主张,如"原则加例外说就是将阻断因果关系的因素明确化的客观规定"[⑥]。总之,对重复性供述予以"区别对待"在很大程度上是多方利益平衡的结果。

(二)重复性供述认定标准与排除方式的域外考察

从域外实践来看,重复性供述排除的主要理论依据有"毒树之果"理论、"继续效力"理论,但重复性供述排除标准并未形成统一模式,因为"合法自白是否为先前非法行为的产物,事实上极难判断"[⑦]。总体而言,先前非法取供行为与后续重复性供述之间是否存在因果关系,是认定重复性供述是否需要排除的关键因素,法官一般会综合考量是否存在相关因素阻断二者之间的因果关系。

在美国,联邦最高法院在美国诉贝耶(United States v. Bayer)一案中认为:"一旦被告人通过自白供出案件的真实情况,不论出于什么诱因,他就不可能免受出于自白所带来的心理上的(压力)和实际的不利……在此意义上,一个后来

---

① 王兆鹏:《美国刑事诉讼法(第二版)》,北京大学出版社2014年版,第273页。

② 陈光中、郭志媛:《非法证据排除规则实施若干问题研究——以实证调查为视角》,载《法学杂志》2014年第9期。

③ 参见龙宗智:《我国非法口供排除的"痛苦规则"及相关问题》,载《政法论坛》2013年第5期。

④ 参见陈瑞华:《非法证据排除规则的适用对象——以非自愿供述为范例的分析》,载《当代法学》2015年第1期。

⑤ 朱孝清:《重复供述是否排除之我见》,载《检察日报》2016年5月20日第3版。

⑥ 沈威、徐晋雄:《重复性供述证据能力之影响因素研究——基于两岸非法言词证据排除规则之比较》,载《海峡法学》2018年第4期。

⑦ 王兆鹏:《美国刑事诉讼法(第二版)》,北京大学出版社2014年版,第273页。

的自白总是被视为第一次自白的果实。”[①]虽然该案指出了两次自白之间的关联性，但并不意味着第一次自白存在非法取供行为，就必然导致第二次自白不具有可采性。美国关于重复性供述的可采性标准建立在“毒树之果”理论中的稀释原则上，即如果先前非法取供行为经由其他因素介入而阻断先前非法行为的波及效力，则后续重复性供述则具有可采性。因此，重复性供述是否具有可采性，关键要判断第一次自白时的非法取供行为与第二次自白之间是否存在中断因素。在王森诉美国案(Wong Sun v. United States)中，被告人被非法逮捕后，曾作出不利陈述(第一个自白)，后来在法院交保释放数日后，他又自行返回警察局，并向警察自白(第二个自白)。该案中，被告人在二次自白之前的事实足以稀释非法逮捕的瑕疵，非法逮捕与第二次自白之间的关联性已非常遥远，所以第二个自白得为证据。[②]可见，当第一次自白依据正当程序任意性标准应予排除时，法庭应审查使得第一次自白不具有任意性的强迫因素是否也使后续自白同样不具有任意性。[③]对于上述重复性供述的判断，美国采用的是稀释原则，即第一个自白违法，除非有稀释原则的例外，应适用“毒树之果”原则。在判断是否符合稀释原则时，应综合判断第一个自白与第二个自白相距的时间、介入因素、警察违法行为的情节等，以决定第二个自白的证据能力。[④]

在德国，法院通常采取个案分析的方法，考虑前后两次供述的时间间隔和最初的违法手段的强度。而一些法学家认为后来的供述是可以采纳的，只要预先告知嫌疑人他的第一次供述不会在法庭上使用。[⑤]

在日本，是否否定反复自白的证据能力，取决于第一次自白与第二次自白的关联性。对此，判例认为，由于逮捕讯问是由独立于侦查官的法官来完成，而且逮捕讯问程序会给予犯罪嫌疑人对涉嫌案件进行自由辩解的机会，因此在非法的另案逮捕之后继续进行的逮捕讯问所获得的笔录，具有证据能力。[⑥]

（三）我国重复性供述的认定标准与排除方式

在我国，《严格排除非法证据规定》首次明确规定了重复性供述的排除问题，

---

① 郭志媛：《非法证据排除范围界定的困境与出路——兼谈侦查讯问方法的改革》，载《证据科学》2015年第6期。

② 参见王兆鹏：《新刑诉·新思维》，中国检察出版社2016年版，第27页。

③ 参见郭志媛：《非法证据排除范围界定的困境与出路——兼谈侦查讯问方法的改革》，载《证据科学》2015年第6期。

④ 参见王兆鹏：《新刑诉·新思维》，中国检察出版社2016年版，第34页。

⑤ 参见〔德〕托马斯·魏根特：《德国刑事诉讼程序》，岳礼玲、温小洁译，中国政法大学出版社2004年版，第88页。

⑥ 参见〔日〕田口守一：《刑事诉讼法(第七版)》，张凌、于秀峰译，法律出版社2019年版，第491页。

并采用了“原则加例外”的排除模式。[①]“这既不是一排到底,也并非完全采纳,而是采取‘主体更替说’。”[②]可见,我国对重复性供述没有采纳“排除说”或“不排除说”的主张,而是吸取“区别对待说”的主张,即原则上排除,但又允许例外情形。“原则与例外的承认,目的在不准执法人员利用非法行为而取得更优越的地位(原则的适用),但也不使其处于较非法行为前更劣势的地位(例外的适用)。”[③]自此,我国重复性供述排除规则从无到有,[④]成为非法证据排除规则体系中的重要组成部分,弥补了我国非法证据排除规则体系中的重大缺陷,“丰富了非法证据排除制度和理论体系”[⑤],可谓意义深远。质言之,如果不对重复性供述加以规制,非法证据排除规则将陷入被架空的境地,其意欲遏制刑讯逼供、保障人权的目的将难以落实,因此重复性供述排除规则是非法证据排除规则的新突破和巨大进步。但是,在司法实践中,重复性供述却面临“排除难”的困境,[⑥]真正排除重复性供述的案例较少,即使排除了重复性供述,最终对案件的定罪量刑大多也未产生实质性影响,因而有必要进一步完善我国的重复性供述排除规则,以发挥其应有的制度功能。

1. 重复性供述排除规则中先前非法取供行为的局限与完善

排除重复性供述以否定先前非法取供为前提,即“二次排非”。在我国,重复性供述排除规则中先前非法取供行为被限定为刑讯逼供。显然,如果先前有罪供述是采取刑讯逼供方法取得,其负面影响极有可能波及后续的讯问活动,原则上排除后续的重复性供述没有疑义。从这个角度看,我国重复性供述排除规则重点规制的是刑讯逼供行为。然而,将先前非法取供行为限于刑讯逼供,存在过窄之嫌。对此,有研究指出,在排除先前供述但未排除重复性供述的10例样本中,有9例是因为先前非法取供行为不是刑讯逼供。[⑦] 但实践中,申请排除重复性供述的理由包括威胁、疲劳审讯、引诱等非法取供行为。因为在辩护方看来,

---

① 《严格排除非法证据规定》第5条规定:“采用刑讯逼供方法使犯罪嫌疑人、被告人作出供述,之后犯罪嫌疑人、被告人受该刑讯逼供行为影响而作出的与该供述相同的重复性供述,应当一并排除,但下列情形除外:(一)侦查期间,根据控告、举报或者自己发现等,侦查机关确认或者不能排除以非法方法收集证据而更换侦查人员,其他侦查人员再次讯问时告知诉讼权利和认罪的法律后果,犯罪嫌疑人自愿供述的;(二)审查逮捕、审查起诉和审判期间,检察人员、审判人员讯问时告知诉讼权利和认罪的法律后果,犯罪嫌疑人、被告人自愿供述的。”

② 陈光中:《对〈严格排除非法证据规定〉的几点个人理解》,载《中国刑事法杂志》2017年第4期。

③ 王兆鹏:《新刑诉·新思维》,中国检察出版社2016年版,第31页。

④ 《最高院刑诉法解释》第124条还增加了监察机关收集口供涉及重复性供述的排除规定。

⑤ 顾永忠:《严格排除非法证据规定的突破、创新与务实》,载《中国律师》2017年第8期。

⑥ 有研究指出,在明确提出重复性供述排除申请的案件中,有近78%的申请不会得到法院的支持。参见韩旭、韦香怡:《重复性供述排除规则实施状况研究——以65个裁判文书为研究对象》,载《南大法学》2020年第2期。

⑦ 参见韩旭、韦香怡:《重复性供述排除规则实施状况研究——以65个裁判文书为研究对象》,载《南大法学》2020年第2期。

除了刑讯逼供之外,其他非法取供行为也会影响犯罪嫌疑人后续有罪供述的自愿性。因此,将重复性供述排除规则的先前非法取供行为限于刑讯逼供,容易催化其他非法方法,其中,严重"威胁"或许将成为"重灾区"。[①]总之,先前非法取供行为种类过窄制约了重复性供述排除规则功能的发挥,因而有必要扩大先前的非法取供行为的范围。

第一,关于疲劳审讯。如果先前采用变相肉刑(如疲劳审讯)取供,后续的重复性供述是否应予以排除?当前,疲劳审讯等变相肉刑是主要的非法取供手段,我国之所有未将疲劳审讯等变相肉刑明确规定为应当排除的非法取供行为,主要原因在于对疲劳审讯的认定标准与排除方式尚存争议。但是,当前已有不少国家对采用疲劳审讯手段取得的口供予以排除,进而也排除受先前疲劳审讯影响下的重复性供述。在德国,如果采用《刑事诉讼法典》第 136 条规定的禁止讯问方法(包括疲劳审讯),即使被指控人同意,供述也不得作为证据使用,而且"后来的讯问方法并无违法情事,然其陈述仍受昔往不法之讯问的压力影响时,则此时虽属合法之陈述仍不具证据能力"[②]。因此,我国今后修法时有必要将疲劳审讯等变相肉刑列为重复性供述排除规则中的先前非法行为(即"诱因")。[③]

第二,关于以威胁、非法拘禁方法进行取供。以威胁、非法拘禁手段取得犯罪嫌疑人供述,已严重侵犯人权,其侵害强度并不亚于刑讯逼供,而且《严格排除非法证据规定》第 3 条和第 4 条分别明确规定了采用威胁和非法拘禁手段取得的犯罪嫌疑人、被告人供述,应当予以排除,因此,如果刑讯逼供可以作为重复性供述排除规则中的先前非法取供手段,为何威胁、非法拘禁不被纳入其中?"对于采取威胁方式使犯罪嫌疑人、被告人作出供述之后,犯罪嫌疑人、被告人受该威胁行为影响而作出的与该供述相同的重复性供述,没有规定一并排除,削弱了新的排除规定的彻底性。"[④]总之,先前采用威胁、非法拘禁手段取供的负面影响很有可能波及后续的重复性供述,如果不对此类重复性供述予以排除,则不利于遏制威胁、非法拘禁手段取供的发生。事实上,德国、日本、美国等国家已经规定,通过严重威胁手段获得的重复性供述会被排除。[⑤]因此,我国在今后修法时应考虑将威胁、非法拘禁等非法限制人身自由的方法列为重复性供述排除规则中的"诱因"。

第三,关于以引诱、欺骗方法进行取供。引诱、欺骗取供的负面影响也有可

---

① 参见郭华、谭趁尤:《犯罪嫌疑人重复性供述排除的局限与再续——以严重"威胁"方法为中线的展开》,载《广西社会科学》2019 年第 10 期。

② 〔德〕克劳思·罗科信:《刑事诉讼法(第 24 版)》,吴丽琪译,法律出版社 2003 年版,第 232 页。

③ 当然,以疲劳审讯取得的口供首先要被明确规定为应予以排除的非法口供。

④ 张建伟:《排除非法证据的价值预期与制度分析》,载《中国刑事法杂志》2017 年第 4 期。

⑤ 参见韩旭、韦香怡:《重复性供述排除规则实施状况研究——以 65 个裁判文书为研究对象》,载《南大法学》2020 年第 2 期。

能持续到后续的重复性供述中。例如，侦查人员对犯罪嫌疑人称：认罪就可以取保候审，后续讯问时，若翻供将被重新羁押。在此种情形下，犯罪嫌疑人后续的重复性供述是否会受到先前引诱行为的影响？显然，答案是有可能。诚如前文所述，采用引诱、欺骗方法取供，有可能导致犯罪嫌疑人违背意愿作出供述。因此，有学者认为，“重复性供述排除规则的适用对象应当涵盖所有违法取供行为。”[①]

概言之，随着侦查讯问法治化程度的不断提升，对犯罪嫌疑人、被告人直接采用暴力手段取供的情形得到了较好的遏制，但重复性供述排除规则的“诱因”仅限于刑讯逼供不足以有效遏制其他非法取供行为的发生。因此，我们有必要进一步扩大先前非法取供行为的范围。

2. 重复性供述排除规则中例外情形的局限与完善

在我国，重复性供述不予排除需要满足三个条件：一是侦查人员更换或者诉讼程序阶段变更；二是（再次）讯问时已告知诉讼权利和认罪的法律后果；三是犯罪嫌疑人、被告人自愿供述。一般而言，重复性供述排除规则的例外条件属于确定性规定，法官没有裁量权，只要后续重复性供述满足上述三个条件，即认为可以阻断先前刑讯逼供对犯罪嫌疑人、被告人造成的严重心理影响，重复性供述可以作为证据使用。不过，上述例外条件的规定仍有进一步完善的必要。

第一，关于侦查主体变更或者诉讼程序阶段变更。就侦查人员更换而言，在我国，侦查、审查起诉、审判时各个阶段都可以依法排除非法证据，这意在尽早发现并排除非法证据，以保障犯罪嫌疑人、被告人的合法权益。如果对侦查阶段的重复性供述一概排除，显然不利于侦查机关在侦查阶段主动排除非法证据。“侦查机关排除非法证据后，如果继续讯问取得的重复性供述仍不能作为证据使用，将影响侦查阶段排除非法证据的积极性。”[②]因此，侦查阶段变更侦查人员取得的重复性供述可以作为证据使用，符合非法证据排除规则的立法目的。但问题是，侦查阶段变更侦查人员是否会当然阻断先前非法取供行为对后续重复性供述的负面影响？例如，先前采用刑讯逼供的侦查人员对犯罪嫌疑人称：后续在其他侦查人员讯问时要“老实点”，否则要“教训”你。此种情形下，变更侦查人员是否能阻断先前非法取供行为的负面影响，不无疑义。就诉讼程序变更而言，一般认为，由于诉讼程序阶段的变更，前一阶段非法取供行为的“继续效力”不会波及后续的重复性供述，因而后续的重复性供述可以作为证据使用。究其原因，我国公检法三机关进行刑事诉讼时，秉持“分工负责、相互配合、相互制约”的原则，

① 万毅：《何为非法 如何排除？——评〈关于办理刑事案件严格排除非法证据若干问题的规定〉》，载《中国刑事法杂志》2017年第4期。

② 戴长林主编：《非法证据排除规定和规程理解与适用》，法律出版社2019年版，第46页。

"检察机关与侦查机关之间有监督制约的关系,审判机关是中立的裁判者,随着诉讼阶段的变更,检察人员、审判人员的讯问通常能够阻断侦查阶段刑讯逼供的影响"[①]。但问题是,诉讼程序阶段的变更是否能当然阻断先前非法取供行为对后续重复性供述的负面影响?在日本,有判例否定了此种情形下重复性供述的证据能力,即警察用暴力进行带有肉体痛苦的讯问获得的自白,没有任意性,此后对预审法官和检察人员供述的自白也无法断定是否依旧受前一阶段的影响,因此应当否定这种自白的证据能力。[②]就我国而言,公检法三机关具有较高同质性时,即使变更诉讼程序阶段,也被认为难以阻断先前非法取供行为对后续重复性供述的负面影响。例如,侦查人员通过刑讯逼供取得犯罪嫌疑人的有罪供述,侦查人员威胁犯罪嫌疑人若胆敢在检察官面前翻供,会将其"提出来"进行"修理",虽然此后检察官讯问时并未使用非法方法,但因先前的非法方法继续影响到犯罪嫌疑人供述的自愿性,因此,犯罪嫌疑人在检察官面前的重复性供述应在禁止之列。对此,有观点认为,因为存在相关司法人员明确告诉当事人有问题到法庭上再说的情况,所以这种例外应当以审判阶段为限,而不应当扩大到审判前阶段。[③] 因此,无论是在侦查阶段变更侦查人员,还是在诉讼程序阶段变更,如果"仅仅进行'主体变更',有时并无法完全切断先前违法取供行为与重复性供述之间的因果关系"[④]。虽然侦查人员更换或者诉讼程序阶段变更易于判断,即使如此,也并非一定能阻断重复性供述与先前非法取供之间的关联,对此,仍有必要根据个案具体情况进行综合认定。

第二,(再次)讯问时告知诉讼权利和认罪的法律后果。对于犯罪嫌疑人、被告人而言,权利告知是其享有的重要诉讼权利。在重复性供述排除规则中,"告知诉讼权利"应当属于"加重告知义务",即除了告知犯罪嫌疑人、被告人所应享有的一般诉讼权利之外,还应当告知犯罪嫌疑人、被告人先前非法取供被排除的情况。因为只有向犯罪嫌疑人、被告人告知对刑讯逼供行为将依法作出处理,才能向其传递接下来的讯问不会存在刑讯逼供等非法取供的信息,从而真正消除刑讯逼供的后续影响。[⑤]在德国,与初次告示义务相比,"加重告知义务"的一个重要方面就是告知被告人第一次供述已被排除,以便降低非法讯问和第一次供述对后续供述的不利影响。[⑥] 所以"加重告知义务"是重复性供述可采性的重要

① 万春、高翼飞:《刑事案件非法证据排除规则的发展——〈关于办理刑事案件严格排除非法证据若干问题的规定〉新亮点》,载《中国刑事法杂志》2017年第4期。

② 参见〔日〕田口守一:《刑事诉讼法(第七版)》,张凌、于秀峰译,法律出版社2019年版,第488页。

③ 参见田文昌:《严格排除非法证据规定的亮点和困惑》,载《中国律师》2017年第8期。

④ 万毅:《何为非法 如何排除?——评〈关于办理刑事案件严格排除非法证据若干问题的规定〉》,载《中国刑事法杂志》2017年第4期。

⑤ 参见裴显鼎主编:《非法证据排除程序适用指南(第二版)》,法律出版社2018年版,第17页。

⑥ 参见牟绿叶:《论重复供述排除规则》,载《法学家》2019年第6期。

条件。例如,A在警察讯问时作了供述,但讯问前警察并未对A进行权利告知。因此,警察重新讯问了A,此次警察对A进行了权利告知。A作了与第一次讯问时近乎相同的供述,因为A认为法院定将依据第一次的口供判决,因此自己最好不做争辩。此案中,警察在第一次讯问时未履行权利告知义务的行为会继续影响A第二次口供的可采性。因为在第二次讯问时A并不知道其第一次所作口供在审判中不可作为证据使用,并且认为保持沉默是无益之举,所以A并未自由充分地行使沉默权。此种证据使用禁止的继续效力可因“加重的权利告知”而中断,即在第二次讯问时警察不仅应告知A所享有的各项权利,亦须告知其在第一次讯问中所作供述不可作为证据使用。[①]总之,“加重告知义务”有助于阻断先前非法取供行为对后续重复性供述的负面影响。

第三,犯罪嫌疑人、被告人自愿供述。犯罪嫌疑人、被告人自愿供述是重复性供述可以作为证据使用的重要前提条件。“判断的关键还是在于先前之不正方法对于后来自白之‘任意性’有无影响。”[②]其实,国外关于重复性供述排除的“毒树之果”理论和“继续效力”理论虽有所差异,但核心都是重复供述的自愿性。[③]“(再次)讯问时告知诉讼权利和认罪的法律后果”是“自愿供述”的必要条件,但非后者的充分条件,因为影响供述自愿性的因素较多。[④]无疑,“自愿性”标准属于主观性判断标准,因而对于“自愿性”标准在重复性供述排除中应发挥怎样的作用,以及如何确定“自愿性”标准都存有争论。有学者认为,目前将供述“自愿性”作为认定非法供述的主观要件,尚不具有独立意义,其仍依附于列举的非法取证行为。[⑤]如前文所述,“自愿性”标准是最难判定的,与供述有关的几乎所有因素都有可能影响到供述的自愿性,如被讯问人个体因素(年龄、身心发育、受教育水平等)、律师在场、讯问地点、讯问时间、讯问方式等。

3. 合理适用重复性供述排除规则

从我国司法实践来看,确实存在重复性供述“排除难”的问题,如有研究指出,在明确提出重复性供述排除申请的案件中,有近78%的申请不会得到法院的支持。[⑥] 事实上,法院在认定重复性供述时并不限于《严格排除非法证据规定》所规定的例外因素,诸如讯问同步录音录像、讯问地点、讯问人员出庭作证等

---

① 参见〔德〕Peter Kasiske:《刑事诉讼证据使用禁止的放射效力、继续效力与溯及效力》,陈真楠、施鹏鹏,载《证据科学》2018年第2期。

② 林钰雄:《刑事诉讼法(上册 总论篇)》,中国人民大学出版社2005年版,第150页。

③ 参见牟绿叶:《论重复供述排除规则》,载《法学家》2019年第6期。

④ 参见孔令勇:《非法证据排除的“例外模式”——重复供述排除规则的教义学展开》,载《法学家》2019年第6期。

⑤ 参见魏晓娜:《非法言词证据认定路径的完善》,载《人民检察》2017年第18期。

⑥ 参见韩旭、韦香怡:《重复性供述排除规则实施状况研究——以65个裁判文书为研究对象》,载《南大法学》2020年第2期。

也是判断重复性供述可采性的重要依据，甚至也存在以口供补强来印证重复性供述真实性的情况。[①]因此，在《严格排除非法证据规定》第 5 条确立了“原则加例外”的排除模式基础上，如何合理适用重复性供述排除规则值得进一步探究。对此，有学者认为，对于侦查机关采用刑讯逼供获得的自白及其重复自白采取强制排除模式更切合我国的实际；对于侦查机关采用刑讯逼供以外的违法手段获得的被告人供述与重复自白则可以采用裁量排除的模式。[②] 可见，先前供述是通过刑讯逼供取得的，后续的重复性供述即强制排除，这有助于遏制刑讯逼供等严重非法取证行为；而先前供述是通过其他违法手段取得，则裁量排除后续的重复性供述。

总之，判断重复性供述是否受先前非法取供行为的影响，并非易事，“单纯采用‘主体变更’说为标准来判断重复性供述是否可采，可能过于简单化了”[③]。因此，在一般情况下，是否排除重复性供述，不能仅凭单一的例外因素作出判断，需要根据个案具体情况进行综合认定。就此而言，我国关于重复性供述排除规则的法律规范仍较为原则，相关司法判例也并不丰富，在认定复杂的重复性供述时，要避免“最终反倒可能出现重复性供述基本不排除的尴尬境地”[④]。因此，今后应进一步完善相关立法，[⑤]尤其是进一步明确例外情形，如可以将两次讯问的间隔时间、律师在场等纳入考虑的因素；[⑥]同时严格适用例外情形，避免自由裁量权的不当行使。质言之，无论是法律规范还是司法实践，扩大或限缩先前非法取供行为的范围或者重复性供述排除的例外情形，最终都是惩罚犯罪与保障人权之间权衡的结果，“以威慑理论作为我国重复自白排除的基础理论更加切合我国目前加强被追诉人权利保障的趋势”[⑦]。因此，重复性供述排除规则所立足的价值和功能定位，将在根本上影响其本身模式及其例外情形的构建。

---

① 参见何家弘、林倩：《论重复自白排除规则的完善》，载《证据科学》2020 年第 2 期；孔令勇：《非法证据排除的“例外模式”——重复供述排除规则的教义学展开》，载《法学家》2019 年第 6 期。需要指出的是，作为证据能力规则的非法口供排除规则，能否以口供补强的方法使得重复性供述具有可采性，是值得商榷的。

② 参见何家弘、林倩：《论重复自白排除规则的完善》，载《证据科学》2020 年第 2 期。

③ 万毅：《何为非法如何排除？——评〈关于办理刑事案件严格排除非法证据若干问题的规定〉》，载《中国刑事法杂志》2017 年第 4 期。

④ 董坤：《重复性供述排除规则之规范解读》，载《华东政法大学学报》2018 年第 1 期。

⑤ 在监察调查阶段受刑讯逼供等非法取供行为影响下作出的重复性供述是否需要排除，也是值得探讨的问题。对此，有学者认为，重复自白排除应当包括监察委的取供行为。参见何家弘、林倩：《论重复自白排除规则的完善》，载《证据科学》2020 年第 2 期。

⑥ 万毅教授认为，侦查机关间隔较长时间再取证，以及律师的介入，并不足以中断前述非法取供行为对后续重复性供述的消极影响，因而不能完全中断二者之间的因果关系。参见万毅：《论“反复自白”的效力》，载《四川大学学报（哲学社会科学版）》2011 年第 5 期。

⑦ 何家弘、林倩：《论重复自白排除规则的完善》，载《证据科学》2020 年第 2 期。

七、指供的认定标准与排除方式

指供是指侦查人员以明示或暗示的方法要求犯罪嫌疑人按照符合其意图的事实和情节进行供认的一种非法审讯方式。[①]指供可以分为明点直问、变相指问、照本宣科三种类型。[②]一般而言,指供所明示或暗示的证据材料往往尚未查证属实,[③]因而指供体现出有罪推定的思想,而且是一种"主客错位"的现象,即口供本应由嫌疑人作为供述主体,但在指供使用的情境下,侦查人员成为实际上提供口供内容的提供主体。侦查人员按照自己的判断明示或暗示嫌疑人按其要求供述,笔录记载的口供本质上并非嫌疑人的供述,而系侦查人员对事实的认定。[④]

近年来,人们在研究冤假错案的产生原因时,往往认为刑讯逼供、威胁等非法讯问手段是导致冤假错案的重要原因。但事实上,即使采用刑讯逼供、威胁等非法讯问手段,无辜者一般也无法供出犯罪细节,尤其是隐蔽性证据的,因而"真正让无辜嫌疑人供述出犯罪细节的,不是单纯的逼供,而是诱供、指供加逼供"[⑤]。因此,指供通常与刑讯逼供、威胁等方法并存,即侦查人员先对犯罪嫌疑人、被告人实施刑讯逼供、威胁,施加强大的压力,然后再采用提示犯罪细节等方式指供,使犯罪嫌疑人、被告人按照侦查人员的指示作出供述。[⑥] 例如,在佘祥林案件中,佘祥林的申诉材料写道:"他们问我在什么地方杀的人,我随便指了一个地方,他们就给我照了相。而后要我交出杀人的石头,我准备随便找一块石头给他们,谁知那地方根本就没有石头,他们又见我实在找不到石头,就直接将我架到堰塘的另一头站定,问我尸体沉在哪里,我见某某(注:此处隐去姓名)面对着堰塘,且我们站的地方有很多纸,就猜着说在这里,他们就给我照了相。……这次我说是用石头杀人,这是因为在前一次我说是用木棒杀的人,但侦查员硬逼我交出木棒,可我根本就没有杀人,哪里交得出木棒,这次想到石头到处都有,如再叫我交出石头我可以随地捡一块石头给他们,这样就可以少吃亏。"[⑦]无疑,犯罪嫌疑人的口供是自然形成的,其可信度就高;如果侦讯人员先于犯罪嫌疑人说了犯罪事实或犯罪事实片段,犯罪嫌疑人的口供由于受到了外部的影响,其可信

---

① 参见钟朝阳:《侦查讯问中的指供问题研究》,中国检察出版社 2015 年版,前言第 1 页。

② 参见王兆志:《指名问供是冤、假、错案形成的关键》,载《公安大学学报》1995 年第 1 期。

③ 有观点指出,用查实的人与事讯问被告人,则是讯问中使用证据制服犯罪的问题,与指名指事讯问被告人是完全不同的两个概念。参见邢福和:《讯问方法与引供、诱供、指名指事问供关系的探讨》,载《公安大学学报》1989 年第 4 期。

④ 参见龙宗智:《我国非法口供排除的"痛苦规则"及相关问题》,载《政法论坛》2013 年第 5 期。

⑤ 李昌盛:《口供消极补强规则的实质化》,载《证据科学》2014 年第 3 期。

⑥ 参见刘静坤:《证据审查规则与分析方法:原理 · 规范 · 实例》,法律出版社 2018 年版,第 149 页。

⑦ 唐卫彬、黎昌政:《一起冤案 三点反思》,载《人民日报》2005 年 4 月 8 日第 5 版。

度就低。[①]因而侦查人员采取指供的方法取得供述，其真实可靠性就低，尤其受刑讯逼供、威胁等非法取供方法影响下的指供，其真实可靠性更低。

指供的危害是巨大的，尤其当刑讯逼供、威胁等非法取供方法与指供相结合时，就易导致犯罪嫌疑人作出虚假供述，最终引发冤假错案。就此而言，冤假错案的一般发生规律是：非法讯问→指供→有罪供述→冤假错案。域外实践中一般禁止采用类似指供的讯问方法。德国法律将暗示性提问视为是与发现真相相对立的，因为这类提问获得的真实供述掺杂了警察所提供的暗示性答案和案情描述。对此，法院和评论者尤其担心，这样的手段可能会导致犯罪嫌疑人作虚假供述。[②]目前，我国的非法口供排除规则重点防治的是刑讯逼供、威胁等非法取供方法，这属于从源头上治理。“如果有效地防治刑讯逼供以及非法实施威胁、引诱、欺骗，则在一定程度上可以防止指供的发生。”[③]但是，对于有效防范冤假错案而言，仍有必要对指供予以规制。最高人民法院起草的《严格排除非法证据规定》(征求意见稿)中，曾对“指供”有专门的规定：“采取以……指供的方法收集的犯罪嫌疑人、被告人供述，应当予以排除。”不过，这一规定最终被删除。[④]

因此，当前有必要将指供纳入法律规制的范围，构建对指供的排除规则。一般而言，指供的实施存在两种方式，它们的排除规则也应有所差异：一种是单纯的指供，即侦查人员没有采取其他非法讯问方法，而只是以明示或暗示的方法提示犯罪细节，此种指供下作出的供述，“因不涉及刑事诉讼法规定的非法方法，故不适用非法证据排除规则，但由于此类供述的真实性缺乏保障，如不能查证属实，可从证明力评估的角度决定不予采信”[⑤]。另一种是在刑讯逼供、威胁等非法方法下进行的指供，该指供本身包含非法讯问方法的使用，此种指供下作出的供述，可直接否定其证据能力，予以排除，“以肉刑、变相肉刑以及其他使嫌疑人肉体上或精神上剧烈疼痛或痛苦的方法为依托进行指供，由此获得的口供应以刑讯逼供等非法方法取供为由，适用排除规则将其排除”[⑥]。

八、测谎及测谎结果的排除问题

测谎在刑事司法中的应用大体可以分为两个层次：一是测谎能否在刑事侦查活动中作为侦查手段；二是测谎结果能否作为证据使用。从域外司法实践看，

---

① 参见朱孝清：《刑事诉讼法实施中的若干问题研究》，载《中国法学》2014年第3期。

② 参见〔美〕Jacqueline Ross：《证据规则(仅)适用于审判阶段吗？——美国和德国欺骗性讯问规则比较研究》，冯俊伟、阳平译，载《现代法治研究》2017年第3期。

③ 龙宗智：《我国非法口供排除的“痛苦规则”及相关问题》，载《政法论坛》2013年第5期。

④ 参见毛立新：《严格排除非法证据规定的九大缺憾》，载《中国律师》2017年第8期。

⑤ 戴长林、罗国良、刘静坤：《中国非法证据排除制度：原理·案例·适用(修订版)》，法律出版社2017年版，第266页。

⑥ 龙宗智：《我国非法口供排除的“痛苦规则”及相关问题》，载《政法论坛》2013年第5期。

域外对侦查讯问时实施测谎是否属于违法讯问方法仍存在争论，而即便容许测谎，测谎结果是否具有证据能力和证明力也存在较大争议。换言之，即使刑事侦查可以实施测谎也并不当然意味着测谎结果可以作为证据使用。就我国而言，根据近年来相关刑事裁判文书的记录，刑事侦查中已采用测谎技术，但整体上测谎应用于刑事案件的比例很低，且测谎结果一般不能作为证据使用。

（一）测谎作为侦查手段的应用

当前，有的国家禁止在刑事侦查中实施测谎，如在德国，绝大多数观点认为，侦查机关应当无一例外地放弃使用测谎仪；[①]在法国，法学理论界反对使用可以科学地测出受讯问人反应的仪器。[②] 但是，有的国家则将测谎作为一种重要的侦查手段，如在美国，在“第三级”（Third Degree）讯问方法被禁止使用后，测谎成为辅助侦查讯问的手段之一；在日本，测谎检查在犯罪侦查中较常采用。[③] 从侦查实践来看，测谎技术如能得到合理应用，不失为一项侦查利器。从我国相关刑事裁判文书来看，在刑事侦查活动中采用测谎手段能够为侦查人员提供办案线索和指明办案方向。[④] 这主要体现在如下两个方面：

一方面，侦查人员可以通过测谎发现或者确定犯罪嫌疑人，同时亦能排除无辜。一些刑事案件也表明，测谎有助于发现或者确定犯罪嫌疑人。例如，在侯某某故意杀人案[⑤]中，“公安部测谎专家对 14 名人员进行测谎”，从而确定了侯某某为犯罪嫌疑人。在施某某故意杀人案[⑥]中，有关机关聘请某地司法鉴定中心对有重大作案嫌疑的施某某进行测谎，并进一步认定其有重大作案嫌疑。在李某故意杀人案[⑦]中，公安机关对李某进行测谎，结果“显示有作案嫌疑”，于是警方将其列为犯罪嫌疑人；后再次测谎时，“测谎结果不能通过”，警方遂将其作为重点嫌疑人。在凌某某故意杀人案[⑧]中，公安机关在排查期间，发现凌某某具有作案嫌疑，通过测谎进一步确定凌某某有重大作案嫌疑。由上述案例可见，侦查人员采用测谎手段能够及时发现犯罪嫌疑人，对有作案嫌疑的人测谎后能够有效地确定犯罪嫌疑人身份，从而明确侦查方向和重点。从另一个角度而言，刑事侦查中实施测谎也有助于排除无辜者。在曹某某等人敲诈勒索案[⑨]中，“经对杜某某、李某、白某某进行讯问及测谎，未发现任何犯罪证据，现有证据无法认定杜

---

① 参见宗玉琨译注：《德国刑事诉讼法典》，知识产权出版社 2013 年版，第 125 页。

② 参见〔法〕贝纳尔·布洛克：《法国刑事诉讼法》，罗结珍译，中国政法大学出版社 2009 年版，第 78 页。

③ 参见张建伟：《证据法要义（第二版）》，北京大学出版社 2014 年版，第 280 页。

④ 参见沈德咏、何艳芳：《测谎结论在刑事诉讼中的运用》，载《政法论坛》2009 年第 1 期。

⑤ （2014）延中刑二初字第 35 号。

⑥ （2015）榕刑初字第 174 号。

⑦ （2016）川 14 刑初 3 号。

⑧ （2015）商刑初字第 30 号。

⑨ （2019）鲁 0102 刑初 389 号。

某某等三人系嫌疑人”。在石某交通肇事案[1]中，“依据测谎排除了本案嫌疑人之一的郑某某”。上述案例表明，采用测谎可以排除被测试人的犯罪嫌疑。对此，国外有研究者也认为，“测谎器从不冤枉好人，测谎人员测出的无辜者多、罪犯少，事实确实也是这样。”[2]

另一方面，侦查人员通过测谎有助于取得犯罪嫌疑人的有罪供述。在一些刑事案件中，犯罪嫌疑人在接受测谎之后，往往会供述其犯罪事实。例如，在李某某诬告陷害案[3]中，“经测谎及侦查人员讯问”，李某某交代了犯罪事实。在顾某职务侵占案[4]中，“顾某接受测试后”，主动供述了犯罪事实。在邵某交通肇事案[5]中，“邵某被抓获归案后未如实供述其犯罪事实，经测谎后又作了如实供述”。在解某某放火案[6]中，解某某“是进行测谎试验后供述自己的犯罪事实”。在洪某某犯故意伤害案[7]中，洪某某“不能通过公安机关对其进行的测谎试验后才供述犯罪事实”。在房某某盗窃案[8]中，经测谎房某某交代盗窃经过的事实。由上述案例可见，侦查人员采用测谎手段能够促使犯罪嫌疑人进行供述。实践中，犯罪嫌疑人未能通过测谎这一事实不仅增强了侦查人员的信心，提升了讯问效果；也使得那些真正的罪犯，无论是出于主动还是被动，作出供述的可能性会更大些。从域外实践来看，有时警察进行测谎并非要判断被测试人是否诚实，而是要“得到供述”，因为测谎检验结束后，警察告诉被测试人没有通过测试，可以对他施加更大的压力。[9]

（二）测谎结果作为证据的分歧

测谎即使可以作为侦查手段，但也不表明测谎结果可以作为证据使用。在意大利，使用测谎仪是不会被法院采纳的。[10] 在德国，使用测谎仪检测被追诉人的思想是对人的尊严原则的违反，这种证据是不可采的。[11] 在日本，虽有判例指出符合特定要件的测谎结果具有证据能力，但较为主流的观点是不应当承认测

---

① (2013)南溪刑初字第4号。

② 〔美〕阿瑟 S·奥布里、〔美〕鲁道夫 R·坎普托：《刑事审讯》，但彦铮、杜军等译，西南师范大学出版社1998年版，第300页。

③ (2019)鲁0811刑初617号。

④ (2015)栖刑初字第322号。

⑤ (2017)鲁1328刑初246号。

⑥ (2016)浙1002刑初999号。

⑦ (2016)闽刑终40号。

⑧ (2010)城刑初字第326号。

⑨ 参见〔美〕布兰登·L.加勒特：《误判：刑事指控错在哪了》，李奋飞等译，中国政法大学出版社2015年版，第13页。

⑩ 参见〔英〕戴维·沃尔什等：《调查询问与讯问的国际发展与实践(卷二：犯罪嫌疑人)》，刘涛、黄靖斯译，知识产权出版社2019年版，第179页。

⑪ 参见彭海青、吕泽华、〔德〕彼得·吉勒斯编：《德国司法危机与改革——中德司法改革比较与相互启示》，法律出版社2018年版，第8页。

谎结果的证据能力。[①] 美国对测谎结果是否具有证据资格的问题长期展开争论，颇具代表性。1923年弗莱伊诉美国案（Frye v. United States）首次对测谎证据资格进行了讨论，该案确立了“普遍接受”（general acceptance）标准，亦称为弗莱伊法则（Frye Rule），该法则对测谎证据资格进行了严格的限制，测谎结果从而在事实上不具有证据资格。然而，弗莱伊法则也“会将那些新颖可靠但尚未被谨慎、保守的科学圈所接受的科学排除在外”[②]。1993年多波特案改变了弗莱伊法则，该案为法官判断科学证据的可信性确立了四项参考因素：能被证伪（can be falsified）、同行评议并发表（peer review and publication）、已知或潜在的误差率（rate of error）、广泛的接受（evidence admissible）。[③] 可见，“多波特标准”对科学证据采取了相对宽松的标准。此后，一些州开始采用“多波特标准”，即可以附条件采纳测谎结果。但是，1998年谢弗尔案又否定了测谎结果的证据能力。总体而言，美国法院对使用测谎仪所得的证据持否定态度。[④]

在我国，测谎结果一般不能作为证据使用，这主要有两个方面的理由：一是测谎结果不属于《刑事诉讼法》明文规定的法定证据种类；二是1999年最高人民检察院作出的《关于CPS多道心理测试鉴定结论能否作为诉讼证据使用问题的批复》（简称《批复》）明确指出，“不能将CPS多道心理测试鉴定结论作为证据使用”。从司法实践来看，法院一般会否定测谎结果的证据资格。[⑤] 例如，在施某侵占案[⑥]中，二审法院认为，依据《批复》测谎结果不属于刑事诉讼法规定的证据种类，测谎结论不具备合法的证据形式，不能作为证据使用。在有的案件中，辩护方认为进行测谎会对自己有利，提出申请测谎或者申请控方出示测谎结果，法院通常也会不予支持。例如，在刘某某等敲诈勒索案[⑦]中，辩护人申请测谎鉴定，法院却认为，“测谎鉴定并不能直接证明案件事实及案件发生过程”，因而未采纳测谎申请。在金某某受贿案[⑧]中，一审审理期间，检方对金某某做了测谎，但一审庭审中检方未提交该测谎报告，上诉人认为该测谎结论对其有利，要求检方在二审中作为证据出示。法院认为，“即便形成测谎报告，测谎报告也不属于刑事诉讼法规定的证据种类，不能作为定案依据。检察院未出示该报告并未违反刑事诉讼法的规定”。但是，法院虽通常不会将测谎结果作为证据使用，但有

---

① 参见〔日〕田口守一：《刑事诉讼法（第七版）》，张凌、于秀峰译，法律出版社2019年版，第471页。

② 〔美〕阿维娃·奥伦斯坦：《证据法要义》，汪诸豪、黄燕妮译，中国政法大学出版社2018年版，第203页。

③ 参见王进喜编译：《证据科学读本：美国“Daubert”三部曲》，中国政法大学出版社2015年版，第54—59页。

④ 参见马跃：《美国证据法》，中国政法大学出版社2012年版，第198页。

⑤ 就此而言，测谎结论更适合称为测谎结果。

⑥ （2016）苏06刑终354号。

⑦ （2020）粤19刑终94号。

⑧ （2016）浙06刑终863号。

时也会认定测谎结果可以作为辅助证据使用。例如，在赵某某合同诈骗案[①]中，法院认为，测谎报告不能单独作为证据使用，但结合案件其他证据，测谎报告可以印证赵某某的犯罪事实。在徐某故意伤害案[②]中，法院认为，"对徐某所做的测谎报告虽然不能直接作为证据使用，但可以作为认定案件证据的辅助证据佐证案件事实"。在上述案件中，法院肯定了测谎结果可以作为辅助证据，这也正如《批复》所指出的，测谎结论可以帮助审查、判断证据。另外，也有法院将测谎结果作为证据使用。例如，在张某某、马某某等盗窃案[③]中，针对被告人的一起盗窃事实，该案证据包括"对马某进行测谎，测试结果为不通过"，该案中，测谎结果是作为鉴定意见的证据形式出现的，当然这种情况是极为少见的。

同时，学术界对测谎结果的证据资格也进行了广泛的讨论，并逐渐形成了三种代表性观点：其一，否定说，该主张否定测谎结果的证据资格，如实践中尽管公安机关、检察机关等部门一直在使用测谎技术帮助确定侦查方向、锁定犯罪嫌疑人、查实赃款去向、搜集犯罪证据等，但这些证据在法庭上却从未出现，[④]因而测谎结果只能属于"线索型"而尚未达到"证据型"的层次。[⑤] 其二，肯定说，该主张肯定测谎结果的证据资格，因为《批复》虽否定了测谎结论作为诉讼证据的使用，但肯定了它具有帮助审查、判断证据的作用，这属于"抽象否定、具体肯定"，[⑥]随着测谎技术的不断发展，测谎结果将来可以作为鉴定意见使用。[⑦] 其三，"有限采纳"说，该观点认为测谎结果可以在诉讼中被采纳为证据，但属于"有限采纳"，即只能用来审查言词证据的真实可靠性，不能直接用来证明案件事实。[⑧] 对此，也有观点指出测谎结果可以作为一种补强证据使用。当然，对"有限采纳"说也可以做另一种理解，即将测谎结果作为弹劾证据使用，如在德国，有判决就认为，在被指控人主动要求使用测谎仪以证明自己所言之可信性或至少动摇对其的"合理"怀疑时，可例外地借助该仪器，为其提供解罪证据。[⑨] 概言之，人们对于测谎结果的证据价值仍未达成共识。

（三）测谎在刑事司法应用中的技术障碍与法律困境

测谎技术应用于刑事司法活动备受质疑主要有两个方面的原因：一是从技

① (2003)涧刑公初字第76号。

② (2018)冀08刑终152号。

③ (2018)鲁0883刑初241号。

④ 参见易延友：《证据法学：原则 规则 案例》，法律出版社2017年版，第285页。

⑤ 参见张斌：《测谎技术的科学基础对测谎结论证据可能性的影响》，载《国家检察官学院学报》2010年第4期。

⑥ 参见张泽涛：《美国测谎制度的发展过程对我国的启示》，载《法商研究》2003年第6期。

⑦ 参见邵劭：《测谎结论的可采性在美国的演变及启示》，载《法治研究》2016年第2期；付凤、杨天琪：《刑事法官视角下测谎证据的审查与采信——以2010—2018年刑事裁判文书为研究样本》，载《中国人民公安大学学报(社会科学版)》2020年第1期。

⑧ 参见何家弘：《司法证明方法与推定规则》，法律出版社2018年版，第127页。

⑨ 参见宗玉琨译注：《德国刑事诉讼法典》，知识产权出版社2013年版，第125页。

术层面而言,测谎结果不是绝对可靠的;二是从法律层面而言,测谎有悖于不得强迫自证其罪原则。

一方面,测谎结果并不是绝对可靠。测谎结果属于“概论证据”,测谎技术也一直处于发展的进程中,一些研究认为测谎结果的准确性可以达到90%以上,[①]但即使这样测谎结果仍不具有完全的可靠性。[②] 正因如此,在德国,法院坚持认为测谎仪测试的结果不可采纳,因为这类结果具有内在的不可靠性。[③] 在我国,也有判决指出“测谎不具备100%的科学性和准确性”,因而否定其证据资格。[④]测谎结果目前尚不能做到绝对可靠的主要原因并不在于仪器,而是被测试人和测试人。其一,就被测试人而言,按照测谎原理,一个人说谎与生理反应之间存在关联性,但这种假设尚难得到证实。因为生理反应可以是由案件相关问题引起的,也可以是由其他心理活动所引起的,[⑤]而且“精于撒谎的人和对谎言已经形成心理确信的人可以战胜测谎仪”[⑥]。其二,就测试人而言,测谎结果是否准确在很大程度上取决于测试人的专业能力。究其原因,测谎是测谎人在掌握案情的基础上,编制适合的测试题目,利用测谎仪等设备,根据被测试人回答问题时形成的生理反应图谱,判断被测试人的陈述是否真实的活动。而鉴定人员受诉讼立场、鉴定方式和程序等因素的影响,极易产生两种偏见:动机偏见和认知偏见。[⑦] 就此而言,测谎人在实施测谎时往往也具有很大的主观性,存在偏见的风险,由于测谎结果是测谎人的专业经验和主观判断的产物,因此针对同一被测试人,不同的测谎人可能会得出不同的测谎结果。因而在日本,有观点认为,测谎仪检查结果应当被看作被告人的言词证据,但被告人对此有争议时事后证实该言词证据的证明力是很困难的。[⑧] 可见,测谎鉴定原理不符合科学鉴定的“再现性”特征,自然无法以测谎结果来认定案件事实。而且,侦查人员一旦采纳不准确的测谎结果,就有可能误导侦查方向,甚至成为刑讯逼供的诱因,进而诱发冤假错案。

另一方面,测谎与不得强迫自证其罪原则存在冲突。测谎属于心理测试,具

---

① 参见陈学权:《论我国刑事诉讼中被追诉人的测谎权》,载《证据科学》2012年第1期;范刚等:《犯罪心理测试中自我相关信息测试题的开发》,载《中国人民公安大学学报(自然科学版)》2020年第1期。

② 参见〔美〕德博拉·戴维斯、〔美〕理查德·A.利奥:《讯问诱发的虚假口供:发现与预防机制失效的原因》,载〔美〕柏恩敬、刘超、高原编译:《追问警察讯问方法——比较法的视角》,法律出版社2018年版,第174页;孙振玉等:《刑事案件中准绳问题测试的测谎准确率》,载《法医学杂志》2019年第3期。

③ 参见〔德〕托马斯·魏根特:《德国刑事诉讼程序》,岳礼玲、温小洁译,中国政法大学出版社2004年版,第87页。

④ (2015)鄂鹤峰刑初字第43号。

⑤ 参见毕惜茜:《心理突破:审讯中的心理学原理与方法》,中国法制出版社2017年版,第254页。

⑥ 〔美〕罗纳尔多·V.戴尔卡门:《美国刑事诉讼:法律和实践》,张鸿巍等译,武汉大学出版社2006年版,第392页。

⑦ 参见陈永生:《论刑事司法对鉴定的迷信与制度防范》,载《中国法学》2021年第6期。

⑧ 参见〔日〕田口守一:《刑事诉讼法(第七版)》,张凌、于秀峰译,法律出版社2019年版,第471页。

有“言词或表达”的特征，而并非单纯的身体检查，“回答提问是内心表现，所以检测结果也应视为犯罪嫌疑人供述的一种”。[①] 因此，测谎应受到不得强迫自证其罪原则的约束。美国联邦最高法院在施默伯案中认为，测谎得吐露人民之所知、所思、所信，若强迫犯罪嫌疑人接受测谎，为不自证己罪所禁。[②] 质言之，“强迫某人进行测谎测试并且用不利的结论对付他就会侵犯其反对强制自证其罪的权利”[③]。当前，美国大多数州及联邦都规定测谎无证据能力，主要理由亦在于若测谎具有证据能力可能会影响被告人的沉默权。[④] 德国《刑事诉讼法典》第136条规定了禁止的讯问的方法，虽然该条并未明确指出测谎是否属于立法所禁止的讯问方法，但人们普遍认为，测谎应属于立法规定之外的不当讯问方法，因为测谎有可能导致犯罪嫌疑人供述的非自愿性。德国联邦最高法院认为，测谎仪的使用应该被禁止，因为借由生理反应对无意识状态下的精神活动之测试，将侵害到不得侵害的人格权核心。[⑤] 质言之，测谎存在侵害犯罪嫌疑人沉默权的可能性。当然，测谎属于沉默权的范围，沉默权可以放弃，所以只有征得犯罪嫌疑人的同意才可以对其实施测谎，而未经犯罪嫌疑人同意的测谎应认定为违反不得强迫自证其罪原则。

（四）实施测谎的程序规程与基本要求

实施测谎必须严格遵循相关的程序规程与基本要求，如保证测谎仪的品质及良好运行、设立符合测谎要求的情境等，除此之外，正确实施测谎还应满足如下四个方面内容：

第一，测谎人应具备专业性与中立性。为确保测谎的准确性、公正性与合法性，对测谎人的要求主要体现在两个方面：一是测谎人应具备相应的专业能力。测谎属于经验科学，它的正确实施必须依赖测谎人的专业能力。在美国，实施测谎之人通常必须毕业于美国测谎协会（American Polygraph Association）核准的学校，有的州甚至立法要求取得测谎执照后，才有资格为测谎之实施人。[⑥] 在日本，测谎人员一般是毕业于心理学等相关专业，而且他们需要经过系统性的培训，这些培训课程包括基础课程、专业技术课程、高级课程、研究课程和管理课程等。[⑦] 目前，我国测谎人员资历、技能参差不齐，且缺乏统一规范的职业资格认

---

① 参见〔日〕田口守一：《刑事诉讼法（第七版）》，张凌、于秀峰译，法律出版社2019年版，第171页。

② 参见王兆鹏：《美国刑事诉讼法（第二版）》，北京大学出版社2014年版，第253页。

③ 〔美〕罗纳尔多·V.戴尔卡门：《美国刑事诉讼：法律和实践》，张鸿巍等译，武汉大学出版社2006年版，第394页。

④ 参见王兆鹏：《美国刑事诉讼法（第二版）》，北京大学出版社2014年版，第674页。

⑤ 参见〔德〕克劳思·罗科信：《刑事诉讼法（第24版）》，吴丽琪译，法律出版社2003年版，第232页。

⑥ 参见王兆鹏：《美国刑事诉讼法（第二版）》，北京大学出版社2014年版，第672页。

⑦ 参见余军等：《心理测试技术在日本的研究与应用现状》，载《证据科学》2018年第2期。

证和从业管理,[①]这在很大程度上制约了测谎技术在刑事司法中的应用。因此,如果今后要在刑事司法中推广测谎技术,就必须加强测谎人才的培养。二是测谎人员应来自中立性机构。实践中,有的测谎人员是侦控机关的工作人员,如果由侦控机关的人员实施测谎,存在以有罪推定的思想实施测谎的可能性,其公正性自然受到质疑。因此,测谎人员应为中立机构人员。

第二,被测试人的身体状态应符合测谎要求。测谎结果的准确性也取决于被测试人的身心状态,如日本要求被测试人的“身心状态适合检查”。[②] 如果被测试人存在某种疾病等生理因素可能导致测谎结果存在偏差,就不应对其实施测谎。从我国司法实践来看,有的案件因犯罪嫌疑人、被告人存在精神问题、服用血压药或者案发时间较长等原因,而未实施测谎。[③] 对此,有必要对被测试人不符合测谎要求的身体状态的情形以及其他例外情形加以明确规定。同时,考虑到未成年人特殊的生理与心理,除非有合适成年人在场,对未成年犯罪嫌疑人、被告人原则上不得实施测谎。

第三,被测试人同意是实施测谎的前提条件。根据不得强迫自证其罪原则,实施测谎原则上应以被测试人的同意为前提条件,“即获得受测人真挚的同意时,应得对其施以测谎”[④],如日本就要求被检查者在理解检查意义的基础上自愿地表示同意。[⑤] 当然,考虑到平衡保障人权与惩罚犯罪之间关系的需要,也应规定一些例外情形,如对于恐怖犯罪、危害国家安全犯罪等严重犯罪案件,在遵循严格程序规范下,未经犯罪嫌疑人、被告人的同意,也可以实施强制测谎。[⑥] 可以说,实施测谎以被测试人同意为核心要件,否则不能进行测谎,更遑论测谎结果的证据资格问题。另外,还有两个问题值得进一步探讨:一是犯罪嫌疑人、被告人能否拒绝测谎?在笔者看来,既然被测试人同意测谎是测谎正当性的前提,那么被测试人理应有权拒绝测谎,这在我国司法实践中也有所体现。[⑦] 因此,在实施测谎之前,应当明确告知犯罪嫌疑人、被告人没有接受测谎的义务。同时,犯罪嫌疑人、被告人拒绝测谎不能导致对其不利的推定。二是犯罪嫌疑人、被告人有无申请测谎或者要求控方提供测谎结果的权利?犯罪嫌疑人、被告人申请测谎,可能是因为他们没有实施犯罪,希望通过测谎否定对他们的犯罪指控。因此,无论是基于两造平等原则还是侦控机关的客观义务,都应该赋予犯罪嫌疑人、

---

① 参见何家弘:《司法证明方法与推定规则》,法律出版社 2018 年版,第 127 页。

② 参见〔日〕松尾浩也:《日本刑事诉讼法(下卷)》,张凌译,中国人民大学出版社 2005 年版,第 117 页。

③ (2015)粤高法刑四终字第 374 号、(2015)三中刑初字第 502 号、(2015)石刑终字第 179 号、(2014)邹刑初字第 282 号。

④ 林钰雄:《刑事诉讼法(上册 总论篇)》,中国人民大学出版社 2005 年版,第 149 页。

⑤ 参见〔日〕松尾浩也:《日本刑事诉讼法(下卷)》,张凌译,中国人民大学出版社 2005 年版,第 117 页。

⑥ 参见柴晓宇:《测谎结果的证据属性及运用规则探析》,载《浙江社会科学》2015 年第 4 期。

⑦ (2014)扎刑初字第 91 号、(2019)豫 17 刑终 197 号。

被告人申请测谎或者要求侦控方提供测谎结果的权利。如果测谎的启动或者测谎结果的出示仅仅取决于侦控方,显然不利于保障犯罪嫌疑人、被告人的权利。

第四,禁止将测谎作为非法取供的手段。在美国,“测谎仪最出名的用途是用于测谎测试,但鉴于大部分法院不承认测谎结论的可采性,警察通常转而利用测谎仪诱导嫌疑人认罪。最普遍的做法是,警方负责测谎的人员会坚称嫌疑人没有通过测谎测试,从而从他们嘴里诱导出虚假口供”①。可见,如果测谎沦为非法取供的工具,无异于精神上的刑讯逼供。因此,应当禁止将测谎作为骗取、威胁犯罪嫌疑人进行供述的工具,以确保犯罪嫌疑人回答问题时的自愿性。

(五)测谎技术的应用前景

在刑事司法活动中,测谎技术或可成为有效的侦查手段,以发挥其积极的作用。但受制于主客观因素,在大多数情况下还不能将测谎结果作为证据使用,甚至人们担忧即使将测谎结果作为检验证据的手段也会造成错误判断,这样其效果与直接使用测谎结果作为证据并无实质区别。② 对此,有学者认为,可以让测谎“仅供警察侦办方法或寻找线索的参考,而不得提出于审判庭,法院也不得将其采为裁判基础,亦即,无证据能力,因此,也不生证明力问题”③。在某种意义上,刑事侦查活动中测谎技术受到青睐仍旧是重视口供的一种体现。但从发展的眼光看,今后若测谎结果的准确率能够得到有效保障,且在严格遵循相关程序和要求的前提下实施,则测谎结果可以发挥诉讼证据的作用,但也不能迷信测谎结果的证明力。事实上,当前一些国家未充分肯定测谎结果的证据价值,其重要的原因在于担忧法官或者陪审团因过度迷信测谎结果的证据价值,反而阻碍事实真相的发现。正如在美国波特案中法庭所声称的,“我们认为测谎证据可能带来的偏见大大超过了其证据价值”④。因此,即使测谎结果今后可以作为证据使用,其证明力仍需要经过“强诘问制”的严格检验,⑤而且根据其言词特性,测谎结果不能直接用于证明被测试人有罪,更不能将其作为有罪判决的主要证据甚至唯一证据;同时,采信测谎结果应适用补强规则。

九、“毒树之果”的排除问题

(一)“毒树之果”排除的域外考察

“毒树之果”是指以非法证据为线索所收集的其他证据。⑥在“毒树之果”原则中,自白既可能是“毒树”,也可能是“毒果”。当“毒树”和“毒果”都是自白时,

① 参见索尔·M.卡辛:《现代警察讯问程序批判》,载柏恩敬、刘超、高原编译:《追问警察讯问方法——比较法的视角》,法律出版社2018年版,第227页。

② 参见陈光中主编:《证据法学(第四版)》,法律出版社2019年版,第187页。

③ 林钰雄:《刑事诉讼法(上册 总论篇)》,中国人民大学出版社2005年版,第149页。

④ 转引自易延友:《证据法学:原则 规则 案例》,法律出版社2017年版,第274页。

⑤ 参见叶自强:《心理测试结论中有效与无证据资格的冲突》,载《环球法律评论》2009年第5期。

⑥ 参见施鹏鹏:《证据法》,中国政法大学出版社2020年版,第181页。

可适用重复性供述排除规则。本部分探讨的“毒树”为自白，而“毒果”为实物证据的排除问题，如采用刑讯逼供取得口供，再根据该口供取得其他实物证据，其中口供是“毒树”，将其排除固无疑义。但通过该非法口供获得的其他实物证据，即“毒果”，是否需要排除？这就涉及“毒树之果”的排除问题，“毒树之果”原则本质上是关于衍生证据的排除问题。总体而言，对于“毒树之果”的排除问题，主要存在三种观点：可采说、不可采说以及法官裁量说。①

“毒树之果”原则最早出现于美国，非法证据排除规则也因“毒树之果”原则而发展到极致。“毒树之果”的法理基础在于：对于非法取得之证据，如果只禁止直接使用，不禁止间接使用，等于邀请和引诱执法人员以违反法律及侵害人权的方式取得证据。②例如，在一个案件中，警察问甲是否偷窃，甲不承认，在警察残酷刑求下，甲只好自白并供出赃物所在，警察合法取赃。在该案中，其一自白不得为证据，应无争议。其二，如无警察残酷刑求，也不可能取得被告人自白；如无被告人自白，警察也不可能取得赃物。如不排除赃物，在将来的案件中，警察可能会持续以强暴胁迫方式取供。③根据“毒树之果”原则，以刑讯逼供取得之口供，是为“毒树”而不能采用；因这一口供又获取相关物证，是为“毒树”结出的“毒果”也要一并排除。但是，20 世纪 80 年代以来，由于受到治理犯罪的巨大压力，美国也为“毒树之果”原则创设了一系列的例外情形。当前，大部分巡回法院信奉这种观点：即使自白自身是不可接受的，但从（仅仅）有缺陷的“米兰达自白”获得的所有“果实”可以接受。④

在英国，1984 年《警察与刑事证据法》第 76 条第（4）款规定：“被告人供述根据本条规定被全部或部分排除，这一事实不影响以下事实作为证据的可采性——（a）根据被告人供述所发现的事实；或者（b）如果供述存在相关性是因为它能够说明被告人以其一特定方式说过、写过或表达过，则为说明他曾这样做过所必需的供述部分。”⑤例如，警察通过非法口供取得线索后，又取得谋杀的凶器、毒品或盗窃的赃物，由于这些证据的质量（其价值、分量和可靠性）没有受到不良行为的影响，这些证据应当被采纳。⑥可见，英国采取“砍树食果”的原则，即排除非法口供，但原则上不排除派生证据。⑦

---

① 参见施鹏鹏：《口供的自由、自愿原则研究——法国模式及评价》，载《比较法研究》2017 年第 3 期。

② 参见王兆鹏：《美国刑事诉讼法（第二版）》，北京大学出版社 2014 年版，第 276 页。

③ 同上书，第 286—287 页。

④ 参见〔美〕阿希尔·里德·阿马：《宪法与刑事诉讼：基本原理》，房保国译，中国政法大学出版社 2006 年版，第 116—117 页。

⑤ 卞建林主编：《刑事证据制度——外国刑事诉讼法有关规定（上）》，中国检察出版社 2017 年版，第 431 页。

⑥ 参见〔英〕麦克·麦康维尔：《英国刑事诉讼导言》，程味秋、杨宇冠、魏晓娜译，载中国政法大学刑事法律研究中心编：《英国刑事诉讼法（选编）》，中国政法大学出版社 2001 年版，第 41 页。

⑦ 参见施鹏鹏：《证据法》，中国政法大学出版社 2020 年版，第 181 页。

在德国，口供是不能被强迫作出的，但是根据该口供找到的尸体能否作为证据使用，就涉及"毒树之果"的证据效力问题。对此，主要有三种观点：一是"砍树食果"，即被找到的尸体可以被当作证据使用，这一观点被司法判例所支持。二是承认"毒树"对"果实"的污染性。三是依据个案作出对权利侵犯程度的具体衡量，即根据个案讨论"毒树"对"果实"的污染程度。[①]可见，德国认为"毒树之果"一般具有可采性，这也是德国刑事诉讼比较强调发现事实真相的结果。

（二）我国关于"毒树之果"的立场

近年来，理论界和实务界对于我国是否应确立"毒树之果"原则展开了广泛讨论。学界一般认为，为严格实行非法证据排除规则，有必要对"毒树之果"的排除规则作出明确规定。因为如果不规定"毒树之果"的排除规则，仅排除刑讯逼供取得的口供，办案人员可能先采用刑讯逼供方法取得口供，再据此收集其他实物证据来证明犯罪事实，这不仅意味着刑讯逼供仍然难以杜绝，而且会变相架空非法证据排除规则。[②]应该说，确立"毒树之果"排除规则，能有效遏制侦查人员的违法取供行为，这也是人们赞成确立"毒树之果"原则的重要原因。但是，一概排除"毒树之果"也不利于侦查工作的展开，因为"一旦承认证据使用禁止具有放射效力，则在刑事诉讼中之发现真实工作，将严重受挫，刑事追诉甚或将因而瘫痪。试想，若因违反告知义务取得被告自白，再依该自白而取得之犯罪赃物、犯罪工具乃至被害人尸体，若谓其一律无证据能力，则无异认为犯罪追诉工作将因一次性的违法侦查而全面停摆，在这些极端案例中，去除自白证据与衍生证据后，尚能为有罪判决之概率几乎等于零"[③]，这也是人们反对一概排除"毒树之果"的重要原因。

事实上，《严格排除非法证据规定》在最初的征求意见稿中，曾就"毒树之果"问题征求意见，即对于根据非法证据（使用非法方法获取的犯罪嫌疑人、被告人供述）收集的物证、书证，可能影响公正审判的，是否应当予以排除。但最终《严格排除非法证据规定》并没有保留相关规定，[④]而是规定了重复性供述排除规则，对于由非法取供而取得的实物证据是否应排除，在立法层面仍未有明确规定。[⑤]因此，对于非法取供衍生的实物证据的排除问题，目前是依据非法实物证据的排除规则来予以处理的。

---

① 参见彭海青、吕泽华、〔德〕彼得·吉勒斯编：《德国司法危机与改革——中德司法改革比较与相互启示》，法律出版社 2018 年版，第 8 页。

② 参见刘静坤：《证据审查规则与分析方法：原理·规范·实例》，法律出版社 2018 年版，第 89 页。

③ 林钰雄：《刑事诉讼法（上册 总论篇）》，中国人民大学出版社 2005 年版，第 444 页。

④ 参见卞建林、谢澍：《我国非法证据排除规则的重大发展——以〈严格排除非法证据规定〉之颁布为视角》，载《浙江工商大学学报》2017 年第 5 期。

⑤ 有学者认为，根据《最高院刑诉法解释》第 141 条的规定，我国在一定程度上承认了"毒树之果"应予以排除。参见施鹏鹏：《证据法》，中国政法大学出版社 2020 年版，第 181 页。

第九章　口供证据的证明力规则：口供补强规则与翻供印证规则

第一节　口供补强规则

一、口供补强规则的概念及其当代发展

补强证据规则（rule of corroborative evidence）[①]主要适用于言词证据，在言词证据中，虽然补强证据也应用于证人证言等证据，但还是更为广泛地用在口供证据中，因而补强证据规则的核心内容就是口供补强规则。口供补强规则是指禁止以被告人口供作为定案唯一依据而必须有其他证据予以补强的证据规则。[②]也就是“即使通过了自愿性及合法性的检验，口供依然没有准备就绪”[③]，因为只有口供时，不能认定被告人有罪；口供只有得到其他证据印证，才能作为认定事实的依据。

在英美法系国家和地区，证据体系主要以可采性规则为核心，证明力规则处于较为边缘的地位，但口供补强规则却并未因此受到冷落。[④]如在美国多数州，法官必须确定，除了口供本身所包含的信息外，还要有独立的证据证明被告人的罪行。因此在美国的多数州，补强性规则坚持要求除口供本身以外，控方还必须提交其他证明犯罪事实的证据；没有其他的有罪证据，仅有口供，该口供将被排除，即使它明显是自愿和合法的。[⑤]大陆法系国家和地区通常确立了口供补强规则，强调当口供为证明被告人有罪的唯一证据时，法院不得认定有罪。[⑥] 如日本

---

① 一般意义上讲，补强证据规则是指某一证据能够证明案件事实，但没有完全的证明力，不能单独作为认定案件事实的依据，必须有其他证据以佐证方式补强其证明力，才能作为本案定案根据的一项证据规则。参见何家弘、张卫平主编：《简明证据法学（第四版）》，中国人民大学出版社 2016 年版，第 195—196 页。

② 参见龙宗智：《相对合理主义》，中国政法大学出版社 1999 年版，第 458 页。

③ 〔美〕拉里·劳丹：《错案的哲学：刑事诉讼认识论》，李昌盛译，北京大学出版社 2015 年版，第 196 页。

④ 参见李训虎：《变迁中的英美补强规则》，载《环球法律评论》2017 年第 5 期。

⑤ 参见〔美〕拉里·劳丹：《错案的哲学：刑事诉讼认识论》，李昌盛译，北京大学出版社 2015 年版，第 196 页。

⑥ 参见陈瑞华：《刑事证据法的理论问题（第二版）》，法律出版社 2018 年版，第 230 页。

《宪法》第38条第3款规定,“对于任何人,他本人的自白是不利于自己的唯一证据时,不能认定有罪或者判处刑罚。”[①]日本《刑事诉讼法》第319条第2款也规定:“不论被告人是不是在审判庭上作出的自白,当他的自白是对自己不利的唯一证据时,不得认定他有罪。”[②]因此,只根据自白就形成了充分的心证时,也必须有补强证据,这是“本来的补强法则”,也是自由心证主义的例外;而只根据自白还不能充分形成心证时,需要补强证据,这是自由心证主义范围内的问题。[③]就此而言,口供补强规则是自由心证的例外。就我国而言,1979年《刑事诉讼法》实施以来就确立了口供补强规则,现行《刑事诉讼法》第55条第1款中规定,“只有被告人供述,没有其他证据的,不能认定被告人有罪和处以刑罚”。可见,我国通过口供补强规则对口供的证明力予以了严格限制。

当前,不少国家和地区已经采用成文法的形式确立了口供补强规则,其实在司法实践中,即使没有该规则,裁判者似乎也不会仅依靠口供而认定犯罪事实。例如,被告甲因涉嫌杀死乙而被起诉,如果没有尸体、凶器和其他证据,法官单凭甲的自白,根本无从产生有罪判决所需的高度确信。[④]

二、口供补强规则的功能与属性

(一)口供补强规则的功能

口供补强规则是在对刑讯逼供以及口供中心主义的批判与反思的背景下逐渐确立起来的。就现代刑事诉讼而言,口供补强规则主要存在两大功能:其一,确保口供真实可靠,避免误判。口供因各种原因有存在虚假的可能性,为了避免因虚假供述而导致误判,仍需进一步确保口供内容的真实性。“被告虽经自白,仍应调查其他必要之证据,以察其与事实是否相符,苟无法证明其与事实相符,根本即失去证据之证明力,不得采为判断事实之根据。”[⑤]口供补强规则是确保口供真实性的重要制度设计,“欲以补强证据保自白之真实性;亦即以补强证据之存在,借之限制自白在证据上之价值”[⑥]。其二,防止偏重口供,遏制刑讯逼供。规定口供不能作为定案唯一的根据能防止偏重口供。“在以往的刑事诉讼程序中,自白的证据价值往往被不当地高估,甚至于成为‘证据法的女王’,因此,刑事追诉者为了取得自白也就无所不用其极。”[⑦]申言之,由于真实的口供具有极强

---

① 〔日〕田口守一:《刑事诉讼法(第七版)》,张凌、于秀峰译,法律出版社2019年版,第493页。

② 张凌、于秀峰编译:《日本刑事诉讼法律总览》,人民法院出版社2017年版,第92页。

③ 参见〔日〕田口守一:《刑事诉讼法(第七版)》,张凌、于秀峰译,法律出版社2019年版,第493页。

④ 参见林钰雄:《严格证明与刑事证据》,法律出版社2008年版,第107页。

⑤ 林钰雄主编:《新学林分科六法——刑事诉讼法》,台湾新学林出版股份有限公司2009年版,第A-195—A-196页。

⑥ 同上书,第A-195页。

⑦ 林钰雄:《严格证明与刑事证据》,法律出版社2008年版,第107—108页。

的证明力，如果允许口供作为定案唯一根据，势必使侦查人员、审判人员过分依赖口供，甚至不惜以非法手段获取口供，以至侵犯嫌疑人和被告人人权。[①]

（二）口供补强规则的属性

一般而言，证据的证明力属于法官自由心证的范畴，即“判断证据的价值不需要外部的制约，而是靠法官的理性”[②]。诚如前文所言，自由心证制度是对传统法定证据制度的否定。传统法定证据制度意在限制法官的主观判断，但同时也束缚了法官，“依这种刻板的断案方式往往难以发现案件真相”[③]，自由心证制度使得法官能够根据自己的常识、理智、信念判断证据和认定事实。但是，全部委由裁判者的自由心证进行裁断，倘若裁判者对自由心证运用不当，又有可能导致新的司法专断。因此，口供补强规则恰恰是规制自由心证滥用的制度设计，“在证明力层次方面，则以‘法官不能（也不应）单凭被告自白而达到百分之百的有罪确信’的立法拟制，限缩自由心证的运用”[④]，所以补强规则就属于证据证明力规则，其要义在于限制主证据的证明力，即若没有补强证据，主证据不得作为定案的根据。[⑤]概言之，口供补强规则意在限制法官的自由心证，其实质是限制口供证据的证明力，但这不是回到了传统法定证据制度时代，它只是避免出现一种新的口供中心主义。作为证明力规则，口供补强规则是自由心证的一个例外，而在事实认定方面，总体上仍遵循自由心证原则来看待证据的证明力问题，而且“考虑补强证据的范围和程度，也必须在某种程度上以法官的心证程度为前提”[⑥]。

三、口供补强规则的适用

口供补强法则的适用包括三个方面：一是口供范围，即怎样的口供需要补强；二是补强证据，即需要什么证据来补强；三是补强程度，即何种程度才达到补强。[⑦]

（一）口供范围

在口供补强规则中，补强对象是指口供，关于口供的范围需要明确以下两个方面的问题：

第一，关于口供的内容。“只有在被告人供述包含着全部犯罪构成要件事实

---

① 参见龙宗智：《相对合理主义》，中国政法大学出版社 1999 年版，第 459 页。

② 〔日〕田口守一：《刑事诉讼法（第七版）》，张凌、于秀峰译，法律出版社 2019 年版，第 442 页。

③ 陈光中主编：《证据法学（第四版）》，法律出版社 2019 年版，第 28 页。

④ 林钰雄：《严格证明与刑事证据》，法律出版社 2008 年版，第 108 页。

⑤ 参见余双彪、周颖：《论口供补强法则的实务运用——以 22 起冤错案件为视角》，载《西部法学评论》2014 年第 6 期。

⑥ 参见〔日〕田口守一：《刑事诉讼法（第七版）》，张凌、于秀峰译，法律出版社 2019 年版，第 493 页。

⑦ 徐美君：《口供补强法则的基础与构成》，载《中国法学》2003 年第 6 期。

的情况下，才有口供补强的必要”[①]，所以并非所有的口供都需要补强，需要补强的口供是指那些对所有或主要犯罪事实承认的口供。如果口供仅仅是对部分犯罪的事实的承认，其本身就需要其他证据加以印证，因而对此类口供要求补强并无实质意义。[②]在日本，需要补强的自白主要采罪体说，罪体是犯罪行为引起的侵害法益，犯罪的主观要素（故意、目的等）不属于罪体，也不需要补强，[③]因为供述中所含的主观方面的信息很难得到客观证据的印证。[④]在美国，补强规则对应的罪体是指损害后果和犯罪行为。[⑤]

第二，取得口供的程序阶段。口供产生的诉讼阶段主要包括法庭上的口供和法庭外的口供（即在审前阶段取得的口供，尤指侦查阶段取得的口供）。对于上述两类口供是否都需要补强，域外实践有所不同。在大陆法系，无论是法庭上的自白还是法庭外的自白，一般都需要补强。在日本，“不论被告人是否在审判庭上作出的自白”都需要补强。但也有观点认为，在法庭上作出的自白是在自由状况下作出的，辩护人也在场，法院也能充分辨别；特别危险的自白是在法庭外作出的自白，所以在法庭上作出的自白没有补强证据也不违反宪法。[⑥]但是，日本《刑事诉讼法》明确规定了在法庭上和法庭外的自白都需要补强，因此上述观点并未得到认可。在英美法系，法庭外的口供需要补强，而法庭上的口供一般不需要补强。在美国，补强规则的对象只是被告人的庭外供述。[⑦]在英美证据法中，如果被告人在法庭上自愿性地作有罪供述，即作出有罪的自白，就不必再进行调查其他证据的审判程序。只要该供述是在“明知且明智”的状态下自愿作出，则构成有罪答辩。在此情形下，对案件不再进行开庭审理，即直接进入量刑阶段。[⑧]也有学者认为，“被告依认罪协商所为的有罪承认，与自白犯罪的性质并不相同，不得据此认定是被告自白犯罪，因认罪协商所为的有罪判决，似不适用自白补强法则，故有罪答辩应是自白补强法则之例外。”[⑨]在我国，一般认为口供补强规则既适用于法庭上的口供，也适用于法庭外的口供，如《最高院刑诉法解释》第 96 条第 2 款、第 3 款就区分了法庭上的口供和法庭外的口供。另外，《最高人民检察院就十三届全国人大常委会对人民检察院适用认罪认罚从宽制度情

---

① 陈瑞华：《刑事证据法（第四版）》，北京大学出版社 2021 年版，第 410 页。

② 参见余双彪、周颖：《论口供补强法则的实务运用——以 22 起冤错案件为视角》，载《西部法学评论》2014 年第 6 期。

③ 参见〔日〕田口守一：《刑事诉讼法（第七版）》，张凌、于秀峰译，法律出版社 2019 年版，第 494 页。

④ 参见李昌盛：《口供消极补强规则的实质化》，载《证据科学》2014 年第 3 期。

⑤ 参见李训虎：《变迁中的英美补强规则》，载《环球法律评论》2017 年第 5 期。

⑥ 参见〔日〕田口守一：《刑事诉讼法（第七版）》，张凌、于秀峰译，法律出版社 2019 年版，第 493—494 页。

⑦ 参见李训虎：《变迁中的英美补强规则》，载《环球法律评论》2017 年第 5 期。

⑧ 参见樊崇义主编：《证据法学（第六版）》，法律出版社 2017 年版，第 120 页。

⑨ 张丽卿：《刑事诉讼法理论与运用》，台湾五南图书出版股份有限公司 2010 年版，第 353 页。

况报告的审议意见提出28条贯彻落实意见》第5条中规定:“认罪认罚从宽制度可以有效降低证明难度,但绝不能降低证明标准。”就此而言,在认罪认罚从宽程序中,仍适用口供补强规则。当然,也有学者建议,对于可能判处1年以下有期徒刑的案件,可由讯问录音录像对口供进行补强。①

（二）补强证据

所谓补强证据,系除该自白本身之外,其他足以证明该自白之犯罪事实确具有相当程度真实性之证据。②关于补强证据需要明确如下三个方面的问题:

第一,补强证据的要求。证据只有具有证据能力和证明力,才能作为证据使用,成为定案的根据,这也是证据法对于证据的基本要求,补强证据也不例外,“有证据能力的证据对被告人供述以外的证据,具有补强证据能力”③。因此,补强证据本身也要遵从非法口供排除规则等证据规则。

第二,补强证据的范围。对口供的补强,无非是运用口供之外的其他证据,使得口供所包含的事实信息得到其他证据的验证和佐证。④ 一般而言,补强证据不能是被告人的自白,只能是“该自白本身之外”的证据。日本有判例指出,被告人的日记、笔记等,如果是在没有意识到被侦查的情况下写成的,可以认为具有补强证据的证据能力;被告人的行为(逃跑、毁灭证据、拒绝身体检查等),除非被认为是供述,有补强证据的证据能力。⑤在我国,根据被告人的供述、指认提取到了隐蔽性很强的物证、书证,且被告人的供述与其他证明犯罪事实发生的证据相互印证,并排除串供、逼供、诱供等可能性的,可以认定被告人有罪。⑥可见,隐蔽性证据⑦可以作为补强证据,如隐蔽性很强的物证、书证等,当然,这类证据首先要具有证据能力,不能是通过非法方法取得的。

第三,共犯自白不能作为补强证据。在共同犯罪案件中,某一共犯的自白可否作为另一共犯自白的补强证据?有观点认为,同案被告人的口供具有补强证据能力,因为从证明力而言,其中有关其他同案被告人犯罪事实的部分,具有极强的证明价值,否定它们的补强资格将严重损害实体真实,从本质上看,它是其

---

① 参见秦宗文、叶巍:《认罪认罚案件口供补强问题研究》,载《江苏行政学院学报》2019年第2期。

② 参见林钰雄主编:《新学林分科六法——刑事诉讼法》,台湾新学林出版股份有限公司2009年版,第A-198页。

③ 〔日〕田口守一:《刑事诉讼法(第七版)》,张凌、于秀峰译,法律出版社2019年版,第496页。

④ 参见陈瑞华:《刑事证据法(第四版)》,北京大学出版社2021年版,第410页。

⑤ 参见〔日〕田口守一:《刑事诉讼法(第七版)》,张凌、于秀峰译,法律出版社2019年版,第496页。

⑥ 参见《最高院刑诉法解释》第141条。

⑦ 所谓隐蔽性证据,是指侦查机关此前并不掌握,根据被告人供述、指认,在隐蔽场所发现、提取的与案件事实紧密相关的证据,尤其是物证、书证等客观证据。例如,根据被告人指认在作案路线途径的河中打捞出的作案工具,或者根据被告人供述在郊外某处隐蔽地点挖掘出的被害人尸体。如果特定证据并非处于隐蔽场所,而是处于公共场所,途经该处的人员都能发现该证据,则此类证据不属于隐蔽性证据。参见刘静坤:《证据审查规则与分析方法:原理·规范·实例》,法律出版社2018年版,第267页。

他同案被告人供述以外的其他证据，并非是以口供补强口供。[①]但是，否定共犯自白作为补强证据的理论与实践更为流行。在英美等国家，一般规定共犯的口供不能被作为被告人口供的补强证据。[②]禁止共犯的自白相互补强的主要理由在于：共同被告人之自白涉及他人共犯者，则共犯承认他人共同犯罪，对于自白之被告人而言，不仅毫无不利可言，反而可以分散责任，为减轻自己之罪责，不免指控他人为主犯，而其本人为从犯或事后共犯，以逃避或减轻应负之刑责。[③]可见，由于共犯之间存在利益冲突，故不能以共犯自白作为补强证据。而且"不能因为共犯的自白被作为证人证言使用就改变了自白的本质"[④]。质言之，共犯之自白，仍属于自白，故需自白之外的其他证据作为补强证据。如果共犯之自白可以作为补强证据，口供补强规则所欲实现的防止偏向口供的目的也会大打折扣。因此，即使共犯之间的自白可以相互印证，也应当通过其他证据予以补强。

（三）补强程度

在口供补强规则中，补强程度是指补强证据在怎样的情况下才能达到补强口供的目的，即可以通过口供和补强证据认定案件事实。目前，对于补强程度，较为主流的观点是补强证据只要能保证口供的真实性即可，而不要求达到独立证明犯罪事实的程度。补强证据"并非以证明犯罪构成要件之全部事实为必要，倘其得以作证自白之犯罪而非虚构，能予保障所自白事实之真实性，即已充分"[⑤]。换言之，补强证据的主要功能是确保口供的真实可靠，避免误判，所以要求补强证据单独证明犯罪事实不符合口供补强规则的制度设计。如日本有判例认为，补强自白的证据不必是自白所涉及全部犯罪构成事实，只要能够保证自白所涉及事实的真实性即可。[⑥]另外，有学者认为，根据非法证据排除法则的要求，补强证据还应能补强口供的自愿性，只有当口供的真实性和自愿性同时得到补强之后，才属完成补强的目的。[⑦]

第二节　翻供及其审查规则

一、翻供概述

翻供是指犯罪嫌疑人、被告人在刑事诉讼过程中部分或全部推翻先前的供

① 参见李昌盛：《口供消极补强规则的实质化》，载《证据科学》2014年第3期。

② 参见徐美君：《口供补强法则的基础与构成》，载《中国法学》2003年第6期。

③ 参见林钰雄主编：《新学林分科六法——刑事诉讼法》，台湾新学林出版股份有限公司2009年版，第A-203页。

④ 徐美君：《口供补强法则的基础与构成》，载《中国法学》2003年第6期。

⑤ 林钰雄主编：《新学林分科六法——刑事诉讼法》，台湾新学林出版股份有限公司2009年版，第195页。

⑥ 参见〔日〕田口守一：《刑事诉讼法（第七版）》，张凌、于秀峰译，法律出版社2019年版，第495页。

⑦ 参见徐美君：《口供补强法则的基础与构成》，载《中国法学》2003年第6期。

述或辩解而作出新的供述或辩解的行为。[①]翻供主要包括两种情形：一是被告人在审前阶段的翻供，如在侦查初期进行了供述，之后在侦查后期或者审查起诉阶段进行翻供；二是在审判阶段的翻供，如在侦查阶段进行了供述，之后在审判阶段进行翻供。一份随机抽查一个基层人民法院和一个中级人民法院250件案件的调查指出，有30件案件的嫌疑人、被告人作有罪供述后又予以否认或者改变，翻供率为12%。其中，被告人自称原供述是因侦查人员采用刑讯逼供等手段而被迫作出的有6件（占翻供总数的20%）；自称出于其他目的和动机以前未作真实供述的有5件（占翻供总数的16%）；自称因记不清而作了不符合事实供述的有5件（占翻供总数的16%）；翻供原因不明的有14件（占翻供总数的46%）。[②]还有数据显示，在审查起诉或审判阶段，犯罪嫌疑人、被告人的翻供率达到50%以上。[③] 上述数据可知，一是翻供案件占整个刑事案件的比重相对较低；二是引发翻供的原因是多方面的。显然，翻供对认定口供的真实性提出了挑战，在被告人庭前作出不一致的供述或者当庭翻供的情况下，法庭经常会面临对供述真实性判断的难题。究竟是否采纳被告人的供述，究竟是采纳被告人的庭前供述还是当庭陈述，这成为困扰几乎每一个初审法院的制度难题。[④] 针对翻供，如何审查判断口供的真实性，是一个亟待解决的问题。

实践中，当犯罪嫌疑人、被告人翻供后，一般更会采信认罪供述，而不是翻供的内容。因为当违心的供述者事后翻供时，他们被取信的可能性极低，且翻供通常被解读为进一步证明他在撒谎，由此成为认定他一定有罪的证据。司法系统的每一个环节在嫌疑人认罪后都会变成与其对立的机制，当案件从诉讼程序的一个阶段转移至另一个阶段时，这种对立会不断积累，错误的纠正也会变得更加举步维艰。[⑤] 换言之，相信供述的真实性是人类的一般心理倾向，而不相信被告人的辩解、翻供也是人类的一般心理倾向。[⑥] 但是，由于冤假错案的存在，仍需要构建翻供的审查判断规则。对此，我国刑事证据法对被告人供述和辩解的证明力设立了一些限制性的法律规则。这些法律规则所针对的主要是被告人出现

---

① 参见毕惜茜主编：《侦查讯问学》，中国人民公安大学出版社2013年版，第219页。

② 参见成都市中级法院研究室、武侯区法院刑事审判庭：《被告人口供运用的调研报告——以审判程序为视角》，http://cdfy.chinacourt.org/article/detail/2004/06/id/550827.shtml，2018年12月19日访问。

③ 参见樊崇义、顾永忠主编：《侦查讯问程序改革实证研究——侦查讯问中律师在场、录音、录像制度试验（修订版）》，中国人民公安大学出版社2020年版，第4页。

④ 参见陈瑞华：《论被告人口供规则》，载《法学杂志》2012年第6期。

⑤ 参见〔美〕德博拉·戴维斯、〔美〕理查德·A.利奥：《讯问诱发的虚假口供：发现与预防机制失效的原因》，载〔美〕柏恩敬、刘超、高原编译：《追问警察讯问方法——比较法的视角》，法律出版社2018年版，第201页。

⑥ 参见李昌盛：《口供消极补强规则的实质化》，载《证据科学》2014年第3期。

翻供的情形,所确立的则是一种口供印证规则。[①]

二、翻供的审查与处理

翻供既可能发生在审前阶段,也可能发生在审判阶段,我国针对不同阶段的翻供建立了相应的审查与处理规则。

第一,审前阶段翻供的审查与处理。在侦查讯问中,犯罪嫌疑人供述不稳定,翻供可能性较大的,公安机关侦查人员应当对讯问过程进行录音录像。[②]而在人民检察院审查逮捕、审查起诉和审判阶段,犯罪嫌疑人、被告人翻供的,人民检察院可以调取公安机关讯问犯罪嫌疑人的录音录像,对证据收集的合法性以及犯罪嫌疑人、被告人供述的真实性进行审查;[③]人民检察院讯问犯罪嫌疑人时,犯罪嫌疑人翻供的,应当讯问其原因;[④]人民检察院对于犯罪嫌疑人、被告人翻供的材料,应当移送人民法院。[⑤]应该说,在审前阶段,犯罪嫌疑人有可能翻供或者已翻供的,通过讯问录音录像,可以帮助审判阶段判断口供的真实性。

第二,审判阶段翻供的审查与处理。被告人在庭审中翻供的,其供述的采信规则分为两种情形:一是被告人庭审中翻供,但不能合理说明翻供原因或者其辩解与全案证据矛盾,而其庭前供述与其他证据相互印证的,可以采信其庭前供述;二是被告人庭前供述和辩解存在反复,但庭审中供认,且与其他证据相互印证的,可以采信其庭审供述;被告人庭前供述和辩解存在反复,庭审中不供认,且无其他证据与庭前供述印证的,不得采信其庭前供述。[⑥]可见,翻供是否采信的关键,主要依据供述与其他证据能否相互印证。

---

① 参见陈瑞华:《论被告人口供规则》,载《法学杂志》2012 年第 6 期。
② 参见《公安机关讯问犯罪嫌疑人录音录像工作规定》第 6 条。
③ 参见《人民检察院刑事诉讼规则》第 75 条第 1 款。
④ 参见《人民检察院刑事诉讼规则》第 258 条第 1 款。
⑤ 参见《人民检察院刑事诉讼规则》第 360 条。
⑥ 参见《最高院刑诉法解释》第 96 条。

第十章　讯问未成年人制度

第一节　未成年人在侦查讯问中的主要特点

与成年人相比，未成年人是在从“本能”走向“理智”。发展心理学研究表明，青春期是儿童期和成年期之间的一个发展阶段。一般开始于10岁左右，结束于19岁。这是个过渡的阶段，青少年不再被视为儿童，但也还不是成年人，这一阶段身体和心理将会出现显著变化和成长。[①] 而在侦查讯问时，犯罪嫌疑人对侦查人员的提问应有充分地理解，知其法律权利和放弃法律权利的后果，通过语言方式进行供述或辩解，对陈述后果有正确判断，具有与侦查人员进行沟通的能力。但对未成年人而言，他们或者是对警察的提问理解不够透彻，甚至误解；或者由于记忆能力的欠缺而缺乏对整个事件的完整记忆；或者由于语言能力的不完善而表达欠佳，从而导致被误解。[②]故此，美国联邦最高法院曾指示法官们：要对警察讯问少年的不可靠性和不公平的危险保持特别的敏感性。[③] 质言之，由于未成年人身心不成熟性、缺乏经验、容易冲动，尤其是心理的脆弱性，使得他们的行为能力具有一定的局限性，在面对侦查人员的讯问策略以及讯问压力的情境下，未成年人在讯问中呈现出如下三个方面的特点：

一、未成年人对法律权利不能充分理解

司法实践中，未成年人往往不能充分理解权利告知内容的意义，对相关法律术语的理解能力也存在缺陷，进而不能有效行使其法定权利。“少年的年龄和缺乏经验会影响其行为能力、其宪法权利放弃的有效性以及其坦白认罪的自愿性。”[④]青少年会认为自己的法律权利并不具有不以任何人的力量为转移的稳定性和独立性，而是认为这种权利掌握在审讯人员的手里，审讯人员既然赋予了其

---

① 参见〔美〕罗伯特·费尔德曼：《发展心理学——人的毕生发展（第6版）》，苏彦捷等译，世界图书出版公司2013年版，第414页。

② 参见徐美君：《侦查讯问程序正当性研究》，中国人民公安大学出版社2003年版，第256—257页。

③ 参见〔美〕巴里·C.菲尔德：《少年司法制度（第二版）》，高维俭、蔡伟文、任延峰译，中国人民公安大学出版社2011年版，第84页。

④ 同上。

权利也可以随时剥夺。[①]在美国，大多数接到"米兰达告诫"的少年的表现低于其成年人对照组的表现，且不能充分理解到"明知且明智"地放弃其权利的程度。越年幼的少年对于其权利的理解越困难，且越是缺乏理解的少年越是容易放弃其权利。[②] 美国精神病学家托马斯·格雷索发现在他调查的少年中，超过半数(55%)不能理解"米兰达规则"，而成人的这一比例仅为 32%；且超过六成(63%)的少年对"米兰达规则"至少一个关键词有误解，而成人仅为 37%。[③] 在一项综合性研究中，由 430 名 10—16 岁的青少年构成的样本里，有 55%的人错误理解了一项或多项"米兰达告诫"内容。[④]还有实证研究指出，在 114 个涉及未成年人司法程序的案件中，年纪不超过 15 岁的未成年人比 16 岁或 17 岁的嫌疑人更容易放弃获得律师帮助的权利，也更容易向警方作出有罪供述。[⑤]也有学者认为，15 岁以下的未成年人缺乏能力行使"米兰达告诫"，而 16 岁以上的未成年人在讯问中的表现几乎与成年人一样。[⑥] 英国刑事诉讼皇家委员会于 1981 年曾指出，未成年人可能不能很好地理解讯问的重要性或他们自己所说的内容，并且可能比成年人更受到他人建议的影响。[⑦]

概言之，未成年人尤其是 16 岁以下的未成年人不能够充分理解法律所赋予他们的权利，如无法理解权利告知内容的意义，也不可能以"明知且明智"的方式放弃其权利。甚至基于未成年人的视角，他们往往会将律师和侦查人员视为其对立面，对律师帮助权缺乏正确的认识，不认为律师是在维护其权益，这导致他们与律师的沟通存在一定的隔阂，也更易放弃律师帮助权。

二、未成年人在讯问中表现出易受暗示性倾向

易受暗示性是指个体对暗示信息进行特定反应的倾向性。暗示能否起作用要受多种因素的影响，包括个体的受暗示性水平、暗示的性质和特征、暗示人的特征以及当时的情境等。[⑧]其中，"个体的受暗示性水平"与年龄、性别、智力等因素有关，因而侦查人员在讯问中的暗示信息只是可能对犯罪嫌疑人的反应发生

---

① 参见许永勤:《未成年人供述行为的心理学研究》，中国人民公安大学出版社 2011 年版，第 86—87 页。

② 参见〔美〕巴里·C. 菲尔德:《少年司法制度(第二版)》，高维俭、蔡伟文、任延峰译，中国人民公安大学出版社 2011 年版，第 100 页。

③ 参见张鸿巍:《少年司法通论》，人民出版社 2011 年版，第 345 页。

④ 参见〔美〕索尔·M. 卡辛等:《警察诱供:风险因素与防范建议》，载〔美〕柏恩敬、刘超、高原编译:《追问警察讯问方法——比较法的视角》，法律出版社 2018 年版，第 73 页。

⑤ 同上书，第 104 页。

⑥ 参见董开星:《讯问过程中的未成年人权利保护——美国的经验和教训》，载《青少年犯罪问题》2014 年第 3 期。

⑦ 参见徐美君:《侦查讯问程序正当性研究》，中国人民公安大学出版社 2003 年版，第 255 页。

⑧ 参见〔英〕Gisli H. Gudjonsson:《审讯和供述心理学手册》，乐国安等译，中国轻工业出版社 2008 年版，第 288 页。

作用。根据古德琼森等的理论模型，在不确定性、人际信任和高度期望的条件下，大多数人都会表现出受暗示性。[①]在讯问未成年人时，如果侦查人员操纵上述三个变量，未成年人易受暗示性倾向会更加明显。如有学者指出，未成年人在幼儿园时期就认识到了成年人具有自己无法比拟的知识基础，可能认为审讯人员是一个权威人物，习惯性地认为审讯人员早就知道了问题的答案，而自己只能按照“正确答案”回答问题。[②] 因此，当讯问人员使用“诱导性问题”使得嫌疑人在设定的答案中回答，或者在问话时选择性强化、重复和否定的反馈，很容易就能使未成年犯罪嫌疑人的回答受到诱导。[③]

概言之，心理脆弱的未成年人在讯问压力下，更容易服从侦查人员的权威，具有较强的易受暗示性倾向。实践中，“确信犯罪嫌疑人有罪是警察审讯方法、策略与目标的基础与动力，审讯人员首要也是最为重要的目标是将他们审讯的犯罪嫌疑人定罪。”[④]因此，如果侦查人员在“有罪推定”的心理下展开讯问，未成年人易受暗示性倾向使其供述的真实性和可靠性存在很大的风险。

三、未成年人更易作出虚假供述

实践中，无论是未成年犯罪嫌疑人还是成年犯罪嫌疑人，都存在虚假供述的可能性。然而，未成年人对风险的评估并不成熟，因而对供述的预期结果与实际结果的判断往往存在落差，这使得他们在接受讯问时更容易认罪，甚至作出虚假供述。有学者指出，在确定的虚假供述中反复出现的四个因素里，排在第一位的就是“未成年人”。[⑤]正如卡涅夫斯基在《未成年人犯罪的侦查和预防》中所指出的，“诱导性对于青少年具有特殊的危险性，因为青少年的受暗示性值高，逻辑思维又不发达，暗示的结果可能会造成自我诬陷，把事实上是别人的犯罪加到自己头上”[⑥]。一些实证研究也佐证了上述观点，有研究发现，12—13 岁以及 15—16 岁的未成年人比青年人(18—26 岁)更容易认罪；当警察向未成年人展示足以证明其罪责的伪造证据时，未成年人认罪倾向会更加显著。[⑦]一份关于 1989 年至

---

① 参见〔英〕Gisli H. Gudjonsson：《审讯和供述心理学手册》，乐国安等译，中国轻工业出版社 2008 年版，第 301 页。

② 参见毕惜茜：《心理突破：审讯中的心理学原理与方法》，中国法制出版社 2017 年版，第 143 页。

③ 参见董开星：《讯问过程中的未成年人权利保护——美国的经验和教训》，载《青少年犯罪问题》2014 年第 3 期。

④ 〔美〕理查德·A. 利奥：《警察审讯与美国刑事司法》，刘方权、朱奎彬译，中国政法大学出版社 2012 年版，第 18 页。

⑤ 参见〔美〕吉姆·佩特罗、〔美〕南希·佩特罗：《冤案何以发生：导致冤假错案的八大司法迷信》，苑宁宁、陈效等译，北京大学出版社 2012 年版，第 310—311 页。

⑥ 转引自康树华、向泽选：《青少年法学新论》，高等教育出版社 1996 年版，第 283 页。

⑦ 参见〔美〕索尔·M. 卡辛等：《警察诱供：风险因素与防范建议》，载〔美〕柏恩敬、刘超、高原编译：《追问警察讯问方法——比较法的视角》，法律出版社 2018 年版，第 103 页。

2003年的美国错案报告显示，错误自白是杀人案件中导致错案的重要原因，其中，44%最终被免除罪责的青少年发生了错误自白，而成年人的比例是13%；在12—15岁的未成年人中，75%发生了错误自白。[①]因此，心理学家、法学家和法律实务工作者已经达成一个强烈的共识：未成年人更容易在受压情况下因外部影响而作出虚假口供。[②]

概言之，与成年人相比，通常未成年人作出有罪供述或虚假供述的概率更高。故此，未成年人有极高可能性会作出虚假供述，审讯人员在讯问未成年人时应保持足够的警惕。[③]

第二节　讯问未成年人的目的及其实现路径

一、讯问未成年人的目的

基于未成年人的身心特点，讯问未成年人是否还应当包含其他目的？换言之，讯问未成年人和讯问成年人是否应予以区别对待，或予以特殊的程序保障？对此，存在两种截然相反的观点：一种观点认为，讯问未成年人与讯问成年人无需予以区别对待。例如，美国联邦最高法院在1919年费尔诉迈克尔·C.案(Fare v. Michael C.)中拒绝为讯问中的儿童提供胜过成年人的更强的程序保护措施，该法院否决了少年与成年人之间的身心发展水平上的或心理学上的差异，因而没有提供不同的规则或特殊的程序保护措施。[④]换言之，讯问未成年人不应当给予更多的关照。另一种观点则认为，讯问未成年人与讯问成年人应有所区别。例如，在1948年哈利诉俄亥俄州案和1962年加莱戈斯诉科罗拉多州案(Gallegos v. Colorado)中，美国联邦最高法院考察了较为年幼少年的有罪供述的可采性，并得出结论，年幼是一个需要密切司法审查的特殊情节，并且着重强调了儿童的脆弱性、少年有罪供述的不可靠性、事实调查程序的精确性以及少年对成年人的依赖性和对父母或律师帮助的需要。[⑤]在这两个案件中，法院强调了“年龄”在认定供述是否自愿时的特殊意义，这也意味着，在警察讯问未成年人

---

① 参见〔美〕萨缪尔·R.格罗斯等：《美国错案报告(1989～2003)》，载甄贞等编译：《法律能还你清白吗？美国刑事司法实证研究》，法律出版社2006年版，第5页。

② 参见〔美〕索尔·M.卡辛等：《警察诱供：风险因素与防范建议》，载〔美〕柏恩敬、刘超、高原编译：《追问警察讯问方法——比较法的视角》，法律出版社2018年版，第128页。

③ 同上书，第101页。

④ 参见〔美〕巴里·C.菲尔德：《少年司法制度(第二版)》，高维俭、蔡伟文、任延峰译，中国人民公安大学出版社2011年版，第89—90页。

⑤ 同上书，第86页。

时,理应给予比成年人更多的关照。[1]在 1976 年高尔特案中,美国联邦最高法院重申了上述两个判例的精神,即应当对涉罪未成年人予以更大的保护,这一基本立场也得到后续判例的支持。本质上,讯问未成年人时是否应予以区别对待涉及未成年人权益与社会利益之间的平衡问题。

20 世纪 80 年代至 90 年代,联合国陆续制定了《少年司法最低限度标准规则》《儿童权利公约》《保护被剥夺自由少年规则》《预防少年犯罪准则》等影响深远的公约、准则、规则,上述文件所保护的未成年人权利包括程序上的各种权利,以及处理未成年人刑事案件的基本原则和主要制度,同时也促使了未成年人刑事司法国际准则的形成。[2]与此同时,未成年人刑事诉讼逐渐从普通刑事诉讼中独立出来,这意味着未成年人刑事诉讼除了具有普通刑事诉讼功能之外,还发挥着其他特殊功能。从某种意义上说,少年司法的独立性发展与当今国际社会强化了未成年人保护是相契合的。因此,"讯问少年关涉到少年法院的惩罚康复矫治作用问题,以及儿童与成年人比较而言的发展中的行为能力问题。"[3]总之,讯问未成年人的目的与讯问成年人存在不同之处。

根据我国《刑事诉讼法》第 277 条第 1 款的规定,对犯罪的未成年人实行教育、感化、挽救的方针,坚持教育为主、惩罚为辅的原则。因此,在以成年人为追诉对象的刑事诉讼中,为了保证诉讼的公正进行,一般强调程序的对抗性、裁判者的消极、中立性;但这些原则对于未成年人刑事诉讼并不一定适用。[4]就讯问未成年人而言,不仅要查清案件事实真相、获得供述,还要对涉罪未成年人进行教育和矫治,在讯问未成年人时就要了解未成年人的犯罪原因等情况。对此,最高人民检察院《未成年人刑事检察工作指引(试行)》明确规定,讯问未成年犯罪嫌疑人,不仅要查明犯罪事实,还应当深入了解未成年犯罪嫌疑人的成长经历、犯罪原因、监护教育等相关情况,并适时对未成年犯罪嫌疑人进行教育引导。而且讯问过程中,应当以预防再犯罪为目标,深入探究未成年人走上犯罪道路的主客观原因以及回归社会的不利因素和有利条件;在主要犯罪事实讯问完毕后,办案人员可以结合案情及未成年犯罪嫌疑人个体情况,有针对性地开展教育。[5]可见,讯问未成年人时,对未成年人进行教育和矫治也是重要目的。对此,有学者也认为,针对未成年犯罪嫌疑人的心理特点,审讯中要着重对他们进行政策、法

---

① 参见董开星:《讯问过程中的未成年人权利保护——美国的经验和教训》,载《青少年犯罪问题》2014 年第 3 期。

② 参见吴羽:《未成年人构罪标准体系建构之理据》,载《青少年犯罪问题》2016 年第 6 期。

③ 〔美〕巴里·C. 菲尔德:《少年司法制度(第二版)》,高维俭、蔡伟文、任延峰译,中国人民公安大学出版社 2011 年版,第 84 页。

④ 参见陈光中、汪海燕:《〈刑事诉讼法〉再修改与未成年人诉讼权利的保障》,载《中国司法》2007 年第 1 期。

⑤ 参见《未成年人刑事检察工作指引(试行)》第 95 条、第 115 条、第 117 条。

律和人生观的教育，以启发引导为主，改变其错误认识，帮助其重获自尊感。[①]

质言之，讯问未成年人具有双重目的：一是实现讯问的一般目的，即查明案件事实真相、取得供述、发现线索等；二是实现讯问的特殊目的，即对未成年人进行教育和矫治。因此，对未成年人的讯问应有别于成年人，讯问未成年人不仅需要满足刑事诉讼的固有目的，还要特别强调教育和保护未成年人的立场。

二、讯问未成年人目的的实现路径

为了实现讯问未成年人的目的，讯问未成年人应当采取不同于成年人的方式。[②] 一方面，就讯问策略和方法而言，有研究者认为，在讯问策略的限制方面，除了不得对其采用暴力、威胁的审讯策略外，还应当禁止对未成年人进行欺骗性、许诺性、诱导性、反复性和长时间的讯问，因为未成年人面对上述审讯策略极容易做出虚假供述。[③]当然，暴力、威胁取供已普遍被各国和地区所禁止，但以引诱、欺骗等方法取得的口供是否应予以排除，尚存争议。其实，这些心理强制方法对心理脆弱的未成年人而言，更有可能导致他们违背意愿作出供述，因此，讯问未成年犯罪嫌疑人时也应禁止采用引诱、欺骗的方法。另一方面，考虑到“青少年在接受审讯的过程中应具备理解法律程序的能力、理解当前的司法情境对自己而言所具有的重要意义、沟通信息的能力以及利用推理和判断来解决问题的能力”[④]。因此，还应构建讯问未成年人的特殊制度，该特殊制度主要立足于两个方面：一是对司法机关和讯问人员而言，讯问未成年人时要遵循一些特殊的要求；二是对未成年人而言，在接受讯问时，他们会享有一些特殊的程序保障。正如联合国禁止酷刑委员会和联合国酷刑问题特别报告员的提议，易受攻击的人（比如儿童）的待遇应受到特别保障。[⑤]《少年司法最低限度标准规则》第7.1条也明确规定：“在诉讼的各个阶段，应保证基本程序方面的保障措施，诸如假定无罪、指控罪状通知本人的权利、保持沉默的权利、请律师的权利、要求父亲或母亲或监护人在场的权利、与证人对质的权利和向上级机关上诉的权利。”应该说，侦查讯问时给予未成年人特殊的关照，既是儿童最大利益原则在刑事司法中的体现，同时也有助于确保未成年人供述的自愿性和真实性，将未成年人作出虚假供述的风险降至最低。

---

① 参见毕惜茜：《心理突破：审讯中的心理学原理与方法》，中国法制出版社2017年版，第139页。

② 参见《公安机关办理未成年人违法犯罪案件的规定》第10条、《人民检察院办理未成年人刑事案件的规定》第17条第2款。

③ 参见王英：《特别程序视角下讯问未成年人问题之探讨》，载《青少年犯罪问题》2017年第3期。

④ 转引自许永勤：《未成年人供述行为的心理学研究》，中国人民公安大学出版社2011年版，第86页。

⑤ 参见〔英〕科纳·弗利：《抗制酷刑——法官及检察官手册》，梁欣、魏晓娜、许身健、程雷译，北京大学出版社2009年版，第51页。

质言之，讯问未成年人如何区别于成年人可以从两个方面着手：一是强调讯问策略和手段应当有所区别，即在讯问策略和方法方面施以更为严格的限制；二是为未成年人提供更多的程序保障，以避免出现未成年人非自愿性供述的情况。

第三节 讯问未成年人的法律规制

我国《刑事诉讼法》专章规定了“未成年人刑事案件诉讼程序”，并且对讯问未成年人进行了原则性规定；同时《公安机关办理未成年人违法犯罪案件的规定》《未成年人刑事检察工作指引（试行）》等规范性文件对讯问未成年人也予以了较为详细的规定，但我国关于讯问未成年人的相关制度仍存在进一步完善的空间。

一、讯问未成年人的讯问人员和讯问方式的特殊要求

司法实践中，有的办案人员不熟悉未成年人身心特点，在案多人少的环境下，以效率为优先，讯问往往是简单走过场，先入为主、事先定性，有时会加以言语刺激和伤害，缺乏耐性和细心，甚至暗示、引诱等。[①]在一份针对154位审讯人员的调查问卷中，有56%的审讯人员认为针对未成年人的审讯与成年人相比较没有本质区别。[②]因此，讯问未成年人的人员和方式应有其特殊要求。一方面，就讯问人员而言，讯问未成年人应由熟悉未成年人身心特点的办案人员进行。[③]另一方面，就讯问未成年人方式而言，应当充分照顾不同年龄段未成年人的身心特点，注意营造信任、宽松的沟通氛围，采用平和的讯问方式和通俗易懂的语言，做到耐心倾听、理性引导。具言之，这主要体现在以下四个方面：第一，讯问未成年犯罪嫌疑人不得使用带有暴力性、贬损性色彩的语言。这主要考虑到未成年人心理的脆弱性，避免未成年人因受到心理压迫而作出虚假供述。第二，讯问未成年犯罪嫌疑人一般不得使用戒具。在相对封闭的讯问环境里，未成年犯罪嫌疑人很难做出逃跑、打击报复、自杀等具有现实危险的行为。所以在讯问过程中原则上不使用戒具，要努力营造一种积极关心、真诚重视的讯问环境。[④]第三，讯问未成年犯罪嫌疑人可以不着制服，办案人员到未成年犯罪嫌疑人住所、学校或者工作单位进行讯问的，应当避免穿着制服、驾驶警车。从犯罪学的标签理论来

---

① 参见马灵剑：《讯问未成年人的权利保护和策略运用》，载《青少年犯罪问题》2017年第3期。

② 参见许永勤：《未成年人供述行为的心理学研究》，中国人民公安大学出版社2011年版，第123页。

③ 参见《刑事诉讼法》第277条。

④ 参见刘黎明、王媛媛：《论讯问未成年人的原则——以〈刑事诉讼法〉和〈未成年人保护法〉为视角》，载《青少年犯罪问题》2017年第1期。

看，讯问人员不着制服有助于保护未成年人的隐私，避免其因被暴露涉嫌犯罪而自暴自弃，从而加大重新返回社会的难度。第四，讯问可以采取圆桌或座谈的方式进行；讯问未成年犯罪嫌疑人的语言要符合未成年人的认知能力，能够被未成年人充分理解；而且要采取非对抗的讯问方式，讯问人员在讯问过程中要注意耐心倾听。[①]总之，侦查人员应该采用简单的语言，缓慢而清楚地表达，应当避免引导性、暗示性以及强迫性选择的问题。[②]

二、讯问未成年人地点和时间的特殊要求

（一）讯问地点的特殊要求

讯问地点或场所对未成年人的心理会产生巨大的影响，讯问未成年人的地点或场所应有别于成年人，因而有必要专设未成年人讯问室。对此，《关于进一步加强未成年人刑事检察工作的通知》第 3 条中指出，“要根据办案需要，建立未成年人刑事检察专门办案场所，开辟适合未成年人身心特点的未成年人刑事检察工作室”。因此，相关办案场所或者羁押场所（如看守所）如果没有设立未成年人专门的讯问室的，应当及时设立适合未成年人身心特点的专门讯问室。

根据未成年人是否被羁押，讯问未成年人的地点有以下两类：一是讯问未被羁押的未成年犯罪嫌疑人，一般应当在专设的未成年人讯问室进行。未成年犯罪嫌疑人及其法定代理人的住所、学校或者其他场所更为适宜的，也可以在上述地点进行讯问。二是讯问被羁押的未成年犯罪嫌疑人，羁押场所设有专门讯问室的，应当在专门讯问室进行；没有设立的，应当设立适合未成年犯罪嫌疑人身心特点的专门讯问室。[③]另外，讯问未成年犯罪嫌疑人时可以不使用讯问室、讯问台，办案人员可以视情况采取面对面或者其他适合的方式进行，以消除其紧张心理和抵触情绪。[④]

（二）讯问时间的特殊要求

讯问未成年人的时间应有别于成年人。俄罗斯《刑事诉讼法典》第 425 条第 1 款规定，“对未成年犯罪嫌疑人、刑事被告人的讯问，不得连续超过 2 小时，而在 1 天内总计不得超过 4 小时”[⑤]，而讯问成年人的连续讯问时间和一天内总计

---

① 参见《未成年人刑事检察工作指引（试行）》第 94 条、第 96 条、第 99—101 条。

② 参见〔美〕理查德·A. 利奥：《警察审讯与美国刑事司法》，刘方权、朱奎彬译，中国政法大学出版社 2012 年版，第 274 页。

③ 参见《未成年人刑事检察工作指引（试行）》第 97 条。

④ 参见吴燕主编：《未成年人刑事检察实务教程》，法律出版社 2016 年版，第 49 页。

⑤ 卞建林主编：《未成年人刑事司法程序——外国刑事诉讼法有关规定》，中国检察出版社 2017 年版，第 68 页。

讯问时间分别是 4 小时和 8 小时。[①]可见,对未成年人讯问的持续时间和一天内总计讯问时间都比成年人的相关设置要短。

我国《刑事诉讼法》没有对讯问未成年人时间进行专门规定,但《未成年人刑事检察工作指引(试行)》对讯问未成年人时间作出了原则性要求,即"讯问未成年犯罪嫌疑人的时间应当以减少对其不利影响为前提。未成年人为在校学生的,应当避免在正常教学期间进行讯问。在讯问过程中,应当根据未成年犯罪嫌疑人的心理状态、情绪变化等实际情况,及时调整讯问的时间和节奏,避免对其身心造成负面影响,保证讯问活动顺利进行"[②]。这明确了讯问未成年人时间应有别于成年人。综合未成年人身心特点以及域外经验等,对未成年人持续讯问的时间不能超过 4 小时,一天内讯问不能超过 8 小时,两次讯问时间的间隔不得少于 1 小时。[③]实践中不少办案人员对未成年人讯问的持续时间已少于讯问成年人。当然,讯问未成年人的时间还可以作进一步的细化,如讯问 14—16 岁未成年人的持续时间不得超过 3 小时,两次讯问间隔时间不得少于 2 小时;讯问 16—18 岁未成年人的持续时间不得超过 4 小时,两次讯问间隔时间不得少于 1 小时。同时,考虑到《刑法修正案(十一)》将刑事责任年龄降低至 12 周岁,[④]讯问 12—14 周岁的未成年人时,无论是讯问的持续时间还是两次讯问的间隔时间,都应较上述两个年龄阶段适用的时间更短。另外,就讯问的启动时间而言,对未成年人应原则上禁止在夜间讯问。

三、完善合适成年人在场制度

狭义上而言,合适成年人在场,是指讯问未成年犯罪嫌疑人时,应当有合适成年人到场参与讯问活动。

(一) 合适成年人在场制度的当代发展

目前,合适成年人制度已被相关国际公约所确认,在世界范围内得到广泛应用,尤其在讯问未成年人环节。例如,联合国《关于在刑事司法系统中获得法律援助机会的原则和准则》第 53 条规定:"禁止在父母或监护人本可在场但却缺席的情况下与儿童进行任何面谈。"俄罗斯《刑事诉讼法典》第 426 条第 1 款规定:"自未成年行为人作为犯罪嫌疑人或者刑事被告人接受第一次讯问之时起参与

① 参见陈卫东主编:《刑事立案与侦查——外国刑事诉讼法有关规定(下)》,中国检察出版社 2017 年版,第 561 页。

② 《未成年人刑事检察工作指引(试行)》第 98 条。

③ 参见吴燕主编:《未成年人刑事检察实务教程》,法律出版社 2016 年版,第 49—50 页;陈光中、汪海燕:《〈刑事诉讼法〉再修改与未成年人诉讼权利的保障》,载《中国司法》2007 年第 1 期。

④ 《刑法》第 17 条第 3 款规定:"已满十二周岁不满十四周岁的人,犯故意杀人、故意伤害罪,致人死亡或者以特别残忍手段致人重伤造成严重残疾,情节恶劣,经最高人民检察院核准追诉的,应当负刑事责任。"

刑事案件。”[①]挪威《刑事诉讼法》第232条第3款规定：“如果讯问未满18岁的犯罪嫌疑人，通常应当给予其监护人在场和表达意见的机会。”[②]乌克兰《刑事诉讼法典》第438条第2款规定：“如果未成年人未满16周岁，或查明其患有精神疾病的，在对其提起诉讼与询问时，根据侦查人员或检察长的决定与辩护律师的请求，可以有未成年人的教师、医生、父母与其他法定代理人在场。”[③]在美国，很多州要求在青少年作出与米兰达权利有关的决定时父母或其他有利害关系的成年人必须在场。[④]在我国，2012年修订的《刑事诉讼法》首次明确规定了合适成年人制度。现行《刑事诉讼法》第281条第1款规定：“对于未成年人刑事案件，在讯问和审判的时候，应当通知未成年犯罪嫌疑人、被告人的法定代理人到场。无法通知、法定代理人不能到场或者法定代理人是共犯的，也可以通知未成年犯罪嫌疑人、被告人的其他成年亲属，所在学校、单位、居住地基层组织或者未成年人保护组织的代表到场，并将有关情况记录在案。”可见，当未成年人的法定代理人不能或者不宜到场时，可以由其他合适成年人到场。[⑤]

（二）合适成年人在场制度的主要功能

合适成年人制度是根据未成年人身心特点，为保护未成年人合法权益而专设的一项制度，该制度所具有的重要功能已得到广泛认可。例如，在美国，1972年路易斯案中，法院认为，父母在场将增进获取供述的精准性，让他们在初始阶段参与诉讼，能够确保警察充分告知且少年真正理解其告知事项，并解除警察判断少年行为能力的负担；同时父母在场可以减少警察压迫的可能性，证实不公平的讯问策略的使用。[⑥]英国刑事诉讼皇家委员会在1981年第一次提出应当设立“合适成年人”制度时曾指出，成年人应当是与未成年人有着秘密的一些人，他的父母或监护人，或他认识的其他人、社会工作者或学校教师。未成年人可能需要

---

① 卞建林主编：《未成年人刑事司法程序——外国刑事诉讼法有关规定》，中国检察出版社2017年版，第69页。

② 陈卫东主编：《刑事立案与侦查——外国刑事诉讼法有关规定（下）》，中国检察出版社2017年版，第230页。

③ 卞建林主编：《未成年人刑事司法程序——外国刑事诉讼法有关规定》，中国检察出版社2017年版，第95页。

④ 参见〔美〕索尔·M. 卡辛等：《警察诱供：风险因素与防范建议》，载〔美〕柏恩敬、刘超、高原编译：《追问警察讯问方法——比较法的视角》，法律出版社2018年版，第76页。

⑤ 有观点认为，讯问未成年人不宜受参与人顺位限制，即不受法定代理人和其他合适成年人的顺序限制。其实，《刑事诉讼法》对合适成年人到场作了顺序要求，在很大程度上是基于法定代理人通常比其他合适成年人更能维护未成年人的合法权益。“少年之法定代理人，平日与少年接触之机会甚多，亲情之关系甚密，少年之人格、个性、嗜好、兴趣、操守、品德、言行、思想、生活态度与习惯等，知之甚念。”参见刘作揖：《少年事件处理法》，台湾三民书局2006年版，第88页。同时，法定代理人到场，也应当理解为是其在行使权利和履行义务，当然，如果法定代理人不能或者不宜到场时，则应由其他合适成年人到场。

⑥ 参见〔美〕巴里·C. 菲尔德：《少年司法制度（第二版）》，高维俭、蔡伟文、任延峰译，中国人民公安大学出版社2011年版，第103—104页。

成年人在场的支持，如一些友好的成年人，以建议和帮助他们作出自己的决定。[①] 1984 年《警察与刑事证据法》"执法手册 C"第 11.17 条也规定："讯问时合适成年人在场的，应告知其并非旁观者；其在场目的首先是为被讯问的未成年人提供意见并观察讯问是否公正，其次是为协助该未成年人与警察沟通。"[②]在我国，对于合适成年人制度的功能，权威解读是：一方面，可以弥补未成年人诉讼能力的不足，消除未成年人心理上的恐惧和抗拒，有利于刑事诉讼的正常开展；另一方面，可以防止在诉讼活动中，由于违法行为对未成年人合法权益造成侵害。[③]我国《未成年人刑事检察工作指引（试行）》第 46 条第 1 款也指出："人民检察院办理涉及未成年人的刑事案件，应当依法通知未成年犯罪嫌疑人、被害人、证人的法定代理人在场，见证、监督整个讯问或者询问过程，维护未成年人合法权益。"司法实践中，合适成年人的基本职责包括监督、沟通、抚慰、教育等。[④]概言之，合适成年人在场制度不仅可以起到维护未成年人合法权益的作用，也可以制约警察非法取供，从而确保供述的真实可靠。

（三）合适成年人在场制度的实现机制

为了落实合适成年在场制度，构建相应的程序制裁机制是非常重要的一环。具言之，在讯问未成年人时，若无合适成年人在场，所取得的供述不能作为证据使用，这是反向促使合适成年人制度有效实施。例如，美国康涅狄格州的相关法律规定，供述应被禁止使用，"除非此儿童在其父母在场的情况下作出该供述"[⑤]。英国《警察与刑事证据法》赋予犯罪嫌疑人在接受讯问时通知合适成年人到场的权利，违反上述行为准则，供述证据将不被预审法院采纳。[⑥]我国《刑事诉讼法》虽然没有明确规定讯问未成年人时没有合适成年人在场的法律后果，尤其是对于当法定代理人不能或者不宜到场时，只是规定其他合适成年人"可以"到场。但是，根据《最高院刑诉法解释》第 94 条的规定，讯问未成年人，其法定代理人或者合适成年人不在场的，取得的被告人供述不得作为定案的根据。这意味着我国已构建了针对合适成年人在场制度的程序性制裁机制。

（四）我国合适成年人在场制度的完善

我国合适成年人制度的运作实践仍面临着一些亟待解决的问题。例如，合适成年人在侦查阶段首次讯问或每次讯问中的不到场；多次讯问同一名未成年

---

① 参见徐美君：《侦查讯问程序正当性研究》，中国人民公安大学出版社 2003 年版，第 254—255 页。

② 彭勃编译：《英国警察与刑事证据法规精要》，厦门大学出版社 2014 年版，第 81 页。

③ 参见王爱立主编：《中华人民共和国刑事诉讼法释义》，法律出版社 2018 年版，第 592 页。

④ 参见何挺：《"合适成年人"参与未成年人刑事诉讼程序实证研究》，载《中国法学》2012 年第 6 期。

⑤ 〔美〕巴里·C. 菲尔德：《少年司法制度（第二版）》，高维俭、蔡伟文、任延峰译，中国人民公安大学出版社 2011 年版，第 104 页。

⑥ 参见高欣：《未成年人刑事证据问题研究》，中国政法大学出版社 2018 年版，第 65—66 页。

人时未能保障由同一合适成年人到场；法定代理人不能或者不宜到场的，其他合适成年人到场并非强制性要求；合适成年人在讯问笔录上的签名效力没有得到明确；未成年人的法定代理人是外来人口或流动人口的讯问时到场率极低；一些合适成年人"沦为"纯粹的"旁听者"；合适成年人队伍的专业化建设不足等。[①]笔者认为，如果能够严格执行合适成年人不在场取得的供述不得作为证据使用，上述部分问题就能够得到有效的解决。同时，我国《刑事诉讼法》等相关规范性文件已明确规定了合适成年人的权利义务，以及同一合适成年人到场原则，[②]因此，今后应当进一步强化法律规范的执行力度。另外，考虑到我国城市中流动或外来未成年人涉案比例较高的现状，应当进一步构建"其他合适成年人"的专业化建设。

四、强制要求讯问未成年人时录音录像

从域外实践来看，录音录像制度在讯问未成年人时格外受到重视，"以讯问录音或录像的方式来减少压迫，减少少年尤其易于作出的非真实有罪供述的风险，并使相关的诉讼程序更加可见、更加透明"[③]。美国阿肯色州、蒙大拿州、俄勒冈州等地区立法规定了确定未成年人供述自愿与否的考虑因素，其中包括供述是否录音（像）等；[④]威斯康星州最高法院要求警察对所有在拘留场所进行的少年拘留讯问予以电子记录，因为电子记录可以提供最佳的证据。据此，法院可以基于总体情况判定少年的权利放弃和有罪供述是否为自愿的，警察可以向法院提供一种"更为精确的、更为可靠的少年讯问记录"，并"减少证据的冲突"。[⑤]总之，讯问时录音录像可以起到减少未成年人作出虚假供述的作用。

在我国，讯问未成年人并不属于法律所规定的"应当"录音录像的情形，而属于"可以"的情形。[⑥]对此，《关于进一步加强未成年人刑事检察工作的通知》第3条指出，要"逐步建立讯问（询问）未成年人的录音、录像制度"。笔者认为，为了切实保护未成年人的合法权益，今后我国应将讯问未成年人时录音录像规定为强制性要求。如果讯问未成年人时未依法录音录像，构成程序违法，除非作出合

---

① 参见何挺：《"合适成年人"参与未成年人刑事诉讼程序实证研究》，载《中国法学》2012年第6期；梅文娟：《英国合适成年人在场制度及其借鉴》，载《青少年犯罪问题》2014年第1期；李明蓉、李晓郛：《合适成年人参与诉讼制度探析》，载《中国刑事法杂志》2014年第4期。

② 参见《刑事诉讼法》第281条第2款、《未成年人刑事检察工作指引（试行）》第47条、第48条。

③ 〔美〕巴里·C.菲尔德：《少年司法制度（第二版）》，高维俭、蔡伟文、任延峰译，中国人民公安大学出版社2011年版，第109页。

④ 参见董开星：《讯问过程中的未成年人权利保护——美国的经验和教训》，载《青少年犯罪问题》2014年第3期。

⑤ 参见〔美〕巴里·C.菲尔德：《少年司法制度（第二版）》，高维俭、蔡伟文、任延峰译，中国人民公安大学出版社2011年版，第109页。

⑥ 参见《未成年人刑事检察工作指引（试行）》第104条第1款。

理解释，否则该情形下取得的口供应予以排除。

五、赋予未成年人律师在场权和沉默权

（一）赋予未成年人律师在场权

在合适成年人在场的情况下，为何还要求律师在场？律师在场与合适成年人在场的功能具有一定的重叠性，如监督侦查讯问、防止刑讯逼供等，但二者的制度设计也存在无法替代之处。一方面，合适成年人在场发挥的安抚、沟通等功能往往是律师所不具备的。在英国，合适成年人不包括律师，合适成年人和律师所起的作用是不同的，律师的参与不能取代合适成年人的参与。[①]另一方面，律师在场也发挥着合适成年人在场无法替代的功能。对此，有关研究指出，父母在场通常无法给予孩子任何建议；即使父母能够给出建议，也有可能为青少年带来额外的压力，要求其放弃权利或者作出口供。或许的确应当建议父母在场，但这个做法无法为青少年在理解或回应弃权要求时所面临的困难提供任何救济。[②]还有研究指出，父母少有受过法律培训者，他们不一定能够理解或辨别其子女的法律问题。[③]域外实践也表明，父母常常会迫使其子女认罪。在美国"为了J.D.Z的利益案"中，法院将"在任何诉讼的所有阶段获取律师代理"的法律规定解释为包括在警察讯问的过程当中必须获得辩护律师的帮助。要求少年在放弃权利之前与辩护律师商谈的规定可以保护少年免受其自身不成熟和缺乏经验的危险，并且确认了只有律师，而非其父母，具有在对抗式的诉讼中帮助少年的必要技能。[④]可见，讯问未成年人时，律师在场为未成年人提供专业的法律帮助是不可或缺的。

目前，不少国家和地区通过立法明确规定了讯问未成年人时律师在场制度。例如，俄罗斯《刑事诉讼法典》第425条第2款规定："辩护人应当参与对未成年犯罪嫌疑人、刑事被告人的讯问，有权向其提问，在讯问结束后了解讯问笔录，对笔录内容是否正确与全面提出意见并在笔录中进行记录。"荷兰《刑事诉讼法典》专章规定了"青少年案件的刑事诉讼程序"，并且规定被定罪的未成年人在接受

---

① 参见刘芹：《"中欧少年司法制度——合适成年人参与制度研讨会"会议综述》，载《青少年犯罪问题》2003年第3期。

② 参见〔美〕索尔·M.卡辛等：《警察诱供：风险因素与防范建议》，载〔美〕柏恩敬、刘超、高原编译：《追问警察讯问方法——比较法的视角》，法律出版社2018年版，第76页。

③ 参见〔美〕巴里·C.菲尔德：《少年司法制度（第二版）》，高维俭、蔡伟文、任延峰译，中国人民公安大学出版社2011年版，第106页。

④ 同上书，第108页。

讯问时享有指定辩护人的权利。[①]乌克兰《刑事诉讼法典》第 438 条第 1 款规定："起诉与讯问未成年人……并须有辩护律师在场。"[②]

我国《刑事诉讼法》没有规定讯问时律师在场制度。不过，一些地方正在积极探索讯问未成年人时律师在场制度，并取得了一定的成效。[③]从刑事诉讼发展的角度分析，今后确立讯问时律师在场制度是可以预期的，但在目前立法尚不能全面确立该制度的情形下，先行探索建立讯问未成年人时律师在场制度具有重要意义，它可以有效弥补未成年人法律决策能力的不足，也为今后全面建立讯问时律师在场制度提供实践基础与智力支撑。事实上，在刑事司法领域中，诸多改革措施是先从未成年人刑事司法领域展开的，进而推广到普通刑事司法程序领域。当然，为了确保讯问未成年人时律师在场的有效适用，应规定律师未在场的程序性制裁后果，即没有律师在场情况下取得的供述原则上不能作为证据使用。

（二）赋予未成年人沉默权

如前文所述，出于控制犯罪的考虑，当前一些国家和地区对犯罪嫌疑人享有的沉默权予以了一定的限制，但这并非普遍做法，沉默权仍是犯罪嫌疑人享有的基本权利。当前，未成年人在刑事司法中享有沉默权也被相关国际公约所确认，如《少年司法最低限度标准规则》第 7 条关于"少年的权利"中明确规定了"保持沉默的权利"。目前，我国并没有赋予犯罪嫌疑人在接受讯问时享有沉默权，但我们可以在讯问未成年人时先行探索赋予他们沉默权。当然，这不可避免地也要面临犯罪嫌疑人特权与侦查利益之间的平衡问题。

---

① 荷兰《刑事诉讼法典》第 489 条第 2 款规定："被定罪人没有辩护人，但鉴于依据《刑法典》第 77u 条或第 77e 条第 1 款结合第 14i 条第 3 款进行的讯问的性质，被定罪人需要辩护人帮助的，应依职权为其指定辩护人。"参见卞建林主编：《未成年人刑事司法程序——外国刑事诉讼法有关规定》，中国检察出版社 2017 年版，第 82 页。

② 卞建林主编：《未成年人刑事司法程序——外国刑事诉讼法有关规定》，中国检察出版社 2017 年版，第 68、95 页。

③ 参见史雪梅、马贞贞：《未成年人讯问法律援助律师到场权的实践与思考》，载《中国司法》2016 年第 7 期。

结　语

十八届四中全会通过的《中共中央关于全面推进依法治国若干重大问题的决定》提出："推进以审判为中心的诉讼制度改革，确保侦查、审查起诉的案件事实证据经得起法律的检验。全面贯彻证据裁判规则，严格依法收集、固定、保存、审查、运用证据，完善证人、鉴定人出庭制度，保证庭审在查明事实、认定证据、保护诉权、公正裁判中发挥决定性作用。"可见，"推进以审判为中心的诉讼制度改革"已被纳入"全面推进依法治国"的宏伟蓝图之中。《关于推进以审判为中心的刑事诉讼制度改革的意见》《关于全面推进以审判为中心的刑事诉讼制度改革的实施意见》等规范性文件的出台进一步推进了以审判为中心的诉讼制度改革。

审判中心主义的基本要求是以法院裁判的标准来审查侦查和起诉的质量，从而对侦查和审查起诉活动形成一种倒逼机制，以维护法律的统一实施。[①]以审判为中心的刑事诉讼制度改革，无疑对侦查工作提出了更高的标准和更严的要求。在一定意义上，非法口供排除规则是审判中心主义对侦查工作最为重要的"倒逼机制"，"加强审判权对侦查权的合理制约，最重要的是发挥非法证据排除制度的功能，尤其是通过排除非法言词证据来制裁警察的非法取证行为"[②]，这意味着侦查活动要改变"口供至上"的做法。当然，这并不是说现在口供已不重要，也不是说侦查讯问不再是重要的侦查措施，而是当"讯问几乎是整座刑事诉讼大厦的中心"[③]时，非法取供、侵犯人权，甚至诱发冤假错案的风险会更大。如果说，以前在没有发生冤假错案的情况下，社会舆论和公众对警察的违法取供会保持最大限度的容忍；[④]那么当下无论是完善权利告知义务、讯问录音录像、律师在场等侦查讯问制度，还是构建事后制裁性的非法口供排除规则，都表明人们越来越关注刑事诉讼中犯罪嫌疑人、被告人的权益保障问题。可见，随着法制建设的不断发展，对于侦查人员在讯问犯罪嫌疑人的时候，如何既有效取得犯罪嫌

---

① 参见陈瑞华：《论侦查中心主义》，载《政法论坛》2017 年第 2 期。

② 叶青：《以审判为中心的诉讼制度改革之若干思考》，载《法学》2015 年第 7 期。

③ 郑曦：《侦查讯问程序研究》，北京大学出版社 2015 年版，第 10 页。

④ 参见李昌盛：《违法侦查行为的程序性制裁效果研究——以非法口供排除规则为中心》，载《现代法学》2012 年第 3 期。

疑人的口供，又注重保障犯罪嫌疑人的合法权益，提出了更高的要求。[1] 因此，进一步强化侦查讯问的法治化程度是必然的发展趋势。

有鉴于此，这要求我们从“由供到证”向“由证到供”的方向进行转变。诚如樊崇义教授所指出的，我国侦查模式应由“口供本位”走向“物证本位”，[2]而当下也具备了实现这一侦查模式转型的客观条件，因为“伴随科学的发展，事实认定的准确性在很大程度上要依赖于科学技术的发展，证据法的科学化是世界性的证据法发展趋向”[3]，诸如DNA鉴定、大数据侦查等具有科技属性的侦查手段已广泛应用于侦查活动。从世界范围来看，随着科技证据的兴起以及正当程序理念的普及，口供在刑事诉讼中的重要地位正逐渐下降，[4]如英国现在已经能够做到主要依靠科技技术、调查取证破获案件，通过这种手段破获的案件占到总案件的60%。[5]质言之，“人类的司法活动已经进入了科学证据时代，人们必须从以人证为主的办案思路转向以物证为主的办案思路，要提高主动利用科学和科技手段的办案意识”[6]。甚至有学者认为，“如果未来科技发展了，依靠测谎检查、眼动分析、语音分析、面部微表情分析、脑电波分析甚至科幻中的时空隧道等技术能够可靠、全面地识别谎言，发现和查明案件事实真相，讯问在刑事侦查中的作用必然会进一步弱化甚至没有必要存在。”[7]当然，在证据收集过程中采用科技手段，固然有其积极的一面，但如何警惕对隐私权的侵犯以及不至于盲目迷信，也是需要关注的重大课题。但可以预见的是，今后侦查乃至整个刑事诉讼活动不会再是围绕口供而展开，侦查活动必然呈现出科技性与人权保障性的特征，侦查讯问和口供在刑事诉讼中的重要性也会逐渐降低。

---

① 参见王爱立主编：《中华人民共和国刑事诉讼法释义》，法律出版社2018年版，第260页。

② 参见樊崇义：《证据法治与证据理论的新发展》，中国人民公安大学出版社2020年版，第35页。

③ 杨波：《以事实认定的准确性为核心——我国刑事证据制度功能之反思与重塑》，载《当代法学》2019年第6期。

④ 参见施鹏鹏：《口供的自由、自愿原则研究——法国模式及评价》，载《比较法研究》2017年第3期。

⑤ 参见周欣主编：《外国刑事诉讼特殊制度与变革》，中国人民公安大学出版社2014年版，第43页。

⑥ 何家弘：《亡者归来——刑事司法十大误区》，北京大学出版社2014年版，第48页。

⑦ 刘涛：《侦查讯问中威胁、利诱、欺骗之限度研究》，载《中国人民公安大学学报（社会科学版）》2016年第3期。

参 考 文 献

一、著作类

〔德〕阿克曼、〔德〕克拉格斯、〔德〕洛尔:《刑事侦查手册:刑事侦查技能实务与培训(第四版)》,刘道前、解冰译,中国人民公安大学出版社 2019 年版。

〔美〕阿瑟·S.奥布里、〔美〕鲁道夫·R.坎普托:《刑事审讯》,但彦铮、杜军等译,西南师范大学出版社 1998 年版。

〔美〕阿希尔·里德·阿马:《宪法与刑事诉讼:基本原理》,房保国译,中国政法大学出版社 2006 年版。

〔美〕爱伦·豪切斯泰勒·斯黛丽、〔美〕南希·弗兰:《美国刑事法院诉讼程序》,陈卫东、徐美君译,中国人民大学出版社 2002 年版。

〔美〕巴里·C.菲尔德:《少年司法制度(第二版)》,高维俭、蔡伟文、任延峰译,中国人民公安大学出版社 2011 年版。

〔日〕浜田寿美男:《自白的心理学》,片成男译,中国轻工业出版社 2006 年版。

〔法〕贝纳尔·布洛克:《法国刑事诉讼法》,罗结珍译,中国政法大学出版社 2009 年版。

毕惜茜:《心理突破:审讯中的心理学原理与方法》,中国法制出版社 2017 年版。

毕惜茜主编:《侦查讯问学》,中国人民公安大学出版社 2013 年版。

卞建林、刘玫主编:《外国刑事诉讼法》,中国政法大学出版社 2008 年版。

卞建林主编:《未成年人刑事司法程序——外国刑事诉讼法有关规定》,中国检察出版社 2017 年版。

卞建林主编:《刑事证据制度——外国刑事诉讼法有关规定(上)》,中国检察出版社 2017 年版。

〔美〕柏恩敬、刘超、高原编译:《追问警察讯问方法——比较法的视角》,法律出版社 2018 年版。

陈顾远:《中国法制史概要》,商务印书馆 2011 年版。

陈光中主编:《刑事诉讼法(第七版)》,北京大学出版社、高等教育出版社 2021 年版。

陈光中主编:《证据法学(第四版)》,法律出版社 2019 年版。

陈瑞华:《比较刑事诉讼法(第二版)》,北京大学出版社 2021 年版。

陈瑞华:《刑事诉讼法》,北京大学出版社 2021 年版。

陈瑞华:《刑事证据法的理论问题(第二版)》,法律出版社 2018 年版。

陈瑞华:《刑事证据法(第四版)》,北京大学出版社 2021 年版。

陈卫东、〔荷〕Taru Spronken 主编:《遏制酷刑的三重路径:程序制裁、羁押场所的预防与警察讯问技能的提升》,中国法制出版社 2012 年版。

陈卫东主编:《刑事辩护与代理制度——外国刑事诉讼法有关规定》,中国检察出版社 2017 年版。

陈卫东主编:《刑事立案与侦查——外国刑事诉讼法有关规定(上)》,中国检察出版社 2017 年版。

陈卫东主编:《刑事立案与侦查——外国刑事诉讼法有关规定(下)》,中国检察出版社 2017 年版。

陈卫东主编:《中欧遏制酷刑比较研究》,北京大学出版社 2008 年版。

程汉大、李培锋:《英国司法制度史》,清华大学出版社 2007 年版。

〔澳〕大卫・迪克逊:《警务中的法则:法律法规与警察实践》,薛向君、罗瑞林、倪瑾译,南京出版社 2013 年版。

戴长林、罗国良、刘静坤:《中国非法证据排除制度:原理・案例・适用(修订版)》,法律出版社 2017 年版。

戴长林主编:《非法证据排除规定和规程理解与适用》,法律出版社 2019 年版。

〔美〕戴维・T. 约翰逊:《日本刑事司法的语境与特色:以检察起诉为例》,林喜芬等译,上海交通大学出版社 2017 年版。

〔英〕戴维・沃尔什等:《调查询问与讯问的国际发展与实践(卷二:犯罪嫌疑人)》,刘涛、黄靖斯译,知识产权出版社 2019 年版。

〔美〕丹・西蒙:《半信半疑:刑事司法中的心理学》,刘方权、陈晓云译,上海交通大学出版社 2017 年版。

〔俄〕E. П. 伊申科:《刑事侦查学》,张汝铮译,中国人民公安大学出版社 2014 年版。

《俄罗斯联邦刑事诉讼法典(新版)》,黄道秀译,中国人民公安大学出版社 2006 年版。

樊崇义、顾永忠主编:《侦查讯问程序改革实证研究——侦查讯问中律师在场、录音、录像制度试验(修订版)》,中国人民公安大学出版社 2020 年版。

樊崇义主编:《刑事诉讼法学(第五版)》,法律出版社 2020 年版。

樊崇义主编:《证据法学(第六版)》,法律出版社 2017 年版。

〔美〕佛瑞德・E. 英鲍等:《刑事审讯与供述(第五版)》,刘涛等译,中国人民公安大学出版社 2015 年版。

〔美〕弗洛伊德・菲尼、〔德〕约阿希姆・赫尔曼、岳礼玲:《一个案例 两种制度——美德刑事司法比较》,郭志媛译,中国法制出版社 2006 年版。

傅美惠:《侦查法学》,中国检察出版社 2016 年版。

〔英〕Gisli H. Gudjonsson:《审讯和供述心理学手册》,乐国安等译,中国轻工业出版社 2008 年版。

何家弘:《司法证明方法与推定规则》,法律出版社 2018 年版。

何家弘、张卫平主编:《简明证据法学(第四版)》,中国人民大学出版社 2016 年版。

何家弘主编:《外国证据法》,法律出版社 2003 年版。

〔美〕亨利・查尔斯・李:《迷信与暴力:历史中的宣誓、决斗、审判与酷刑》,X. Li 译,广西师范大学出版社 2016 年版。

胡明编:《讯问学》,中国政法大学出版社 2019 年版。

黄朝义:《刑事诉讼法(二版)》,台湾新学林出版股份有限公司 2009 年版。

黄盛源:《中国法史导论》,广西师范大学出版社 2014 年版。

黄士元:《正义不会缺席:中国刑事错案的成因与纠正》,中国法制出版社 2016 年版。

〔美〕吉姆·佩特罗、〔美〕南希·佩特罗:《冤案何以发生:导致冤假错案的八大司法迷信》,苑宁宁、陈效等译,北京大学出版社 2012 年版。

〔法〕杰奎琳·霍奇森:《法国刑事司法——侦查与起诉的比较研究》,张小玲、汪海燕译,中国政法大学出版社 2012 年版。

金飒:《正当程序与侦查讯问规范化研究》,法律出版社 2016 年版。

瞿同祖:《中国法律与中国社会》,中华书局 2003 年版。

〔美〕卡罗尔·S. 斯泰克编:《刑事程序故事》,吴宏耀等译,中国人民大学出版社 2012 年版。

〔法〕卡斯东·斯特法尼等:《法国刑事诉讼法精义(上)》,罗结珍译,中国政法大学出版社 1999 年版。

〔英〕卡文·奥克斯伯等主编:《侦查的语言技术》,杨郁娟、庄东哲译,中国政法大学出版社 2017 年版。

〔英〕科纳·弗利:《抗制酷刑——法官及检察官手册》,梁欣、魏晓娜、许身健、程雷译,北京大学出版社 2009 年版。

〔德〕克劳思·罗科信:《刑事诉讼法(第 24 版)》,吴丽琪译,法律出版社 2003 年版。

〔英〕克里斯托弗·艾伦:《英国证据法实务指南(第四版)》,王进喜译,中国法制出版社 2012 年版。

〔德〕拉德布鲁赫:《法学导论》,米健、朱林译,中国大百科全书出版社 1997 年版。

〔美〕拉里·劳丹:《错案的哲学:刑事诉讼认识论》,李昌盛译,北京大学出版社 2015 年版。

〔美〕理查德·A. 利奥:《警察审讯与美国刑事司法》,刘方权、朱奎彬译,中国政法大学出版社 2012 年版。

林钰雄:《干预处分与刑事证据》,北京大学出版社 2010 年版。

林钰雄:《刑事诉讼法(上册 总论篇)》,中国人民大学出版社 2005 年版。

林钰雄:《严格证明与刑事证据》,法律出版社 2008 年版。

林钰雄主编:《新学林分科六法——刑事诉讼法》,台湾新学林出版股份有限公司 2009 年版。

刘静坤:《证据审查规则与分析方法:原理·规范·实例》,法律出版社 2018 年版。

〔日〕六本佳平:《日本法与日本社会》,刘银良译,中国政法大学出版社 2006 年版。

龙宗智等:《司法改革与中国刑事证据制度的完善》,中国民主法制出版社 2016 年版。

〔美〕罗纳尔多·V. 戴尔卡门:《美国刑事诉讼:法律和实践》,张鸿巍等译,武汉大学出版社 2006 年版。

马云雪:《审判程序中讯问被告人问题研究》,中国法制出版社 2016 年版。

彭勃编译:《英国警察与刑事证据法规精要》,厦门大学出版社 2014 年版。

彭勃:《日本刑事诉讼法通论》,中国政法大学出版社 2002 年版。

齐树洁主编:《英国司法制度》,厦门大学出版社 2005 年版。

〔意〕切萨雷·贝卡利亚:《论犯罪与刑罚》,黄风译,商务印书馆 2017 年版。

〔瑞士〕萨拉·J.萨默斯:《公正审判:欧洲刑事诉讼传统与欧洲人权法院》,朱奎彬、谢进杰译,中国政法大学出版社 2012 年版。

上官春光:《侦查讯问研究述评》,中国检察出版社 2017 年版。

施鹏鹏:《证据法》,中国政法大学出版社 2020 年版。

〔美〕史蒂芬·沙曼:《比较刑事诉讼案例教科书》,施鹏鹏译,中国政法大学出版社 2018 年版。

〔日〕松尾浩也:《日本刑事诉讼法(上卷)》,丁相顺译,中国人民大学出版社 2005 年版。

〔日〕松尾浩也:《日本刑事诉讼法(下卷)》,张凌译,中国人民大学出版社 2005 年版。

孙长永主编:《侦查程序与人权保障——中国侦查程序的改革和完善》,中国法制出版社 2009 年版。

〔日〕田口守一:《刑事诉讼的目的》,张凌、于秀峰译,中国政法大学出版社 2011 年版。

〔日〕田口守一:《刑事诉讼法(第七版)》,张凌、于秀峰译,法律出版社 2019 年版。

〔德〕托马斯·魏根特:《德国刑事程序法原理》,江朔等译,中国法制出版社 2021 年版。

〔德〕托马斯·魏根特:《德国刑事诉讼程序》,岳礼玲、温小洁译,中国政法大学出版社 2004 年版。

王爱立主编:《中华人民共和国刑事诉讼法释义》,法律出版社 2018 年版。

王立民主编:《中国法制史(第二版)》,上海人民出版社 2007 年版。

王兆鹏:《美国刑事诉讼法(第二版)》,北京大学出版社 2014 年版。

王兆鹏:《新刑诉·新思维》,中国检察出版社 2016 年版。

〔美〕伟恩·R.拉费弗、〔美〕杰罗德·H.伊斯雷尔、〔美〕南西·J.金:《刑事诉讼法(上册)》,卞建林、沙丽金等译,中国政法大学出版社 2003 年版。

〔德〕乌维·维瑟尔:《欧洲法律史:从古希腊到〈里斯本条约〉》,刘国良译,中央编译出版社 2016 年版。

吴巡龙:《新刑事诉讼制度与证据法则》,台湾新学林出版有限公司 2003 年版。

吴燕主编:《未成年人刑事检察实务教程》,法律出版社 2016 年版。

〔美〕小卢卡斯·A.鲍威:《沃仑法院与美国政治》,欧树军译,中国政法大学出版社 2005 年版。

《刑事诉讼法学》编写组编:《刑事诉讼法学(第三版)》,高等教育出版社 2019 年版。

徐朝阳:《刑事诉讼法通义》,商务印书馆 2016 年版。

徐国桢:《揭开侦讯的神秘面纱:暴力篇》,台湾五南图书出版股份有限公司 2008 年版。

徐美君:《侦查讯问程序正当性研究》,中国人民公安大学出版社 2003 年版。

许永勤:《未成年人供述行为的心理学研究》,中国人民公安大学出版社 2011 年版。

薛宏伟等:《讯问机理、对策与过程》,中国法制出版社 2018 年版。

薛宏伟主编:《讯问学》,中国法制出版社 2020 年版。

闫召华:《口供中心主义研究》,法律出版社 2013 年版。

杨宇冠:《非法证据排除规则研究》,中国人民公安大学出版社 2002 年版。

叶孝信主编:《中国法制史(第二版)》,复旦大学出版社 2008 年版。

易延友:《沉默的自由(修订版)》,北京大学出版社 2015 年版。

〔英〕约翰・斯普莱克:《英国刑事诉讼程序(第九版)》,徐美君、杨立涛译,中国人民大学出版社 2006 年版。

〔美〕约书亚・德雷斯勒、〔美〕艾伦・C. 迈克尔斯:《美国刑事诉讼法精解(第一卷・刑事侦查)(第四版)》,吴宏耀译,北京大学出版社 2009 年版。

张建伟:《刑事诉讼法通义(第二版)》,北京大学出版社 2016 年版。

张建伟:《证据的容颜・司法的场域》,法律出版社 2015 年版。

张建伟:《证据法要义(第二版)》,北京大学出版社 2014 年版。

张丽卿:《刑事诉讼制度与刑事证据》,中国检察出版社 2016 年版。

张凌、于秀峰编译:《日本刑事诉讼法律总览》,人民法院出版社 2017 年版。

郑曦:《侦查讯问程序研究》,北京大学出版社 2015 年版。

中国政法大学刑事法律研究中心编译:《英国刑事诉讼法(选编)》,中国政法大学出版社 2001 年版。

朱石炎:《刑事诉讼法论(修订五版)》,台湾三民书局 2015 年版。

朱孝清:《职务犯罪侦查教程(第三版)》,中国检察出版社 2014 年版。

宗玉琨译注:《德国刑事诉讼法典》,知识产权出版社 2013 年版。

二、论文类

毕惜茜:《非法证据排除与取证合法性审查》,载《国家检察官学院学报》2016 年第 2 期。

毕惜茜:《我国侦查讯问的变革与发展》,载《公安研究》2019 年第 2 期。

卞建林:《我国非法证据排除规则的新发展》,载《中国刑事法杂志》2017 年第 4 期。

卞建林、谢澍:《我国非法证据排除规则的重大发展——以〈严格排除非法证据规定〉之颁布为视角》,载《浙江工商大学学报》2017 年第 5 期。

陈光中:《对〈严格排除非法证据规定〉的几点个人理解》,载《中国刑事法杂志》2017 年第 4 期。

陈光中、郭志媛:《非法证据排除规则实施若干问题研究——以实证调查为视角》,载《法学杂志》2014 年第 9 期。

陈光中:《完善的辩护制度是国家民主法治发达的重要标志》,载《中国法律评论》2015 年第 2 期。

陈光中、汪海燕:《〈刑事诉讼法〉再修改与未成年人诉讼权利的保障》,载《中国司法》2007 年第 1 期。

陈瑞华:《论被告人口供规则》,载《法学杂志》2012 年第 6 期。

陈瑞华:《论侦查中心主义》,载《政法论坛》2017 年第 2 期。

陈卫东、孟婕:《重新审视律师在场权:一种消极主义面向的可能性——以侦查讯问期间为研究节点》,载《法学论坛》2020 年第 3 期。

〔澳〕戴维·狄克逊:《"讯问程序之窗"——澳大利亚新南威尔士的警察讯问录音录像》,朱奎彬译,载《中山大学法律评论》2011 年第 2 期。

董开星:《讯问过程中的未成年人权利保护——美国的经验和教训》,载《青少年犯罪问题》2014 年第 3 期。

董坤:《违反录音录像规定讯问笔录证据能力研究》,载《法学家》2014 年第 2 期。

董坤:《重复性供述排除规则之规范解读》,载《华东政法大学学报》2018 年第 1 期。

方海日:《日本刑事诉讼程序中的讯问录音录像制度研究》,载《日本研究》2020 年第 4 期。

顾永忠:《严格排除非法证据规定的突破、创新与务实》,载《中国律师》2017 年第 8 期。

郭华、谭趁尤:《犯罪嫌疑人重复性供述排除的局限与再续——以严重"威胁"方法为中线的展开》,载《广西社会科学》2019 年第 10 期。

郭志媛:《非法证据排除范围界定的困境与出路——兼谈侦查讯问方法的改革》,载《证据科学》2015 年第 6 期。

韩东成:《论讯问职务犯罪嫌疑人全程同步录音录像与讯问笔录不一致》,载《中国检察官》2010 年第 24 期。

韩旭、韦香怡:《重复性供述排除规则实施状况研究——以 65 个裁判文书为研究对象》,载《南大法学》2020 年第 2 期。

何家弘:《测谎结论与证据的"有限采用规则"》,载《中国法学》2002 年第 2 期。

何家弘:《当今我国刑事司法的十大误区》,载《清华法学》2014 年第 2 期。

何家弘、林倩:《论重复自白排除规则的完善》,载《证据科学》2020 年第 2 期。

何家弘:《论"欺骗取证"的正当性及限制适用——我国〈刑事诉讼法〉修改之管见》,载《政治与法律》2012 年第 1 期。

何家弘、王爱平:《强制性讯问录音录像推定规则》,载《国家检察官学院学报》2015 年第 3 期。

何挺:《"合适成年人"参与未成年人刑事诉讼程序实证研究》,载《中国法学》2012 年第 6 期。

贺小军:《影响侦查讯问效果因素之实证研究——以 J 省 J 县为例子》,载《中国刑警学院学报》2014 年第 3 期。

〔美〕Jacqueline Ross:《证据规则(仅)适用于审判阶段吗?——美国和德国欺骗性讯问规则比较研究》,冯俊伟、阳平译,载《现代法治研究》2017 年第 3 期。

〔美〕John H. Blume、〔美〕Rebecca K. Hel:《"认假罪":那些事实无罪的有罪答辩人》,郭烁、刘欢译,载《中国刑事法杂志》2017 年第 5 期。

孔令勇:《非法证据排除的"例外模式"——重复供述排除规则的教义学展开》,载《法学家》2019 年第 6 期。

李昌盛:《口供消极补强规则的实质化》,载《证据科学》2014 年第 3 期。

李昌盛:《违法侦查行为的程序性制裁效果研究——以非法口供排除规则为中心》,载《现代法学》2012 年第 3 期。

李昌盛:《虚假供述的第二道防线:口供实质补强规则》,载《东方法学》2014 年第 4 期。

李训虎:《变迁中的英美补强规则》,载《环球法律评论》2017 年第 5 期。

李玉华:《同步录音录像下单警讯问的突破》,载《法学》2019 年第 4 期。

刘方权:《认真对待侦查讯问——基于实证的考察》,载《中国刑事法杂志》2007 年第 5 期。

刘涛:《侦查讯问中威胁、利诱、欺骗之限度研究》,载《中国人民公安大学学报(社会科学版)》2016 年第 3 期。

龙宗智:《欺骗与刑事司法行为的道德界限》,载《法学研究》2002 年第 4 期。

龙宗智:《我国非法口供排除的"痛苦规则"及相关问题》,载《政法论坛》2013 年第 5 期。

马静华、张潋瀚:《讯问录音录像与非法证据排除:一个实证的考察》,载《西南民族大学学报(人文社科版)》2016 年第 7 期。

毛立新:《严格排除非法证据规定的九大缺憾》,载《中国律师》2017 年第 8 期。

孟凡骞:《侦查讯问程序违法的法律规制》,载《甘肃政法学院学报》2019 年第 5 期。

牟绿叶:《论重复供述排除规则》,载《法学家》2019 年第 6 期。

秦宗文:《以引诱、欺骗方法讯问的合法化问题探讨》,载《江苏行政学院学报》2017 年第 2 期。

任惠华、邓发前:《我国侦查阶段非法证据排除规则的法教义学分析》,载《政法学刊》2020 年第 6 期。

沈德咏、何艳芳:《测谎结论在刑事诉讼中的运用》,载《政法论坛》2009 年第 1 期。

沈德咏:《论以审判为中心的诉讼制度改革》,载《中国法学》2015 年第 3 期。

沈威、徐晋雄:《重复性供述证据能力之影响因素研究——基于两岸非法言词证据排除规则之比较》,载《海峡法学》2018 年第 4 期。

施鹏鹏:《口供的自由、自愿原则研究——法国模式及评价》,载《比较法研究》2017 年第 3 期。

田文昌:《严格排除非法证据规定的亮点和困惑》,载《中国律师》2017 年第 8 期。

万春、高翼飞:《刑事案件非法证据排除规则的发展——〈关于办理刑事案件严格排除非法证据若干问题的规定〉新亮点》,载《中国刑事法杂志》2017 年第 4 期。

万毅:《何为非法 如何排除?——评〈关于办理刑事案件严格排除非法证据若干问题的规定〉》,载《中国刑事法杂志》2017 年第 4 期。

万毅:《检察环节非法证据排除要点探析》,载《人民检察》2017 年第 6 期。

万毅:《论"反复自白"的效力》,载《四川大学学报(哲学社会科学版)》2011 年第 5 期。

王彪:《非法口供排除规则的反思与重构》,载《法律适用》2015 年第 5 期。

王兆志:《指名问供是冤、假、错案形成的关键》,载《公安大学学报》1995 年第 1 期。

魏晓娜:《非法言词证据认定路径的完善》,载《人民检察》2017 年第 18 期。

吴洪淇:《证据排除抑或证据把关:审查起诉阶段非法证据排除的实证研究》,载《法制与社会发展》2016 年第 5 期。

吴纪奎:《心理强制时代的侦查讯问规制》,载《环球法律评论》2009 年第 3 期。

吴羽:《论讯问未成年人制度》,载《青少年犯罪问题》2019 年第 4 期。

吴羽:《侦查讯问的法律规制》,载《犯罪研究》2021 年第 6 期。

吴羽:《重复性供述排除规则研究》,载《犯罪研究》2020 年第 5 期。

夏菲:《论英国警察讯问权的发展》,载《犯罪研究》2011 年第 2 期。

徐美君:《口供补强法则的基础与构成》,载《中国法学》2003 年第 6 期。

杨波:《审查起诉阶段非法证据排除规则研究——以非法证据排除规则立法的中国特色为视角》,载《学习与探索》2017 年第 7 期。

叶青:《以审判为中心的诉讼制度改革之若干思考》,载《法学》2015 年第 7 期。

余双彪、周颖:《论口供补强法则的实务运用——以 22 起冤错案件为视角》,载《西部法学评论》2014 年第 6 期。

张栋:《中国刑事证据制度体系的优化》,载《中国社会科学》2015 年第 7 期。

张建伟:《口供主义与刑讯取证》,载《国家检察官学院学报》2006 年第 4 期。

张建伟:《排除非法证据的价值预期与制度分析》,载《中国刑事法杂志》2017 年第 4 期。

张建伟:《自白任意性规则的法律价值》,载《法学研究》2012 年第 6 期。

张泽涛:《美国测谎制度的发展过程对我国的启示》,载《法商研究》2003 年第 6 期。

中国政法大学法律实证研究中心课题组:《侦查讯问中律师在场可行性报告》,载《人民司法》2017 年第 6 期。

朱孝清:《刑事诉讼法实施中的若干问题研究》,载《中国法学》2014 年第 3 期。

朱孝清:《讯问录音录像三题》,载《人民检察》2014 年第 12 期。

纵博:《以威胁、引诱、欺骗方法获取口供的排除标准探究》,载《法商研究》2016 年第 6 期。

左卫民:《“热”与“冷”:非法证据排除规则适用的实证研究》,载《法商研究》2015 年第 3 期。